U0857903

走進中國
哲學殿堂

请您循着中国哲学的长河，开始我们的文明之旅……

现在，我们把开启哲学宫殿之门的钥匙交给您，

您想得到贤哲气度风范的熏染和中国智慧的启迪吗？

意蕴丰厚的中国哲学思想鲜活地呈现出来。

溯源逐流，提要钩玄，条分缕析，图文并举，将博大精深、

以哲学思潮为纲，以哲学家的探索经历为目，

本书试图触摸着王朝的脉搏，呼吸着时代的气息，

是中国文化的核心。它看似晦涩玄奥，却与中国人的生活须臾难离。

中国哲学是中华民族聪明睿智的结晶，是历朝历代精神的体现，

走进中国哲学殿堂

◎高 奇 等编著

山东大学出版社

图书在版编目（CIP）数据

走进中国哲学殿堂／高奇编著．—济南：山东大学出版社，2014.7
（中华文明之旅）
ISBN 978-7-5607-5064-4

Ⅰ．①走… Ⅱ．①高… Ⅲ．①哲学史—中国
Ⅳ．① B2

中国版本图书馆 CIP 数据核字（2014）第 134888 号

中华文明之旅丛书——走进中国哲学殿堂
编　著：高　奇　王　春　夏　锋　王　标
孙　璐　鲍　宇　史婷婷　耿爱英

策划编辑：刘旭东
责任编辑：刘旭东
美术编辑：牛　钧
版式设计：王　钧

出版发行：山东大学出版社
社址：山东省济南市山大南路20号
邮编：250100
电话：市场部（0531）88364466
经销：山东省新华书店
印刷：山东华鑫天成印刷有限公司
规格：720毫米×1000毫米　1/16　137.75印张　3048千字
版次：2014年7月第1版
印次：2014年7月第1次印刷
定价：480.00元

目录

第一章 中国哲学的源头

在原始社会，生产力极为低下，人们过着刀耕火种、茹毛饮血的生活。面对强大的不可抗拒的自然力量，人们显得渺小而又脆弱，对自然充满了敬畏之情，认为自然万物皆有灵性，日月星辰、风雨雷电、山河大川皆成为崇拜对象。人们还将各种飞禽走兽视为有灵之物，将各种动、植物作为部落的图腾，对其加以崇拜与尊奉。除了自然崇拜和图腾崇拜之外，还有鬼魂观念、祖先崇拜，它们是古代先民精神生活的主要内容，并影响着人们的日常行为方式。

夏朝的建立成为中国步入奴隶社会的开端，“公天下”变成了“家天下”。奴隶主阶级为了维系人心，巩固自身的统治，提出了天命神权思想，原始宗教演变成为国家宗教。自然崇拜发展成天神崇拜，原始的祖先崇拜演化成为宗庙祭祀制度。经过夏商两代的发展，国家宗教在西周时期达到鼎盛，在国家的意识形态与人们的精神世界中占据着绝对的统治地位。

在宗教迷信盛行的同时，朴素辩证法思想和朴素自然观逐渐萌生。面对变化无常的政权更迭、王朝兴衰，统治阶层内部的开明之士认识到时世变迁，提出了“天命靡常”的变化观点。《易经》作为卜筮之书，包含着许多可贵的朴素辩证法因素，阐述了

“阴阳对立”、“物极必反”等思想。在长期的生产实践中，古代先民从积累的大量生产经验中孕育出了朴素自然观的萌芽，创立了原始五行说与原始阴阳说。周太史史伯提出了“和实生物，同则不继”的观点，探讨了世界起源问题，论述了事物矛盾间的对立与转化。伯阳父主张“阴阳之序”，用以解释地震发生的原因。在人类文明诞生之初，素朴的哲学思想逐渐萌芽，从中显现出古代先民的智慧光芒。

一、神话传说寓哲思

祭天佩带的玉璧 新石器时代

礼地神使用的玉琮 新石器时代

原始社会时期，人们时常遭受洪水的侵袭，干旱的困扰，野兽的伤害。地震爆发、瘟疫横行，无情地吞噬着人们的生命。在强大的自然力量面前，古代先民总是无能为力，束手无策。生产力的低下限制了人们的认识水平，人们无法解释与控制各种自然现象，就崇拜异己的自然力量，把自然力量人格化，幻想着一切变幻莫测的自然现象背后皆有神灵支配着。古代先民认为自然万物皆有灵性，万物拥有神秘、伟大而又不可抗拒的力量，既可对人类恩赐幸福，又可降下灾祸。人们只能一味地依赖自然条件，对自然充满了敬畏之情。

日月星辰悬于苍穹，遥不可及。太阳给人间带来了温暖与光亮，与人们的生活息息相关。遥望星空，群星闪烁，静谧的夜空显得愈加神秘。古代先民所处的自然环境决定了他们的生活条件，山川湖海影响着人们的生活方式，有的以渔猎为主，有的以耕种为主，有的则以畜牧为主，自然条件成为了人们的衣食之源、生存之本。风雨雷电等自然现象在先民看来，更是变化莫测。风调雨顺能使五谷丰登，人们衣食富足。洪水、干旱等自然灾害则对农业生产构成了绝对威胁。自然崇拜成为古代先民精神生活的重要组成部分，日月星辰、山川湖海、风雨雷电等成为人们尊崇的对象。人们想象出各种人格化的自然神灵，对它们膜拜，祈求它们赐福于人间。

始祖劳动图 天水伏羲庙壁画

古代先民对自然万物进行崇拜的同时，图腾崇拜在氏族、部落中占据着重要地位。氏族、部落成员将某种特定的动物、植物视为本部族的保护神，认为图腾是本部族的祖先，部族最早起源于所崇拜的图腾。氏族、部落对特定的图腾顶礼膜拜，将其视为部落的标志。随着氏族部落间的相互征服和交往，部落间融合趋势不断增强。各部落所尊崇的图腾逐渐融合演化，出现了龙、凤等综合性图

龙纹五耳鼎 西周后期

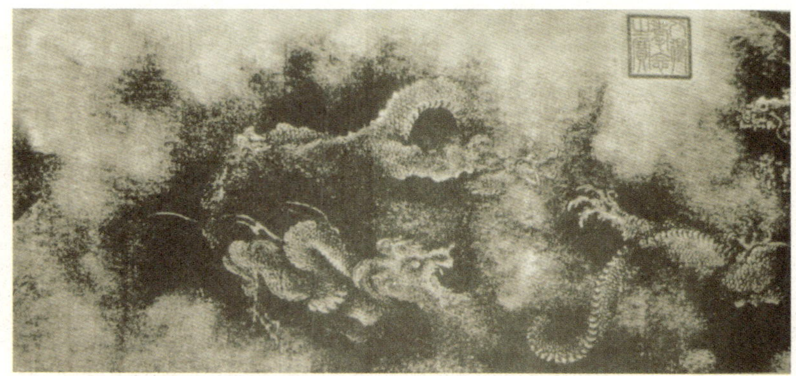
云龙图

鸟纹爵 西周前期

腾。龙凤形象的产生对中国文化产生了深远影响，古人将龙列为四灵之一。苍龙、白虎、朱雀、玄武被先人奉为“四灵”，成为东、西、南、北四方星宿。龙成为至高无上的权力象征，历代帝王皆以真龙天子自诩。龙成为华夏文化的重要标志，至今国人仍自豪地称自己为“龙的传人”。

生老病死等也是古代先民思索和探究的重要现象。鬼魂观念的产生使人们对生老病死等现象有了初步认识。古代先民认为灵魂可以脱离人的肉体而独立存在，做梦是灵魂暂时离开肉体而四处游荡，生病是灵魂与肉体未能正常结合，或者是受到死去之人灵魂的侵扰，死亡则是灵魂永远离开肉体使灵肉不能复合。古代先民深信灵魂不灭，因此先民尊敬死者及死后的鬼魂，注重墓葬和祭祀，墓葬形式及陪葬品种日益多样，祭祀仪式愈加繁琐。巫师被认为是神灵与凡人之间的中介，在氏族、部落中享有很高的声誉，他们德高望重，掌管着部落的祭祀活动、招魂、驱鬼等。巫师通过念咒、祭拜等方式来消祸、免灾、占卜、祈雨。鬼魂观念是古代先民对生死现象怀有敬畏感

祭祀舞蹈图 岩画

红陶瓮棺
瓮棺上有一小孔，大概是古人想让死者灵魂出入而留下的

的结果，形神二元论的产生对后世的宗教思想产生了重大影响，现实世界、彼岸世界等概念皆脱胎于最早的鬼魂观念。

古代先民在征服和改造自然的过程中，对所接触到的自然现象、社会现象进行了幻想性的解释，逐渐形成了各种神话。许多神话在现在看来是荒诞不经的神怪故事，但这些神话不是毫无根据的，而是有现实生活作基础的，从中曲折反映了当时的客观现实和生活经历。许多神话故事反映了古代先民对宇宙形成、人类诞生、祖先起源的臆想与猜测。

古代先民通过“盘古开天辟地”的故事，解释了宇宙的形成。古代先民认为，在最早的时候，宇宙间天地不分，日月星辰并不存在，“天地混沌如鸡子”，世间一切是黑暗混沌的一团。盘古在这个大鸡蛋中沉睡。他醒来后，用身边的巨斧开辟天地，“阳清为天，阴浊为地”，天地之间的距离逐渐拉大，盘古最终精疲力竭，轰然颓倒。盘古死后，他的气化成了风云，声音化成了雷霆，左眼化作太阳，右眼化为月亮，须发变为星辰，四肢变作山岳，血液化成江河，皮肤化为草木，骨骼变为金石，精髓成为珠玉，汗流变作雨露。“盘古开天地”的故事反映了古代先民的宇宙生成观，对以后中国古代哲学的宇宙理论产生了深远影响。这个神话也折射出了古代先民已具有朴素唯物思想，初步认识到了世界是由物质逐渐转化而来，从中折射出了发展的观点。古代先民在生产实践中，积累了一些实际经验，初步认识了自然界的发展规律，促进了唯物思想的萌芽与发展。

女娲 清·任伯年

“女娲造人、补天”是对“盘古开天辟地”的延续，进而解释了人类的诞生。相传女神女娲“抟土造人”，人类从此在世间繁衍生息下来，女娲也被称为“婚姻之神”，尊奉为“高媒”。后来火神祝融与水神共工发生了激战，不周山上的擎天之柱被共工撞断，天坍塌下来，人类遭到了生死劫难。女娲炼石补天，终止了这场旷世劫难。古代先民假借传说中的女娲，表达了征服自然的决心，反映了在实际生活中同自然作斗争的坚决意志。

古代先民为了追溯纪念自己的祖先，还用神话的形式解释了本氏族或民族的起源。伏羲、神农、黄帝被尊为三皇，少昊、颛顼、高辛、唐尧、虞舜被奉为五帝。三皇五帝是中华民族的杰出祖

黄帝像 汉画像石

采药图 辽·佚名

简狄像 清·萧云从

先，为中华文明的创立与发展奠定了基础。三皇五帝的传说虽然具有虚构的成分，但它曲折体现了远古社会的历史概况。夏、商、周三朝的始祖都具有传奇色彩，身世离奇。据《史记》记载，“禹之父曰鲧，鲧之父曰颛顼，颛顼之父曰昌意，昌意之父曰黄帝”，“鲧妻修己，见流星贯昴，梦接意感，又吞神珠，胸拆而生禹，名文命，字密，身九尺二寸长，本西夷之人”。商朝祖先“契”的母亲“简狄”吞下玄鸟之卵而生“契”。契辅佐大禹治水，立下奇功，舜任命他为司徒，封于商，赐姓子氏。周族始祖后稷，名弃，后稷的母亲姜原在野外踏在巨人的脚印上，受孕而生后稷。后稷被尧任命为农师，被舜封于邰，别姓为姬。由此可见，随着生产力的发展，母系氏族社会逐渐向父系氏族社会过渡，特权阶层逐渐形成，为自身利益进行合法性辩护，神化自己的先祖，进而维护正在形成的宗法制度。

神农尝百草，黄帝作黄钟，仓颉造字，嫘祖养蚕，古代先民所创造的这许多英雄形象受到后人的尊崇与膜拜。神话传说总结、集中了无数劳动人民的经验和智慧，其中虽有很大的虚构幻想成分，但它们反映了古代先民的精神生活与风俗习惯，折射出古代先民对自然万物的探索与思考，透露出古代先民认识自然的哲学萌芽。

二、天命神学思想的形成

商周时期，天命思想逐步发展，趋于成熟。商朝时期的天命观念已经超越了远古时期的万物有灵论，殷人创立了多神体系，众神各司其职，按照等级严格排序。殷商时期，占卜之风盛行，天神、地祇、人鬼成为殷人供奉的对象。天神包括日、月、风、云、雷、雨、雪等，地祇包括四方、山、川等，人鬼则包括了先王、先公、先妣等先祖。在众神之中，上帝处于至高无上的地位，法力无穷，统摄众神，驾驭自然万物、人类生灵。

望祀山川图 清

殷商时期的古代先民们认为，自身的生存发展、旦夕祸福皆与上帝息息相关。农业在国家经济中占据着绝对的统治地位，农业生产关系着国家的安危与兴衰。中国属于大陆季风气候，降水不均匀、旱涝灾害交替频繁成为影响农业发展的重要问题。黄河虽是中华文明的摇篮，但其泛滥也给人们带来了深重灾难。在当时落后的生产力条件下，人们只能依赖自然环境。在当时人们看来，上帝支配着整个自然界，日、月、风、云、雷、雨、雪等众多天神皆听命于上帝。因此，人们只有虔诚地祈求上帝降下祥瑞，风调雨顺。商朝时期，战事频繁，人们认为上帝主宰着战争的胜负与国家的兴衰。在每次兴师征伐之前，商王都会卜问凶吉，从而得知这次战争是否得到了上帝的庇佑。人们在祭祀天神与地神的同时，也崇拜人鬼。殷人所迷信的鬼

雷电以风图

有命在天图

雷神形象

电母形象 元 永乐宫三清殿壁画

神是商朝王室的先祖及功绩卓绝的旧臣。殷人认为，除了天神、地祇外，人鬼也能直接与上帝相通。商王祖先之灵深为上帝所优待，上帝可以永世庇佑在人间的商王。因此敬祖活动在商朝受到相当大的重视，商朝王室皆以忌日天干为庙号，殷王亲自主持祭祀活动。在一年之中，平均两天殷王就要进行一次祭祖活动。殷王为表示对上帝与先祖的虔诚，常常杀人殉葬。当时，祭祀活动规模宏大，每次祭祀都要用大量的牛、马、羊、猪等家畜作祭品，祭祀用的礼器也十分精美，许多祭器反映了当时的技术水平。司母戊方鼎就是商代祭器的代表，其造型雄伟庄严，是商王文丁为了祭祀其母亲所铸造的。在当时的技术条件下，铸造这样的方鼎足以见证殷人对祭祖的虔诚与重视。

占卜用的龟甲
古人以火灼烧卜骨，通过观察裂纹预测凶吉

商朝末代君主纣凶残无道，商朝国运渐衰。周武王顺承民意，兴师伐纣，建立周朝。在商朝旧民看来，周朝的建立是大逆不道的僭权篡位。为了巩固周朝统治，周朝初期的统治者积极吸收了殷人文化，对殷人的天命观念进行了扬弃。周朝时期，人们对自然现象、社会现象有了较深的认识与理解，进一步认识到自然运行、社会发展的规律。殷人认为上帝喜怒无常，统摄众神，向人间降下福祸。因此殷人对上帝，只有谨小慎微、小心翼翼地祭祀卜问，祈求上帝赐福。周人认为人要遵循天命，天并非毫无根据地对人们滥加惩罚。上天根据人们的善恶，向人间降福降祸，对人们进行赏罚。周朝时期，生产力的进步增强了人们支配自然的能力，人们逐渐发现身边的危机更多是来自社会方面，而并非来自自然界。人们逐渐把抽象的天作为社会发展变化的最终依据，通过天道来探寻人道。

周人将世间一切的主宰称为“天”，取代了上帝。与上帝相比，天更具有抽象性

周文王像

予其明农图

与概括性。在周人看来，人无法直接把握认识天，天无形无象，神秘而又玄妙，在冥冥之中主宰着人与万物。此时天已被赋予了更多的道德含义。周人认为，“天”生万物，而人为万物灵长。周王室为了维护自身统治，为王权的合法性进行辩护，周王自称“天子”，其意为“天之元子”、天的嫡长子。周取代殷商而统治天下，是天命使然。周王顺应天意，代替天来掌管天下黎民苍生。周朝初期，统治者从殷商的灭亡中吸取了教训，看到了人民力量的伟大，意识到只靠卜筮祭祀不能使江山永固。武王之弟周公亲历了东征伐纣，看到了牧野之战中商纣奴隶在前线倒戈的情景，感受到了人民的力量。他居安思危，提出“天命靡常”、“保民”、“敬德”的思想，认为天命并非一成不变，告诫成王不要一味地依赖天命，要“以德配天”，才能感化上天赐福庇佑天下。“天命靡常”，说明上天不会青睐无德的暴君，有德的君主才能得到天命的眷顾。天命会转移到有德之人那里，而天命的转移是通过人民的意志来实现的。统治者要“明德慎罚”，而不能骄奢淫逸，残暴无道，要不断提高自身的道德修养，勤政爱民，体恤百姓稼穑之苦，谨慎地使用刑法，切勿滥用刑罚，要用德来教化万民，把“保民”看作巩固国家政权的根本，要实行德治，得天下民心，以利于国家的稳定统治。只有这样才能真正得到人民的支持，才能“以德配天”。统治者自身的德性修养最终决定了政权的兴衰、国家的治乱。周公的思想言论，大多集中在《尚书》的《大诰》、《康诰》、《酒诰》、《多士》、《无逸》、《多方》诸篇中，而周公的“德治”思想被儒家所采纳，孔子对周公极为尊崇，认为“周公成文、武之德，追王大王、王季，上祀先公以天子之礼”（《中庸》）。宋明时期的理学家认为周公上承尧、舜、禹、汤、文、武六圣主，下启孔子、孟子，因此周公被认为是儒学的先驱人物。

周武王像

周公像

昭告上天图

周人继承了殷人的鬼神

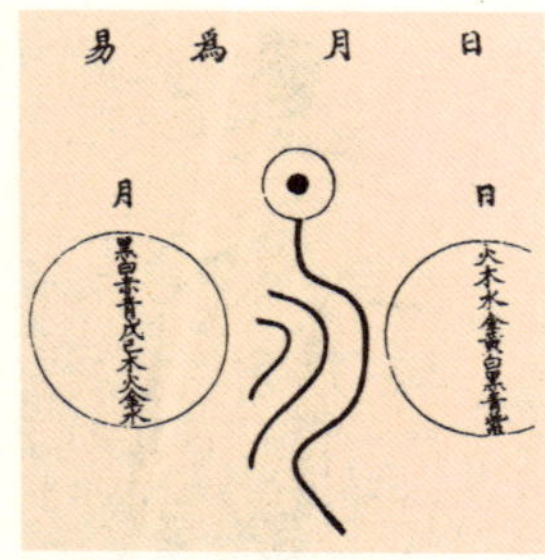

日月为易

伏羲像

思想，仍将鬼神分为天神、地祇、人鬼。在祭祀活动中，针对天神、地祇、人鬼，周人进行郊祀、社祀、祖祭。郊祀是周代最为隆重的祭祀仪式，具有十分显著的政治象征意义。郊祀是在镐京南郊的旷野中举行的祭天活动，周天子垄断了祭天的特权，因此又将郊祀称为“元祀”。“元祀”逐渐成为了国家政权的象征。

西周时期，天命神学理论已经完全成熟，天命神学思想渗入国家的政治生活之中。依照天命神学思想，西周建立了明堂制度，将明堂作为祖先祭祀场所、国家的行政中枢及教育机构。明堂制度的确立，标志着天命神学达到了鼎盛。

春秋战国时期，随着周朝王权的衰落，周王室无法继续用天命神学思想来控制人们的精神世界。天命神学思想逐渐瓦解，精神独裁被打破，诸子各派面对纷扰的时局，著书立说来阐发自己的观点。思想界异常活跃，出现了百家争鸣的局面。

三、玄妙《易经》之解读

《周易》是中华文化发展史上的一部奇书，其内容神秘而玄妙，不能为一般人所理解。《周易》是中国古代先民用于卜筮之书，其中所用的卜筮方法为“大衍筮法”，以蓍草为中介物进行占筮，通过卦象来推测凶吉祸福。殷周时期占卜是古代先民重要的政事活动，“凡国之大事，先筮而后卜”。古代先民信奉“万物有灵论”，将龟与蓍草看作是有灵之物，因此通过这两种有灵之物，可以卜问凶吉，消灾祈福。《周礼·春宫·大卜篇》曾记载，易分为三种，夏代之

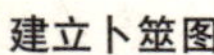
建立卜筮图

易为《连山》，商代之易为《归藏》，周代之易为《周易》。关于《周易》一书中“周”的解释，大多数学者认为“周”为周代之义。汉代经学家郑玄则将“周”看作周全、完备之义。关于三易的解释，郑玄提出：“《连山》者，象山之出云，连绵不绝；《归藏》者，万物莫不归藏其中；《周易》者，言《易》道普周，无所不备。”可见，“易”被视为变化之义，西方就将《周易》翻译为*Book of Changes*，将其看作“变化之书”。

河图

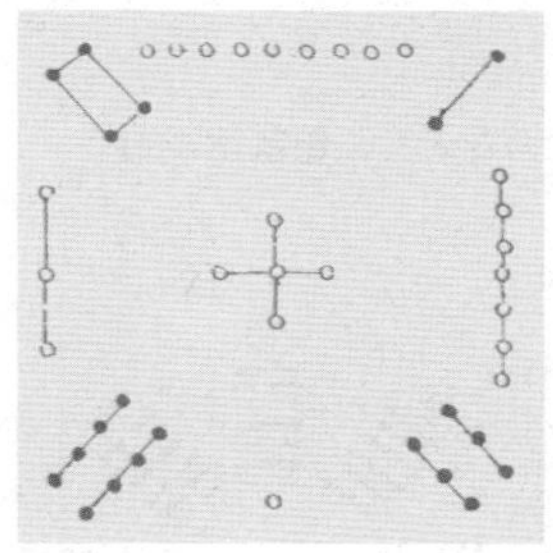

洛书

关于《周易》作者，至今无法作出定论。古人认为，《周易》由圣人所创，但它成书何时，作于何人，说法不一。《汉书·艺文志》提出了“人更三圣”的观点。“三圣说”认为，伏羲、周文王、孔子创立发展了《周易》，伏羲作八卦，周文王重演八卦为六十四卦，并作六十四卦和三百八十四爻的卦辞与爻辞，孔子作《易传》七种，凡十篇。《易经》的作者为伏羲、周文王，《易传》的作者是孔子。除“三圣说”外，又有“四圣说”传于后世。“四圣说”认为除了三圣外，周公也阐发了《周易》的思想，“三圣”与周公合称为“四圣”。伏羲、周文王与周公著写了《易经》。其中，文王将八卦演化为六十四卦，作六十四卦卦辞，周公则为三百八十四爻作了爻辞。伏羲居于“三圣”和“四圣”之首，被后人誉为华夏文明的始祖，又称为“庖栖”、“庖羲”、“宓栖”、“宓羲”、“伏戏”等。《易传·系辞上》曾记载，“河出图，洛出书，圣人择之”。相传黄河曾出现了一种图，称为“河图”；洛水中出现了一种书，称为“洛书”。伏羲洞察天象，通晓地理，受到“河图”的启发，推演出精妙的八卦。《易传·系辞下》记载，“古者庖栖氏之王天下也，仰则观象于天，俯则观法于地，观鸟兽之文，与地之宜，近取诸身，远取诸物，于是始作八卦”。周文王姬昌，原为商朝属国周的首领，被称为西伯昌。周文王注重礼乐教化，周围诸侯皆归顺于他。商纣残

河出图，洛出书

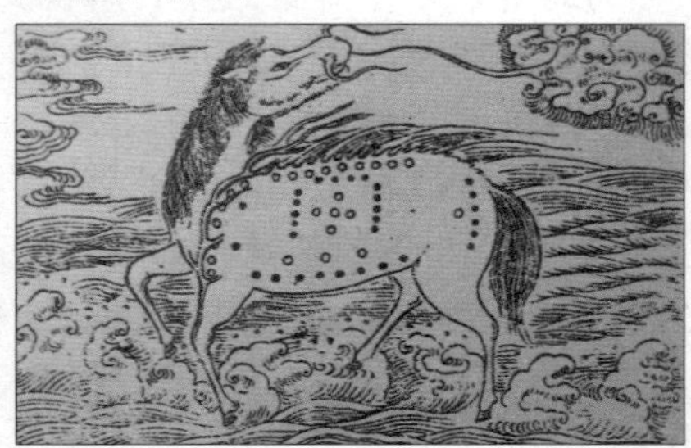

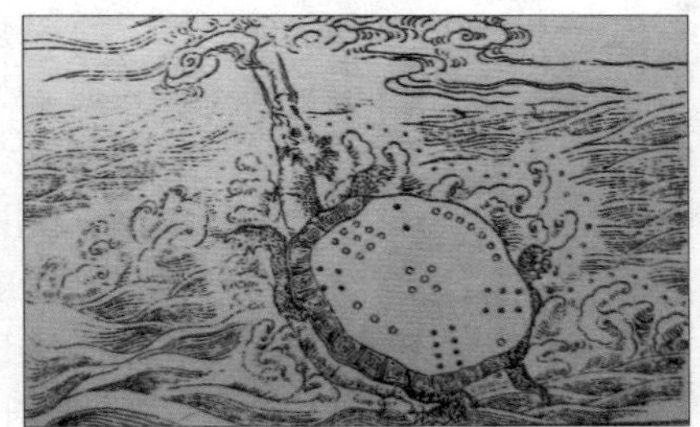

诞受羑若图

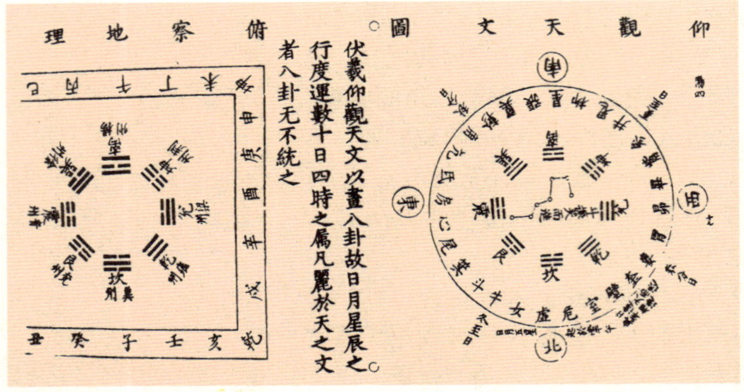

仰观天文、俯察地理图

暴无道，受崇侯虎蛊惑，将文王囚禁于羑（今河南汤阴北）。在七年的囚禁生涯中，文王感悟人生无常，忧患天下的安危，探究人生及社会的盛衰变化，构建了六十四卦。近人认为《周易》是在漫长的历史进程中，经多人创作、整理而成，并非某几位圣人所作。《易经》大约产生于殷周之际，大概是殷周时的卜筮之官所收藏编辑的古人占卜情况的记录。

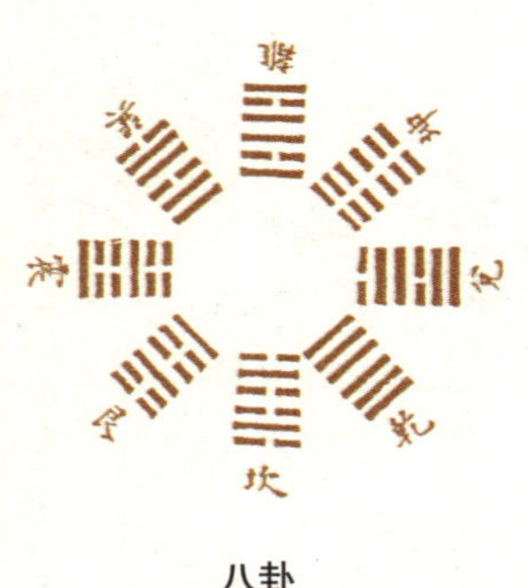

八卦

《周易》由《易经》与《易传》两个部分组成。《易经》是指《周易》古经，是一部占验和卜筮吉凶的典籍，被后世儒家尊为六经之一，它记载了六十四别卦的经文系列，《易传》是对六十四卦经文的诠释与论述，共有十篇：《彖》（上、下），《象》（上、下），《系辞》（上、下），《文言》，《说卦》，《序卦》，《杂卦》，又称“十翼”。

《易经》包含了两个系统：一个是符号系统，即卦的图象，叫卦象；另一个是文字系统，即卦辞。符号系统由“—”与“--”构成，“—”是阳爻的爻象，“--”是阴爻的爻象。阴爻与阳爻按每卦三画或六画排列，即得八种卦象或六十四种卦象。解说卦象的辞句称为卦辞，系于卦象之下，解说爻象的辞句称为爻辞。卦辞和爻辞大致分三类：第一类讲自然现象的变化，用来比拟人事。如《大过》卦九五爻辞说：“枯杨生华，老妇得其士夫。”第二类讲人事的得失。如《渐》卦九三爻辞说：“夫征不复，妇孕不育，凶。”第三类是判断吉凶的辞句。如《坤》卦卦辞说：“元亨，利牝马之贞。”卦爻辞主要是通过语言文字来说明卦象和卦意。伏羲所创八卦称为经卦，周文王所演化的六十四卦称为别卦。“经”有“本”、“原”等含义，“别”则有“派生”、“分支”等意思。八经卦由阴爻与阳爻三个一组，相互重叠组合而成。六十四别卦由八经卦两卦一组，相互重叠组合而成。八经卦分别为“乾”、“坤”、“震”、

卦象图

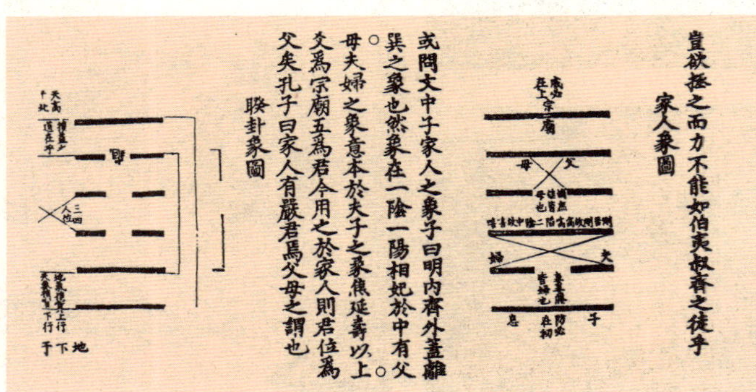

“艮”、“离”、“坎”、“兑”、“巽”。其中“乾”代表天，“坤”代表地，“震”代表雷，“艮”代表山，“离”代表火，“坎”代表水，“兑”代表泽，“巽”代表风。

后人为了诵记方便，将八经卦与六十四别卦编成了歌诀。按照八经卦卦象，歌诀为：

乾三连，坤六断，震仰盂，艮覆碗，兑上缺，巽下断，离中虚，坎中满。

六十四卦歌诀为：

乾坤屯蒙需讼师　比小畜兮履泰否
同人大有谦豫随　蛊临观兮噬嗑贲
剥复无妄大畜颐　大过坎离三十备
咸恒遁兮继大壮　晋与明夷家人睽
蹇解损益夬姤萃　升困井革鼎震继
艮渐归妹丰旅巽　兑涣节兮中孚至
小过既济兼未济　是为下经三十四

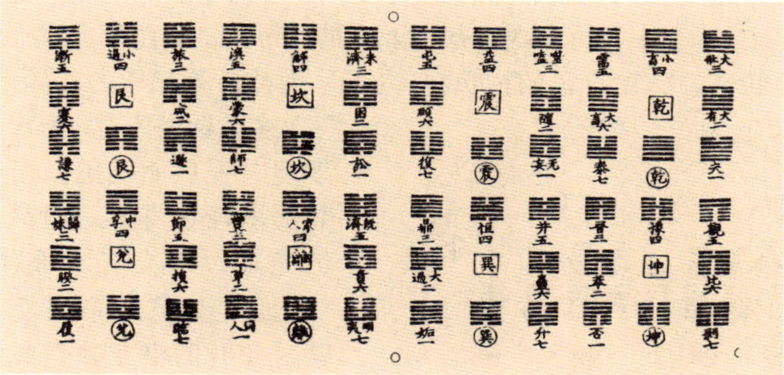

六十四卦

《易经》中，每一别卦皆有六爻，爻的位次自下而上依次为初、二、三、四、五、上。用“九”、“六”标明爻的性质，凡是阳爻皆以奇数九命名，而阴爻以偶数六命名。标明爻位的一个字与标明爻性的一个字相结合，作为每一爻的题识，称为爻题。一阳爻若是处在一别卦的初爻之位，该爻则称为“初九”；若是处在别卦的二爻之位，该爻则称为“九二”，以次类推。一阳爻处于一别卦的上位，该爻称为“上九”。阴爻若是处于一别卦的初爻之位，该爻称为“初六”；若是处于一别卦的上位，该爻成为“上六”。乾卦六爻皆为阳爻，处于六个不同位序上的阳爻依次分别称为“初九”、“九二”、“九三”、“九四”、“九五”、“上九”。

六十四别卦中，每一卦皆为一个相对独立的单元，都有各自相对自成一系的经文。乾卦的经文是：

乾：元亨，利贞。
初九：潜龙，勿用。
九二：见龙在田，利见大人。
九三：君子终日乾乾，夕惕若厉，无咎。
九四：或跃在渊，无咎。
九五：飞龙在天，利见大人。
上九： 亢龙，有悔。
用九： 见群龙无首，吉。

“乾：元亨，利贞”，该句为乾卦的卦辞 。“初九”是乾卦初爻的爻题，“潜龙，勿用”，龙潜伏不动，隐而不见。人若是处于“潜龙”之境，正是处于怀才不遇之时，这说明施展其雄才大略的时机还未成熟，此时需要韬光养晦，积蓄力量，等待时机。“九二”为乾卦第二爻的爻题，“潜龙，在田”，龙已经出潜离隐，处于地面之上。“大人”的出现，有利于提携、帮助，从而使人摆脱“潜龙”状态，施展自己的抱负。“九三”为乾卦第三爻的爻题。“君子”终日勤奋不息，为自身的发展与安危而忧虑。虽然有危险出现在身边，但最终有惊无险，不会有灾难降临。“九四”为乾卦第四爻的爻题，此时的潜龙要摆脱潜伏状态，在地面上跳跃，但还未升腾于天。当人处于此种状态，不安于现状，能够顺利地改变环境而不会发生过错。“九五”是乾卦第五爻的爻题，“飞龙在天，利见大人”，龙已经飞于天空，此时人已经交上“华盖运”，开始飞黄腾达，受到“大人”的赏识而得到重用。“上九”是乾卦终

六十四卦致用图

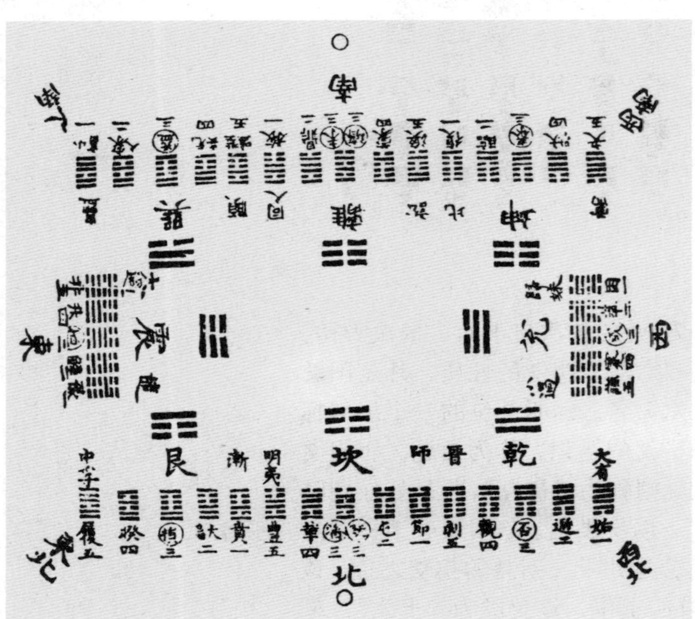

爻的爻题，“亢龙，有悔”，龙飞到极高之处，过高则有悔。物极必反，月盈则亏，器溢则倾。人处于“亢龙”的状态，盛极一时，则会由盛转衰。最后乾卦以“用九”为提示语，启示人们，乾卦六爻皆阳，为群龙之象。群龙中没有列于首位的，亢龙无过失，因而该卦是吉兆。

通过《易经》的卜筮方法，古代先民试图来认识宇宙，把握自身命运，并且以变化的视野来关注宇宙与人生，这种变易观念已经在《易经》中初步形成。《易经》虽属占卦之书，但在其神秘的形式中蕴含着较深刻的理论思维和朴素的辩证观念，也在客观上反映了上古社会的多种情况。例如它承认事物存在着对立面和对立事物的互相转化，表达了物极则反的观点，从《易经》中可以看出中国古代辩证法思想的萌芽。《易经》的思想闪耀着中国古代先贤的智慧光芒，是中华民族的智慧源头，为中国传统文化注入了无限的生机与活力，因而在中国思想史上占有重要地位。

四、五行说的起源

中国古代先民在长期的生产实践中，初步认识了自然现象，逐渐总结出一些关于自然的实践经验。最初的五行观念来源于人们与木、土、水、火、金属打交道的五种基本的生产活动。上古时期，先民遭受洪水之灾，苦不堪言。在长期的治水斗争中，我们的先祖从治水经验中推演出了最初的五行观念。相传舜曾命令鲧治理洪水，鲧无视水、土的特性，采取了堙堵的方式治水，用筑堤来阻挡洪水。治水九年，无功而返，鲧被舜下令流放，死于远方。鲧之子禹重新认识了水、土的特性，改变了其父的治水方式，统一划分治水区域，采用疏导的方法，将洪水引入湖海。大禹苦心治水，三过家门而不入。他治水十三载，最终完成了先父的宿愿，治水大功告成。《尚书·洪范》中记述了这段历史：“我闻在昔，鲧堙洪水，汩陈其五行。帝乃震怒，不畀洪范九畴……鲧则殛死，禹乃嗣兴。天乃锡禹洪范九畴，彝伦攸叙。”五行逐渐受

试鲧治水图

大禹治水图

到了人们的重视。为了巩固治水成果，五行在夏代被列为国家的根本性大法，夏朝统治者还设立了专门机构来管理水、火、木、土、金。五行概念最早出现在《尚书》的《夏书·甘誓》篇中，他是夏启在甘地同有扈氏决战时发布的誓辞，其中指责有扈氏“威侮五行，怠弃三正”。这里的“五行”，大概指的就是土、木、水、火、金。但后世学者对《甘誓》一书的真伪问题产生质疑，现今普遍认为《尚书·洪范》对“五行”作出最早可靠的记载。

按传统说法，《洪范》是西周时期的作品，经春秋、战国或有所增益。近人则怀疑它是战国时期的作品。相传大禹得到《洛书》，历代夏王对此书都十分重视。到了殷商，《洛书》传给箕子。箕子是商纣的臣子，因苦谏而触怒了纣王，险遭遇害。周朝建立后，箕子归顺武王，得到重用。周武王向箕子询问治国方略，箕子依据《洛书》，详细阐述了九种大法，史官记录了他的话，写成《洪范》。“洪范”就是“大法”的意思，该篇以建立统治秩序为中心，提出了治理国家的九条根本大法，称作“洪范九畴”。具体为：

王访箕子图

天赐九畴图

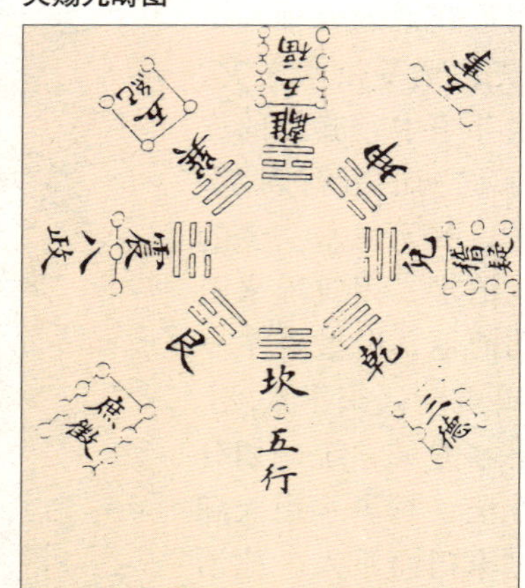

初一曰五行，次二曰敬用五事，次三曰农用八政，次四曰协用五纪，次五曰建用皇极，次六曰乂(yì) 用三德，次七曰明用稽疑，次八曰念用庶征，次九曰向用五福，威用六极。

其中以五行为首，五行，即水、火、木、金、土。在这里，《洪范》对五行这五种简单的自然物质进行了初步考察，指出了其性质和作用："水曰润下，火曰炎上，木曰曲直，金曰从革，土曰稼穑。润下作咸，炎上作苦，曲直作酸，从革作辛，稼穑作甘。"根据五种基本物质的自然属性，《洪范》从其味道中来区分这五种基本物质，确定了五行的别名，将水、火、木、金、土依次称为润下、炎上、曲直、从革、稼穑。原始五行说从物质的性质、方位、形状等对物质进行了区分，认识到不同质的物质之间存在着差异，物质有"润"、"燥"之分，有"上"、"下"之别，有"曲"、"直"之异。水的属性是向下浸润的，其味是咸的；火的属性是向上燃烧的，其味是苦的；木的属性是可曲直的，其味是酸的；金的属性是能被熔化变形，制成武器和工具，给人们带来辛苦；土的属性是能种庄稼，由于稼穑产生出了甘味。可见，五行与人类生活是密不可分的。

古代先民根据五行的属性特征指导生产实践活动。人们根据"水曰润下，火曰炎上，木曰曲直，金曰从革，土曰稼穑"，疏导河道，引水灌溉，种植五谷，用木材制造车船，用矿石冶炼金属，以至统治者为了巩固政权，把五行列为治理国家的根本大法，把它们看作天赐予的、神圣不可侵犯的东西。《洪范》中的五行说只是对简单的自然物进行了分类，把五行作为构成物质世界的基本要素，并没有认识到五行之间的生克关系和前后排列顺序，但却蕴涵了古代先民宝贵的哲学思维，推进了人们对自然界的认识，发展了朴素的唯物自然观。

弋射收获 东汉画像砖

西周末年的史伯则进一步发展了五行说，提出了"五行相杂以成百物"的哲学命题。史伯曾为周朝太史，他面对西周末年社会动荡不安、民心不定的时局，提出了"和实相生，同则不继"的思想。据《国语·郑语》记载，史伯与郑桓公谈论西周末年的政局。郑桓公为郑国始封之君，周幽王时曾任司徒一职。郑桓公问史伯，周王室今日逐渐衰微，如何才能使其免于灭亡。史伯回答道，周王室必将衰落，而北方、西方的戎狄等少数民族将会逐渐兴盛，这是大势所趋，不可变更的。郑桓公又向史伯问道，现今的周王室到底有哪些弊政呢？史伯引《泰誓》的“民之所欲，天必从之”指出，周幽王远离贤明有德的臣子，亲近奸邪枉佞的小人，“去和而取同”，抛弃和谐而取绝对等同。史伯认为世界是多样性的统一，“和”乃世界的根源，世界万物是有多种物质结合而成。不同性质的物质相加，使之相反相成，相互作用，称为“和”，万物因此才能产生、发展；相同的物质相加，万物则将废弃。史伯强调：“先王以土与金、木、水、火杂，以成万物。是以和五味以调口”，强健四肢使身体健康；作黄钟、大簇、姑冼、蕤宾、夷则、无射等六种音律以“聪耳”；正耳、目、口、鼻等七窍以“役心”；正首、腹、足、股、目、口、耳、手等八索以“成人”；建心、肝、脾、肺、肾、胃、膀胱、肠、胆等九纪以“立纯德”；集合王、公、大夫、士、皂、隶、僚、仆、台等十数来教导百官。史伯主张物质与物质之间相配合，从而使万物和谐。

羲和主日与常羲主月
汉画像砖

史伯概括了“和”与“同”的范畴，论述了“物”与“五行”的关系。史伯认为，“五行”作为构成万物的根本，是产生万物的物质元素，“五行”相和才能产生出千差万别的物体。“五行”与“物”的关系，是一般与个别，一与多的关系，如同“和六律”而产生悦耳动听的音乐，“和五味”而得到味道鲜美的滋味。在治理国家上，君主采纳群臣之谏，从善如流，顺言逆言皆要听取，这样才能实现“和乐如一”的局面。若是无视万物的差异，“去合而取同”，则会“以同裨同，尽乃弃矣”。

春秋战国时期，五行学说进一步流行起来，“五行”被广泛用以解释自然和社会的演变，甚至成为自然界的法则和人们的行为规范，在中国古代科学史、政治史、宗教史、伦理学史的广阔领域中都产生了深远影响。

五、阴阳观念的产生

阴阳作为中国古代哲学的基本范畴之一，是贯穿中国古代哲学的重要观念。阴与阳在古代汉语中的解释，总是呈相对关系。阳指山的南面，水的北面；或阳光，又引申为温暖、明亮。阴指山的北面，水的南面；或阴天，又引申为阴影。“阳”字最早在甲骨

文中发现，其后在金文中又出现了阴阳二字。在《诗经·大雅·公刘》中还出现了阴阳连用，“既景乃刚，相其阴阳”。这时的阴阳所蕴涵的意义仅仅局限于它们的本来之意，阳本意为日光所照耀之地所呈现的明亮状态，阴的原意为日光遮蔽之处所呈现出的阴暗状态，都是感性直观的。

古代先民看到人在天地之间，受天地恩泽，天降甘霖，地生万物，人才得以繁衍生息。日月高悬空中，照耀着朗朗乾坤。人们通过日月来判断阴晴，根据日光的照射方向，来确定方位；发现种植作物要遵循“向其阴阳”的规律，向阳种植的作物丰收，背阴种植的作物则减产。昼夜交替，人们日出而作，日落则息。寒暑更迭，四季变化，人们春种秋收。在长期的生产实践中，先民逐渐认识到日月、天地、阴晴、寒暑、昼夜等自然现象，并对它们作了初步探寻。古人还根据太阳与月亮的运行规律，创立了阳历与阴历。最早阴阳观念根植于农业生产实践，是人们在日常的生产、生活中从对日月运行、阳光向背等自然现象的观察中逐渐萌发出来的。此外关于雌雄两性关系的认识，对阴阳观念的形成也产生了重要影响。起初的阴阳观念与天文、历法和社会生产密切结合，指导了农业生产。人们用阴阳来指代具体事物及其存在着的相反的两种属性，阴阳概念尚未从具体事物中完全脱离出来。

西周时期，虢文公、伯阳父等人提出了“阴阳”范畴，用“阴阳”二气来解释万物消长、变化。虢文公是周宣王卿士，曾用阳气来解释自然现象。周宣王即位（前827）后，不行籍田之礼，虢文公在进谏的言辞中有“阳气俱蒸，土膏其动”一句。他认为春天大地复苏，土地解冻是由阳气上升所致。阴阳概念与气概念的结合对阴阳学说的形成起了促进作用。

伯阳父曾任周朝大夫，是西周末期的思想家。在中国古代哲学史上，伯阳父最早明确提出了“阴阳”范畴，用阴阳二气解释地震。据《国语》记载，周幽王二年（前780），泾水、渭水、洛水三河流域发生地震，伯阳父以哲人特有的理性对此进行了解释和分析，并断言“周将亡矣”。阴阳二气充塞于天地之间，不能改变二气的运行法则，如若阴阳二气失调则将天下大乱。阳气潜伏于下不能出来，阴气压迫阳气使之不能升腾，就会发生地震。今三川实震，是因为阳气失去其所处之所，为阴

玉制牡鹿牝鹿 殷周

烽火戏诸侯

气所镇，处于阴气之下，二气失调所致。地震引起山崩，河流源头必被堵塞，河流断竭，土地干涸，百姓则会遭遇荒年。土地、河流为国家生存之本，山川崩竭是国家衰亡的征兆。当阴阳二气调和，水土通气，土地润泽，作物才能丰收。伯阳父认为，夏朝末年洛水、伊水干涸，夏朝覆灭。黄河枯竭时，商朝被周朝取代。伯阳父预言在十年内，周朝将灭亡。周幽王十一年，伯阳父的预言得到证实，幽王为赢得美人欢心而“烽火戏诸侯”，却在众诸侯中失去了威信。北方少数民族犬戎攻入周朝国都镐京，烽火台再次点起，各路诸侯不为之所动，周幽王死于乱军之中，镐京被毁。周平王即位，迁都洛邑，史称“东周”。

在伯阳父看似神奇的预言背后，其实隐含着当时社会矛盾的深刻分析。在经历了夏商时期王朝的生灭、兴衰后，人们看到了君臣之分、贵贱之别，感受到了贫富、治乱、兴衰等社会矛盾现象。统治者逐渐认识到社会矛盾的激化与缓和直接关系到国家的兴衰、治乱。由于当时社会已发展到这样一个阶段：新生势力方生而不能出，腐朽势力采用“监傍”、“料民”的手段来迫之、镇之，矛盾激化到一定程度，就会失去平衡，爆发政治性的“地震”，奴隶主贵族的统治就要崩溃。

伯阳父用阴阳二气来解释“山川皆震”，将阴阳二气看作矛盾运动的实体，阴阳二气相互作用，既对立，又统一。地震正是由于阴阳二气“失其序”、“失其所”而造成的。西周时期，天命神学主宰着人们的思想，伯阳父用自然原因解释自然现象、社会现象，透出了一丝理性的光芒，有力地冲击了天命神权思想，在当时具有进步意义。

第二章 中国哲学范型的创始

公元前770年，周平王即位，迁都洛邑，是为东周之始。此后至周敬王四十四年（前476）称为春秋。春秋时期，铁器与牛耕的推广普及，推动了生产力的发展，私田数目不断增多，奴隶制经济基础——井田制遭到破坏。周王室日渐衰微，周天子失去了往昔的尊严与威望，诸侯僭越于天子之上，礼崩乐坏。为了扩充自身势力，各诸侯国逐鹿中原，兼并战争愈演愈烈，出现了“春秋五霸”。在奴隶社会分崩瓦解的过程中，思想领域也发生着深刻变革，天命神权思想受到了冲击，思想文化领域开始出现活跃局面。

季梁、史嚚等人主张重民轻神，民为神主，先民后神。叔兴、子产等人提出了“天人相分”的观点，认为“凶吉由人”，“天道远，人道迩”，要注重人道。晏子、史墨等人则发展了朴素辩证法思想。许多思想家利用五行、阴阳观点解释自然现象，探索社会变革，推动了五行、阴阳思想的进一步发展。

面对社会的激荡与变革，思想家们著书立说，开创了众多学派。道家、儒家、兵家、墨家等纷纷登场，阐发各自对时局的看法，提出各种治世主张。老子提出了“小国寡民”的为政思想，主张清净无为、无为而治，创立了道家。孔子创立了儒家学派，提出正名思想，主张“克己复礼为仁”，力图恢复周礼，实行中庸之道。孙武是兵家的开创者，他提出了富国强兵的思想和许多军事原则，发展了军事辩证法。墨翟则从小生产者利益出发，提出了“兼爱”、“非攻”、“尚贤”、“尚同”等思想，由此开创了墨家学派。墨家在当时影响很大，秦汉以后却成了绝学。此外，法家、名家也初露端倪。在中华文明之光的照耀下，各派日渐壮大，最终形成了博大精深、海纳百川的中国哲学体系。

一、疑天思想

春秋时期，生产力的发展引起了社会生产关系的变革，奴隶制度逐渐崩溃。伴随着政治变革的深化，思想领域内也发生了深刻变革。天命神权思想受到了冲击，其统治地位开始发生动摇。朴素唯物主义与无神论思想逐渐发展，众多思想家的言论中渗透着无神论倾向，提出了重人、重天的思想。季梁、史嚚、叔兴、史墨、宫之奇等人作为春秋时期的贤臣，针对时局所阐发的言论体现了“重神轻民”、“天人相分”等思想。

季梁，春秋初年随国大夫，在神民关系上主张民为神主，先民后神。据《左传》记载，楚武王欲吞并随国，采取了欲擒故纵之计，楚军故作羸弱之态，放纵随国进而助长随国的骄气。随侯认为楚军兵弱，便一意孤行下令伐楚。季梁立即规劝随侯，揭穿了楚国的诡计。季梁认为，只有小国有道而大国衰颓无道，小国方能战胜大国。季梁进而指出了“道”、“忠”、“信”的意义，君主对臣民忠诚、对鬼神诚信，这称为“道”；君主与臣下时刻为人民的安危担忧，为人民谋福利，这称为“忠”；祝巫与史官的言辞真实无误，这称为“信”。可随国现在是国弱民穷，君主无道，臣下不忠，祝巫与史官无信。季梁指出，贤明的君主不会一味地迷信鬼神，单纯依靠供奉鬼神不会使国家强盛。季梁明确提出，“夫民，神之主也。是以圣王先成民，而后致力于神”(《左传》)。季梁告诫随侯要以人民为重，贤明之君一定把人民放于首位，要让人民安居乐业、衣食富足，然后才能尽心供奉鬼神。随侯听取了季梁的谏言，一心修明国政，国力逐渐充实。楚国因此也不敢染指随国。

鲁庄公三十二年（前661），虢公听信了传闻，认为神灵垂青虢国，降到了虢国境内“莘”的地方。于是虢公向神灵供奉祭品，祈求神灵赐福，赏赐给虢国大片土地。史嚚受虢公之命，参与了祭神仪式。史嚚对虢公祭神表示担忧，预言“虢其亡乎”。史嚚认为，“国将兴，听于民；国将亡，听于神。神，聪明正直而壹者也，依人而行”(《左传》)。史嚚认为，虢公寡德无道，荼毒百姓，神灵绝不会降福于他。史嚚更加肯定了人民的力量，强调民意决定天意，人民的意志真正决定国家的兴亡，神灵根据人的善恶来决定赐福、降祸。

虢国太子使用的云纹异形兽尊

宫之奇，春秋时期虞国大夫，提出了“鬼神非人实亲，惟德

是依”，他在重视天道的同时，而更加注重人道。鲁僖公五年，晋国想借道虞国从而攻打虢国。宫之奇劝谏虞国国君，向他讲述了“辅车相依，唇亡齿寒”的道理。虞国国君不以为然，自认为虔诚地祭祀鬼神，所献祭品丰盛洁净，鬼神一定会庇佑、赐福于他。宫之奇认为，“皇天无亲，唯德是辅”（《左传》），鬼神只会歆飨有德之人的供品，鬼神并非会庇佑每一个人，只会保佑贤德之人。若是国君无德，百姓不会一心拥戴君主，鬼神不会庇佑无道的君主。虞国国君拒绝了宫之奇的谏言，答应了晋国借道的请求。宫之奇预见到了虞国的厄运，携全家远走避难。晋国灭掉虢国后，突袭虞国，俘获了虢国国君。

鲁僖公十六年（前644），五颗陨石降落到宋国，六只鹢鸟倒退着飞过了宋国的都城。宋襄公向周朝史官叔兴问询，探讨这怪异现象的凶吉。叔兴对宋襄公所问，提出了异议。叔兴认为，怪异现象的发生是“阴阳之事，非凶吉所生也。凶吉由人”（《左传》）。自然界的怪异现象与人的凶吉祸福没有必然联系。叔兴的观点蕴涵了天人相分的思想，否定了将灾异现象与社会人事凶吉相比附的观点。

史墨为晋国的史官，提出了“物生有两”、“皆有倍贰”的思想。鲁昭公执政期间，鲁国有孟孙氏、叔孙氏、季孙氏等三大贵族，其中季孙氏是鲁国的改革派，代表了新兴的地主阶级的利益。鲁昭公与季孙氏发生了争执，昭公被驱逐出鲁国，客死于乾侯。季孙氏驱逐了鲁昭公，但鲁国的百姓并未谴责季孙氏，反而更加信服他。诸侯各国也认可了季孙氏的所作所为。当时晋国的赵简子针对这件事，向史墨提出了疑问。史墨认为，“物生有两，有三、有五，有陪贰。故天有三辰，地有五行，体有左右，各有妃耦。王有公，诸侯有卿，皆有贰也”（《左传》）。在史墨看来，世间万物自产生起，皆有其相对的配偶。有时是两个在一起，有时是三个在一起，有时则会是五个在一起，总之万物皆有自己的对立面。史墨认为自然界与社会都存在相对应的各种关系，如人人皆有配偶，王有公，公有卿。他进而指出，鲁昭公与季孙氏之间存在着相互对应的关系。昭公无德，不为百姓所拥戴。季孙氏世代为鲁君的股肱之臣，深得民心。“社稷无常奉，君臣无常位”（《左传》），君王与臣下的关系并不是一成不变。史墨注重民意对历史发展的作用，以发展变化的眼光来关注社会的变迁。史墨认为，对立双方力量的消长最终引起事物的发展变化，其包含了朴素的辩证法思想。

鸟尊 春秋前期

郑国执政子产重人事而远天道，具有明显的“天人相分”的思想倾向。据《左传》记载，昭公十八年，二十八星宿之一的“大

火”出现在空中，鲁国大夫梓慎预言，宋、卫、陈、郑四国将同日起火，裨灶向子产提议，用玉杯、玉勺等器物祭天，郑国可免遭大火。子产拒绝了裨灶的请求，认为“天道远，人道迩，非所及也，何以知之？”（《左传》）过了一年，郑国遭遇洪灾，传言两龙在城外水潭相斗，有人提出要求祭龙来消除洪灾，子产则不以为意，认为“我斗，龙不我觌也；龙斗，我独何觌焉？禳之，则彼其室也。吾无求于龙，龙亦无求于我”，人们不必去管龙的事。子产认为，天道与人道相分，两者各不相干。天道是非常渺茫、难以揣摩的，人道与国家的安危、百姓的生活息息相关，人道重于天道。子产极力反对将自然界所出现的所谓神异现象与人事凶吉相比附，否定了当时所流行的迷信观念，认为凶吉祸福与人事有关，而与天道并无必然联系。子产的“天人相分”思想具有无神论倾向，对后世产生了重要影响。

马师皇
传说黄帝的兽医马师皇擅长治马，甚至连龙的病也能治好

疑天思想的发展，有力地冲击了天命神学思想，发展了朴素的自然观与无神论观念，把人从“天”、“神”的精神束缚中解放出来。

二、管、晏思想

管仲（约前725—前645），名夷吾，字仲，谥敬，故又称敬仲，后世尊称管子。春秋时楚国颍上（今安徽省阜阳县境内）人。管仲少年家贫，为谋生存做过买卖，当过小吏，也当兵打过仗，有着丰富的人生经历。然而命运对他似乎却是苛刻的，在他早年所干的这些营生中，几乎没什么是成功的。他最大的成功应该说是交到了一位真正的朋友——鲍叔牙。《史记·管晏列传》引其自述说：“吾始困时，尝与鲍叔贾，分财利多自与，鲍叔不以我为贪，知我贫也。吾尝为鲍叔谋事而更贫困，鲍叔不以我为愚，知时有利不利也。吾尝三仕三见逐于君，鲍叔不以我为不肖，知我不遭时也。吾尝三战三走，鲍叔不以我为怯，知我有老母也。公子败，召忽死之，吾幽囚受辱，鲍叔不以我为耻，知我不羞小节而耻功名不

齐桓公与管仲 汉画像砖

管仲像

显于天下也。生我者父母，知我者鲍子也。”管仲曾辅佐齐僖公之子公子纠，鲍叔牙则效命于公子纠的庶弟公子小白。二公子为免遭迫害而逃离齐国。后来，公子纠与公子小白回国争位，在路上管仲试图射死公子小白，但公子小白装死逃过此劫，抢先回到齐国继任国君，这就是历史上有名的春秋霸主——齐桓公。作为管仲的患难之交的鲍叔牙，极力劝说齐桓公冰释前嫌，重用管仲。齐桓公不计一箭之仇，擢管仲于缧绁之中，委以国相，他的人生从此才发生转折。

管仲执政之后，因势制宜，进行全面改革。在政治方面，加强君权，建立了一套由中央和地方二级组成的完整的官僚政治体制。分全国为十五士乡和六工商乡，分鄙野五属，设各级官吏管理。“相”辅佐国君处理国家政事，“相”之下设立五官，分别为“大行”、“大司田”、“大司马”、“大司理”、“大谏”。“相”秉承君命，统令百官，五官则各司其职。大行主管国家外交事务，大司田主管国家经济生产，大司马主管国家军事，大司理主管国家司法，大谏则负责监督百官言行。五官之下又设立各级官职，负责具体事务，从而形成了一套行之有效的行政体制。他广纳贤才，“察能授官”，士经过三次审选，卓越者可为“上卿”。同时管仲也考虑到国民在政治中的基础作用，把服从人民的呼声当作最根本的决策原则。经济方面，他不拘泥于农桑发展，根据齐国的经济特点，注重鱼盐之利，发展工商业。他还对工商业进行政策性保护，免除工商业者的兵役，保护工商业者利益。他还铸造货币以通货积财；又调剂物价，按土地好坏征收租税；适当征用力役，禁止掠夺家畜等。他主张“赋禄以粟”，改食邑制为俸禄制。管仲一方面提出“仓廪实则知礼节，衣食足则知荣辱”的思想，把经济建设作为立国的基础；另一方面他也极其重视道德建设的重要意义，采取礼法并重的政策，将“礼、义、廉、耻”视为治国之四维，强调“四维不张，国乃灭亡”。军事方面，管仲创立了军政合一、军民一体的制度，直接以乡里为军事编制，使齐国的军事力量大大增强。在对外方面，提出“尊王攘夷”的口号，以此召令诸侯，抗击山戎、狄人等少数民族的侵扰，联合诸侯讨伐对周王大不敬的楚国，从而借机发展壮大齐国势力。在管仲的谋划下，齐桓公多次召开诸侯会盟，迫使许多诸侯国臣服于齐国。周襄王派代表参加“葵丘会盟”，齐桓公的霸主地位得到周天子的正式承认。管仲助齐恒公“九合诸侯，一匡天下”，建立了不朽的功业。孔子曾称赞他说：“管仲相桓公，霸诸侯，一匡天下，民到于今受其赐。微管仲，吾其被发左衽矣。岂若匹夫匹妇之为谅也，自经

《管子》书影

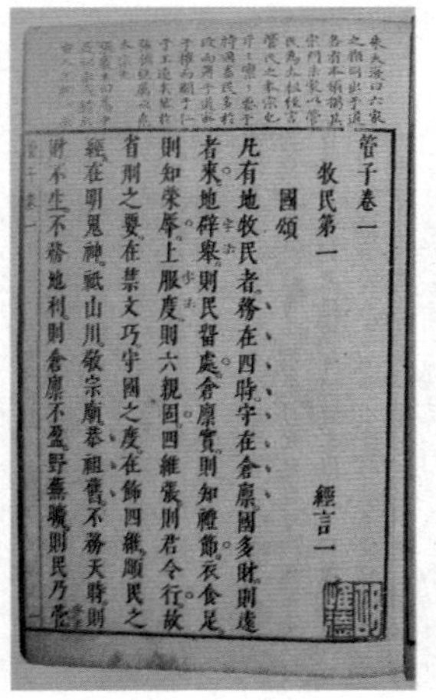

管子卷一

牧民第一　經言一

國頌

凡有地牧民者務在四時守在倉廩國多財則遠者來地辟舉則民留處倉廩實則知禮節衣食足則知榮辱上服度則六親固四維張則君令行故省刑之要在禁文巧守國之度在飾四維順民之經在明鬼神祇山川敬宗廟恭祖舊不務天時則財不生不務地利則倉廩不盈野蕪曠則民乃菅

于沟渎莫之知也。”这可以说是很高的褒奖了。

管仲不仅是一位杰出的政治家，还是一个重要的思想家。他的思想博大宏富，既有政治的实践经验，又有理论上的总结，举凡政治、哲学、经济、军事、道德伦理等方面，都有相当深刻的认识，曾被荀子称为“天下之大知（智）”。其思想主要保存于《管子》一书中。《管子》大约成书于战国时代，虽以管仲而命名，实则大部分是齐国稷下学者的著作，也有人以之为管仲及其学派的著作总集，现存76篇，其中也有汉代附益的部分。

《管子》认为，精气是构成万物的最小颗粒，又是构成无限宇宙的实体，说明了世界的物质性。在物质和精神的关系上，《管子》认为，有意识的人都是由精气生成的，“凡人之生也，天出其精，地出其形，合此以为人，和乃生，不和不生”，“气道乃生，生乃思，思乃知，知乃止矣”。《管子》没有否定鬼神，但它认为鬼神也是由精气生成的，精气“流于天地之间，谓之鬼神”。他把鬼神视为普通一物，否认它是超自然的，具有泛神论倾向。《管子》还认为，认识的对象存在于认识的主体之外。它说：“人皆欲知，而莫索其所以知，其所知，彼也；其所以知，此也。”它又认为，在认识的过程中，主体要舍弃主观臆断，以外物为认识根据，要反映外物的真实情况。它称这种认识方法为“静因之道”，“是故有道之君，其处也若无知，其应物也若偶之，静因之道也”。

《管子》崇尚法治，认为“法者不可不恒也，存亡治乱之所以出，圣君所以为天下大仪也”。同时，它也提出了礼法相辅的教化观，认为礼法不可偏废，不可互相替代。《管子》还提出了利义并重的价值观。在强调道德伦理价值的同时，也看到人具有“趋利避害”的本性，因此发展经济、富民养民，满足人们的物质文化要求实为为政之必须。另外，《管子》对于君臣之道、人才的选拔原则、去奢节俭的廉政思想等有深入的讨论，并提出了极具价值的思想。《管子》的思想，尤其是精气说对中国唯物主义宇宙观产生过深远影响。其后的哲学家如王充、柳宗元等都受过它的影响。

“管子卒，齐国尊其政，常强于诸侯。后百余年有晏子焉。”（《史记·管晏列传》）晏子（约前585—前500），名婴，字仲，谥平，齐国夷维（今山东高密）人，春秋时期齐国大夫，曾辅佐灵公、庄公、景公，参政50余年，称得上是三朝重臣。他出身名门望族，自己又身居相位，却始终过着清贫的生活。穿的是“缁布之衣”，吃的是“脱粟之食，五卯、苔菜”，常“肉不足”，住的是潮湿、喧嚣的旧宅，

二桃杀三士 汉画像砖
齐国勇士公孙接、田开疆、古冶子自恃有功，被晏子视为有害国家安危之人，而用二桃谋杀之

景公想赐封孔子，但遭到晏婴的反对，孔子只好离开齐国

坐敝车，驾驽马，以实际行动为当时普遍追求奢华的社会树立了一个清正廉洁的榜样，也为他重俭力行的思想作出了最好的诠释。晏子才智出众，勤政爱民，深为百姓所仰望。他出使各诸侯国不辱使命，善于辞令，舌战群雄，极力维护齐国利益。“晏子使楚”的故事，已是家喻户晓，从中足以知晓晏子的聪敏与气节。

晏子深谙治国之道，在内政外交上效法管仲，继承了管仲富国强兵的治国思想。晏子为政时期，齐国正值多事之秋，姜齐政权摇摇欲坠，尽人皆知田氏家族谋权篡位之心。晏子力挽狂澜，改革齐国弊政，复兴齐国之大国风范。他继承发展了史伯的“和实生物，同则不继”的观点，发展了古代朴素辩证法思想，提出了“和与同异”的命题。据《左传·昭公二十年》记载，晏子与齐王谈论政事，齐王声称梁丘据对自己言听计从，从未提出过异议，因此认为他们君臣二人的关系是“和”。晏子则并未同意齐王的观点，认为齐王与梁丘据二人的关系为“同”，明确辨别了“和”与“同”的区别。晏子从烹调汤羹讲起，要在不同的时间、火候，将不同的佐料与鱼肉相调和，并根据所放佐料的不同来把握不同的火候，这样各种不同的佐料与鱼肉相互交融，佐料的味道才能融入鱼肉之中，鱼肉的美味方能融入汤羹之中，所烹制出的汤羹味道才会鲜美可口。反之，若以单一的佐料，一味用同样的火候来烹调汤羹，所调制出的汤羹必定会平淡无味。晏子又把烹调汤羹的道理，推广到治国上。君主与群臣要相互讨论国家政事，君主要广纳百谏，听取臣子的不同政见，君臣关系是“和”，这样方能做到政通人和，国富民强。反之，若是君主一意孤行，封闭言路，臣子终日谄媚君主，对君主唯唯诺诺，言听计从，君臣关系一味为“同”，国家则势必倾颓，其灭亡就指日可待了。晏子从治国之道再推延到自然，认为单一的味道、单调的声音皆不为人所喜爱，将水与水加在一起，没人会喜欢这种味道，拨弄一根琴弦而只发出一种音调，没有人认为这是音乐，更没有人喜欢去听。只有“济五味”、“平五声”，才能“以心平心，成其政也”。声音要音域宽

广，“一气、二体、三类、四物、五声、六律、七音、八风、九歌，以相成也”。自然界中的各种事物存在着对立、依存关系，“清浊、大小、短长、疾徐、哀乐、刚柔、迟速、高下、出入、周疏，以相济也。”清浊、大小等矛盾反映了自然界中事物的对立与依存，晏子看到了事物之间既是对立的，同时也具有“相济”、“相成”的同一性。

晏子强调事物之间的“相济”、“相成”，提出了“度”的观点。国家的盛衰与治乱，很大程度上取决于君主的统治，鬼神对国家的盛衰并无直接关系。君主的统治尚未达到导致国家衰乱的程度时，国家则继续兴盛下去；如果君主的无道统治超越了“度”，横征暴敛、荒淫无度，就会使百姓怨声载道，民不聊生，此时无论君主如何虔诚地祈求上苍、祭祀鬼神，上天与鬼神也不会赐福于这个国家。该国必定难以扭转颓败之势，难逃亡国噩运。在君臣关系上，晏子主张国君与臣下要各自行使其职责。国君不能只是高高在上，驾驭百官、群臣，鱼肉百姓，而要以治国为重；臣子则不能只贪图国家俸禄，要以国家社稷为重，敢于谏言，规劝国君。国君为国捐躯，臣下必定要随着君主同死；国君为国而出亡，臣子必定追随君主逃亡。若是国君无道，因荒淫暴虐而亡，臣子则不必为这样的君主而死。

齐景公在位时，“内轻百姓，崇乐以从嗜欲，诸侯不说，百姓不亲”。晏子时常进谏忠言，规劝齐王推行礼仪，尊崇德行。他还极力反对齐王重用巫师，花费大量的民力物力，频繁地祭祀上天。晏子主张，天意必定顺应民意，国君应勤政爱民，而不可一味祭祀鬼神而不行礼法、德行。晏子曾说道，古代的明君以礼法、德行而安定天下，从不轻率行事、频繁祭祀。齐景公采纳了晏子的谏言，不轻信巫术，将巫师流放于东海之滨。

晏子崇尚节俭，体恤百姓，主张轻刑罚，反对以苛政治民。晏子极力劝说国君要体察百姓疾苦，“知其贫富，勿使冻馁，则民亲矣”。晏子曾冒死直谏齐景公，把“暴行”、“逆行”、“贼行”看作国之“三殃”。横征暴敛百姓之财是暴行，追求周天子一样的礼仪排场是逆行，滥杀百姓、重用

晏子高节　明《人镜阳秋》插图

崔杼弑齐庄公，晏子痛骂崔杼无道，崔杼手下逼晏子就范，晏子不屈。崔杼为晏子高节所动，免其一死

刑罚是贼行。国君要避免“三殃”，这样国家才能长治久安。

司马迁曾高度称赞晏子，认为他能“进思尽中，退思补过”。晏子身为齐国的股肱之臣，深得人心，他与郑国的子产、吴国的季札被后人并称为“三贤”。

三、法家、名家的先行者

子产像

法家的思想渊源可上溯到管仲、子产。子产（约前580—前522），姓公孙，名侨，字子产（一字子美），号成子，春秋时期的政治家、思想家、法家先驱者。子产出身于郑国贵族，为郑穆公之孙，辅佐了郑国简公、定公、献公、声公四代君主，在郑国为卿二十余年，官至“执政”。

春秋时期，郑国国弱民穷，国内权力斗争日益激烈，为晋、楚等强国所觊觎，国家危在旦夕。子产临危受命，不向顽固势力妥协，毅然在国内进行了土地、赋税、用人制度等一系列经济政治改革。在经济上，子产颁布土地法规，整顿田制，划定士卿大夫的土地边界，清查私田数量及农户人口数量。在税收制度上，子产按照私田数量征收私田赋税，剥夺贵族的免税特权。子产依照农户数量缴纳军赋，以丘为单位（九百亩为一井，四井为一邑，四邑为一丘），规定每丘定期上缴牛三头，供养军马一匹。经济改革触动了旧贵族势力的根本利益，进而推动了土地私有制的发展。在政治方面，子产广开言路，注重乡校的作用。乡校为贵族子弟的学习场所，许多人在此议论朝政利弊。子产认为乡校是阐发个人政见，褒贬朝政得失的最佳场所，统治者应从善如流，因此子产非但没有废毁乡校，反而鼓励人们议论朝政，提出不同的政见。子产注重实行“德政”，认为“德，国之基也”；“德则乐，有乐则能久”；“唯有德者能以宽服民”（《左传》）。子产提倡择贤用人，主张“闻学而后入政”。孔子认为子产沿袭了圣人先贤之道，对子产的为政之道给予了高度评价。在治国上，子产主张根据形势的需要来确定政策的宽猛。他把政策的宽猛比作水火，火势猛烈，人们望而生畏；水性柔弱，人们则会轻易地玩弄。因此在政策上要“宽以济猛，猛以济宽”，这样才会使百姓信服，政通人和。子产死后，子太叔继任“执政”，未真正实行子产的“宽猛”之道，起初使用宽柔政策，随后运用了刚猛之道，结果造成了政局的混乱。子太叔曾后悔地哀叹道：“吾早从夫子，不及此。”

最值得称道的是，子产于公元前536年最早颁布了刑书，这

为后世法家思想的形成奠定了基础。子产制定明确的法律条文，将其铸于铜鼎之上而公布于民众，这在中国历史上还是第一次。子产削夺了众多贵族特权，极力维护法律的权威。对作奸犯科的贵族子弟，将他们绳之以法，杜绝姑息养奸。子产将法律公示于众的做法，纷纷为后世法家所效法。战国时期，李悝、吴起、商鞅等人实施变法期间，先后向公众颁布各种法令，身先力行而取信于民。

在外交上，子产极力维护郑国的尊严与安全。鲁襄公三十一年，子产辅佐郑简公到晋国朝聘，晋国凭借其霸主地位，轻视慢待前来朝贡的各国诸侯，晋平公借故推辞，不见郑简公，并派士文伯等人向郑简公发难。各国诸侯所居客馆为下人所居之所，简陋破旧，朝贡车辆不能进入客馆，子产断然令人将客馆的墙垣拆毁，并义正辞严地向文伯子等人申明了郑国的理由与态度，晋平公、士文伯等人为子产机敏犀利的词锋所折服，当众向子产谢罪，礼遇郑简公。鲁昭公元年，楚国令尹公子围到郑国行聘问之礼，以迎娶郑国大夫公孙段之女为借口，企图对郑国有所不利，率兵侵袭郑国。子产洞察到了公子围的狼子野心，派子羽出使楚国，当众揭穿了楚国的奸诈伎俩，使楚国阴谋未能得逞，最终维护了郑国的安全。

子产通过自上而下的改革，限制了贵族特权，维护了国家的整体利益，充实了郑国国力。在处理郑国与各国诸侯国的关系上，子产不辱使命，据理立争，不卑不亢地维护了郑国这个弱国的利益。子产从政之道深为孔子赞许，认为子产仁爱之道有古人遗风。子产死后，郑国“人皆哭泣”，孔子闻之，也哭泣着说：“古之遗爱也。”（《史记·郑世家》）

“名”是指概念。春秋时期，社会变迁，产生了“名”与“实”（即事物）不符、矛盾的情况。特别是随着成文法的公布，在法律上也需要辨析名、实关系。加之各派争鸣局面开始形成，促进了名辩思潮的兴起。名家的起源可追溯到邓析。

邓析（约前545—前501），春秋末期郑国人，是一位有名的诉讼律师。他对子产所铸的刑书不满，认为此刑书之中诸多律条不合时宜，无益于百姓生计。邓析从现实的角度出发，根据百姓的要求，制定了“竹刑”（将律法条文写于竹简上，故而得名）。邓析对旧法进行缮改，重建了郑国的律法体系，“竹刑”后来被郑国采用。

邓析精于诉讼，善于辩说。他运用概念的灵活性及概念间的转化关系，强调灵活权变。西汉刘向称其“操两可之说，设无穷之辞”。邓析将该方法用于诉讼，屡试不爽。一次洧水泛滥，一富人失足溺水而死。有人将其尸体捞起，死者家属向此人索要尸体，此人重金勒索死者家人。死者家人求助于邓析，邓析道："安之，人必莫之卖矣。"他劝告死者家人不必急躁，得到尸体的人是不可能卖给别人的。于是死者家人不急于索要死者尸体。得到尸体的人却开始担忧，就此事问询邓析。邓析曰："安之，此必无所更卖矣。"他劝告此人放心，死者家人在别处是买不到这个尸体的。

邓析以其出色的辩才数次向子产发难，屡屡胜诉，许多人慕名而来，向邓析学习诉讼之术。有一次，子产下令禁止任意张贴文书。邓析听说后，改成以投递的方式传送文书。子产又禁止投递文书，邓析就将文书与其他物品混在一起寄送。可见，邓析从事物的矛盾中，深入分析，从不把事情绝对化，很有说服力。凭借其出色辩才，邓析"以非为是，以是为非，是非无度，而可与不可日变；所欲胜因胜，所欲罪因罪。"邓析作为名家的先驱，善于从辞的本身出发，剖析其中的含义，难免给人一种喜欢玩语言游戏的印象，所以后人对他的评价也是褒贬不一。《荀子·非十二子》称其"不法先王，不是礼义，而好治怪说，玩琦辞"。后来，他因不被当时统治者所容而被杀。

关尹子

邓析喜好"刑名之学"，主张赏罚分明，使得名实相符、赏罚得当，本质上归属于名实问题。"刑名之学"是后世法家所探讨的重要问题，商鞅、申不害、韩非等人皆深究"刑名之学"。在名实问题上，名家与法家的研究重点趋于一致。就名实理论而言，邓析不愧为名家、法家的前驱。

四、道家的开篇之作《老子》

孔子同南宫敬叔一起去老子处问礼

老子，相传为春秋末年人，生卒年不得详考。据《史记·老庄申韩列传》记载，老子姓李，名耳，字聃，楚国苦县厉乡曲仁里人。他曾做过周朝守藏室之史，孔子曾问礼于他，可见其深通周朝的图书典籍，是位学识渊博的学者。后来，他见周王室衰微，弃官西去，到函谷关的时候遇到关令尹

喜，关令尹喜请求他著书，“于是老子乃著书上、下篇，言道德之意，五千余言”。后骑青牛出关，飘然而去，莫知所终。这位飘然而去的老聃是否就是今本《老子》的作者，历来颇多争议。现在一般认为，《老子》一书可能是老聃的后学根据其思想言论记述而成，成书约在战国前期。《老子》主要探讨的是道和德的问题，故后人又称其为《道德经》。全书共81章，五千余言，分上、下两篇，是用韵文写成的一部哲理诗。它是道家的主要经典著作，也是研究老子哲学思想的直接材料。历代注疏此书者甚众，版本流传很多，现有最早的版本是郭店竹简本《老子》，比帛书《老子》早约150年。老子所创立的学派则被称为道家。

老子出关图 明 · 商喜

老子提出了以“道”为核心的哲学体系，用“道”来说明宇宙万物的本质、构成、变化和本原。道是万物的主宰，“道者，万物之奥”。宇宙万物都是从道演化而来的，“道生一，一生二，二生三，三生万物”。道兼综有无，“无名天地之始，有名万物之母”，“天下万物生于有，有生于无”。道本身“独立而不改，周行而不殆”，乃“无状之状，无物之象”，“视之不见，听之不闻”，无法用语言概念和感性经验来把握，但可以通过“致虚极，守静笃”的方式来直觉和体验。“道法自然”，道体对万物不禁不塞，无施无为，畅开万物生化之源，“生而不有，为而不恃，长而不宰”，然而“以其终不自为大，故能成其大”，无为而无不为。在天道观上，老子崇尚自然，他说“人法地，地法天，天法道，道法自然”。他认为道性自然，无为自化。老子的这种自然主义哲学对天命神学提出了挑战，具有思想解放的意义。

老君岩 宋代石刻

老子极其崇尚无为，他充分认识到由于人为而造成的负面后果，“天下多忌讳，而民弥贫。民多利器，国家滋昏。人多伎巧，奇物滋起。法令滋彰，盗贼多有”。而解决的最好办法便是废除这一切，“绝圣弃智，民利百倍。绝仁弃义，民复孝慈。绝巧弃利，盗贼无有”。以这种釜底抽薪的方式消除了乱天下的根源之后，就可以实现无为而治。他要

老子骑牛图 明·张路

人奉行“无为”的原则去行事，要统治者做到“无执”，认为这样反而可以获得最好的结果，使天下达到“无不为”。他主张“以正治国”，以“无事取天下”，反对有为和争夺。正如老子所云：“我无为而民自化，我好静而民自正，我无事而民自富，我无欲而民自朴。”他希望回复到“结绳而用之”、“鸡犬之声相闻，民至老死不相往来”的“小国寡民”的社会中去，过“甘其食，美其服，安其居，乐其俗”的淳朴自然的生活。

老子学说具有丰富的辩证法思想。他认识到万物都处于永恒的变动之中，所谓“天地尚不能久，而况于人乎？”进而提出“万物负阴而抱阳”，认为一切事物都含有相互对立的两个方面。还提出“有无相生，难易相成”，认识到对立面之间的相互依存。强调对立面之间的转化，“正复为奇，善复为妖”，“祸兮，福之所倚；福兮，祸之所伏”。老子还深刻地总结出“反道者之动”的命题，以之为矛盾运动的普遍法则。另外，他不仅看到事物向反面的转化，而且还注意到，这种转化有一个由小到大、由低向高、由易而难、由弱而强的发展过程，“合抱之木，生于毫末；九层之台，起于累土；千里之行，始于足下”，“图难于其易，为大于其细。天下难事，必作于易；天下大事，必作于细。”

老子认为柔弱能战胜刚强，把柔弱看作是矛盾的主导方面，并力图保持它的主导地位。因此，老子的辩证思想带有“贵柔”、“守雌”的特色。老子对现实和人生采取一种超然的态度。他看到了物欲的无限膨胀给人们带来的恶果，“五色令人目盲，五音令人耳聋，五味令人口爽，驰骋畋猎令人心发狂，难得之货令人行妨”，因而主张息心化欲，而以道为生活的最高原则，通过“为道日损”的工夫，泯除一切智诈和欲望，超越种种是非差别，消融人为偏执所带来的各种矛盾，从而达到一种无执、无为、冲虚自然的清静之境。这种境界体现出生命的本真状态，老子称之为“朴”，又拟之以“婴

《老子道德经》 明刻本

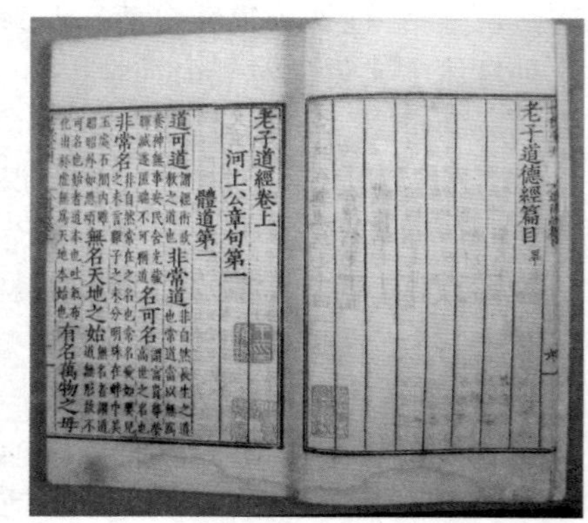

儿”，即一种朴实自然的天真状态，反映了老子人生哲学的根本旨趣。

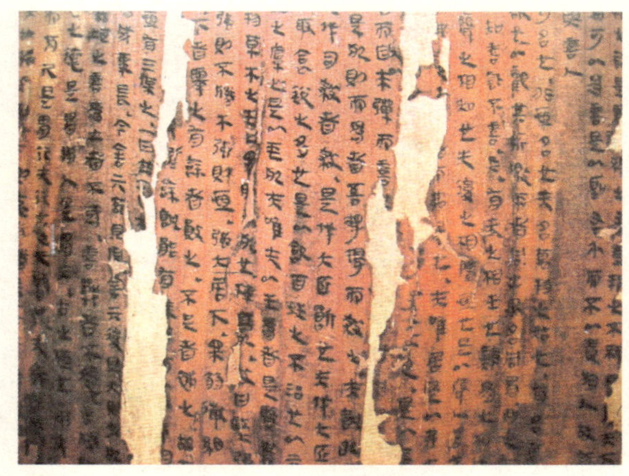
马王堆帛书《老子》

一部《老子》，仅五千言，却文约意丰，为道家学派奠定了思想根基。在此基础上发展起来的道家学说，两千多年来，是唯一可以同儒家学说相抗衡的思想。导源于老子的黄老学说，后来成为西汉前期统治者政治实践的理论指南。魏晋时期，道家的老庄学说弥漫了整个文化思想界，归隐山林、浪迹山水、洒脱不羁、超绝名利、追求个体精神自由成为传统知识分子的一种颇具诱惑力的人生模式。老子哲学从特定精神层面上满足了人生的需要。正因于此，它流传不绝，在传统文化的结构中形成与儒家并存互补的格局。

五、孔子开创儒家学派

孔子（前551—前479），名丘，字仲尼，春秋末年鲁国陬邑（今山东曲阜）人，儒家学派的创始人，中国影响最大的思想家、教育家。

孔子在很小的时候，他父母就去世了。为了谋生，他干过管理仓库和管理牛羊的差事。孔子后来回忆说：“吾少也贱，故多能鄙事。”正是生活的磨炼使他较早地成熟起来。还在童年，他做游戏的时候便“常陈俎豆，设礼容”，学习模仿礼仪节范。孔子自谓15岁就“志于学”，把道义和仁圣作为自己追求的目标。他为人好学，学无常师，只要对他有所教益，他都愿意虚心求教。相传曾问礼于老聃，学乐于苌弘，学琴于师襄，学史于炎子。虚心的态度、过人的努力和聪颖的天资造就了一个博学多才的孔子，他于射、御、

孔子从小就喜欢演习礼仪

孔子年轻时，曾为季氏管理牲畜

书、数无所不能，礼、乐、典章无所不通，在当时产生了相当的影响。许多人慕名前来求学，始聚徒讲学，以培养闻道济世的人才，遂开私人讲学之先河，因此冯友兰先生称他是中国的“第一位教师”。

孔子见老子　汉画像石

此时孔子亦开始涉足政治活动。鲁昭公二十年，即孔子30岁时，齐景公与晏婴到鲁国来，问孔子秦穆公何以能够称霸，孔子进行了精到的分析，令景公心悦诚服。后来鲁国有乱，孔子又到了齐国，想得到景公的任用。景公对孔子颇为赏识，想给孔子一块封地，大臣晏婴却以为孔子的儒家学说缺乏现实性，劝景公收回了这个想法。既不能为景公所用，孔子于郁郁中遂又返鲁，不仕而修诗书礼乐，授业课徒。后来公山不狃叛乱，派人召孔子，孔子怀才不遇已久，倒颇有出用之心，不过最终还是没有去。直到知命之年，孔子方被鲁定公任命为鲁国中都宰。孔子的为政才能的确不凡，他为官仅仅一年就使“四方皆则之”，而由中都宰升为司空，由司空而升任大司寇。任职期间，孔子曾圆满完成陪同鲁定公赴夹谷与齐景公会盟的任务。又在鲁国发起和参与过限制大夫势力的“堕三都”活动。后由大司寇行摄相事，仅在位三月，就使鲁国出现了“路不拾遗”的政治景象。

齐人害怕孔子为政会使鲁国强大起来，于己不利，就用美人计诱惑鲁国君臣，使鲁定公与主政者季桓子怠于政事，轻慢大夫。孔子对鲁国君臣由失望到绝望，最后带着自己的学生踏上了周游列国的旅程。他先后游历了卫、宋、陈、蔡、齐、楚等国，自称

孔子周游列国时，被陈国和蔡国的兵所围困

“苟有用我者，期月而已可也，三年有成”。然终不见用，辗转流离，用当时人们的话说，几乎“累累若丧家之犬”。然而即便如此，孔子仍矢志不移，自称“知其不可而为之”。经过14年的漂泊，孔子率弟子又回到鲁国。此后，他把全副精力贯注于文化教育和文化典籍的整理工作，到了“发愤忘食，乐以忘忧，不知老之将至”的程度。据说他曾删《诗》、《书》，定《礼》、《乐》，赞《周易》，作《春秋》。公元前479年，孔子去世。他一生的主要言行由其弟子记录整理，编成《论语》一书。

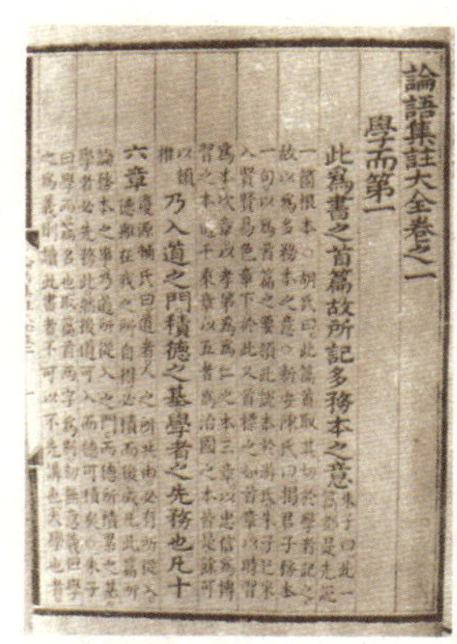

論語集註大全卷之一

學而第一

此爲書之首篇故所記多務本之意

乃入道之門積德之基學者之先務也凡十

六章

《论语》书影

作为一位具有文化开创意义的大思想家，孔子的思想内容相当广泛，涉及到了人类社会生活的很多方面，例如，如何立身行事，如何处理人与人、人与社会的关系等等。其中最重要的内容可以概括为以下几个方面：“仁”的学说，礼治和德政学说，中庸思想，天命观等。

“仁”的学说。“仁”是孔子哲学的核心范畴，有着丰富的意蕴和内涵，其基本意是“爱人”。“爱人”首先体现在对父母亲人的亲情，这是人生而具有的感情，所谓“孝悌也者，其为仁之本欤”。而把这种自然亲情扩而广之，施及他人，才算做到了“仁”。孔子把这种由己及人的原则概括为“忠恕”之道，即“己欲立而立人，己欲达而达人”，“己所不欲，勿施于人”的推己及人之道，它是由“亲亲”向“爱人”过渡的基本途径。但人们往往只知爱己，而不能外推，这就妨碍了“仁”的施行，所以孔子又提出“克己复礼为仁”，即在承认并肯定人有“亲亲”之“私”的基础上，

智者乐水，仁者乐山。智者动，仁者静

孔子讲学图

要求人们更进一步，打破自身的局限性，在“礼”的规范下拓入“仁”的境界。从本质上说来，“仁”是一种主观自觉的行为，是真性情的流露，“为仁由己”，“吾欲仁，斯仁至矣”，为仁不过是为了实现自己的本性而并无功利性的目的。为仁必须真诚实在地力行而不作虚言，“巧言令色，鲜矣仁！”对于人的存在而言，“仁”是最根本的价值准则，它渗透于人生的各种行为之中，“君子无终食之间违仁，造次必于是，颠沛必于是”。为求仁，更可以死赴之，“志士仁人，无求生以害仁，有杀身以成仁”。“仁”造就了孔子“巍巍如天”的人格，更造就了儒学以道德自任、行健不息的学术品性。仁学实际上是对“人”的发现，它的提出标志着从殷周天命神学到伦理哲学的转变，因而在中国哲学史上具有划时代的意义。

礼治和德政学说。礼治，即以礼来规范、约束人们的行为，从而维持社会秩序的稳定。孔子在强调内在的仁，倡导人的道德主体性的同时，也肯定了作为外在规范系统的“礼”的重要性，认为礼是一个人安身立世的最基本要求，“不学礼，无以立”。所以他主张“克己复礼”，“博学于文，约之以礼，亦可以弗畔矣”。“礼”的内容并不是固定不变的，而是可以随着时代的变迁而不断因革损益，所谓“殷因于夏礼，所损益，可知也；周因于殷礼，所损益，可知也。其或继周者，虽百世可知也。”孔子极其重视文化的继承性，他认为周礼是兼综夏商二代而来的，较为系统完备，因此他主张承续周礼，重建西周以来的人文秩序。德政，即将道德教化作为治理国家的出发点和先决条件。孔子说：“为政以德，譬如北辰，居其所而众星拱之。”他认为，为政必须从统治者自身做起，

“政者正也，子帅以正，孰敢不正？”所以，对于统治者自身来说，也要以“礼”来约束自己：“能以礼让，为国乎何有？不能以礼让，为国如礼何？”德政的关键在于统治者能否以德治己。孔子的礼治说和德政说是密切联系在一起的，他以此来反对刑罚：“道之以政，齐之以刑，民免而无耻；道之以德，齐之以礼，有耻且格。”他主张为政应“敬事而信，节用而爱人，使民以时”，对百姓应先富之，再教之，不仅使他们在物质上富裕，而且使之在精神生活上充实起来，过上文明的生活。这些思想对中国历史上德治主义的形成有着重大的影响。

圣行颜随

中庸思想也是孔子学说中一个重要的内容。孔子对中庸极为推崇，视其为“至德”，即规范人们思想行为的最高准则，称“中庸之为德也，其至矣乎！民鲜久矣”。至于中庸究竟“是”什么，孔子并没有明确的解释，据说为孔子的孙子子思所作的《中庸》对此阐述颇详，可资参考。不过，在孔子的言行中，我们并不难窥见他对中庸的理解。《论语·先进》载：“子贡曰：‘师与商也孰贤？’子曰：‘师也过，商也不及。’曰：‘然则师愈欤？’子曰：‘过犹不及。’”这就是说，超过和不及都偏离了“中”，两者是在相反方向背离了“中”的原则，都是不完美的。只有“允执厥中”或“执两用中”，即通过对矛盾各方的平衡、协调，达到“无过无不及”的“中”的境界，才是中庸的应有之义。所谓“过”和“不及”是相对于“中”而言的。“中”是“过”与“不及”的联结点和分界点，兼有二者之因素但又不能归结为此二者，这就是孔子所说的“君子而时中”。即是说，所谓“中”也并非一成不变的，而是随时空和条件的不同而不同。因此，要时时得“中”，便要审时度势，灵活处置。孔子讲“毋意，毋必，毋固，毋我”，又自称是“无可无不可”，其义正在于此。

金声玉振

出自孟子，用来形容孔子的言行

天命观。孔子信天而怀疑鬼神，言命而超脱生死，形成了自己鲜明的理论特色。天是孔子哲学的最高范畴，是人事的最高决定者。孔子被围于匡时曾说：“天之将丧斯文也，后死者不得与于斯文也。天之未丧斯文也，匡人其如予何！”又说：“知我者，其天乎！”不过，他

孔子墓

曲阜孔庙大成殿

虽然承认天，但对鬼神则持怀疑态度。他不谈“怪、力、乱、神”，主张“敬鬼神而远之”，还告诫弟子“未能事人，焉能事鬼”，把精力用到人事方面。对于人力不可影响的“命”，孔子也颇为重视，认为“不知命，无以为君子也”，“五十而知天命”，“死生有命，富贵在天”，天命在孔子那里有人格神的意义，有时也指自然或某种必然性。但是他又非常重视人为，在生活上采取积极的态度，在生死问题上也表现得相当的超脱。他曾自称“乐以忘忧，不知老之将至”。子路问死，孔子答:“未知生，焉知死？”这种对生的关注和对死的搁置使得孔子的思想有着鲜明的现实性，同时也造就了其直面人生的进取精神。

孔子是中国文化的集大成者，是中国文化继往开来的一代伟人。他的思想和学说是沿着中国夏商周以来的文化发展下来的，它不仅深刻影响了中国的过去，而且还会影响到中国的现在乃至未来。

六、兵家之祖孙武

孙武，字长卿，齐国乐安（今山东惠民）人。春秋末期著名的军事家、思想家，兵家学派的先驱。

孙武的七世祖田完，原为陈国公子，因陈国内乱而逃难至齐国。齐桓公对田完礼遇有加，任命其为“工正”，负责掌管百工。田氏家族在齐国的势力迅速膨胀，逐渐成为齐国最有影响的贵族。孙武的祖父田书，任齐国大夫，因讨伐莒国立下战功。齐景公赐姓孙氏，封采邑于乐安。孙武的父亲孙凭，任齐国上卿。孙武出生于将门世家，自幼精研武艺，熟读兵书，立志从戎。春秋时的齐国是最早称霸的军事强国，其军队曾往来驰骋，有着优秀的军事传统，而孙武的家族数代荣辱也与齐国的战争胜败密切相关。这样一种生活环境和家世渊源，为孙武积累和继承前人的军事经验和思想提供了良好的条件，是他成为大军事家的重要原因之一。公元前532年，齐国发生内乱，田、鲍、高、栾四大家族相互残杀。孙武为躲避灾祸而逃离齐国，隐居于东南边陲小国——吴国，过着恬淡的耕读生活。

孙子像

伍子胥像

此时，伍子胥因其父兄遭楚王杀害而避祸于吴国，受到吴王僚的堂兄公子光的重用。伍员有雄韬伟略之才，但英雄无用武之地。伍员与孙武结识后，很快成为志同道合的挚友。二人经常秉烛夜谈，在兵法韬略上有许多相同见解。公子光在伍子胥等人的策划下，派刺客专诸以献鱼为名，借机用鱼腹短刀刺杀吴王僚，公子光即位，即吴王阖闾。阖闾励精图治，一心谋求吴国霸业。但吴国是一南方小国，国力微弱，受到邻邦楚国的威胁。吴王礼贤下士，求贤若渴。伍员被吴王拜为相，屡次向吴王推荐孙武。孙武拜见吴王，献上他多年来编著的兵法。吴王研习过兵法后，对孙武的才略大为叹服，令其用宫女操演兵法。孙武将180名宫女分为两队，由吴王的两名宠姬担任两队队长，身着戎装，手持画戟，在他的指挥下操演。孙武规定，“前，则视心；左，视左手；右，视右手；后，即视背”。宫女熟习规则后，随即开始操练。但当宫女听到击鼓之声，皆不专心操练，嬉笑不已。他又三令五申，大家更是笑个不停。孙武正色道：“约束不明，申令不熟，将之罪也；既已明而不如法者，吏士之罪也。”于是下令斩杀领队的两名宠妃以示军法。吴王闻讯后，急忙前来制止，吴王曰：“寡人已知将军能用兵也。寡人非此二姬，食不甘味，愿勿斩矣。”孙武凛然答道：“臣既已受命为将，将在军，君命有所不受。”两名宠姬被处斩后，全场肃然。孙武又从两队中挑选出队长，重新操练。两队宫女皆严肃认真，无丝毫懈怠之心，俨然一支训练有素的军队，“王所欲用之，虽赴水火犹可也”。吴王叹服，于是任命孙武为将。

公元前509年，楚国兴师伐吴，伍子胥与孙武审时度势，沉着迎战，大败楚军。公元前507年，吴国联合楚国附庸蔡、唐，攻打楚国。孙武凭借其经才纬略，率领3万吴军，击溃20万楚军，

孙子勒姬兵　日·安田数彦

攻破楚国都城郢。后来，破越国，北上中原，威震齐、晋等大国，在“黄池会盟”中，吴国显名于诸侯，赢得霸主地位。吴国成为春秋晚期的霸主后，孙武则功成身退，归隐山林。孙武之所以成为名垂千古的大军事家，不仅是因为他在吴国治军实践的成功，更主要的是他那部举世闻名的军事著作《孙子兵法》。《孙子兵法》约成书于公元前512年，迄今已2500余年。据《汉书·艺文志》记载，“吴孙子兵法82篇，图9卷”。但《孙子兵法》仅13篇流传至今，共计5000余字。其中《计篇》、《作战篇》、《谋攻篇》从宏观角度分析了战略战术问题，《形篇》、《势篇》、《虚实篇》、《军争篇》、《九变篇》从多个角度阐述了具体战争的指导原则，《行军篇》、《地形篇》、《九地篇》、《火攻篇》、《用间篇》则集中论述了具体的战术及战争形式。

春秋时期，周王室势力衰微，诸侯间的争霸日益加剧，仅齐桓公就灭掉了30多个诸侯国。中原周边地区的少数民族窥视中原，犬戎、白狄、赤狄等民族经常侵扰燕、齐等国。战争成为维系各诸侯国生存兴盛的重要手段，军事力量的强弱成为衡量国之兴衰的重要标准。孙武认为，战争的成败与国家的存亡息息相关，“兵者国之大事，死生之地，存亡之道，不可不察也”。发动大规模的战争会极大地损耗国力，“驰车千驷，革车千乘，带甲十万，千里馈粮，则内外之费，宾客之用，胶漆之材，车甲之奉，日费千金，然后十万之师举矣”。孙武主张强盛的国力是战争胜利的重要条件，国富兵强是战争胜利的重要保证。对待战争一定要慎重，轻率用兵将导致国之大难。一旦战败，“亡国不可以复存，死者不可以复生”。

《孙子兵法》竹简

《孙子兵法》包含了丰富的朴素唯物主义与军事辩证法思想，它主张从实际出发全面认识和把握战争，注重战争各方面的联系与各种矛盾的转化。在作战之前，必须要充分考察敌我双方的实力对比，“知己知彼，百战不殆”；“不知彼而知己，一胜一负；不知彼不知己，每战必殆”。他强调对敌方情况和行动计划事前预见的必要性，认为这种预见“不可取于鬼神”，不能依靠观天象，而应“取于人”，故主张禁止迷信和谣言，以防扰乱军心，指出战争中的失

误不是上帝降下的灾难，而是将帅的过错所致。他提出决定战争胜败的关键因素为“五事”、“七计”，也就是“一曰道，二曰天，三曰地，四曰将，五曰法。凡此五者，将莫不闻，知之者胜，不知者不胜”。“道”指政治是否修明，战争是否正义；“天”指天时；“地”指地利；“将”指统帅的修养和才能；“法”指法令制度及其执行情况。在开战之前就要对敌我双方的上述五个方面进行全面比较，并根据它们制定战争的方针策略。国君精于治世之术，将帅具备智、信、仁、勇、严的才能，军队能占据天时与地利，法令畅通，兵卒装备精良，训练有素，对将士赏罚分明，具备这些条件将预示着战争一定会取得胜利。

孙子认为将帅之才在战争中所起的作用很大，深谙治兵、作战之道的将帅是主宰战争胜负的最高权威，成为“民之司命，国家安危之主也”。交战双方在作战中，要注重“慎战”、“速胜”，“兵贵速，不贵久”，如若不能速战速决，“久则顿兵挫锐，攻城则力屈，久暴师则国用不足”。孙武认识到战争形势瞬息万变，交战双方的力量对比并非一成不变。“投之亡地然后存，陷之死地然后生”，军队陷入亡地、死地时，若是将帅指挥得当，便会化险为夷，赢得最终的胜利。战争过程中往往出现重大转机，但机会稍纵即逝。“兵无常势，水无常形”，要根据战情的不同变化而制定取胜的战法，“能因敌变化而取胜者，谓之神”。孙武认为，治乱、勇怯、强弱、劳逸、饥饿、安动、众寡等的对立不是一成不变的，而是在一定条件下可相互转化。“乱生于治，怯生于勇，弱生于强”。军队的治乱由组织编制的优劣决定，兵卒的怯勇由战争形势的利弊决定，双方的强弱决定于战术运用的得当与否。胜利的关键在于全面地分析这些矛盾，并促使其转化。孙武提倡使用“正”、“奇”两类战法。“凡战者，以正合，以奇胜”，“奇正相生”。“奇”与“正”并用，常规战术与灵活战术相结合，在注重用常规战术与敌交锋的同时，将帅要善于把握战机，出其不意，攻其不备。

孙子石碑 清刻

《孙子兵法》自问世以来，受到历代兵家谋士的崇尚，历史上的著名战役无不受到它的启迪而取得重大胜利。它久负盛名，长期被尊为“兵学圣典”、“百世兵家之师”，对我国古代军事思想产生了巨大影响。《孙子兵法》还受到国际上的重视，被翻译成日、英、法、德、俄、希伯来等十几种文字，荣受“世界古代第一兵书”的雅誉，孙武也因之被尊为“兵家之祖”。《孙子兵法》给现代文明也注入了源源不断的活力，在企业管理、国际竞争等方面已被广泛运用。

七、范蠡的阴阳转化论

范蠡像

范蠡，字少伯，春秋末期宛（今河南南阳）人，越国大夫。当时吴越争衡，夫椒之战越败，范蠡曾随越王勾践赴吴为人质，后助勾践“卧薪尝胆”、“厉兵秣马”，终灭吴而称霸于江淮。功成事遂，便弃官从商，乘扁舟浮于江湖，变名易姓，至齐称邸夷子皮，至陶（今山东定陶西北）称朱公。善于经商，“十九年之中三致千金”，但都又分散给贫苦之人，堪称富而为仁者，成为名噪一时的商贾名士“陶朱公”。范蠡在谋划伐吴的过程中，对天人关系进行了思索探讨，提出了阴阳“赢缩转化”的观点。

范蠡认为，自然万物变化并非杂乱无章，皆有“道”可循。“天道盈而不溢，盛而不骄，劳而不矜其功。”（《国语》）天道盈满却不过分；天道盛大，化生万物，但无骄躁之心；天道使日月星辰运行、四季变更，但从未夸耀功劳。“天道皇皇，日月以为常”，“阳至而阴，阴至而阳；日困而还，月盈而匡”。范蠡以日月运行、四季变迁为例，论证了天道的存在。范蠡认为，日月星辰的运行出没、赢缩变化是有规律的，太阳升至正中时则会落下，月亮由盈而转亏，冬尽则春来。由此可见，事物发展到极点时，就会向相反的方向转化。如同日月运行、四时变迁，人道同样会出现赢缩转化。“圣人随时以行，是谓守时”。天道是人道必须遵循的法则，人要依据自然法则，相时而动。范蠡认为，战争形势变幻莫测，因循天道方能克敌制胜。“古之善兵者，赢缩以为常，四时以为纪，无过天极，究数而止”。作战双方的胜负、进退皆有规律可以因循，作战形势发展到一定限度便会出现相反的变化。善于用兵的将帅在指挥作战时，能根据不同的战机而采取截然相异的战略。有时要如日中天一样，断然进军攻敌；有时则如同晦暗之月，隐藏实力而等待时机，以阴柔之计而克制敌人刚猛的士气。“后而用阴，先而用阳；近则用柔，远则用刚”。根据“后”、“先”、“近”、“远”

范蠡隐退

的不同而采取“阴”、“阳”、“柔”、“刚”的策略。将帅要用后发制人之计时，必须按兵不动，沉着应对，选择适当的战机而出奇制胜；采取先发制人的策略，则要使兵卒士气高扬，一鼓作气而取得胜利；若是大敌当前，双方短兵相接时，我方可佯装为羸弱之师，诱惑敌人放松警惕；若是敌兵仍在我方的进攻范围之外，我方可大张旗鼓，显示兵力强大，震慑敌兵，使其不敢出战。选择成熟战机而采取相宜的战略，这样才能牢牢掌握战场的主动权。这正如范蠡所言，“阳节不尽，轻而不可取”；“阴节不尽，柔而不可迫”。

天道常变，有时把时机夺去，有时赋予千载难逢的时机，有时则不予良机。欲成大事必须把握适宜的时机，“时不至不可强生，事不究不可强成”。越王勾践曾欲提前大举征讨吴国，范蠡向勾践谏言，极力反对伐吴。范蠡认为，吴国国运正处于巅峰时期，越国国力逊于吴国，“人事至矣，天未应也”。此时若是贸然用兵，越国必遭大祸。在范蠡看来，不考虑时机是否成熟而断然强攻，“得时不成反受其殃”，结果往往以失败而告终。时机成熟后，则要当机立断，及时把握良机。若踌躇未决，举棋不定，则将错过良机，最终会遭遇失败。“得时无怠，时不再来；天予不取，反为之灾。赢缩转化，后将悔之”。

苏州蠡园

天道与人道有着密切关联，“天因人，圣人因天；人

自生之，天地形之，圣人因而成之”。上天顺应民意，圣人顺应上天。人的凶吉祸福、国家的兴衰治乱皆是由人道造成的，通过天道而实现。“夫人事必将与天地相参，然后乃可以成功”。范蠡认为，“国家之事，有持盈，有定倾，有节事”。维护国家富足强盛，安定政局，处理好国之政务是国家的根本。要使国家兴盛必须因循天道、地道、人道。三者并立，不可偏废。“持盈者与天，定倾者与人，节事者与地。”

范蠡的阴阳“赢缩转化”学说，包含了辩证法思想，对“天道”作出了唯物主义解释，有力地指导了吴越战争，成功辅佐越王勾践攻破吴国，以报亡国之恨。范蠡的思想及他的人生智慧对后世产生了一定的影响，对黄老道学的影响尤为明显。

八、墨子与墨家

墨子（约前468—前376），名翟，鲁国人（一说宋国人）。春秋战国之际的著名思想家，墨家学派的开创者。

墨子的祖先是宋国人，后长期定居鲁国。他做过宋国的大夫，后因社会地位下降，成为一个手工业者，被称为“贱人”，《吕氏春秋》也称其为“北方鄙人”。作为一位手工业者，墨子在当时享有盛名。其技术与同时代著名的公输班（即鲁班）齐名。据传说，他们都曾用木料制成鸟，能飞上天空，三天三夜盘旋不落。但墨子同时也是一名“上无君上之事，下无耕农之难”的下层士人，他曾学习过儒术，后因不满周礼之烦琐，另立新说，聚徒讲学，成为儒家的主要反对派。《淮南子·要略》云：“墨子学儒者之业，受孔子之术，以为其礼烦扰而不说，厚葬靡财而贫民，久服伤生而害事，故背周道而用夏政。”孔子的理想是西周初的王权宗法制社会，而墨子则将“三代”中的“夏政”作为其理想。他率徒奔波于齐、鲁、宋、楚、卫、魏等国，广泛宣传其“兼爱”、“非攻”等政治主张，制止了多次战争，其中以与鲁班论战、止楚攻宋最为著名。墨子以治理天下为己任，一生都在为人民的利益而奔走，而不谋一己之私，是以庄子称他“真天下之好也，将求之不得也，虽枯槁不舍也，才士也夫！”

墨子像

墨子的思想学说主要保存于《墨子》一书中。《墨

非攻 现代·丁聪
公输般与墨子演示攻守

子》是战国时期墨家学派的著作总集，现存33篇，学术界一般认为是由墨子的弟子及其后学在不同时期记述编纂而成，反映了前期墨家和后期墨家的思想。其中《尚贤》至《非命》等24篇，是研究前期墨家的主要资料，每篇以“子墨子言曰”开头，记录了墨子的主要思想观点。

墨子的思想，可以概括为10大主张，即《墨子·鲁问》中所综述的“国家昏乱，则语之尚贤尚同；国家贫，则语之节用节葬；国家熹音湛湎，则语之非乐非命；国家淫僻无礼，则语之尊天事鬼；国家务夺侵凌，则语之兼爱非攻。故曰：择务而从事焉”。他视国家的具体情况而有针对性地进行说教，就像视病情而开药方一样，颇有些医国疗世的精神。

“尚贤”即尊尚贤人。墨子主张，人不应分贵贱，“虽在农与工肆之人”，只要有才，就可推举他。他认为，“官无常贵，民无终贱”，由此而反对贵族的世袭制，反对儒家的亲亲尊尊，要求不偏富贵，不避贫贱，天下同义。“尚同”则是主张在“尚贤”的前提下统一天下，实现天下大同。

墨子极重节俭，庄子称他“不侈于后世，不靡于万物”，“生不歌，死无服”。他反对当权贵族的“繁饰礼乐”、奢侈享乐的生活和厚葬久丧、糜费财物的习俗，而且还身体力行，“以裘褐为衣，以跂跻为服，日夜不休”，为天下人谋利益。墨子主张“非命”，以“力”对抗“命”。他还抨击统治者“不与其劳，而获其实”的行为，主张“赖其力者生，不赖其力者不生”。他反对命定论，认为“命者，暴王所作；穷人所术（述），非仁者之言也；实为“天下之大害也”。强调用“强”、“力”来改变生活境遇，认为“强必富，不强必贫；强必饱，不强必饥”，肯定了人的主观能动性。

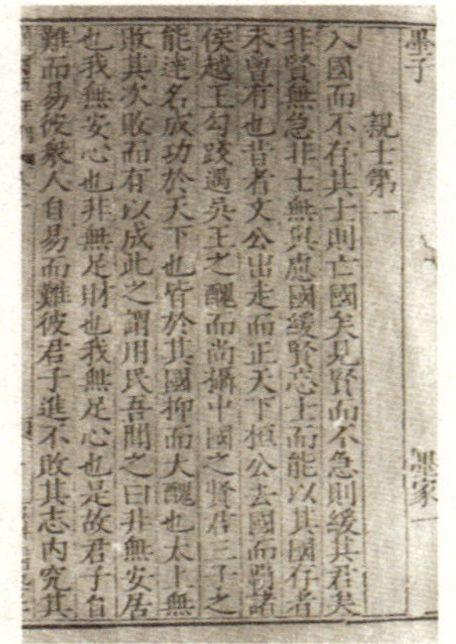
墨子 親士第一 墨家一
入國而不存其士則亡國矣見賢而不急則緩其君矣
非賢無急非士無與慮國緩賢忘士而能以其國存者
未曾有也昔者文公出走而正天下桓公去國而霸諸
侯越王勾踐遇吳王之醜而尚攝中國之賢君三子之
能達名成功於天下也皆於其國抑而大醜也太上無
敗其次敗而有以成此之謂用民吾聞之曰非無安居
也我無安心也非無足財也我無足心也是故君子自
難而易彼衆人自易而難彼君子進不敗其志內究其

《墨子》 明刻本

墨子还提出“天志”、“明鬼”的宗教思想。这里的“天”是指有意志的天，它能赏善罚暴，爱人憎人。墨子主张天下人以“天”为法，认为“天”要人相爱相利，不要人相恶相贼。“天志”也就是要借天的权威以实现“兼爱”的主张。墨子还根据“上同”的原则，提出了“上同而下不比”的命题，强调各级统治者要逐级上同于天子，天子上同于天。墨子还利用当时流行的鬼神观念，宣扬宗教信仰，企图利用能“赏善罚恶”的鬼神来督促人们为善去恶。

墨子从小生产者的利益出发，以“兴天下之利，除天下之害”作为衡量一切思想和行为的标准。所谓的“利”就是“国家之富，人民之众，刑政之治”。它把政治上的“交相恶”的混乱局面，看作是一切祸害中最大的祸害。《墨子》认为，解决这个最大祸害的方法就是要“兼相爱，交相利”，因为“天下兼相爱则治，交相恶则乱”，这就是《墨子》的“兼爱”思想，是它整个思想体系的核心。他反对儒家的“爱有差等”，主张“以兼易别”，使“天下兼相爱”。他认为天下之所以产生混乱，国家间之所以发生战争，原因在于没有做到“兼爱”，而是“各爱其国，不爱异国”。若能做到“天下兼相爱，爱人若爱其身”，“国与国不相攻；家与家不相乱，盗贼无有，君臣父子皆能孝慈，若此则天下治”。这也反映了他的社会理想。

《墨子》的认识论是经验论，它认为人的认识只能来源于人们的感官所能感觉到的客观实际。在名实关系上，《墨子》认为“实”决定“名”，“以实论名”。书中还提出判定言论是非的标准—“三表”，即“上本之于古者圣王之事”、“下原察百姓耳目之实”、“废（发）以为刑政，观其中国家人民之利”。它认为鉴别是非，就要使言论见之于行动，验其功利，观其效果，这表明了墨子的朴素唯物主义的经验论。

《墨子》

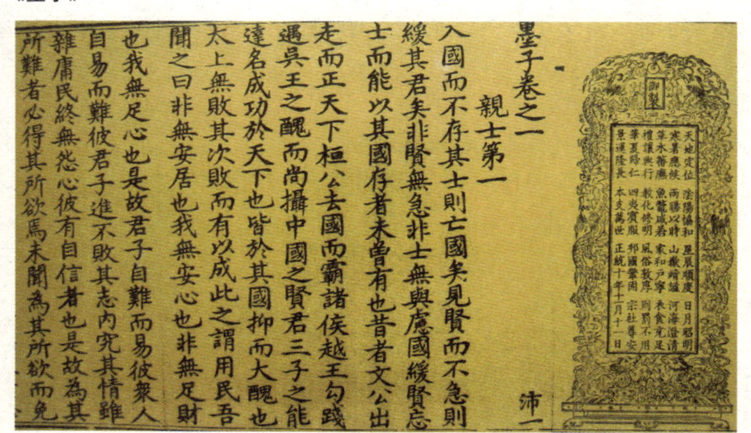
御製
天地定位 陰陽協和 星辰順度 日月昭明
寒暑應候 雨暘以時 山嶽靖謐 河海澄清
草木蕃廡 魚鱉咸若 家和戶寧 衣食充足
禮讓興行 教化修明 風俗敦厚 刑罰不用
華夏歸仁 四夷賓服 邦國鞏固 宗社尊安
景運隆長 本支萬世 正統十年十一月十一日

墨子卷之一 親士第一 沛一
入國而不存其士則亡國矣見賢而不急則
緩其君矣非賢無急非士無與慮國緩賢忘
士而能以其國存者未曾有也昔者文公出
走而正天下桓公去國而霸諸侯越王勾踐
遇吳王之醜而尚攝中國之賢君三子之能
達名成功於天下也皆於其國抑而大醜也
太上無敗其次敗而有以成此之謂用民吾
聞之曰非無安居也我無安心也非無足財
也我無足心也是故君子自難而易彼衆人
自易而難彼君子進不敗其志內究其情雖
雜庸民終無怨心彼有自信者也是故為其
所難者必得其所欲焉未聞為其所欲而免

墨家学派在当时被称为“显学”，孟子称“盈天下之言，不归杨，则归墨”，可见其影响之大。虽然它后来渐趋衰微，乃至成为绝学，但作为先秦百家争鸣中的一支重要力量，对中国传统文化的建构和整合却起过重要作用，至今仍备受人们的关注。

第三章 诸子百家争鸣竞胜

战国时期（前475—前221）是一个大变革、大动荡的时代，也是中国文化史上最活跃、最富有创造性、最有生命力的时代，其思想空间的博大精深令后人千古企慕。诸子百家精彩的争鸣与融合，人性的高度焕发与生命力的极度张扬，造就了那个伟大时代独特的精神风貌与人格类型。战国时期中国的封建制度开始形成，各国纷纷变法图强，以壮大自身实力，逐渐形成秦、齐、楚、燕、韩、赵、魏七国争雄的局面，各国之间的兼并战争趋于白热化。

战国时期，各种矛盾交错复杂，社会大变动中提出的许多问题需要回答。儒、墨、阴阳、道、法、名等众多学派围绕天人关系、古今之变、名实关系等相互辩难，阐发各自观点，形成了历史上有名的“百家争鸣”的新局面。各国新兴地主阶级为了巩固新生政权，招纳贤才，任用诸子各派的代表人物。齐国还在都城临淄设立稷下学宫，为前来讲学的诸子各派提供优越的生活条件，宋钘、尹文、田骈、环渊、接予、邹衍、淳于髡、荀况等各派学者先后来到这里，极大地推进了学术的繁荣。

孔子之后，其弟子继续弘扬儒学，儒学分裂为八派，子思、孟子所传承的一派被后世公认为儒学正宗。墨家在战国时期发生分化，后期墨家发展为相里氏、相夫氏、邓陵氏等三大支派。墨学是诸子中的显学，受到当时社会的广泛支持和响应。惠施、公孙龙为名家的代表人物，其所倡导的名辩思潮在当时盛极一时，名家的一些哲学命题成为当时诸子各派讨论的中心议题。道家学派在战国时期分化为两派：一派是以稷下道家为代表，另一派则以庄子为代表。庄子发展了老子的“道”，对秦汉以后的哲学产生了深远而又广泛的影响。阴阳五行学说也逐渐发展为成熟的思想体系，演化成为解释宇宙万物构造和发展变化规律的学说。在各国变法过程中，法家学派受到了重用。战国初期，李悝、吴起、商鞅、申不害、慎到等前期法家的代表人物先后在魏、楚、秦等国实施变法。战国末期，韩非子总结了前人的变法经验，成为法家的集大成者。

除此六家以外，还有纵横家、杂家、农家等，在当时也有一定的影响。由于“道不同不相为谋”，各学派从不同的立场出发，形成了不同的思想观点，出现了众说纷纭的争鸣局面。

百家争鸣几乎贯通于整个战国时期，诸子各家的学术思想对后世哲学产生了深远影响。随着秦灭六国，统一天下，秦始皇实行了焚书坑儒的极端文化政策，百家争鸣的局面终于尘埃落定，诸子各派的辩难活动告一段落。战国时期是古代哲学发展的重要阶段，群雄争霸的乱世局面提供了一个宽松的文化环境，诸子各派将自家思想发挥得淋漓尽致，给中国文化注入了无限的生机活力，他们的学术思想是留给后世的一笔极为宝贵的精神财富。

一、道家双璧

战国初期出现了两位有名的道家代表人物——列子和杨朱。列子即列御寇，又称作圄寇、圉寇，战国初期道家的代表人物。相传列子为郑国人，居于郑国40余年。《庄子》中记载了一些关于他的传说，有人据此推断列子的生活年代略早于庄子。列子被后世道教尊为“冲虚真人”、“冲虚观妙真君”。《列子》又名《冲虚真经》，列为道教经典之一。相传列子曾先后从师于关尹子、壶丘子、老商氏与支伯高子等人，向其求道问学。列子淡泊名利，潜心修道，修行得道后，御风而行。在立春之日，列子乘风而游，立秋之时便归于“风穴”。列子驾风所至之处，草木皆荣。列子离去之后，草木皆枯。

《列子》是中国哲学史上的一部重要典籍，该书辞章优美，蕴涵着深刻的哲学思想，深为后世学者所重视。《列子》原本共20余篇，汉代刘向进行了删节，《汉书·艺文志》收录了《列子》8篇。魏晋时期，《列子》一书散佚。现存《列子》8篇为《天瑞篇》、《黄帝篇》、《周穆王篇》、《仲尼篇》、《汤问篇》、《立命篇》、《杨朱篇》、《说符篇》。今《列子》8篇并非《汉书·艺文志》著录的原书，从思想内容和语言使用上看，可能是魏晋人根据《列子》残篇所作。《列子》实际上是魏晋之人假托列御寇之名所著的论集。通过考证，有人认为《列子》一书实为《列子注》的作者张湛所作。

《列子》主张任自然而无为，将“无”看作万变之宗主。自然界的万物皆是由“无为”统摄，“道终乎本无始”，“有生则复于不生，有形则复于无形”。在人之生死忧患上，《列子》主张人应该崇尚清净、虚无，放弃功名荣辱之烦恼，做到率性而为。人生不应时常为烦恼所困扰，应该宽以待己，自寻人生之乐。《列子》认为，“生不知死，死不知生；来不知去，去不知来”。

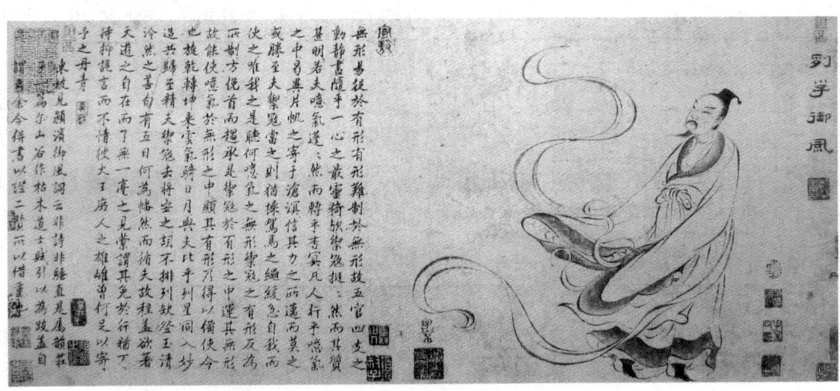

列子御风

《列子》中记载了许多民间故事、寓言和神话传

许由洗耳

《列子》中讲许由崇尚悠闲自适，尧想让他当九州长，许由不想听，便去颍水洗耳

说等，如愚公移山、歧路亡羊、杞人忧天、纪昌学射、两小儿辩日等。它们想象丰富，离奇怪异，令人匪夷所思。《列子·周穆王篇》中的华子爱病的寓言就非常有趣。宋国阳里地方有个叫华子的人，中年得了健忘症。早晨的事，到了晚上就忘了；在路上忘记了走路，在屋里忘记了坐卧。他的家人对此感到担忧，于是向卜官求卜，但是结果不灵验；向巫师祈祷，但没有功效；向医生求治，最终是无济于事。鲁国有位儒生毛遂自荐，自称能医治华子的健忘症。华子的妻子想用一半家产来交换医治健忘症的药方。儒生说："这个病本来不是占卦所能去掉，祈祷所能消除，药物所能痊愈的。我试着变化他的思想，这样或许能痊愈吧！"于是，儒生让华子睡在露天，华子感到寒冷就索要衣服；让华子挨饿，他感到饥饿就索要饭菜；让华子住进幽暗的房间，他便寻找光亮。儒生便高兴地对华子的儿子说："你父亲的病可以治了。但是我的处方是秘不传人的，请让我单独与病人住七天。"华子的儿子便同意了，七天后华子多年的健忘病真的痊愈了。可是事与愿违，华子病好后竟雷霆大怒，斥责妻子，责罚儿子，拿起矛戈驱逐儒生。宋人不明白他生气的原因，华子说："以前我得健忘病，空荡荡不知道天下事的有无。现在突然记起过去的一切，数十年的存亡、得失、哀乐、好坏皆涌上心头，令我心中烦躁不安。从此，我患得患失，担心将来的存亡、得失、哀乐、好坏还要扰乱我的心灵。现在哪怕是很短暂的遗忘，我都无法得到了。这则寓言反映出消极避世的人生观，作者试图通过忘记一切来摆脱现实带来的精神痛苦。在现实生活中，存亡、得失、哀乐、好坏等诸多问题都扰乱人的心灵，无法给人带来精神上的安逸与自由。列子"贵虚"，对名利无所欲求，人生一切皆顺其自然。列子的思想对魏晋玄学产生了深远影响。

唐天宝年间，唐玄宗李隆基敕令将《列子》更名为《冲虚真经》。宋景德四年，宋真宗赵恒尊称《列子》为《冲虚至德真经》。自唐宋起，《列子》为历代道教所重视，《列子》被加以诠释与补充，成为道教的重要经典。

杨朱（约前395—前335），又称杨子、阳子居、阳生，其生活年代晚于墨子，略早于孟子。杨朱本人的著述并未流传于后世，其思想散见于《孟子》、《庄子》、《韩非子》、《列子》、《吕氏春秋》等各家著述。杨朱曾与墨子的弟子禽滑釐论争，其思想盛于一时，

与儒、墨等学派比肩并立。杨朱的“为我”思想具有鲜明特色。诸子各家对其“为我”思想评价不一，各家对杨朱的评价间接反映了杨朱本人的思想，但由于现今资料的匮乏，要全面系统地了解杨朱思想的原貌则比较困难。

酣身荒腆图

杨朱反对虚名，主张“从性而游，不逆万物所好”，“不违自然所好”，“不为名所劝”。杨朱率性而为，纵性而游，从不考虑名声的好坏与寿命的长短。杨朱认为，人们惶恐不安地谋求一时的虚名假誉，贪图后世对自己的赞誉，谨小慎微地活着，耳不乱听，眼不乱看，终日忧虑自身言行的是非对错。如此的生活方式毫无快乐可言！这与身陷囹圄，失去人身自由的监禁生活没有什么分别。在看待生死上，杨朱重生轻死，重视活着的时候，反对考虑死后的事情。杨朱认为，舜、禹、周公、孔子是天下人一致赞同的圣人，流芳百世，深受后人的景仰。桀、纣暴戾荒淫，为天下人所唾骂，遗臭万年。舜、禹、周公、孔子一生殚精竭虑，以天下为公，生前从未有一天的快乐。无论后世对他们怎样赞赏、景仰，他们已化为腐骨，什么也不知道了。桀纣这样的暴君纵情享乐，死后被后人口诛笔伐，抨击唾骂，但这对他们已无济于事。杨朱认为万物所不同的是生存，而死亡是自然万物的共同之处。生活在世间的人们有贤愚之分、贵贱之别，有着各种不同的差别。无论是圣人贤才，还是恶人蠢材，终归是难逃一死。虽然天下美名皆归于舜、禹、周公、孔子，但他们辛劳一生，终将归于死亡，而天下恶名归于桀纣，但他们享乐一生，同样归于死亡。尧舜等圣人死后是腐骨一堆，桀纣等暴君死后也是腐骨一堆，都是化为一堆腐骨，而腐骨是没有什么区别的。

文王卑服图

杨朱的“为我”、“拔一毛而利天下不为也”的思想实际上就是要人们轻物重生，“为我”的目的是为了保全真性情，不为身外之物所拖累，实现真正的精神自由。杨朱认为“人人不拔一毛，人人不利于天下，则天下治矣”，“为我”是解决当时社会矛盾的一种理想方案。杨朱蔑视为蝇头苟利而终日庸庸碌碌，故其“为我”思想并非是一般庸俗的“为己”思想。“为我”思想中的“我”，并非是个人之我，而是抽象了的“大我”，成为“道”的化身。“为我”实际是主张“为道”。杨朱正处于老子与庄子之间，成为道家承上启下的重要人物。

二、法家主张

竹简魏律 公元前252年

法家是战国时期主张法治的一个重要学派，其思想渊源可以上溯到春秋时期的管仲、子产等人，而李悝、吴起、商鞅、申不害是战国前期法家的代表人物。

李悝（约前455—前395），战国早期著名政治家、法家代表人物。李悝早年师从于子夏，后效力于魏国，深为魏文侯所器重。为实现富国强兵，雄霸于诸侯，魏文侯立志改革魏国弊政，积极推行变法。公元前406年，魏文侯拜李悝为相，进行了政治、经济、军事等一系列的变法运动。

李悝打击旧贵族势力，废除世卿世禄制度，削弱奴隶主贵族特权。李悝认为，贵族享有大量特权，生活腐化而无功于国家，在其位而不谋其政。他主张，“为国之道，食有劳而禄有功，使有能而赏必行，罚必当”（《说苑》）。李悝制定赏罚分明的法令，重金犒赏贤能之人。对无任何功绩的贵族，则剥夺其俸禄。为充实国力、增加国家财政收入，李悝对农业采取了保护性措施，从而促进了农业生产的发展。李悝废除“井田制”，推动了土地私有制的发展。为了提高农民的生产积极性，他奖励开荒，推广农业生产技术，通过实行“平仓法”稳定粮食价格，杜绝谷贱伤农的现象。鉴于魏国军事力量薄弱，李悝积极推行强兵政策。在中国历史上，他首次创立了常备武卒制度，建立国家常备军队。李悝提高兵卒的社会地位，厚赏立功之人，免除其徭役、田赋，赏赐其田地、住宅。李悝实施完备的选兵制度，对兵卒进行严格筛选、训练，建立了一支精壮之师。李悝变法颇有成效，魏国国力增强，显名于诸侯。然而李悝的变法遭到了旧贵族势力的阻挠，最终以失败而告终。

吴起像

李悝著有《法经》六篇，包括《盗法》、《贼法》、《囚法》、《捕法》、《杂法》、《具法》，是中国第一部比较系统的成文法，是秦汉以后封建社会法律的滥觞。

吴起是著名的军事家、法家代表人物。吴起曾拜于曾子门下，因众多观点与曾子相左，于是二人断绝师徒关系。吴起改学兵法，后为鲁将，一战而击退鲁国对齐国的进攻。因在鲁不受重用，继入魏，从师于李悝，研习兵法，辅佐李悝在魏国进行变法。在李悝建议下被魏文侯任为将，击秦，拔五城。由于他善用兵，又为人廉平，颇得士卒拥戴，又被任命为西河郡守，政绩斐然。李悝

变法失败后，吴起投奔楚国，效力于楚悼王，官至令尹。

楚悼王执政时期，楚国正值多事之秋。昭、景、屈三大贵族势力牢牢把持朝政，极力排斥异己，君主大权旁落，政治腐败，经济凋敝，国力趋于衰颓。韩、赵、魏三国联盟，共同讨伐楚国。楚军连遭败绩，溃不成军。楚国忍辱签城下之盟，割让大片土地于韩、赵、魏三国。在内忧外患的情形下，楚悼王穷则思变，决心任用吴起变法图强，刷新吏治，重振朝纲，扭转国家倾颓之势，重现庄王时期楚国之雄风。吴起针对楚国“大臣太重，封君太重”以至“贫国弱兵”的现实，提出了“明审法令”，集权中央，对“封君之子孙三世而收爵禄”，精简机构，罢黜冗员等一系列改革措施。他还堵塞私门请托，屏除纵横说客，使各种法律具体落到实处，即“不别亲疏，不殊贵贱，一断于法，亲亲尊尊之恩绝。”吴起还加强练兵，建立国家常备军队，重赏立功将士，楚军成为纪律严明的精锐之师。改革后的楚国出现了私不害公、谗不避忠的政治局面，使楚国“南收百越，北并陈蔡，却三晋，西伐秦”，扩大了疆域，加强了楚国的霸权势力。但是吴起变法损害了旧贵族的利益，楚悼王驾崩后，昭、景、屈三大贵族势力乘机报复，吴起惨死于乱箭之中。楚国变法从而中断，国力逐渐衰弱下去，最终被变法最为彻底的秦国所灭。

车裂商鞅

商鞅（约前390—前338）姓公孙，名鞅，卫国人，因在秦变法有功而封于商，史称商鞅。他自小好刑名之学，深受李悝、吴起等人变法思想的影响，后到魏国相府，因不受重用，转而入秦，在秦国受到孝公重用，一直升到大良造。商鞅在秦19年，他先后的两次变法都得到了较为彻底的施行。在经济方面，废井田，开阡陌，确立了以私有制为基础的地主土地所有制；在政治方面，推行了郡县制；在军事方面，因实行奖励军功的政策，使秦国军队强大起来，连破魏军，收复了河西之地，并迁都咸阳。变法虽取得重大胜利，但他与旧贵族的斗争并没有结束。孝公死后，因旧贵族诬告商鞅谋反，结果被处以五马分尸之刑。商鞅虽死，

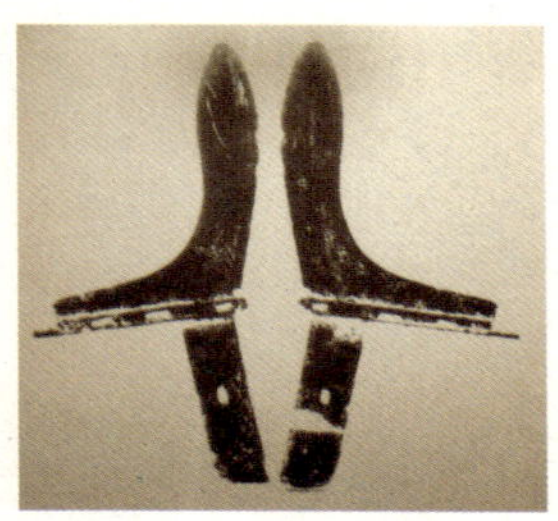
商鞅戟

商鞅方升

但其变法措施却使秦国强大起来。

《商君书》是反映商鞅思想言论的著作，又称《商君》或《商子》，是商鞅去世后由商鞅一派法家辑录而成，其中有其他法家的作品。《商君书》原有29篇，现存24篇。《商君书》肯定了“天地设而民生之”，认为天地是自然的存在，人也是自然产生的，不是神造的。同时，《商君书》还认为社会历史是发展变化的。他设计了一幅社会进化图，指出了历史的发展经历了上世、中世和下世三个阶段。这三世每个阶段的情况是不相同的。“上世亲亲而爱私，中世上贤而悦仁，下世贵贵而尊官。”《商君书》认为一切道德法律制度并非是一成不变的，而是统治者根据现实利益而制定的。因此，要富国强兵，就不必遵循旧制，而应根据具体情况制定不同措施。凡富国利民的改革措施都是合理的。书中指出，国家的富强凭借的是农业的富庶和武力的强盛，因此只有使官爵赏赐等百姓所梦寐以求的东西都通过务农和军功来获得，从而迫使百姓重农、重战。同时，还要反对仁义道德，抑制工商，扫除儒生游说之风，为此，必须采取“壹刑”、“壹赏”和“赏教”的政策。“壹刑”，即人不论贫贱富贵，只要违反君主的法令，必受惩罚；“壹赏”指一切赏罚都以军功为尺度，使兵无敌而令行于天下；所谓“壹教”，即告诫百姓：军功才是富贵的唯一出路。他还提出“以战去战”、“以杀去杀”、“以刑去刑”的主张，认为要轻罪重判，使人们害怕严刑峻法，小罪不敢犯，更不敢犯大罪，从而不生祸乱。商鞅以此为理论基础，提出了一系列改革措施。

《商君书》是阐明商鞅变法思想的一部法家的著作，其变法主张和行动顺应了时代潮流，促进了生产力的发展，为秦始皇统一中国和建立封建中央集权制国家起了奠基作用。

与商鞅同时的申不害（前385—前337），在任韩相时，正值韩国国势衰微。外有虎狼蚕食之危，内有国力不振之忧。深谙“术”道的申不害，外交上唯魏是从，内政上以“术”治国，牢牢控制住国内局势，最后“国治兵强”，充分显示了其政治才能。

申不害的思想，主要集中在《申子》一书中。此书历经战乱，至隋唐时已残缺不全。因而对于其派别归属存有不同观点。《史记·老子韩非列传》曰：“申子之学本于黄老而主刑名。”据此可知，申不害的思想与老子以及黄老学派有着渊源。比较明显的例证是申不害对道和正名思想的阐发。《申子》中对道的论述极少，并且是把道作为自然界和人类社会中普遍存在的客观规律，并没有明确地把道作为世界万物的本源。对于正名，申不害是从君臣关系的角度来阐述的。他认为，君应有君之名，臣应有臣之名，君臣应根据各自的“名”而行使自己的“分”。并举例说，尧之时，天下之所以大治，就在于做到了“正名”，形名契合，上下中和；而桀之时，天下之所以大乱，是因为“倚名”，形名不合，上下乖离。黄老道家重法，“法治”思想是黄老政治思想的核心。而申不害，虽也表述过“法者见功而与赏，因能而授官”的法治论点（《韩非子》），但在政治实践上，却是崇尚“术治”。

“术者，因任而授官，循名而责实，操杀生之柄，课群臣之能者也。此人主之所执也”（《韩非子》）。术实际上是君主的“南面之术”，讲究的是怎样维护君主的权威，并更好地驾驭群臣。为此，申不害提出术治的思想，并由韩非子集其大成，归纳为“七术”（曾振宇：《前期法家研究》）：“众端参观”：君王考核群臣忠诚与否，切不可被少数“亲爱近习”之人所左右，断不可偏听偏信，必须不分贵贱，不分智愚，要多方面兼听不同意见，观察诸种表象，然后再进行分析、决断。“必罚明威”：对以权谋私、欺君罔法之徒，决不姑息养奸，借以显示君王言行必果之威信。“信赏尽能”：对功绩卓著者，一定要依法给予奖励，承诺的诺言一定要如实兑现。罚必严、赏必信，使臣下悚然自律，恪守其职，不敢犯上。“一听责下”：逐一听取臣下的言论，逐一考核臣下的行为，擢优汰劣，使滥竽充数者不敢混杂其中。“疑诏诡使”：君王故意颁布可疑的诏令，使用诡秘的手段，来考察臣下对此事的态度。“挟知而问”：拿君王已经了解的事情真相来询问臣下，测试他们言行的真伪。“倒言反事”：故意说与本意相反的话，做与实情相悖的事，从而刺探臣下是否忠诚。

申不害在任相的15年中，始终奉行“术治”政策，并积极鼓动说服韩昭侯以术治国。从文献记载来看，韩昭侯对术的运用已达炉火纯青的地步，对“七术”的运用也屡试不爽，韩昭侯与申不害之间的配合也是如鱼得水，相得益彰。申不害单纯依靠术治，没有像商鞅那样推行封建改革，因此，他并没有使韩国走上强国之路。申不害和韩昭侯去世后，韩国内乱频仍，外患不已，并很快第一个被秦所灭。

针对申不害的术治思想，申不害多被人定为法家。郭沫若却把他单独抽出，称其为“术家”，似乎都有其一定道理。

孙膑像

三、孙膑之兵法

孙膑是战国时期齐国著名军事家，是孙武的后代。作为将门之后，又生于战乱纷争的时代，孙膑很早就立下了献身戎马事业的决心。早年曾与庞涓一起师从鬼谷子学习兵法，由于他勤奋攻读，刻苦钻研，加上天资聪颖，未出茅庐便显示出不凡的军事才华。后来庞涓下山来到了魏国，被任命为将，由于妒忌孙膑的才能超过自己，就派人把孙膑骗到魏国，处以膑刑（去膝盖骨）。后来，在齐国使者的帮助下，孙膑秘密逃回齐国，他的人生经历由此而发生了重大的转折。

鬼谷子像

孙膑在齐国，先依附于齐将田忌幕下。后因用智谋使田忌在赛马中取胜，被田忌推荐给齐威王，任为军师。公元前354年，魏国出兵包围了赵国都城邯郸，赵派使臣向齐求救。齐威王以田忌为大将，孙膑为军师，率8万大军伐魏。开始，田忌想直扑邯郸，攻打魏军。孙膑认为不可。他说："夫解杂乱纷纠者不控，救斗者不搏，批亢捣虚，形格势禁，则自为解耳。今梁赵相攻，轻兵锐卒必竭于外，老弱疲于内。君不若引兵疾走大梁，据其街路，冲其方虚，彼必释赵而自救。是我一举解赵之围而收弊于魏也。"田忌依计而行，围魏救赵，魏兵果然回救，当他们经过桂陵时，遭到齐军伏击，魏军大败，从而创造了中国战争史上"围魏救赵"的

田忌赛马

孙膑让田忌用上等马、中等马、下等马分别与齐威王的中等马、下等马、上等马比赛，结果二胜一负，赢了齐威王

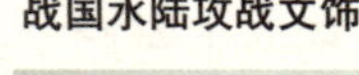

战国水陆攻战文饰

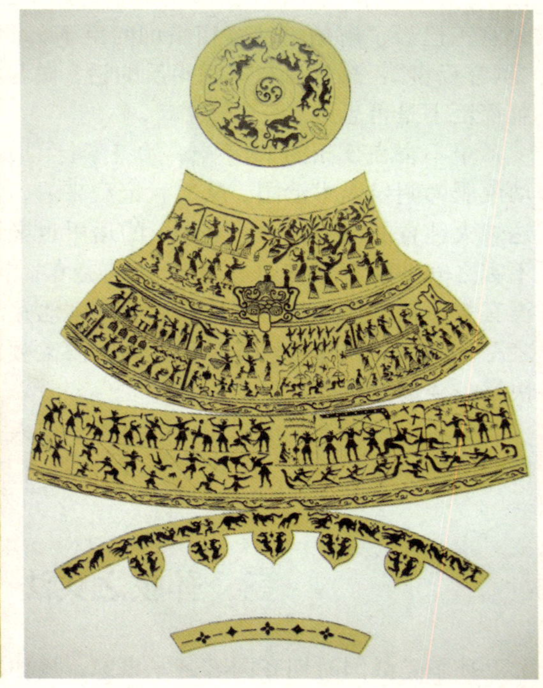

光辉战例。

马陵之战

此后，孙膑又用“减灶诱敌，设伏歼灭”的计谋，在马陵道大破魏军，庞涓自杀，从此名显天下。然而他的赫赫战功，却引起了齐相邹忌的嫉妒和排斥。孙膑毅然辞去官爵，携弟子隐居甲山，从此潜心致力于兵法研究。孙膑继承了《孙子兵法》的思想，总结了春秋战国以来军事家的经验，又结合自己的作战实践，写成《孙膑兵法》一书，亦称《齐孙子》。

据《汉书·艺文志》，《齐孙子》有89篇，后失传。1972年，在山东临沂银雀山汉墓中发现了一些残简，经整理为30篇，定名为《孙膑兵法》。书中继承并丰富了《孙子兵法》的思想，把“道”主要看作战争的客观规律，认为“道”是可知的，要懂得与战争有关的天道、地理、民心、敌情和各种阵法并掌握其规律，兵多、国富、武器精良未必能取胜，决定胜负的是道。孙膑也强调了主观能动性在战争中的作用，主张用种种方法造成敌人迷惑、骄傲、激怒、饥饿、疲劳和兵力分散，然后再消灭之。他提出“至则反，盈则败”，认为“盈虚相为变”，“众寡相为变”。《孙膑兵法》富含辩证法思想。它认为天地万物的规律像月亮一样，物极则必反，圆满之时，就开始走向亏损。打仗要懂得物物相克，这样才能不断取胜，任何一种方法或态势都只有相对的意义。例如，兵力集中一般说胜于兵力分散，但战争中有时必须集中，有时又必须分散，处于盈与虚、径与行、疾与徐、众与寡、佚与劳的关系也应如此。《孙膑兵法》反映了孙膑超前的军事理论，在战略战术上贵“势”，即依据一定条件占据主动的优势。他善于因敌、因地、因阵法而制宜，采取灵活多变的战法，因势利导，出奇制胜。他突破前人速战速决的理论，提出了持久作战的思想。适应战国时期经济的发展，他强调攻城，认为只有覆军杀将方为全胜，开创歼灭战的理论。孙膑对野战中车垒的运用、阵法的研究和将领的必备条件等也有阐述。

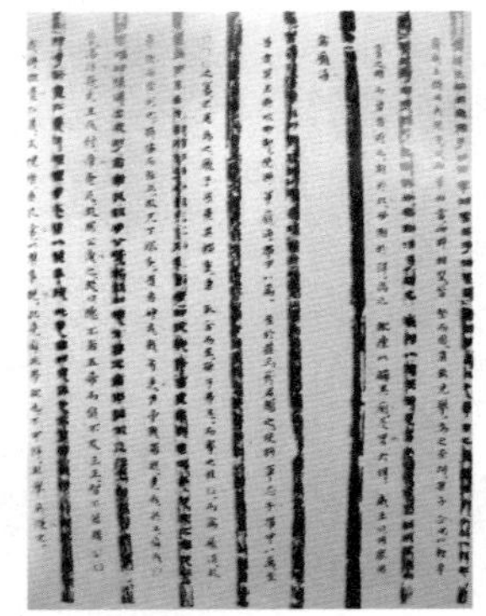
孙膑兵法竹简 临沂银雀山汉墓出土

孙膑及其兵法在中国军事史上写下了重要的一页，闪耀出夺目的光芒。《孙膑兵法》也有历史局限性，如书中主张以兵“禁争夺”，看不到人民群众在战争中的决定作用等。但它作为战国时期战争实践经验的理论总结，贯穿其中的鲜明的朴素唯物论和辩证法思想，在中国哲学史上占有重要地位。

四、儒家亚圣孟子

孟子像

孟子（前372—前289）名轲，字子舆，战国时期邹（今山东邹城市东南）人。孟子先世为鲁国贵族，后来由于家世衰微而迁于邹。3岁丧父，家境贫寒，全赖母亲教养。孟母知书识礼，且循循善诱，对他影响很大。《列女传》、《韩诗外传》等载有孟母“三迁”、“断织”等事迹，一向为世人所传诵效法。孟子幼时即读书演礼，后入当地学宫，博习六艺，学识与日俱进。稍长，离邹而游学鲁国，从子思之门人学习儒术，由此确立终生传播儒家学说的志向。他十分景仰孔子，不仅景仰其学，而且景仰其人，称孔子为“圣之集大成者”，认为“自生民以来，未有盛于孔子也”，且自称“乃所愿，则学孔子”，仿其行，传其说，终身不渝。

孟母断机　清 · 康涛

孟子壮年以后开始从事教育活动，聚徒讲学，传授知识，并宣传自己的政治主张。他有极强的使命感，自称“如欲平治天下，当今之世，舍我其谁也？”为改造社会，实现人生理想，孟子又效法孔子周游列国，“车数十乘，从者数百人”，游说各国国君，试图推行自己的仁政学说。他先后到过齐、宋、滕、鲁、魏等国，曾入齐国稷下学宫讲学，又曾任齐之客卿数年，在魏国也颇受礼遇。但当时“天下方务合纵连横，以攻伐为贤”，竞相“争于气力”，因此孟子的主张难免被认为是“迂远而阔于事情”而不见用。最后，孟子70多岁时，不得不怀着与孔子晚年一样的心情，慨叹不为世所用，离开齐国，回归故乡邹地，与弟子公孙丑、万章等“序诗书，述仲尼之意”，并总结一生的思想活动，著成《孟子》七篇，到宋代被列

孟轲周游图 清 · 苏仁山

为“四书”之一。在孟子生活的时代，百家争鸣，“杨朱、墨翟之言盈天下”，孟子站在儒家的立场加以激烈抨击。孟子继承和发展了孔子的思想，提出了一套完整的思想体系，对后世产生了极大的影响。

篆书节录孟子句 清 · 王澍

孟子主要发挥了孔子“仁”的思想学说。孔子言“我欲仁，斯仁至矣”，然而这里的“欲”何以必须？也就是说，人何以当仁？孟子则由此而讲到人性，明确地提出性善论的主张。孟子认为，人之所以不同于禽兽，就在于人有与生俱来的善性。而只有保持并扩充之，才能真正实现人之为人的本质。这种先天具有的善性孟子称之为善端，他讲：“恻隐之心，仁之端也；羞恶之心，义之端也；辞让之心，礼之端也；是非之心，智之端也。人之有是四端也，犹其有四体也。”他认为，仁、义、礼、智四端完全是天赋的，为人心所固有。人们只有用心体察这一点，才能认识到自己的本性，并进而实现此上天所与之本性，达到“天人合一”的境界。

孟子赋予“天”以道德的属性，把“诚”概念规定为天的本质属性，这个道德以“天命”为决定自然和社会人事的主宰。他提出了“尽心”、“知性”、“知天”的修养理论，把“知天”、“事天”看成扩充本心和发扬善性的过程。孟子又认为“养心莫善于寡欲”，要求“反求诸己”，排除感官物欲，以养“浩然之气”，从而成就“大丈夫”的理想人格。孟子进而断言，“学问之道无它，求其放心而已矣”，把治学和认识问题归结为如何找回散失的本心的心性修养问题，阐述了“天人合一”的思想，对后世儒家哲学的演变和发展有很大的影响。

透雕蟠螭纹铜镜　战国

孟子的政治学说是沿着他的人性思想推演出来的。他认为，人的善端虽然只是那“几稀”之一点，然而如果能够涵养和扩充之，则如火之始燃，泉之始达，可以由小而大，从隐到显，由己到人，步步扩充，以至推及四海，遍布天下，则治天下如运于掌上。内在的仁心外施于政事，则必有不忍人之政，即仁政。“施仁政，行王道”是孟子政治思想的中心内容。所谓“仁政”，即爱民之政，王天下之政，以民为重之政。他说：“民为贵，社稷次之，君为轻。是故得乎丘民而为天子，得乎天子为诸侯，得乎诸侯为大夫。诸侯危社稷，则变置。”在孟子看来，得天下，保天下，治天下，王天下，都须以民为本，认为“得其心，斯得民”，“得其民，斯得天下”，充分阐述了儒家的重民思想。孟子强烈抨击开疆辟土，反对兼并战争，对一切残民以逞的暴君污吏也都进行严正谴责，力图把现实政治引到“保民而王”的轨道上来。

孟子的社会经济思想，以建立和巩固小农自然经济和确立封建主所有制为宗旨，其核心是“制民之产”。而制民之产的具体方案则是井田制，其意在托古改制，保护和发展农业生产。孟子还主张“省刑罚，薄赋敛”，不违农时，发展多种经济，这对于发展

孟庙大门

生产力、建立和保护封建关系具有重要意义。另外，孟子还提出限制过分剥削的思想，其目的是想建立一个“颁白者不负戴于道路，七十者衣帛食肉，黎民不饥不寒”的理想社会。

孟子是中国封建社会初期的思想大师。其“民贵君轻”、“性善”、“仁政”的思想，对历代王朝的施政纲领有很大影响，他的养气的修养工夫与中国历代“仁人志士”的人格塑造有极大关系。战国时期，孟子为儒家之一派，至魏晋时，史家仍以孟、荀并称。唐代韩愈提出“道统说”，扬孟抑荀，定孟子为孔子之道的唯一继承人，此后孟子遂被视为孔门儒学之正宗，被尊为“亚圣”。

五、道家的逍遥者庄子

庄子（约前369—前286）名周，战国时宋国蒙（今河南商丘东北）人。宋在战国时属魏，魏国的都城是大梁，因又称梁。《史记》称他与梁惠王、齐宣王同时。庄子曾做过“漆园吏”（管理漆园的小官），可能在职不久就隐居了。他住在“穷闾阨巷”，生活贫苦，面黄肌瘦，靠打草鞋等维持生活。相传“庄周家贫，故往贷粟于监河侯”，看来饭都常吃不饱。在政治上，他鄙视权贵，对

老庄像 清·任熊
庄子游逍遥，老子守元默

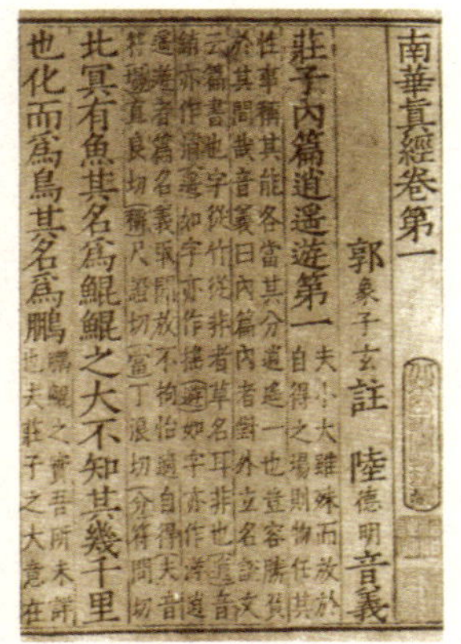

南華眞經卷第一

郭象子玄註 陸德明音義

莊子內篇逍遥遊第一 夫小大雖殊而放於自得之場則物任其性事稱其能各當其分逍遥一也豈容勝負於其間哉

北冥有魚其名爲鯤鯤之大不知其幾千里也化而爲鳥其名爲鵬

《南华真经》书影

现实深为不满。一次魏王召见他，他穿着补丁摞补丁的衣服去见魏王。魏王问道："先生怎么如此狼狈？"他回答说："处在这样上昏下乱的世道，怎能不狼狈呢？"

庄子学识渊博，思想深邃。《史记》称"其学无所不阙"，又说他"善属书离辞，指事类情，用剽剥儒、墨，虽当世宿学不能自解免也"。其博学和才辩可以说不弱于其时代的任何人。但庄子并不像许多当时的知识分子那样汲汲于功名利禄，而是对荣华富贵不屑一顾。据说楚威王曾派两个使者携重礼聘他为相，他正在濮水上钓鱼，竟"持竿不顾"，并对来人说：我听说楚国有个神龟，死了3000年了，楚王还把它的骨甲珍藏于庙堂上。请问，对于龟来说，它是愿意死去而使自己的骨甲得到楚王珍藏呢，还是宁愿活着拖着尾巴在泥水中爬行呢？楚使回答说，当然宁愿活着，能自由地爬来爬去。于是庄子说："我宁游戏污渎之中自快，无为有国者所羁，终身不仕，以快吾志焉。"

崇尚自然，蔑视权威，追求生命本体与个体的精神自由，构成了庄子的人生价值取向。他又把这种人生实践用汪洋辟阖、仪态万方的文笔表达出来。其文章想象瑰异、机智辛辣、思想深邃，是中国思想史和文学史上不可多得的瑰宝。道家后学把他的作品汇集起来，加以增补，编成《庄子》一书，后世称之为《南华经》，被奉为道家的经典著作。《庄子》一书文繁义丰，哲理深邃，对中国传统文化影响至深。《庄子》现存33篇，分为内篇、外篇和杂篇。

楚使来聘正在钓鱼的庄子

据传统的说法，内七篇为庄子所作，外、杂篇为其后学的著作。

庄子继承和发展了《老子》“道法自然”的观点，认为“道”是客观真实的存在，但又“无为无形”，区别于有形有象的“物”，不能单凭感官把握。一切具体的“物”都不是“自本自根”的，所以都不能说明万物的存在，没有任何“物”可以作为“先于”万物的创生者。可是万物总是好像有种创生者，那不是别的，就是自然。而这个“自然”，也就是“道”。他说：“夫道，有情有信，无为无形；可传而不可受，可得而不可见；自本自根，未有天地，自古以固存。神鬼神地，生天生地；在太极之先而不为高，在六极之下而不为深；先天地生而不为久，长于上古而不为老。”“自然”不是任何实物，它没有任何具体的规定性，因而是“无”；它并不在时间上先于万物，而是与万物共始终，作为万物存在的根据。

庄子哲学中最具特色的是其“齐物”思想。他认为，万物之间本无绝对的质的差别，“莛与楹，厉与西施，恢诡谲怪，道通为一”。事物的性质、差异是相对的，这种相对性取决于观察者的角度，“自其异者视之，肝胆楚越也；自其同者视之，万物皆一也”。

庄子不仅主张“齐万物”，也主张“齐是非”。在他看来，世间本无真是真非可言，是非观念原出于人们的“偏见”，也就是他所谓的“成心”。任何学术思想或言论对于作为“全”的“道”来说都显褊狭，都是对“道”的毁损。事物之间的判断标准是相对的，没有是非之别。比如我和你辩论，如何判断谁是谁非呢？辩论的胜方就对了吗？如果找个第三者裁判，他的观点要是和你相同的话，会认为你对，和我相同的话则认为我对，要是和我们都不相同就又出现了第三种观点，那么究竟谁对呢？仍然无法判断。因此，任何关于是非的争辩都毫无意义。矛盾双方是相对的，事物的发展结果难卜，人类的认识因而也是不可靠的，真理是不可知的。他主张用自然齐一来调和是非，以因顺无穷的变化。就个人生活来说，应安时处顺，逍遥自得，“知其不可奈何而安之若命”，从而达到“天地与我并生，万物与我为一”的与道合一的境界。

至于如何达到与道为一，《庄子》还提出“心斋”、“坐忘”的修持工夫。所谓“心斋”，就是要求内心虚静，纯白如一。所谓“坐忘”，就是

庄周梦蝶

庄子梦见自己变成了一只蝴蝶，拍着翅膀翩翩而飞，自由自在甚为得意，竟然忘记了自己是庄周。庄周从梦中醒来，发现自己并未成为蝴蝶。庄周对此大为迷惑：究竟是庄周做梦变成了蝴蝶，还是蝴蝶做梦变成了庄周。“庄周梦蝶”说明庄子试图消除事物间的差别与是非，一切皆顺其自然，摆脱外界对自身的限制，以实现精神上的绝对自由

要“堕肢体，黜聪明，离形去知，同于大通”。《庄子》追求的理想社会是“同与禽兽居，族与万物并”，“同乎无知”、“同乎无欲”的“至德之世”。其理想人格是怀抱真心真性的真人、至人和神人。

庄子的人生哲学，充溢着大彻大悟后的达观与洒脱。对他而言，死生、存亡、穷达、毁誉都如浮云过眼，“萧然而往，萧然而来而已矣。”“至人之心若镜，物来则应，物去则舍”。与人，则“相忘于道术”；于己，则“自适其适”，在精神的空间中畅快遨游。他的潇洒与放达不知让多少人为之醉心倾倒，魏晋名士“三日不读老庄，则舌本间强”，至于历代文人学者对庄子的崇拜，更不必说。中国文化中永远保留着庄子的烙印，回响着庄子的天籁之音。

六、稷下学宫

稷下学宫是战国时期齐国的学术中心，也是当时的最高学府。因设在齐国都城临淄（今山东淄博）稷门附近而被称为稷下，是传播诸家学说和开展百家争鸣的重要场所。齐桓公田午在位时，开始在稷门外设置学馆，招集各国前来游学的学者，让其在稷下传道、立说、辩难，对出类拔萃者封大夫称号。齐桓公死后，稷下学宫随之衰败。后经过齐威王，到齐宣王时达到鼎盛。齐威王任用邹忌为相，广开言路，诏告全国，鼓励上书进言。齐宣王喜好“文学游说之士”，扩置学宫，规模越来越大，稷下学宫再次兴盛。

鹿角立鹤 战国

稷下学宫设有学官，根据学者的学问、资历、成就、贡献等授予其不同的称号和荣誉，包括博士、学士、上大夫、列大夫等。荀子曾任“祭酒”，邹衍、淳于髡、田骈、接予、慎到、环渊等七十六人封为上大夫，宫内云集名辩之士“数百千人”。荀子年轻时曾到稷下学宫讲学，齐襄王时，他在稷下先生中“最为老师”，并且“三为祭酒（学宫主持人）”，弟子满门，成为当时最有威望的学术领袖。稷下学宫不仅是学者们著书论辩、传道授业的场所，也是当时的思想舆论中心和国家的咨询参议机构。学宫对各家各派的学说采取兼容并包的态度。道、法、儒、名、兵、农、阴阳等百家之学皆汇聚于此。宋钘、尹文、田骈等积极弘传道家思想，孟子、荀子宣扬儒家思想，慎到主张法家思想，邹衍、邹奭为阴阳家的代表人物，兒说、田巴传扬名家学说。齐宣王时期，黄老学处于主导地位，其后随着政治经济形势的变化，名法思想占据了主导。诸子各派纷纷著书立说，对于各种治学、经世之术各抒己

见，相互辩论、发难，进而形成了百家争鸣的学术局面。稷下学宫推动了名辩思潮的兴起。关于名实等问题，众多稷下学者展开探讨，淳于髡、田巴、尹文等人提出了不同的观点主张。稷下学者的著作现在多已遗失，据《汉书·艺文志》记载，有《宋子》、《邹子》、《邹奭子》、《尹文子》、《慎子》等。有的学者认为，今存的《管子》一书可能就是齐国推崇管仲的稷下学者们所著的学术汇集。

淳于髡出身低微，后官至上大夫。他博闻强识，未专于一家之学。他“长不满七尺，滑稽善辩”，常以隐语向齐威王进谏，他“数使诸侯，未尝屈辱。”淳于髡在酒宴上，向威王婉言进言，劝告威王不要沉溺于酒色。“酒极则乱，乐极则悲，万事尽然。言不可及，极之而衰。”齐威王遣淳于髡使楚，淳于髡面讽傲慢无礼的楚王。楚王深为其机敏与气度所折服，对淳于髡礼遇有加。淳于髡精于治国之道，曾数难齐相邹忌，以隐喻之言向邹忌发难问其治世之道。就礼制问题，淳于髡曾与孟子进行论辩。淳于髡提出：“男女授受不亲，礼与？”孟子认为是礼制规定的。淳于髡接着向其发难：“嫂溺，则援之以手乎？”孟子答道，嫂溺于水而不援之以手，这简直是豺狼之所为。男女授受不亲是礼制，嫂溺于水而援之以手，这是礼制的权变。淳于髡又问道：“今天下溺矣，夫子自不援，何也？”孟子答道：天下人皆溺水，应以“道”去援救；嫂溺于水，可用手去救援。难道你要我用手去援救天下人吗？淳于髡以善言巧辩而扬名，时人认为他擅于辞辩，犹如涂于车轴上的油脂一样圆滑无滞。

双豹噬鹿

慎到是赵国人，齐宣王、缗王时曾至稷下学宫讲学，封为上大夫，后至韩国任大夫。慎到早年精于黄老道家，从中分化出法家思想，主张“尚法”和“重势”。慎到主张以法治国，“官不私亲，法不遗爱”。法制有 “立公义”而“弃私”的作用。“故蓍龟，所以立公识也；权衡，所以立公正也；书契，所以立公信也；度量，所以立公审也；法制书籍，所以立公义也。”慎到“重势”，认为君王凭借强大的权势“足以屈贤”，使万民归顺、四海夷平。慎到的言论中还透露出黄老道家的“君无为而臣有为”的思想。在他看来“君臣之道：臣事事而君无事，君逸乐而臣任劳，臣尽智力以善其事，而君无与焉”。

彭蒙是齐国人，曾游学稷下。主张万物平等齐一，无贵贱好坏之分，认为对万物应取“莫之是，莫之非”的态度，要去掉主见，一切听其自然，与庄子的思想有相通之处。

田骈是齐国人，从师于彭蒙，曾于稷下学宫讲学。田骈精于

辞辩，因有一次演讲折服数千辩士，而被时人誉其为“天口骈”。田骈“学黄老道德之术”，后由道入法，宣扬法家治世思想，提出“贵齐”、“贵均”、“尚法”等思想。主张“齐万物以为首”，“万物皆有所可，皆有所不可”。田骈曾向齐宣王献治国之策，主张“无政而可以得政。譬之若林木，无材而可以得材。……变化应求而皆有章，因性任物而莫不宜当”。

宋钘(约前382—前300)，也称宋荣子，宋国人，宋尹学派的代表人物。齐宣王时，宋钘曾与尹文、彭蒙、慎到同在稷下学宫游说。周赧王三年，秦楚交兵，宋钘欲游说两国休战，曾遇孟子于石邱。《汉书·艺文志》称“其言黄老意”，颇得老子之柔道。他主张宽恕均平，“以禁攻寝兵为外，以情欲寡浅为内”，提出“见侮不辱”，使人不斗，试图消除争斗。还认为“接万物以别宥为始”，主张认知事物首先要破除主观偏见。庄子称他“举世誉之而不加劝，举世而非之而不加沮，定乎内外之分，辨乎荣辱之境”，有着相当的修养与定力。他“聚人徒，立师学，成文曲”，以自己的主张上说君主，下教百姓，以天下为己任，在战国诸子蜂起之时卓然成家，自立一派。

尹文（约前360—前380)，又称尹文子，齐国人。宋钘的弟子，与宋钘齐名，宋尹学派的代表人物。齐宣王、缗王时，尹文在齐国稷下学宫游学。他曾劝说齐宣王“无为而能容下”，认为“圣人寡为而天下理”，因为“事寡易从，法省易因”，即是说事情少了就容易操作，法律简明就容易依循。后又与齐宣王辩论“士”的标准，认为只要能做到“事君则忠，事亲则孝，交友则信，处乡则顺，”那么即使在“广庭大众之中，见侵侮而终不敢斗”，也不算耻辱，不失为士。《庄子·天下》中亦说：“宋钘、尹文见侮不辱，救民之斗，禁攻寝兵，救世之战。”尹文对形名论述甚精。他强调“名正则治，名丧则乱”，“有形者必有名，有名者未必有形”。还与宋钘提出“接万物以别宥为始”，即认识事物首先要破除主观偏见。

鲁仲连像

田巴是齐国人，颇有影响的名辩之士，早于公孙龙而提出“坚白”、“同异”等思想。田巴能言善辩，“毁五帝，罪三王，訾五伯，离坚白，一日而服千人”。齐缗王将其留于身边，咨以治国之道。田巴劝谏缗王，应以他人为鉴，不可轻信佞臣之谗言。田巴虽深谙辞辩之术，但由于脱离实际而陷入空谈。有一次，田巴与儒家学者徐劫当众公开辩论，徐劫被驳倒。见此情景，徐劫的弟子、年仅12岁的鲁仲连向田巴发难，说为何马的鬃毛向上长却很短，马的尾巴向下长却很长。田巴说向上逆势生长当然短，向下顺势生长自然长。鲁仲连又问，人的头发逆势向上生长为何长，而人的

行草鲁仲连传　明

胡须向下生长为何短。田巴顿时语塞。接着鲁仲连列数了齐国的种种危机，“楚军逼南阳，赵国伐高唐，燕人十万之众在聊城而不去，国亡在旦暮耳，先生将奈何？”面对鲁仲连的诘难，田巴竟无救国之良策，摇头说：“无奈何。”鲁仲连当面指责了田巴空谈无物的缺点，认为“先生之言有似枭鸣，出声而人恶之，愿先生勿复谈也。”自此田巴“杜口易业，终身不复谈”。

稷下学宫的建立，既显示了齐国的实力，作为智囊机构，又为齐国争雄称霸出谋划策，大造舆论。各国羡慕不已，纷纷效仿，于是产生了燕昭王建立的下都学馆、齐国的孟尝君门馆、赵国的平原君门馆、秦国的吕不韦门馆等。这些学馆和门馆，都仿效齐国建立稷下学宫以招贤纳士的做法，发挥士的作用，促进了各诸侯国文化的繁荣。

七、名辩思潮的兴起

春秋战国时期的社会变革，使新旧社会制度并存，二者之间相互激荡摩擦。新制度、新事物与旧制度、旧事物间的关系使得名实关系日益突出。名实关系就是名词、概念与实际事物间的关系及反映。在此情况下，名实关系便成为诸子各派的研究焦点，于是出现了名辩思潮。

孔子倡导恢复周礼，提出了“正名”思想。他认为，“名不正则言不顺，言不顺则事不成，事不成则礼乐不兴，礼乐不兴则刑罚不中，刑罚不中则民无所措手足。故君子名之必可言，言之必可行也”。主张通过扭转“礼崩乐坏”的颓势，复兴周礼而实现名

实统一。墨子主张“取实予名”，根据实而定名，从而使名真正符合于实。邓析作为名家先驱，在“名”、“实”概念等问题上进行了逻辑探索。

宋钘、尹文融合各家之学，推进了名家之学的发展。在宋钘、尹文看来，“名”是世间万物的名称，是对“形”的反映；“形”为“道”所化生的万物。“形”作为独立存在的实体先于“名”，“名”依赖于“形”。“有形者，必有名，有名者，未必有形。”宋钘、尹文等人也注重“名”的作用，在人的认识方面及社会功用上，“名”不可忽视，通过对“名”认识的深入，人们才会逐渐把握“形”。“有名，故名以正形。今万物具存，不以名正之，则乱”。尹文等人主张以“名”正“形”。

战国中期，关于“名实”关系的争论愈加激烈，惠施、公孙龙等名家代表人物对名实问题进行了深入探讨，后期墨家则建立了较为完备的逻辑学理论。墨家与名家以辩难的形式进行了针锋相对的辩论，使“名实”关系的探究更加深入，推动了名辩思潮进入高潮。

鱼藻图 明 · 缪辅

惠施（约前370—前310），是宋国人，能言善辩，学富五车，为当时名家代表人物。惠施在魏国任相执政长达15年。据说他曾立新法，得到过广泛的好评：“示诸民人，民人皆善之。献之惠王，惠王善之。”（《吕氏春秋》）但新法是否推行，史无详论。从他执政的实际效果看，成绩并不算好。当时魏国“罪庶诽谤，诸侯不誉”，财宝外流，土地日减，国势每况愈下。当然，这也不能完全归咎于他。

惠施在魏国时，是“合纵”政策的倡导者和组织者。公元前334年，魏和齐的国君会于徐州，相推为王，就是惠施的主谋。后来张仪入魏，主张秦、韩合兵攻齐、荆（楚）时，惠施极力反对，而主张要对“齐荆偃兵”，因而被逐。始至楚，转入宋，在此期间与庄子交游。《庄子》一书中记载了许多二人交往谈辩的故事，其中，“濠上之辩”最广为人们所引用。《庄子 · 秋水》载：庄子与惠子游于濠水之滨，在濠水桥上，观赏水中之鱼。庄子曰：“鲦鱼出游从容，是鱼之乐也。”惠子曰：“子非鱼，安知鱼之乐？”庄子曰：“子非我，安知我不知鱼之乐？”惠子曰：“我非子，

固不知子矣；子固非鱼矣，子之不知鱼之乐，全矣。”庄子曰：“请循其本。惠子曰：汝安知鱼乐云者，既已知吾知之，而问我，我知之濠上也。”这其中不乏机智的谈锋。庄子对惠施虽不乏嘲讽之笔，然亦极推崇他。惠施死后，庄子经过惠施墓旁，曾叹息道：“自夫子之死也，吾无以为质矣，吾无与言之矣！”

惠施在政治上虽少有建树，但其辩才却很有名。据说当时有个叫黄缭的人，曾问他“天地所以不坠不陷”的道理和“风雨雷霆”产生的原因，他马上“不辞而应，不虑而对，遍为万物说，说而不休，多而无已”。庄子评论他“弱于德，强于物，其涂隩矣”；“散于万物而不厌，卒以善辩为名”。

惠施的著作已佚。《庄子》一书中存有他的“历物十事”和其他一些辩题。“历物”乃书篇名，意思是分别陈说万物的道理，“十事”即十个论题，也称“惠施十事”：

①“至大无外，谓之大一；至小无内，谓之小一。”意思是说，大到极点便无所不包，没有外部了，即无限大；小到极点，便什么都包容不下，没有内部，即无限小。

②“无厚不可积也，其大千里。”意思是说，没有厚度就意味着薄到极点，不能积累，但其广大可致千里。

③“天与地卑，山与泽平。”意思是说，天地无上下界限，山渊无高低界限。

④“日方中方睨，物方生方死。”意思是说，太阳刚刚正中，随即偏斜，万物刚刚出生，就开始走向死亡。

⑤“大同而与小同异，此之谓小同异；万物毕同毕异，此之谓大同异。”意思是说，属于一大类与属于一小类有不同，这就是小的同异；万物都有共同点而每一物都有其特点，这就是大的同异。

⑥“南方无穷而有穷。”意思是说，南方是没有尽头的，又是有尽头的。

⑦“今日适越而昔来。”意思是说，今日往越地，然而昔日就有来越地的念头了。

⑧“连环可解也。”意思是说，连环的各环，虽然相贯串，却也可以分解开。

⑨“我知天下之中央，燕之北，越之南是也。”意思是说，任何地方都可以是中央，中央的方位也是相对的。

⑩“泛爱万物，天地一体也。”意思是说，爱天下万物，天地的多个部分是连成一体的。

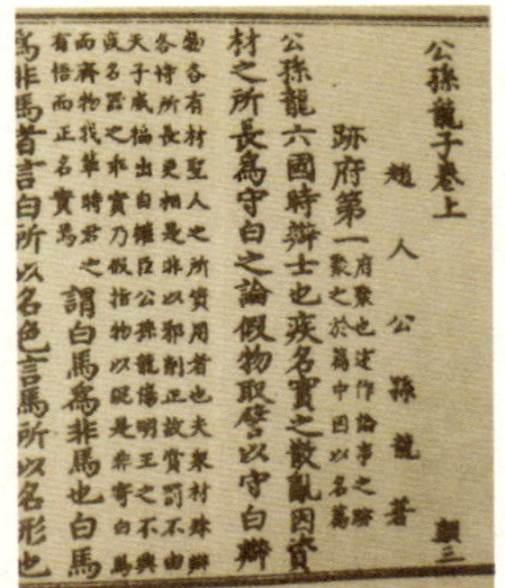
公孫龍子卷上

趙人公孫龍著

跡府第一

公孫龍六國時辯士也疾名實之散亂因資材之所長爲守白之論假物取譬以守白辯謂白馬爲非馬也白馬爲非馬者言白所以名色言馬所以名形也

《公孙龙子》 明刻道藏本

公孙龙像

从这十个命题可知，惠施注意从事物的联系和发展来看待事物的差异，发现其相对性。惠施的基本观点是“合同异”，“泛爱万物，天地一体”。他的学说在当时与儒、墨、杨（朱）、秉（公孙龙）并列为五，“天下之辩者相与乐之”，对于先秦逻辑思想的发展有着不容忽视的贡献。

公孙龙（约前320—前250），字子秉，战国时期赵国人，名家的代表人物。他曾先后游说燕昭王、赵惠王“偃兵”，认为“偃兵之意，兼爱天下之心也；兼爱天下，不可以虚为名也，必有其实。”意思是说要讲兼爱，得用实际的行动来表示，不能只停留在口头上。他后来做过赵国平原君的门客，颇受平原君礼遇。当时秦赵曾相约：“秦之所欲为，赵助之；赵之所欲为，秦助之。”此后不久，秦国进攻魏国，赵国欲救之，秦国于是就派人谴责赵国说：秦想要攻魏，赵不助秦反助魏，这岂不是违背了盟约吗？平原君向公孙龙问计，公孙龙说赵同样可以遣使去责备秦，说：“赵欲救魏，秦独不助，此非约也。”通过这件事，我们可以大概地领略到名辩大师公孙龙的辩难技巧。

公孙龙一生都在论辩中度过。在平原君家里曾与孔子后裔孔穿辩论，坚持“白马非马”说并论“臧三耳”（臧是指奴婢。此论是说两耳听言语而不解其意，心有另一控制、理解从耳传入声音意思的器官，故共为三，比喻为奴婢听主人之言必具三耳）。后来在平原君处见到阴阳家邹衍，又拿这一套与邹衍辩论，邹衍批评他“烦文以相假，饰辞以相悖，巧譬以相移，引人声使不得及其意，如此害大道”，在座的人都以为切中要害，公孙龙由是而见绌。

作为著名的“辩者之徒”，当时不仅有兒说、桓团、毛公诸人与其声应气求，更有綦母子、魏公子牟之属承述其学，门徒盛于一时。但并世诸家之诘难亦迭见不鲜，如《庄子·天下篇》讥讽公孙龙“饰人之心，易人之意，能胜人之口，不能服人之心”。墨家后学更是将其学说批得体无完肤，不容其立锥。然而，公允地说，公孙龙对先秦逻辑思想发展的贡献有目共睹。他提出的“白马非马”、“离坚白”、“物莫非指”等命题，接触到许多逻辑学和语言哲学的核心内容，在中国哲学史尤其是逻辑史上有着重要的地位。

伯乐相马

《公孙龙子》为公孙龙的名作，现仅存6篇。其中5篇出自公孙龙之手，即《白马论》、《指物论》、《通变论》、《坚白论》、《名实论》。

“白马非马”是书中的一个基本命题，它根据命色非命形、马与白马两个概念的外延和内涵都不相同来进行了论证：“马者，所以命形也；白者，所以命色也。命色者非命形也。故曰白马非马。”意思是说，“马”相对形体而言，“白”相对颜色而言，称呼颜色的概念不能用来称呼形体，这表明各个概念都有特定的对象，不同对象间存在差别，相应地概念之间也存在差别。《公孙龙子》认为这种差别正好证明了白马非马。

莲石图 明·陈洪绶

“离坚白”是另一个基本命题。离坚白的核心是“离”。常人皆认为，质地坚硬、色泽为白色的石头可称之为坚白石。公孙龙则认为，“视不得其所坚而得其所白者，无坚也；拊不得其所白而不得其所坚者，无白也”。在公孙龙看来，石头作为人感知的对象，具有坚、白等不同的属性，这两种属性不能同时存在。眼睛只能看到白色的石头，并不能看到石头的坚硬；手只能触摸到坚硬的石头，但无法察觉出石头的颜色。因此坚与白是分离的，只有白石或坚石，坚白石是不存在的。公孙龙看到了物质属性之间的差异，事物不同的属性依靠人不同的感觉器官去把握。但公孙龙夸大了差异性，“得其白，得其坚。见与不见谓之离。一二不相盈，故离。离也者，藏也”。认为事物属性之间的差异是绝对孤立、互不“相盈”的，将事物内部各属性之间的差异绝对割裂开来。公孙龙认为物质内部的各种属性可以脱离具体事物而单独存在，各种属性并不是固定存在于事物之中的，“物白焉，不定其所白。物坚焉，不定其所坚”。因此，坚白石分离为坚石与白石。作为坚白石属性的“坚”与“白”，可以独立存在。白脱离石头可以独立自白；坚离开石头，能独立自坚。

“物莫非指，而指非指”是其世界观的基本命题。这句话是说，物没有不是指化成的，而指本身却不是由别的指化成。这里的“指”是称谓、名称、概念的意思，公孙龙认为这就是世界的本原。另外，《公孙龙子》又阐述了其方法论原则，即“二无一”和正名原则即“审其名实，慎其所谓”。《公孙龙子》首次从哲学上明确地提出了一般与个别的关系问题，因而在中国哲学史上产生了重要影响。

八、后期墨家

墨子像

山字铜镜　战国

墨翟死后，他的弟子及再传子弟发展了墨家学派，形成了后期墨家。墨家学派的活动较为分散，分布较广。至战国后期，后期墨家发展为相里氏、相夫氏、邓陵氏三大支派。按照三派的活动区域划分，又可分为东方、南方和西方三派，相里氏为西方之墨家、相夫氏为东方之墨家、邓陵氏为南方之墨家。墨学是战国时代诸子中的显学，受到当时社会的广泛支持和响应。东方之墨的活动区域大致在宋鲁齐地区，活跃于稷下学宫，讲学布道，代表人物有田俅子、五侯等。南方墨家以楚国为中心，代表人物苦获、已齿、邓陵子皆为楚人。西方墨家以秦国为活动中心，代表人物有腹黄复、唐姑果等。墨学三派受所处各地的人文地理环境影响，学术思想产生分化。南方之墨重于谈辩，东方墨家一派则侧重对“非攻”等思想的阐发，西方墨家则提倡尚同、尚贤、节用和非儒等思想。三派在学术观点上存在着一定的分歧，但皆发展了前期墨家思想，共同打出了“墨者”的旗号。三派并非是同时发展形成的，它们之间也存在着师承关系，主张也相互交叉，融合。后期墨家对墨子的思想进行了扬弃与发挥，发展了功利主义伦理学。后期墨家认为“义，利也”，将“利”作为评判“义”的标准。他们将墨子的“义”与“利”的思想结合起来，否定将“义”看作抽象而空洞的道德观念，认为义的内容随着时代的发展而发生变化，驳斥了“法先王”的观点。后期墨家摒弃了墨子“天志”、“鬼神”思想，否定了上天与鬼神对人的决定作用，肯定了人的作用。

战国中后期，手工业生产发展迅速，手工业技术得到了很大的改进。后期墨家的成员大多为从事个体生产的手工业者及其知识分子。手工业的发展为后期墨家的发展提供了物质基础与社会需要。墨家代表社会下层人民群众的愿望和要求，它与下层社会有着密切的关系。后期墨家继承了前期墨家重实践、贵经验、紧密联系生产劳动的学术传统，其成员具有丰富的生产技能与自然科学知识，其著作中汇集了大量的社会生产经验，指导了当时的手工业生产。他们根据所掌握的自然科学知识，对时间、空间、运动等范畴作了论述，将时间称为“久”，把空间称为“宇”，“久，弥异时也”，“宇，弥异所也”，“动，域徙也”。认为“异时”组成了“久”，“异所”构成了“宇”，“动”是指物体所处场所的变迁。时间、空间、运动是统一的，宇宙空间是无限的，时间也是无限的，但具体的时间与空间场所都是有限的。无限的宇宙空间是由有限的时间与空间组成的。他们在力学、光学、数学等方面都作出了重要贡献。

后期墨家的主要著作有《经上》、《经下》、《经说上》、《经说下》、《大取》、《小取》等六篇，这6篇属于战国中后期的作品，并不成书于同一时代，不出于同一人之手，又总称为《墨辩》。受战国中后期名辩思潮的影响，后期墨家发展了逻辑学与认识论，建立起一套逻辑理论体系，创立了“以说出故”的辩术。后期墨家明确界定了“故”、“理”、“类”等逻辑范畴。“故”是作出论断的论据，“理”是作出论断所遵循的逻辑规则，“类”是进行逻辑推论所依据的方法。“故”、“理”、“类”是命题成立所必备的条件。具体逻辑推理体系由“名”、“辞”、“说”组成，“名”是指概念，“辞”是指判断，“说”是指推理。后期墨家主张“以名举实”，“实”是指事物的本来面目，事物的实际情况，“举”是指摹拟。因此必须以事实为依据，所得到的“名”才会与实际相一致。在“以名举实”的基础上，后期墨家提出了“以辞抒意”，用恰当的概念组成判断。通过“以名举实”与“以辞抒意”，用“以说出故”结束对一论题的推理。在后期墨家看来，“以说出故”是逻辑理论的落脚点。根据具体的推理需要，后期墨家用“辟”（譬喻）、“侔”（附比）、“推”（归纳法）、“援”（类推）等方法，极大丰富了自身的辩论技巧。

在名辩思潮的影响下，后期墨家创立了相对完备的逻辑体系，将其辩论艺术发挥得淋漓尽致，进而极大地促进了先秦名辩思潮的发展，为中国逻辑思想研究留下了宝贵资料。

九、阴阳五行学派

战国时期，阴阳五行学派非常活跃。该派掌握了宇宙万物构造和阴阳五行变化的一些规律，具有较多的天文、历法、地理、气象、医学、生物等古代科学知识，但他们又往往把科学与巫术结合在一起，把自然现象和天象联系在一起，用天象变化来比附、隐喻人事的吉凶。该派又叫阴阳家或五行家。

阴阳五行学说在当时极为盛行，派别林立，其中有的派别关注自然的变化，注重阴阳五行学说在生产实践中的应用。《月令》就是战国后期该类阴阳五行学的代表作，它分月记载了气候与农作物生长之间的关系，对农业生产具有指导意义。《月令》以五行

巫师形象

相生、相克理论为依据而著成，用五行相生来解释四季的变化与万物的生长。认为四季的变化是由五行的兴衰决定的。四季之中，春季属于木德，是万物复苏的季节，气候转暖；木生火，春季就转变为夏季，夏季属于火德，气候炎热，万物生长旺盛；火生土，夏秋交际之时属于土德；土生金，秋季为金德，此时万物逐渐凋零，天气转冷，空气中弥漫着肃杀之气，秋风犹如利刃，阻碍了万物的生长；金生水，冬季属于水德，冬季气候寒冷，为万物积蓄生命，等待春天复苏的季节。《月令》记载了大量物候学知识，记录了四季气候变化和草木荣枯、动物迁徙等现象的关系。根据气候的变迁与生物生长的变化，相应地制定了管理作物的各种措施，以及农业与手工业生产活动。许多措施至今仍有很大的实用价值。例如，规定春季禁止毁林开荒，防止滥捕鸟兽；夏季禁止滥伐树木；秋季适度狩猎；冬季休整农田，适当存储谷物等。《月令》将五行相生、相克理论推广到政治生活中，规定了君主在四季根据五德的不同，应采取不同的政令。春季是木德，万物开始生长，适宜多用赏赐；夏季是火德，万物成长繁荣，适宜讲究教育，选举人才；秋季是金德，万物开始凋敝，适宜于选练军队和施用刑罚；冬季是水德，万物处于蛰伏时期，国家也要进行休整，采取休养生息的政策。

战国末期，齐国人邹衍（约前305—前240）成为先秦阴阳五行家的代表人物。齐宣王时，邹衍就学于稷下学宫。一开始他学习的是儒术，但由于看到“有国者益淫侈，不能尚德，”因而“深观阴阳消息，而作怪迂之变”，转而研究阴阳五行学说。他通晓天文、地理、历史，其辩说为稷下学宫的辩士所倾倒，人称“谈天衍”，名噪一时。他曾历游魏、赵、燕等国，诸侯他对他无不执敬有加。据说平原君见他“侧行撇席”，燕昭王甚至亲自抱着扫帚为他扫地，怕尘埃落到他身上，继而又“请列弟子之座而受业”，还为他建立宫室，前去求学，可谓是风光之至。不过他也并非一帆风顺。燕昭王死后，惠王继位，由于听信谗言，竟将其逮捕入狱，传说他“仰天大哭，五月为之下霜”。所幸这场冤案后来终得昭雪。邹衍遭此大变，故国情思渐起，于是重新回到齐国。其后曾作为齐国使者挫败名辩高手公孙龙，足见其过人之处。

邹衍运用“五行相胜”的观点来解释事物变化发展的原因。邹衍认为五行相生，木生火，火生土，土生金，金生水，水生木；五

行相胜，水胜火，火胜金，金胜木，木胜土，土胜水。五行相生、相胜说明了万物之间存在着对立统一的关系。正是由于五行相生、相胜，万物才能变化，自然界才能呈现出多样性。邹衍将“五行相胜”推广到了社会政治领域，创立了“五德终始”说，用来解释历史上朝代政权更迭的原因。邹衍认为每个朝代必然与五行中的“一德”相合，而必然为另一德所克。自天地剖判以来，人类社会都是按五行之德转移的次序循环。五德转移是依照自然界的五行相克即木克土、金克木、火克金、水克火、土克水的规律进行的。五德生克决定了历史的发展和宇宙的变化。邹衍把过去的朝代和开国君主按照五行相胜的次序来排列。黄帝为土德，大禹为木德，商汤为金德，文王为火德。黄帝是土德，木胜土，代黄帝所建朝代而起的是大禹；金胜木，代禹所建的朝代而起是商汤；火胜金，代汤所建的朝代而起是周文王。代火者将是水，水胜火，代周文王所建朝代而起的，必将是“水气胜”。王朝更替时，上天必会先降下祥瑞，启示人们一王朝的兴起。邹衍将历史看作是常变的，改朝换代是五行相胜的必然结果。这种学说后来被秦始皇继承，自称“水德”，为其称帝及统治服务。

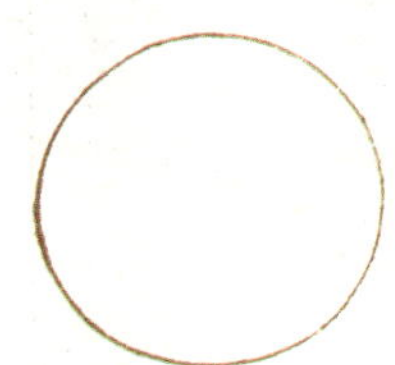

张理《太极图》

太极分阴阳图 选自《四库全书》

在研究方法上，邹衍“必先验小物，推而大之，至于无垠”。从这种方法出发，他提出“大九州说”，论述赤县神州（中国）为世界八十一州之一；每九个州为一集合单位，有小海环绕，称为“大九州”；九个“大九州”另有大海环绕，再往外便是天地的边际。这种地理观在当时也称得上是天才的设想了。

邹衍之言往往“闳大不经”，“迂大而宏辩”，他谈天说地，似乎漫无边际，然而又往往“止乎仁义节俭”，切中人事，不乏匡世济民的入世精神，或许这便是司马迁所称的“牛鼎之意”吧。

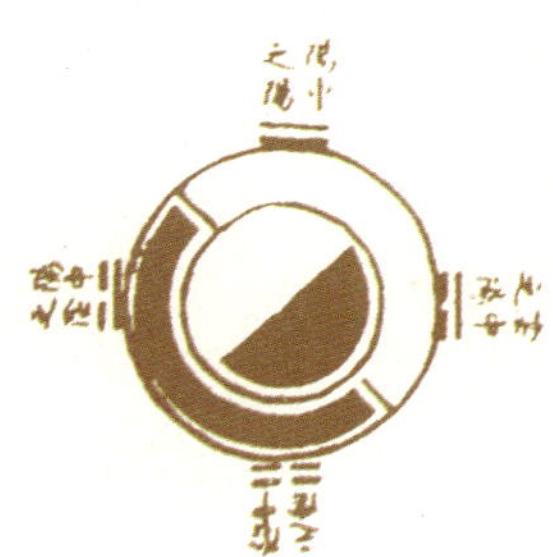

阴阳分四象图

十、诠释《易经》的杰作《易传》

“传”是中国古代一种特有的文体，是通过对经典的阐发与诠释而形成的著述。《易传》就是对《易经》的阐发与诠释，从中衍发出《易经》的微言大义。《易传》共有7种，分别为《彖》、《象》、《系辞》、《文言》、《说卦》、《序卦》、《杂卦》等，其中《彖》、《象》、《系辞》各分上、下篇，《文言》、《说卦》、《序卦》、《杂卦》各有一篇，共计10篇。汉代时期，《易纬·乾凿度》等易学著作将《易传》10篇称为“十翼”。“翼”有辅佐、帮助之义，《易传》10篇阐发了《易经》的精妙内涵，使《周易》的理论更加完善，为解

四象分八卦图

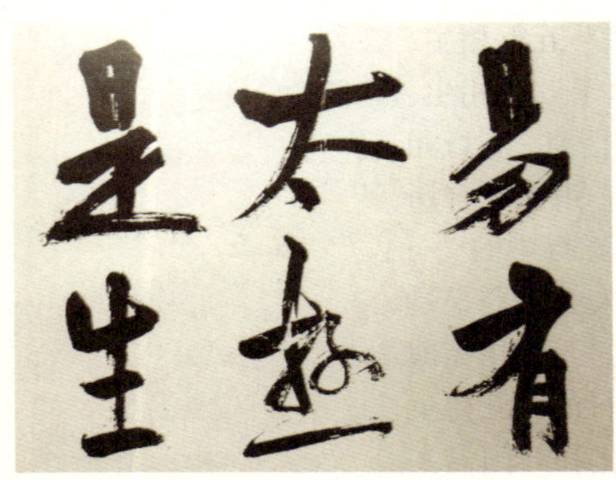

朱子书易系辞局部

读《易经》提供了相对容易的切入点。

《象辞》上、下篇居于《易传》10篇之首。“象”的本义为断，论断六十四别卦中每一个别卦的卦辞。“象传”是以卦辞为基本阐发对象，诠释了六十四别卦的卦画及卦辞的蕴涵之意，对卦辞的相关问题作出诠释。《象》上篇注解了别卦三十卦，下篇诠释了其余的三十四卦。例如，乾卦的象传：“大哉乾元，万物资始，乃统天，云行雨施，品物流行，乾道变化，务正性命，保合太和，乃利贞，首出庶物，万国咸宁。”唐孔颖达认为“象辞”有三说：一是取象，以八卦所象征的事物解释卦义；二是取意，取卦的义理或德行，解释卦象和卦辞。三是拆位，以爻象在全卦中所处的地位，说明卦辞的含义。

《象》上、下篇阐释了六十四别卦的卦爻画所表征的物象及物象状态。《象》分为《大象》与《小象》，《大象》主要是取八卦所象征的天、地、风、雷、水、火、山、泽等自然现象解释卦象和卦名的涵义。《小象》着重阐发别卦中众爻的爻辞与爻象。例如，乾卦的大象传：天行健，君子以自强不息。《象》多举天地万物之象以喻人事道德之义，体现了古人本天道以立人道，法天道以开人文。小象传诠释了六爻的爻辞及爻象。乾卦初爻的小象传是：潜龙勿用，阳在下也。

《系辞》上、下篇是具有总论性质的传文。“系辞”原是指六十四别卦中每卦下的卦辞与爻下的爻辞。系辞传全面系统地诠释了卦辞与爻辞形成的终极根据，是解说全书义理的通论，是《易传》思想的主要代表作，对以后易学的发展产生了很大影响，是解读《周易》的入门之作。

《文言》仅有“乾”、“坤”二卦有传文，其余六十二别卦无此传文。“文”有文饰之意，《文言》是在乾卦、坤卦《象》与《象》的基础上，对“乾”、“坤”两卦的进一步阐述。

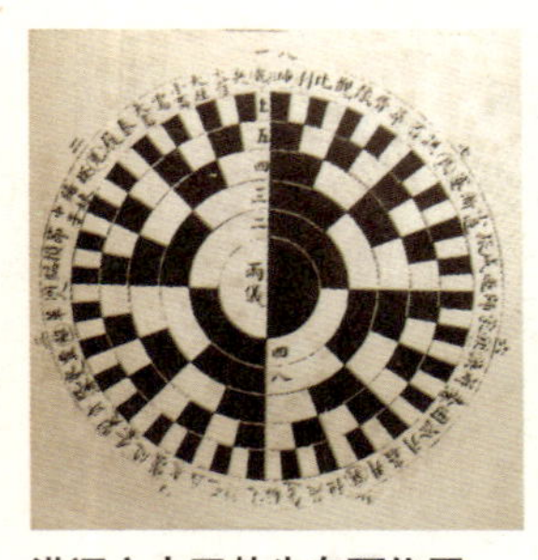

洪迈六十四卦生自两仪图

《说卦》是说明重卦的由来、八卦的含义、八卦所取的物象和所处的方位。《序卦》是对通行的六十四卦排列顺序所作的说明，以“盈天地之间者，唯万物”的观点来解释乾坤两卦居于首位，以相反相生来解释其他各卦之间的相互联系。《杂卦》以相反相成的观点，把64卦分为32对，解释卦义和相互间的关系。借阐发天地之德，说明君臣上下、进退存亡之道，以及修齐治平的道理。

如前所述，关于《易传》的成书年代及作者，至今仍是悬而未决的问题。按照“三圣说”与“四圣说”，孔子作《易传》7种，凡10篇。据《史记·孔子世家》记载：“孔子晚而喜易，序彖、系、象、说卦、文言。”当时书籍皆是以木简、竹简为书写材料，用熟牛皮将木简、竹简穿起来。孔子喜好《易经》，手不释卷，编连竹简的皮绳断了多次，遂有了 “韦编三绝”的典故。孔子综合伏羲、周文王等先贤的思想，作《易传》。欧阳修、崔述等人对孔子是否作《系辞》、《彖》、《象》提出质疑。据近代学者考证，《易传》并非出于孔子一人之手，大致是自春秋中后期到战国后期陆续形成的解易作品的汇集，他们主要是由一些儒家学者完成的。

章潢《古太极图》

《易传》对《易经》进行了创造性阐发，它吸纳了先秦时期的阴阳观念，将阴阳作为《周易》的基本范畴，在《易经》的理论框架下进一步发展了阴阳观念。《易传》通过阴阳观念，对卦象、爻象作出全面阐释，将阴阳观念作为六十四卦的基本法则。“一阴一阳之谓道”，阴阳的变化构成了事物变化的根本规律。《易传》阐发了“气”的观念，将阴阳看作阴阳二气，阴气有柔弱、柔顺、虚而无实的品格，阳气则刚健、实而不虚。《易传》把阴阳看作万物产生发展的本原。阴阳二气之间的消长、交感、激荡，引起了事物的形成与演化。“易有太极，是生两仪，两仪生四象，四象生八卦”。正是阴阳相交，才使“万物化醇，男女构精，万物化生”、“天地交而万物通也”。在阴阳二气交互作用下，所化生万物亦分为阴阳两类。具有阴性的事物秉承了阴气柔弱、幽暗的品格，具有阳性的事物则禀赋了阳气刚猛、光显的品格。《易传》将阴爻看作是阴气及其所派生事物的表征，将阳爻看作阳气及其所化生事物的表征。《易传》中的《系辞》对“道”、“器”关系进行了初步探讨，

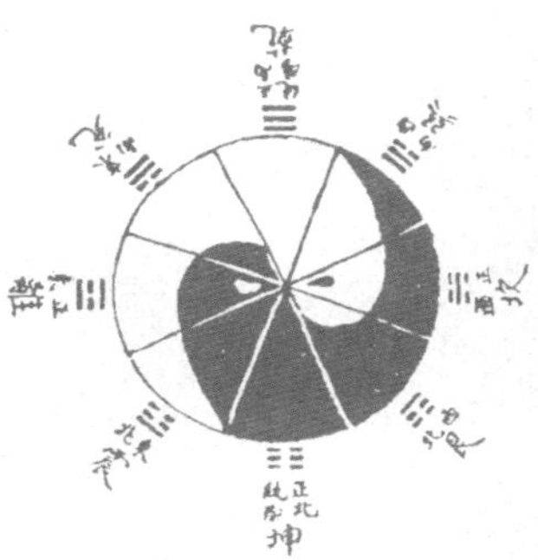

阴阳鱼八分为八卦图

韦编三绝

"道"是无形的抽象规律，器是有形的具体事物，"形而上学谓之道，形而下学谓之器"。《易传》认为"道"不断发生演化，六爻的上下没有固定位置，刚柔之间相互变化，这正具体表现了不断变化之道。"易之，为道也屡迁，变动不居，周流六虚，上下无常，刚柔相易，不可为典要，唯变所适"。

《易传》在中国哲学史上占有重要地位，其中影响最大的是《彖》和《系辞》。《彖》把"天地盈盈，与时消息"看成是自然界和人类社会的普遍法则，承认世界处于不断的变化过程之中，并且有其永恒的规律，认为对立与统一的关系普遍存在于天地万物间。《系辞》以"一阴一阳之谓道"说明任何事物都具有两重性。它提出"刚柔相推而生变化"、"生生之为易"，把对立面的相互作用看成是事物变化的普遍法则和万物生化的根源，以对立面的相互转化说明事物变化的过程，以"穷则变，变则通，通则久"，说明事物必须通过变革才有发展的前途。这些都为中国古代辩证法思想的发展奠定了基础。

《易传》通过对《易经》的解读，建构出了一个新的理论框架。《易传》的哲学体系，对后世思想产生了深远的影响。

十一、融会百家的通儒荀子

荀子（约前313—前238），名况，字卿，又称孙卿，战国后期赵国人。荀子的早年阅历史记不详，50岁时始游学于齐、秦、楚等国，广泛接触各派学者，同时也试图推行自己的政治主张。战国时期的齐国稷下，是学者云集、百家争鸣的著名学术殿堂。因此，荀子首先来到齐国。他曾企图说服齐王实行王道政治，争取统一天下。同时又警告齐缗王，如不小心治国，则有被人吞并的危险。然而，当时的齐王正居功自傲，对荀子之言一哂置之，他只得遗憾地离开齐国。不久，齐国果然被燕国打败，齐缗王在逃跑途中命丧黄泉。荀子在总结这一教训时指出，齐缗王不修礼仪，才使得齐国由强转弱直至失败。

荀子像

齐襄王时，荀子二次入齐，这时候他已经年届花甲。《史记·孟子荀卿列传》中说，此时"荀卿最为老师"，曾多次被稷下学者推为"祭酒"（稷下学者的领袖）。可见，荀子当时在人品与学问上皆深孚众望。后来，荀子看到秦国一天天地强大起来，是统一中国的希望所在，于是西游入秦，会见了秦昭王和秦相范雎。范雎问他"入秦何见"，荀子回答说："佚而治，约而详，不烦而功，

治之至也。秦类之矣。”这个评价可以说是很高了。不过荀子也表示，秦国目前的地步只能称之为“霸”，而真正理想的政治乃是“王”，即“力术止，义术行”。他希望秦国能重用儒生，实行王道，凭强大的国力统一天下。不过，他的建议并未被秦昭王采纳。

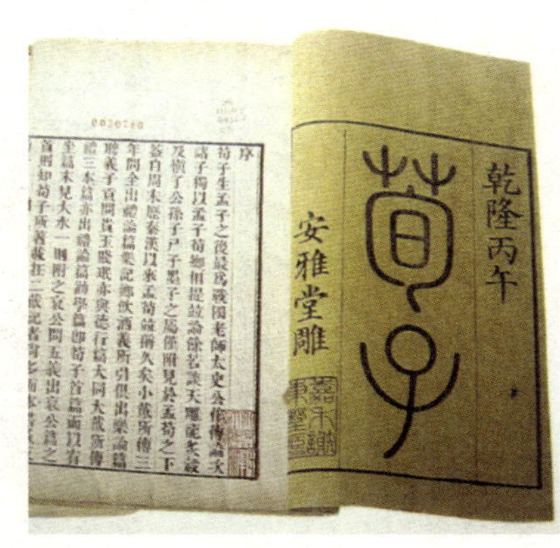

《荀子》书影

此后，荀子又到了楚国，被楚春申君任为兰陵令。但不久即因遭受诽谤而离楚归赵，被赵礼为上卿。后来春申君又恳请他回楚。荀子于是再次回到楚国，复任兰陵令，这一次一直做到80岁时方卸任。此后，他居兰陵潜心研究学问，授徒课业，教出了像韩非、李斯等这样的弟子。饶有意味的是，韩非、李斯都是法家的人物，不过荀子的立场却是儒家的。他自称为儒，当时的人也称他为儒。然而荀子的学问同其他儒家学派比较来说的确有其自身的特点。他批判地总结了儒、墨、道、法、名各家的学术思想，吸取各家之长，形成了自己独特的见解，成为先秦思想的集大成者。荀子的思想主要保存在《荀子》一书中。《荀子》又名《孙卿子》，也称《荀卿新书》，现存32篇，大部分出于荀子之手，也纂入了一些后学弟子的记述。

《荀子》一书的思想，在中国哲学史上占有显著的地位。在自然观上，书中明确论述了“天人相分”的思想。天就是自然界，自然万物的生成是天地阴阳变化的结果。自然界自身的运动完全是无意识的，完全按照自身的客观规律运行。天道和人事相分而不相干，人事取决于人自身而非取决于“天”的意志。荀子反对老子从天道自然无为推出人事应消极无为的主张，而是提出“制天命而用之”的命题，认为人不能只是消极地适应自然界，而应充分发挥主观能动性，认识客观规律，改造自然界，为人类造福。

在认识论方面，荀子认为人具有认识客观事物的能力，客观事物是可以被认识的。他主张学而知之，反对“生而知之”，认为学习是获得知识的途径。荀子坚持反映论，认为感官和客观事物相接触得到感觉，是认识过程的第一步。认识要靠耳、目、口、鼻、形等“天官”来获得，感性认识要上升到理性认识，“天官”还要靠“天君”即人之心来统帅，对感性认识进行分析、辨别，以获得真理性的认识。为提高认识的全面性，他还提出了“解蔽”的方法，即充分发挥理性认识的作用去认识事物之道。

在知行观上，荀子主张行高于知，认为行是知的完成和目的。《荀子·儒效》讲：“不闻不若闻之；闻之不若见之；见之不若知之；知之不若行之。学至于行而止矣。”另外，对于一种言论，考

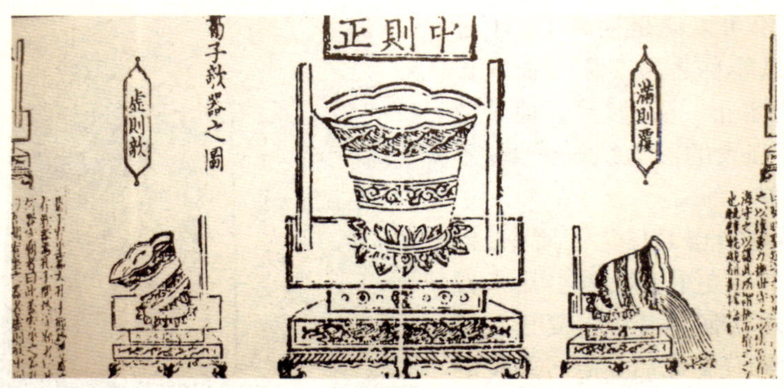

荀子欹器之图

察的最后标准也是“可施行”：“善言古者必有节于今，善言天者必有征于人。凡论者，贵其有辨合，有符验。故坐而言之，起而可设，张而可施行。”

在名实观上，荀子还进一步发挥了孔子的“正名”思想，并吸取了墨家“取实予名”之说，辩证地论证了名实关系，对先秦的逻辑学作出了总结性的概括。他认为“实”为第一性，“名”为第二性。“名”是对“实”的一种表达，随“实”的改变而改变，名实必须相符。人们“制名”是为了“指实”，而用什么“名”指什么实，也不是本来就固定的。但是“名”一旦被制出，也就有了相对的确定性，所谓“名无固实，约之以命实。约定俗成，谓之实名。”

在人性论上，和孟子的“性善”说相反，荀子认为人性生来为“恶”，“其善者伪也”，强调“性伪之分”。在他看来，人性主要包括好利恶害的情欲，而这种情欲是不合乎礼义道德的，只有合乎礼义道德的行为才叫做“善”，反之就叫做“恶”。性是天生就有的，而伪是后天人为的。不过，人虽然本性是恶的，但却有为善的可能性，所谓“涂之人可以为禹”。只要有“师法之化，礼义之道”，通过环境和教育来施加人为的影响，就可“化性起伪”，促人向善。

荀子还把“能群”（即能结合成群体共同生活）看作人类的一个特性。人是通过“群”的力量胜过自然界其他动物的。对人来说，“力不若牛，走不若马，而牛马为用，何也？曰：人能群，彼不能群也。人何以能群？曰：分。分何以能行？曰：义。”人之所以能形成战胜自然的社会组织，其前提在于制定一种礼义法度，确立一种伦理道德原则。由此，荀子又提出了“隆礼重法”的政治理论。“礼”的目的是为了按等级标准来确定物质分配的“度量分界”，借以调节矛盾，防止争端。“法”则是礼的进一步补充，如果有礼无法，或者执法不严、赏罚不明，就会造成混乱。“礼义者，治之始也”；“法者，治之端也”，只有将二者结合起来，社会才能在良性的秩序下得以运行。

《荀子》一书是先秦哲学的集大成之作，对后来的哲学发展产生了深远影响。它的内容宏富，还包括了政治、教育、军事、文学、音乐、水利等方面的思想资料。

十二、法家的集大成者韩非

韩非像

韩非（约前280—前233），战国末期韩国人，出身贵族世家，为韩国公子。他“为人口吃，不能道说，而善著书”，曾与李斯一起师事荀子，但学问远在李斯之上。

韩非生活的年代正值强大的秦国频频对东方六国用兵，或蚕食，或鲸吞，不断向东扩展势力。韩国正处在秦国东邻，因而首当其冲，被秦国屡屡击败，不断割地求和，领土日渐缩小，势力也越来越弱。身临亡国的严重危机，韩非心忧如焚。为救亡图存，他曾多次上书韩王，提出修明法度、求人任贤、赏罚分明等富国强兵的建议，以图改变“儒者用文乱法，而侠者以武犯禁”的混乱局面，但是韩王并未采纳他的建议。愤激之余，韩非写了《孤愤》、《五蠹》、《内外储》、《说林》、《说难》等十余万言，总结“往者得失之变”，完成了封建法制理论的系统之作。

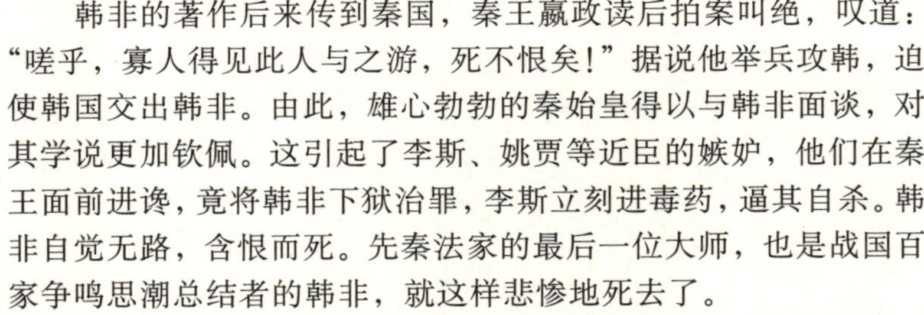

韩非的著作后来传到秦国，秦王嬴政读后拍案叫绝，叹道：“嗟乎，寡人得见此人与之游，死不恨矣！”据说他举兵攻韩，迫使韩国交出韩非。由此，雄心勃勃的秦始皇得以与韩非面谈，对其学说更加钦佩。这引起了李斯、姚贾等近臣的嫉妒，他们在秦王面前进谗，竟将韩非下狱治罪，李斯立刻进毒药，逼其自杀。韩非自觉无路，含恨而死。先秦法家的最后一位大师，也是战国百家争鸣思潮总结者的韩非，就这样悲惨地死去了。

韩非继承和发展了先秦法家先驱者的理论，商鞅的法、申不害的术、慎到的势都被他融会贯通，从而成为法家学说发展的集大成者。他还批判、改造了老子的自然观和无为思想，发展了先秦以来的唯物论和无神论思想，为其法制主义找到了坚实的自然哲学基础。所以司马迁说他“喜刑名法术之学，而其归本于黄老”。另外，对于荀况的唯物论、历史进化论、性恶论和隆礼、重法等思想，韩非都予以吸收和发展。他还在形式上继承了墨家的“尚同”思想，同时把墨家的“以名举实”和儒家的“制名以指实”、“叩其两端而竭焉”等逻辑思想结合起来，从而造就了其融会百家、博大精深的思想体系。

《韩非子》书影

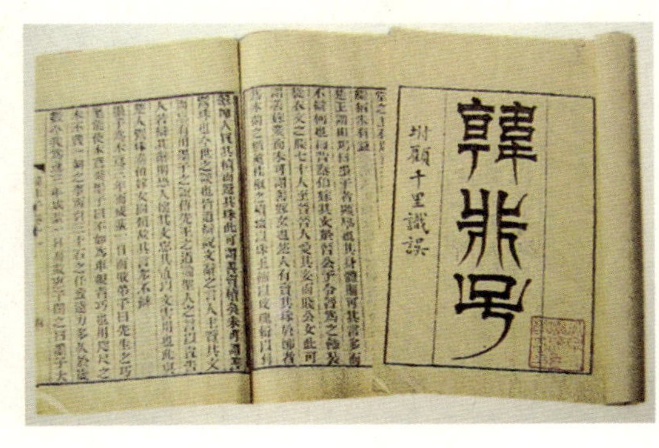

韩非的著作现都收于《韩非子》一书中。现存的《韩非子》共55篇，其中除《初见秦》、

《有度》、《饰邪》等篇外，绝大多数是韩非之作。该书发展了先秦朴素的自然观和认识论，阐发了法家的历史进化观念，建立了以法治为主的法、术、势相结合的政治思想体系。

在自然观方面，韩非继承了《荀子》的观点，唯物地解释了《老子》的“道”，认为道不是存在于自然界之外，而是存在于自然界万物的生成、变化之中。道是万物的本原，又是万物的总规律。“道者，万物之始。”“道者，万物之所然也，万理之所稽也。”他从前期法家那里吸取了“理”的概念，解释为事物的特殊规律。万物各有其理，不可相混。道和理的关系是客观事物的普遍规律和特殊规律的关系，道是绝对的，理是相对的，“万物各异理，而道尽稽万物之理”（《解老》）。强调要按客观规律办事，“缘道理以从事者无不能成”。这些思想内含着辩证法的因素，而且包含着一条深刻的见解：是否按客观规律办事决定事情的成败。

韩非还继承了荀子天人相分的思想，坚持了彻底的无神论。他认为天和人各有自己的规律，自然界的天地没有意志。他激烈地批判各种迷信和巫术，认为“用时日、事鬼神、信卜筮而好祭祀者，可亡也”。

《御制生春图》 清·徐扬
“事在四方，要在中央，圣人执要，四方来效。”韩非的治国思想在皇城的布局上得到体现

在认识论方面，韩非在荀子认识论的基础上，还吸收了《墨子》“尚功用”的思想，形成了注重“参验”的认识论。他认为世界可以认识，要认识世界就必须从客观出发，依据世界的客观规律，对事物进行反复观察和研究。他提出了检验认识真伪的方法——“参验”，并指出，判断一个人的言辞是否正确，需要从多方面进行比较、验证和观察。

在社会历史观上，《韩非子》反对“是古非今”的复古论，认为历史是进化发展的。它把历史分为“上古”、“中世”、“当今”三个发展阶段，要求不遵循古代和拘泥于固定的东西，应依

据当时的情况采取相应的政法措施，与时俱进。

在政治思想方面，它提出以法为主，法、术、势相结合的法治学说。治国必须以法为主，还必须有术，术是国君根据法控制官僚、防止奸佞发生的手段。而“势者，胜众之资也”，因此，应抱法处势而治。这些学说后为秦王朝所采纳，建立了统一的封建专制国家。

十三、杂家的代表作《吕氏春秋》

《吕氏春秋》亦称《吕览》，是战国末期杂家学派的代表著作，是秦相国吕不韦组织门客编写的著作。吕不韦原为韩国阳翟（今河南禹县）的大商人，“往来贩贱卖贵”，以至“家累千金”。他常往返于赵国邯郸与秦国咸阳之间，在邯郸结识了作为人质滞留于赵的秦公子异人（后改名子楚），认为“奇货可居”，遂弃商从政，数次入秦游说华阳夫人，促使秦孝文王（即安国君）立子楚为太子。公元前249年，子楚继位。吕不韦被任为相国，封文信侯，“食河南洛阳十万户”，家僮万人。为相期间，他曾率军击败东周与诸侯的联合进攻，灭了东周。秦王嬴政立，他继任相国，号称“仲父”，决策和指挥了一系列军事战役。秦始皇三年，击败韩、魏、赵、卫、楚五国联军，为秦始皇统一六国奠定了基础。

吕不韦像

他为辅佐秦王一统天下，欲编撰一部旷世巨著，将它作为鉴兴衰、考得失的文献参考，并借机巩固自身的权力声望。吕不韦门下宾客3000余人，其中不乏诸子各派的学者，门下学者思想驳杂，众多观点相去甚远。吕不韦召集这些学者，将各家之言汇编成书，于秦王嬴政八年（前239）完成。《吕氏春秋》文采华美，辞章精妙，具有很高的文学价值。吕不韦对该书深为满意，“布咸阳市门，悬千金其上，延诸侯游士宾客有能增损一字者予千金”。但该书悬于咸阳城门达数月之久，未有人上前改一字而领千金之赏。

《吕氏春秋》书影

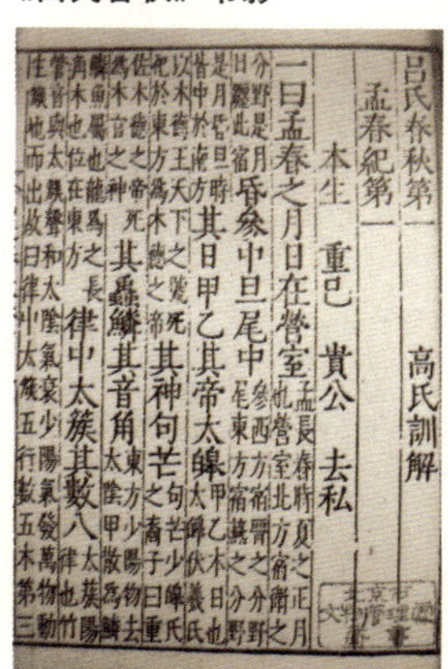

呂氏春秋第一　高氏訓解

孟春紀第一

本生　重己　貴公　去私

一曰孟春之月日在營室 昏參中旦尾中 其日甲乙 其帝太皞 其神句芒 其蟲鱗 其音角 律中太蔟 其數八

《吕氏春秋》分十二纪、八览、六论，共26卷，160篇，计有20余万字。该书融会了儒、墨、道、法、农、兵等诸子各派言论。内容涉及政治、经济、哲学、道德、军事等各个领域。《汉书·艺文志》将该书列入杂家，认为该书“兼儒墨，合名法，知国体之有此，见王治之无不贯”。《吕氏春秋》作为各家的思想汇总，保存了众多散佚的先秦学者的思想观点及文学作品。《吕氏春秋》所记载的寓言故事，如刻舟求剑、掩耳盗铃、荆人涉澭等影响久远，

子路问津 明 · 仇英
孔子让子路问老农渡口在哪里，老农反问道，孔子不是圣人吗，怎么连渡口在哪里也不知道

给人以启迪。《吕氏春秋》出于众人之手，内容丰富博杂，糅合各家之所长。历代对该书评判不一，或曰以儒家为主，或曰以墨家为宗，或曰效法黄老、法家，各类观点众说纷纭，莫衷一是。

《吕氏春秋》极为推崇“变易”的观点，将之推广到自然、社会领域。如“流水不腐，户枢不蠹，动也”，“全则必缺，极则必反”等皆体现了该书的“变易”观点。作者还探寻了宇宙形成，提出了“太一”的概念。在自然观上，吸取了道家思想，提出“万物所出，造于太一，化于阴阳”，以“不可为形，不可为名”的“太一”作为产生天地万物的本原，将精妙至极、无法直接捉摸把握的“道”称为太一，认为由“太一”衍生出了自然万物。“太一出两仪，两仪出阴阳，一上一下，合而成章。浑浑沌沌，离则复合，合则复离，是谓之天常。”自然万物是不断循环变化的，如同车轮转动，“终而复始，极则复返”，生生不息而万物繁衍不断。正如书中所言，“物动则萌，萌而生，生而长，长而大，大而成，成而衰，衰而杀，杀乃藏”。

在认识论上，强调认识事物必须破除主观成见，判断言论的是非必须“缘物之情及人之情以为所闻”，并且“验之以理”；对自以为已经认识的东西，要“察之以法，揆之以量，验之以数”。圣人所以能“先知”，“非神非幸”，而在于能够“审征表”，即审察事变之前出现的多种征兆，认为“无征表而欲先知，尧舜与众人同等”。

在政治思想上，主张以德治为主，兼用法治，反对以苛政治国，强调仁君“以爱利民为心”，并对人民进行道德和音乐的感化。重视耕战和赏罚必信，主张统治者节欲、养生，君王无为而臣下有为。又根据儒家的“公天下”和道家的“贵公”思想，提出“天下非一人之天下也，天下人之天下也”，主张限制天子的权力。君主治理天下，必须以天下为公，这样才能使天下太平。君主要将自己看作万民之主，为万民谋利而不能与民争利。君主修明德行而以德治国，则必定使众民一心，国家实现大治局面。效法圣人之道固然重要，但要因时而变，以变化的观点制定法令。治理国

家不用法度则会出现混乱，若拘守先王之法而因循守旧，则会导致国家衰败。因此作者主张，“时易时移，变法宜矣”。

在历史观上，吸取阴阳家的“五德终始”学说，作为以秦代周的理论根据。在战争问题上，批判墨家的非攻、偃兵之说，主张“诛暴君而振苦民”，以义兵、义战实现统一。

《吕氏春秋》还保存了先秦时期的一些农学著述，《上农》、《任地》、《辨土》、《审时》等四篇是关于农业生产的专著。《吕氏春秋》极为注重农业的基础地位，主张安定民心而勿夺农时，以保证农业生产的顺利进行。农业繁荣则“边境安，主位尊”，“少私义而公法立”。若是舍本逐末，废弃农业，则使民心不稳、国家不安，百姓将会逐工商之利而好智多诈、狡辩是非。

《吕氏春秋》体系博大，内容丰富，具有重要的思想和历史价值。

十四、黄老学派

后人想象中的黄帝

黄老学又称为“黄老道家”，较之其他各家属于产生较晚的一个学派。“黄老”即是黄帝与老子的合称。它作为一个名词被提出，则是在西汉初年，司马迁在《史记》中屡次以“黄老”并称。《汉书·艺文志》中托为黄帝所写的书有21家，但保留下来的只有《黄帝内经》。长沙马王堆汉墓出土的帛书《老子》乙本卷前，有《经法》、《十六经》、《称》、《道原》四篇古佚书，合称《黄老帛书》，应是黄老学派的重要著作。

黄老学派以老子的道为宗旨，依托黄帝来论道，是由老子道家逐渐分化形成的新学派，它以阔达开放的胸怀兼收众家之长，采撷儒墨名法阴阳等诸家思想，成为一个以兼容并包为特色的学派。黄老学派围绕“道”、“治国”、“治身”问题展开了探讨，逐渐演化分成了政术、学术及医学等不同的研究路向，所涉及的内容极为广泛，囊括了哲学、政治、经济、军事、天文、医学等领域。黄老学派的基本理论是老子思想，而非黄帝之学。黄帝毕竟是传说中的人物，前人对他的记叙和描述也仅仅是片言只语，他的著述也未传于后世。

鼻毛老子图　宋·法常

黄老学派产生于战国中后期。战国群雄为在争霸中占据上风，纷纷谋图变法，像魏、韩、齐、楚、秦、燕等就采取各种措施，进行改革。魏文侯任用李悝、乐羊、西门豹等人，齐威王任用邹忌，楚悼王任用吴起，秦孝公任用商鞅等人进行了一系列政治、经济改革。在这种时代背景下，道家学派必须审时度势，重新审视自己，围绕天人关系、礼法关系，重新建构自身理论，以兼容并蓄的姿态容纳儒家、墨家、法家、阴阳家等的观点。例如，它们认为儒家的伦理思想有利于封建宗法制度的建立，阴阳学中的历法理论对农业的发展有很重要的指导意义，等等。黄老学派把“道”作为世界万物的本原与万物发展的客观规律，并援法入道，把老子的思想运用于治国，它将“道”赋予“气”的禀性，主张通过“无为”来遵“道”。黄老学派的“无为”思想并非提倡消极避世，而是以积极的入世姿态，通过“无为”来实现“有为”。无为思想具有极大的实用性，可操作性，应用到治国上，表现为遵循客观法则，因循制度，不随意更改政法律令。在处理君臣关系上，主张君道无为而臣道有为，在修身上，主张“无欲”、“节俭”，从而使人延年益寿。

战国时期，黄老学派在齐国与楚国形成南北两大中心。南方黄老学派最先形成于江汉地区，影响逐渐扩展到长江中下游，并开始向北方渗透。长沙马王堆汉墓出土的《黄老帛书》以及《鹖冠子》等著作皆为南方黄老学思想的集中体现。北方黄老学派略晚于南方，以齐国古都临淄为中心逐渐发展起来。齐国稷下学宫的建立，促进了诸子各家文化交流，使黄老学融众家所长，而不断创新发展。慎到、彭蒙、接子、环渊等人为稷下黄老学派的代表人物。由于楚地与齐地在文化等各方面存在着差异，因而在学术风格、道论、治世方式等方面，黄老南北两派有着各自的特点。

萧何像

秦朝，秦始皇采取了文化高压政策，焚书坑儒，结束了百家争鸣的学术局面。秦始皇极力推行法家政策，但又好卜筮、神仙方术。黄老学派糅合了阴阳五行、方术理论，因而并未受到灭顶之灾，被保存了下来。刘邦打败西楚霸王项羽后，建立汉朝，此时至西汉初年，黄老学派思想得以盛行，并随着大一统帝国的崛起，南北两派逐渐融合。

曹参像

在经历了秦朝苛政、楚汉之争以后，民生凋敝，国力衰微，百废待兴。采取何种治国之道成为汉初统治者的当务之急。此时诸子百家中，法家因秦朝暴政而名声扫地，儒家等各派尚未从焚书坑儒的致命性打击中恢复过来。而黄老学派正是适应了这种时代要求，提出了“清净无为”、“去奢尚简”、“轻徭薄敛”、“与民生息”等治世主张。汉高祖刘邦、惠帝、文帝、景帝不遗余力推行休养生息政策，注重政策的连续性。曹参做丞相后，沿袭了前丞相萧何所创制的律令制度，不随意进行政策上的修改，取得了很好的政绩，史称“萧规曹随”。经过了70余年的休养生息，社会矛盾得到缓和，国力逐渐强盛，出现了“文景之治”的盛世局面。

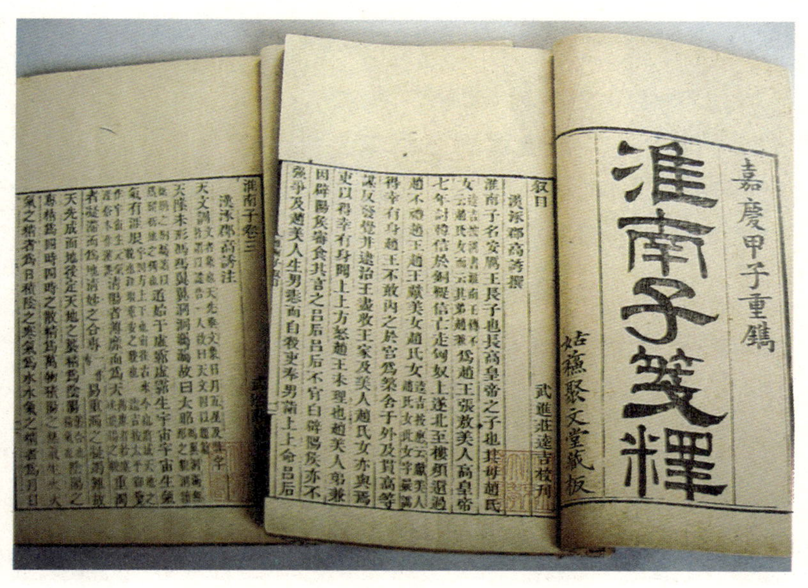

《淮南子》书影

在文景二帝统治时期，“非遇水旱，则民人给家足，都鄙廪庾尽满，而府库余财。京师之钱累百巨万，贯朽而不可较。太仓之粟，陈陈相因，充溢露积于外，腐败不可食”。道家之学由此完成了由在野学术到在朝学术的转变。

汉初的许多政治家、思想家，如陆贾、贾谊、韩婴、刘安等深受黄老思想影响，均通过政治实践而推行黄老之学。陆贾虽为儒家学者，但他的理论体系中渗透着黄老思想。贾谊思想较为驳杂，涵盖了儒、道、法三家思想。刘邦之孙刘安，世袭其父爵位淮南王，他才思敏捷，善为文辞，喜好黄老之学，召集门下宾客数千撰写了《淮南子》。《淮南子》又名《淮南鸿烈》（“鸿”，广大之意，“烈”，光明之意），作者认为此书包括广大而光明的道理。《汉书·艺文志》著录：内21篇，外33篇，内篇论道，外篇杂说。现只流传内篇，外篇佚失。《淮南子》一书以道家思想为主，糅合了儒、法、阴阳五行等诸家思想并加以改造发挥，囊括了政治、哲学、军事、天文历法等领域，对黄老思想进行了历史性总结，对“道论”、“无为”思想进行了集中阐发。稷下黄老道家把“道”诠释为精气，《淮南子》发展了稷下黄老学派的“道”、“气”思想，认为“道”是世间万有的终极存在，“道始于一”，这个“一”是唯一的，它独立存在，上通天，下接地，乃上下浑然之一整体。万物的产生及发展并非天意安排，而是自然而然的过程。“道”内含着阴阳二气，阴阳二气激荡碰撞，产生万物。

在政治思想方面，《淮南子》要求从政者“体道”、“得道之本”，

紫禁城交泰殿横匾书“无为”二字，旁放25方宝玺，体现了“无为而治”的思想

提出“漠然无为而无不为”、“漠然无治而无不治”的政治理想。“无为”不是无所事事，无所作为，而是“循理而举事，因资而立功”，即行为要符合客观规律的要求。它提出，为治要安民节欲，施政之要在于去掉浮华，达到虚静，从而符合于道。在历史观方面，《淮南子》猜测了社会发展的大致过程，倡导生产技术的不断更新和法度礼乐的不断推移，反对“法古”、“循旧”，试图以经济生活来说明道德的起源。在认识论方面，承认有独立于人们主观意识之外的客观存在，它可以被人所认识，但又认为人的认识能力有限。在养生之道上，《淮南子》提出了“太上养神，其次养形”，主张养神与养形相结合。

总之，《淮南子》坚持自然论，反对神学目的论；坚持历史的发展观，反对崇古法古；强调按客观规律办事，无为而治等，具有进步意义。但发展到汉武帝时期，独尊儒术，黄老之学便逐渐失去了政治影响力，作为一个独立的学派，已不复存在。然而，它却作为一种学术的暗流而影响着汉代哲学和思想文化的发展。

第四章 两汉经学

秦亡汉兴，被秦朝罢黜了的先秦各家重新活跃了起来。其中黄老学盛行一时，此时的法家也试图争得一席之地。但马上得天下，不能马上治天下，到西汉中期，适合大一统中央集权统治需要的儒家赢得独尊地位。儒家经典《诗》、《书》、《礼》、《易》、《春秋》被尊为“经”，对儒家经典进行诠释与阐发的经学成为官方哲学。“罢黜百家，独尊儒术”是一件对中国思想史具有深远影响的大事，从此确立了儒学在中国人精神文化中的主流地位，这一政策也造就了中国文化大一统的局面。

汉朝设立五经博士，置弟子员，凡通一经者即可做官，天下读书人莫不靡然风从。自此以后，通经明礼成了仕进为官的基本条件，朝廷重臣多为儒林人物，以经取士使读经之人日增，传经之学日盛，以致读书人终其一生，埋头读书，皓首穷经，读经、治经成为一种社会风尚。六经成了万世不易的钦定的圣经法典，六经的私家传人孔子也自然成了“至圣先师”，就连皇帝也得行礼朝拜。这与周游列国时凄凄然如“丧家之犬”的孔子形成了天壤之别，这种殊荣恐怕是这位私学先生生前连做梦也未曾想到的。由于历代统治者的提倡，注经之学成了一门至高无上的学问，甚至出现了“经学以外无学问”的说法，经学成为中国封建文化的正统，“天不生仲尼，万古如长夜”，“六经如太阳，不学如长夜”，崇圣尊经渗透到了中国人日常生活的方方面面，十多部经书，人们天天读，月月读，年年读，代代读，一直读了两千多年。直至“五四”时期，以科学与民主为旗帜，掀起了“打倒孔家店”的运动，经学时代才告终结。

经学虽然禁锢了中国人的思维，占用了中国人上千年的智慧，其存在倒也自有其合理性。之所以如此，一个非常重要的方面就是，政治上的统一需要思想上的统一做保证。中国这么大，人口这么多，掌政者很明白，若无一捕获人心之罗网，是无法统治这泱泱大国的，更无法稳固江山社稷，无法安定天下黎民苍生。秦朝焚书坑儒，禁绝诸子之学，实行法制即可作如是观，只不过施法过了头。经董仲舒改造后的儒学正好适应了大汉朝的口味，所以被一口吞下而消化吸收变为中华机体的心脉。法家也好，儒学也罢，所用之要就在于“统一”、“天下一家，海内一统”已经成为中华民族崇尚的一个信条。

当然，经学也并非铁板一块，终汉两朝，谶纬之学曾兴盛一时，而最有意义的是今古文之争。尽管两者在东汉末趋于合流，但是，今文经学家用“六经”来阐发自己思想的“六经注我”与古文经学家求证圣人本意于“六经”的“我注六经”这两种不同的治经方式，在历朝历代都留下了足迹。两千年的治经史大抵如此，无有出其左右者。

一、刘邦对待儒家的态度

汉高祖刘邦像

汉初诸子百家抬头，道家、法家、名家等诸子之学与儒学并存，儒家并没有受到重视，倒是标榜“清净无为”的黄老之学为统治者所提倡，风行数十载。高祖刘邦本不喜欢儒生，对儒家的那一套说教不以为然，甚至对秦始皇焚书坑儒之举也并不反感，曾说：“吾遭乱世，当秦禁学，自喜，谓读书无益。”在他起兵的时候，曾有人戴着儒士冠拜见他，刘邦却把那儒生的冠摘下来往里撒尿。在西进途中，郦食其不听劝告，穿着儒服去见刘邦，结果被刘邦大骂一通。

刘邦做皇帝后，大宴群臣，论功行赏。那些与其共打天下的文臣武将大多性情豪爽，言语直率。他们无拘无束，竟在皇帝面前吵闹争功，以致酒醉后手舞足蹈，狂呼乱叫，拔剑击柱。刘邦非常恼火，却也无可奈何。

有一位叫叔孙通的儒生，为人处事善于变通，他原为秦朝博士，后出逃先投项羽，又奔刘邦。初见汉王时因着儒服，挨了一顿骂后，便改换成楚人短衣，汉王见了甚喜，不久即任他为博士。此时，他已揣摩出刘邦的心思，趁机劝说刘邦召集儒生，制定朝仪。他说：“儒者难与进取，可与守成。”于是，他从鲁地召集了三十位求仕进的儒生，再加上他的弟子，制定并排练了一套觐见

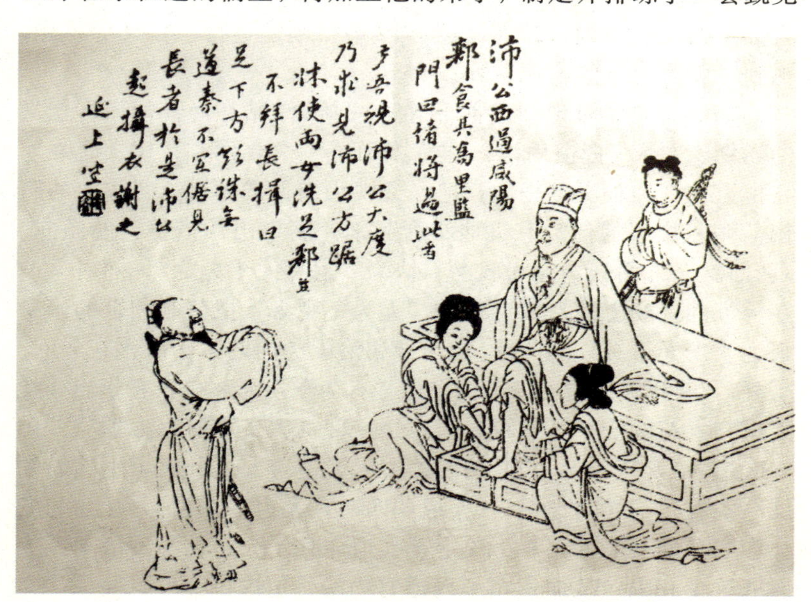
郦食其见沛公 选自《点石斋丛画》

汉殿论功图　明·刘俊

皇帝的礼仪，教给群臣演习。当群臣入长乐宫时，皆依礼而行，山呼万岁。刘邦见状，脱口说道："吾乃今日知为皇帝之贵也！"刘邦从此中自然体会出了儒学之功用。

才辩之士陆贾（前240—前170），早年曾协助高祖定天下，是刘邦的得力谋士。西汉建立后，官拜故太中大夫。在秦汉之交，陆贾既亲历秦朝暴政，又领略了秦末大起义的威力。因此他向刘邦提出，在建立封建王朝后，应根据客观形势的变化，改弦更张，变攻为守，把儒家的仁义道德说教作为治国的根本原则。陆贾常在他面前称引《诗》、《书》。刘邦骂他说："乃公居马上而得之，安事《诗》、《书》？"陆贾说："居马得之，宁可以马上治之乎？且汤武逆取而以顺守之，文武并用，长久之术也。"所谓"逆取而以顺守之"，主要是劝说刘邦不要像秦王朝那样"任刑法"，而要"行仁义"。经过陆贾的劝说，刘邦改变了态度，并要陆贾探究"秦所以失天下、吾所以得之者何，及古成败之国"的原因。于是陆贾总结秦汉得失天下的经验教训，作《新语》12篇，阐述道德、仁义等思想，得到了朝野上下的普遍赞许。

陆贾有儒家思想却偏重于道家。《新语》站在尚道德而行仁义的立场，主张"握道而治，（据）德而行，席仁而立，杖义而强"。它把道德视为仁义的根本，把仁义视为道德的体现，将道家的道德范畴和儒家的仁义有机地结合起来，表现出儒道整合的倾向。《新语》一方面强调无为政治，认为"道莫大于无为"，同时又站在儒家的立场上改造了老庄的"无为"观念，把节制利欲的修身视为实现天下统一的前提，把治身和治国的问题紧密联系在一起。另外，《新语》还曾将"无为"和"有为"沟通起来。它指出，从天道与人道的统一性来说，人应当"仰观天文，俯察地理"，"以定人道"，实行"无为"。然而，由于天道与人道分属于不同的领域，各有其不同的作用，"天道调四时，人道治五常"，社会的变化和国家的兴衰治乱，不决定于天道而在于人道，不诉诸于无为而取决于有为，从而肯定了人道有为的价值。

陆贾像

汉高祖以太牢祭孔

通过陆贾、叔孙通等儒生的劝说，汉初统治者逐渐认识到儒学对巩固政权的作用。刘邦晚年路过鲁地，特意召见了经学大师浮丘伯、申公师徒，并用太牢祭祀孔子，开历代皇帝尊孔祭孔之先河。

二、儒学渐兴

惠帝时，废除了秦朝颁布的挟书律，文景时期又广开献书之路，设置经学博士。所有这些措施都促进了儒学的复兴。

儒家的经典主要是《诗》、《书》、《礼》、《乐》、《易》、《春秋》等“六经”。《诗》又称为《诗经》，中国最早的诗歌总集，共305篇传于后世；《书》又称为《尚书》、《书经》，上古时期国家文献的汇编《礼》又称为《仪礼》、《士礼》、《礼经》，共计17篇，记载了上古时期士阶层的礼仪制度；《易》又称为《周易》，由卦、卦辞、爻辞、十翼等几部分组成；《春秋》又称为《春秋经》，春秋时期鲁国的编年体史书。在“六经”之中，“《礼》以节人，《乐》以发和，《书》以道事，《诗》以达意，《易》以神化，《春秋》以义”。《乐经》在汉代已经失传，因此官方将儒家经典确认为《诗》、《书》、《礼》、《易》、《春秋》等五经。

五经

相传孔子去世后，由其编订的六经大都由其弟子子夏传

《史记》的作者司马迁像

公羊高像

授下去。子夏对经书划分章节，判明句读，解释文义，“于《易》则有传，于《诗》则有序”。子夏把《春秋》传于公羊高与穀梁赤，他们二人阐发《春秋》的微言大义，分作《春秋公羊传》（又称《公羊春秋》或《公羊传》）和《春秋穀梁传》（又称《穀梁春秋》或《穀梁传》），并分别将它们传授于自己的子孙与门人。至西汉景帝时，《公羊传》才由公羊高之玄孙公羊寿与其弟子齐人胡毋生一起著于竹帛。当时以治《公羊传》而出名的还有公孙弘、董仲舒。胡毋生、董仲舒先后被立为博士，而公孙弘则一直做到丞相，封平津侯。在董仲舒弟子和再传弟子中，比较有名的有褚大、嬴公、吕步舒、司马迁、孟卿、眭孟、严彭祖、颜安乐等人。

其他如江公传《穀梁春秋》，鲁人申培公传《鲁诗》，齐人辕固生传《齐诗》，燕人韩婴传《韩诗》。文帝时，申培公、韩婴立为博士；景帝时立辕固生为博士。济南人伏生曾做过秦朝的博士，秦始皇焚书时，伏生把一部竹简《尚书》藏于自家的墙壁中，自己流亡在外，战后回家发现部分竹简已朽烂，只得到大致28篇。文帝时，征寻传授《书》的人，此时伏生已九十有余，朝廷只好选派太常掌故晁错从伏生学《书》，并将抄写的《书》带回朝廷。伏生在齐鲁所教弟子有张生、欧阳生等人。因《周易》未被秦焚，

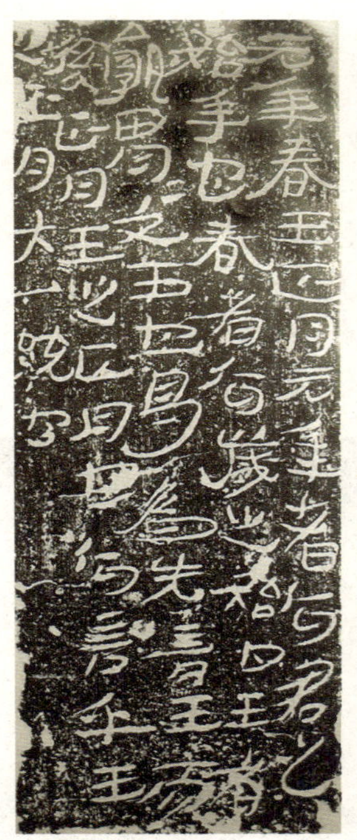
《公羊传》砖拓本

伏生授经图　明 · 杜堇

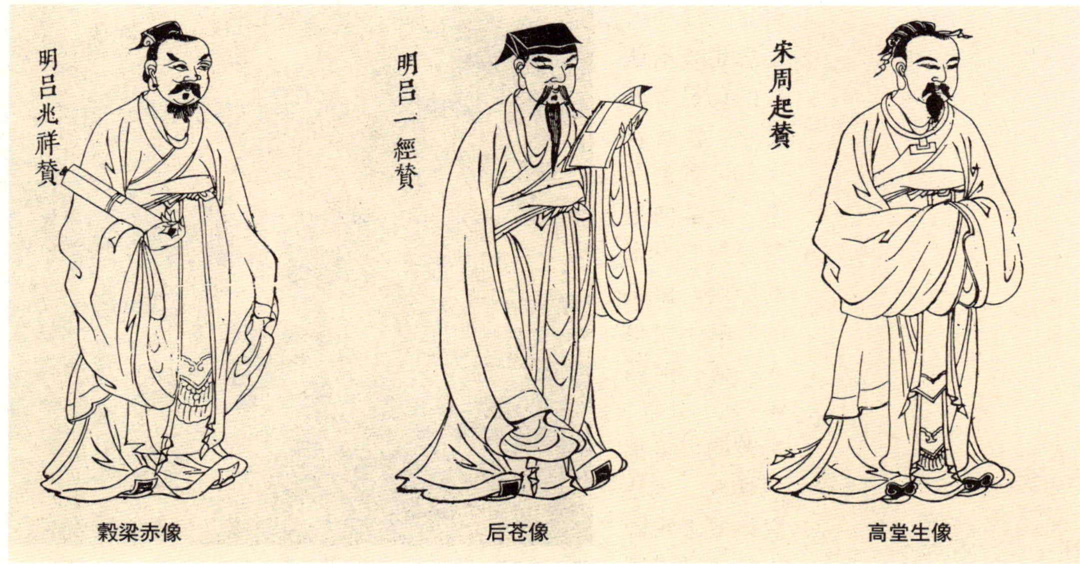

榖梁赤像　　后苍像　　高堂生像

入汉后发展势头更猛。据说孔子传《易》于商瞿，经六世而传于齐人田何，其后有名的易学大师有施雠、孟喜、梁丘贺、焦延寿、京房等。汉初，《礼》由鲁人高堂生所传，后经萧奋、后仓传至闻人通汉、戴德、戴圣和庆普。戴德、戴圣还各自选编了《大戴礼记》和《小戴礼记》。

一般认为，这些经大都没有先秦古文原本，到汉初才根据先师传授用当时通行的隶书记录下来，故而称为今文经。以上今文各家到武帝时大都立有博士。与今文经相对的是古文经。古文经是秦未灭六国前所流传的儒学经典，它们皆是用先秦六国文字即“蝌蚪文”撰写。秦始皇禁毁了大量儒学典籍，但仍有少量的古文经书被儒生收藏，保存于民间。伴随着儒家的兴起，这些收藏于民间的古文经陆续被发现，北平侯张苍献古文《左氏传》，河间献王刘德用重金寻得古文《周官》、《礼经》。汉武帝时期，鲁恭王刘余在孔子旧宅建立宫室，在旧宅壁中，发现了《尚书》和《逸礼》等古文经。此外还有流传于民间的《毛诗》、《费氏易》、《高氏易》等。《毛诗》的开创者是鲁人毛亨（又称大毛公），传赵人毛苌（又称小毛公）。据传后者被河间献王立为博士。《费氏易》的创始人是费直。《高氏易》的创始人是高相，他们大体活动于西汉后期。以上古文经在西汉时并未立博士，一直处于私学地位。

不论是“在官”，还是“在私”，各种迹象表明，从秦火中遗存下来的儒家逐渐地恢复了活力，他们试图走上前台争当主角。

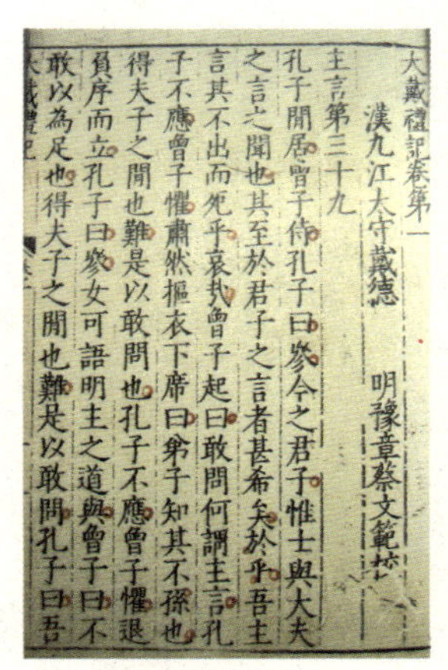
大戴禮記卷第一
漢九江太守戴德　明豫章蔡文範校
主言第三十九
孔子閒居曾子侍孔子曰參今之君子惟士與大夫
之言之聞也其至於君子之言者甚希矣於乎吾主
言其不出而死乎哀哉曾子起曰敢問何謂主言孔
子不應曾子懼肅然摳衣下席曰弟子知其不孫也
得夫子之閒也難是以敢問也孔子不應曾子懼退
負序而立孔子曰參女可語明主之道與曾子曰不
敢以為足也得夫子之閒也難是以敢問孔子曰吾

大戴礼记 明刻本

可是，汉初居于思想统治地位的仍是黄老之学，执政者大都好黄老之术，经学博士只是充当皇帝的顾问，儒家的影响不是很大。儒、道两家每每相争，失败的大多都是儒生。《诗经》博士辕固生与黄老道家的黄生在景帝面前辩论汤武革命的是非曲直，因不合景帝之意而被罢去了博士的头衔。窦太后从文帝时立为皇后，经景帝、武帝，一直处于权力的中心。她尊奉黄老，尤喜《老子》。有一次，太后召辕固生问《老子》一书，辕固生却说此为家人之言。太后大怒，令他入圈刺豕，差点丧命于野豕之口。武帝初立，为了加强中央集权，他任用儒生，积极扶持儒家经学。他令大臣、诸侯举贤良，丞相卫绾奏请罢免所举贤良中的法家、纵横家人物，得到武帝的认可。他还任用儒士王臧、赵绾，并征其80岁有余的老师申公论明堂事等。因窦太后反对，结果王、赵下狱自杀，申公以病免归。儒家受排斥之状况可见一斑。

藏书的鲁壁

毛苌像

宋王曾撰

为了适应形势，儒家学者在传授和解释五经的过程中，广泛吸纳各家观点，修正先秦儒学。当时的名儒贾谊、韩婴以至董仲舒都采取了这种开放变通的策略，从而使儒学逐步形成了一个综合性的新体系，并最终定于一尊。

贾谊像

洛阳才子贾谊（前200—前168），18岁时就以能诗善文闻名郡中，被河南守吴公召置门下。20余岁又以“颇通诸家之书”，被吴公推荐，召入朝廷，做了汉文帝刘恒的博士，在同僚之中是最年轻的一个，可他的表现却最为突出。文帝对他颇为赏识，破格提拔他为太中大夫。贾谊少年得志，自是锋芒毕露，多次议论朝政和揭露时弊，并针对当时的政治、经济状况，提出了“改正朔，易服色制度，定官名，兴礼乐，乃草具其仪法，色上黄，数用五，为官名，悉更秦之法”（《汉书》）等改革建议，多被文帝采纳。文帝甚至想授之以公卿之位，却遭到了一些大臣权贵的反对，说他“年少初学，专欲擅权，纷乱诸事”。于是，文帝渐渐疏远了贾谊，将他贬为长沙王太傅。后来文帝又曾征见过他，谈至深夜。文帝听完叹道：“吾久不见贾生，自以为过之，今不及也。”于是又请他做自己爱子梁怀王的老师。居数年，怀王坠马而死，贾谊自伤未能尽太傅之职，哭泣岁余亦死，年仅33岁。贾谊的著作有《新书》10卷，为后人所整理。关于贾谊的思想，历来众说纷纭。人们根据他思想中的某些观点和言论，或视为儒家，或视为法家，或列入杂家，莫衷一是。同陆贾一样，贾谊的思想也是针对秦王朝灭亡的教训而发，其基调在于说明攻守异术，强调在战乱之后建立的汉王朝应改弦更张，施道德，行仁义，以仁义道德治理天下。他虽受黄老影响，思想却倾向于儒家。

晁错（约前200—前154），早年曾从师于张恢，研习法家的刑名之术。文帝时被选派从济南伏生学《尚书》。晁错曾出任太常掌故、太子舍人、门大夫、博士等职。晁错“为人峭直刻深”，刚正不阿，常常直言进谏，深为文帝所信任。景帝即位后，晁错升任御史大夫，成为景帝的股肱之臣，众多谏言皆被景帝采纳。晁错为国远虑，力主削藩，指出迟削不如早削。吴、楚等七国以“请诛晁错，以清君侧”为名，起兵叛乱。景帝受晁错仇人蛊惑而诛杀晁错。但七国并未息兵，景帝最终下定决心，以武力平定“七国之乱”。

在经历了秦朝暴政后，法家思想已是众矢之的，成为其他学派抨击的对象。晁错并没有彻底否定法家思想，他吸取了秦朝覆灭的历史教训，将法家思想的可取之处引入儒家。晁错认识到民穷则国必弱，百姓生活穷苦是社会动乱的根源所在。故晁错在经济上实行“重农抑商”政策，以农业为本，主张轻徭役、减农赋，创造有利于农业的生产环境。在军事上，主张实行“屯田戍边”政策，对边疆的农民实行军事编制，在开发边疆的同时，加强边境的军事防卫。在外交上，晁错极力主张力战匈奴，反对主动求和。在政治上，晁错多次上疏，请求“削藩”，加强中央集权。

汉日光连弧铭带铜镜

晁错认为，秦朝采用了商鞅、韩非子、李斯等法家人物的政见，实行了重耕、重战的政策，最终灭六国而问鼎中原。但晁错清醒地意识到，秦朝正是由于滥用苛政，以酷吏欺压百姓，统治者骄奢淫逸而大肆兴造宫室，耗尽民财民力，以致在农民战争的暴风急雨中轰然倾颓。晁错反对以苛政治民，曾多次上书文帝、景帝，更正了不合理的律法，废除了严重伤害肢体的刑罚。晁错主张实行赏罚分明的律法，实现“兴利除害，尊主安民而救暴乱”，“劝天下之忠孝而明其功”(《全汉文》)。晁错摒弃了韩非子等人重轻罪、严刑峻法的主张，倡导儒家的“仁爱”、“忠恕”思想，建议统治者以仁爱之心治理天下，要求统治者所制定的刑法“莫不本于人情”，推行的律法应“合于人情而后为之”，“本于人事而后行之”(《全汉文》)。晁错“引法入儒”的改良思想，经文帝、景帝的采纳，促进了西汉初期社会的稳定和发展，在当时具有积极的意义。

传《韩诗》的韩婴，文帝时曾任博士，景帝时至常山太傅等职。韩婴才思敏捷，言辞犀利，颇具辩才，深为对手所折服。董仲舒曾与其进行过论战，但韩婴“其人精悍，处事分明，仲舒不能难也”(《汉书》)。

韩婴的思想略为驳杂，以儒家为主体，法家与黄老思想渗透于其中。韩婴在《韩诗外卷》等著作中，反思了秦朝灭亡的历史教训，意识到儒家思想对维系国家长治久安的重要意义，故由此而强调“礼”、“仁”、“义”的社会作用。他指出，“礼”对于国家，至关重要，“人之命在天，国之命在礼”。在融会法家思想的基础上，韩婴提出了以仁政治国，将“仁”分为“圣仁”、“智仁”、“德仁”、“廉仁”。四者之中，“廉仁”是“仁”与“法”相结合，其层次最低，但最具有现实可行性。在人性论上，韩婴提出，“夫人性善，非得明王圣主扶携，内之以道，则不成君子”。韩婴在继承了孟子“性善论”的同时，参照了荀子的“性恶论”，试图阐发出新的人性论。韩婴继承了荀子的天人思想，肯定了人事的重要作用，指出各种灾变、天祸皆因不修人事而起。由于受到当时黄老思潮的影响，韩婴也宣扬“君道无为”、“名兴而道不用”等观点。

韩婴所建构的思想体系尚未成熟，其内容较为庞杂。但韩婴等人的思想为西汉儒学的复兴及董仲舒“大一统”思想的确立奠定了基础，影响了西汉经学的发展。

三、大学之道和中庸之道

《大学》原为西汉戴圣所编纂《小戴礼记》中的一篇。南宋时期理学大家朱熹作《四书章句集注》，将《大学》从《礼记》中抽出，单独加以注解，并将《大学》位列于《四书》之首。《大学》全书共1700余字，分为经与传两部分。经指的是三纲、八目，相传为孔子所著；传是对经的阐释，相传由曾子所作。曾子，名参，

曾参事亲养志　《二十四孝图》之一

字舆，春秋时期鲁国人，孔子门下弟子，以“孝”闻名天下，传承阐发了孔子“孝”的思想，被后世誉为“宗圣”。近人认为，《大学》是两汉初年儒学的作品。

《大学》篇幅虽短小，却给后人留下阐释、发挥的空间，在历史上产生了广泛而又深远的影响。“大学”就是大学问的意思，就其实质来说，它是儒家的政治哲学，着重阐述了个人道德修养与社会治乱的关系。“大学之道”实际上指的是为人之道。中国自古重视德性修养，数千年的中国哲学把“为人”看作要解决的根本问题，“自天子以至于庶人，壹是皆以修身为本”。“大学之道”的主旨是儒学的内圣外王之道。

“大学之道，在明明德，在亲民，在止于至善。”此言为《大学》开卷之语，虽言简意赅，但成为《大学》一书的纲领。《大学》的思想一般被概括为“三纲领”、“八条目”。“三纲领”与“八条目”有着密切的联系。二者是《大学》的精要所在，成为参悟该书的关键。《大学》以“明明德”、“亲民”、“止于至善”为修养目标，是“大学之道”的“三纲领”，它们构成了《大学》的基本思想框架。“三纲领”要求修德之人要注重内心的修养，彰显自身美好的品质德性，由自身推及到天下人，通过修行使每个人明德显于心，最终达到“至善”的最高境界。由“明明德”到“止于至善”，是一个渐进过程，德性修养始于“明明德”，最终实现“至善”。《大学》阐述了修行者达到“大学之道”，实现天下大治的路径，如《大学》所云：

古之欲明明德于天下者，先治其国。欲治其国者，先齐其家。欲齐其家者，先修其身。欲修其身者，先正其心。欲正其心者，先诚其意。欲诚其意者，先致其知。致知在格物。物格而后知至，知至而后意诚，意诚而后心正，心正而后身修，身修而后家齐，家齐而后国治，国治而后天下平。自天子以至于庶人，壹是皆以修身为本。其本乱而末治者，否矣。其所厚者薄，而

大學 朱熹章句

子程子曰大學孔氏之遺書而初學入德之門也於今可見古人為學次第者獨賴此篇之存而論孟次之學者必由是而學焉則庶乎其不差矣

大學之道在明明德在親民在止於至善

《大学》 明刻本

其所薄者厚，未之有也。此谓知本，此谓知之至也。

“格物”、“致知”、“正心”、“诚意”、“修身”、“齐家”、“治国”、“平天下”构成了“大学之道”的八条目。其中每一个都以前一个为先决条件，而修身是其中最根本的，具有决定意义的一步，前四目是“修身”的方法途径，后三目是“修身”的必然结果。“正心”、“诚意”、“格物”、“致知”皆是修身的功夫，“修身、齐家、治国、平天下”四条目中，修身是内在的德行修养，齐家、治国、平天下是外在的事功。《大学》的思想是由“修身”到“明明德于天下”的不断循序渐进的过程。八条目在逻辑上呈现出递进关系，由“修身”到“齐家”、“治国”、“平天下”是外王；由“修身”到“正心”、“诚意”、“致知”、“格物”是内圣。由外王到内圣，再由内圣复归至外王。

《大学》提出“齐家”、“治国”、“平天下”的政治理想，发挥了儒家的外王之学，但它的重点是在内圣而不是外王。《大学》主张把“齐家”、“治国”、“平天下”牢固地建立在明德的基础上，反对脱离内在的德性修养而去“齐家”、“治国”、“平天下”。《大学》还提倡“慎独”的修养方法，要求在无人监督的情况下诚心诚意地恪守道德规范。《大学》极力主张以明德为本，实行德治。“明明德于天下”是儒家的治国理想，通过礼乐教化来感化万民，实现天下大治。

儒家主张“平天下”，以德治国，实现天下统一，而“齐家、治国、平天下”的政治理想实现后，国家安定，百姓安居乐业，政治稳定有利于国家的富强，促进礼乐教化的发展，使每个人都能“格物”、“致知”、“正心”、“诚意”，有利于“明明德于天下”。“明明德于天下”与“平天下”相互促进，不断循环。个人与社会和谐统一，最终实现“国治而天下平”的至善境界。

“中庸之为德也。”(《论语》)在孔子看来，中庸是最高的德性，因而在思想方法上极力提倡中庸之道。何谓之“中庸”？北宋理学大师程颐对“中庸”有着精辟见地，为后世大多数学者所认可。程颐认为，“不偏之谓中，不易之谓庸。中者，天下之道也；庸者，天下之定理。”“中也者，天下之大本也；和也者，天下之达道也。致中和，天地位焉，万物育焉。”(《中庸章句》)在程颐看来，不偏之任何一方，不走极端，这称之为“中”；不随意变更常规，使之稳定不变，则为“庸”。“中”是天下的正道，“庸”为天下的定理。在春秋大变动的历史背景下，孔子提出了中庸之道。

春秋时代，奴隶制向封建制过渡，新旧矛盾日益激化。君臣

之礼已废，臣弑君、子弑父的现象屡见不鲜，例如赵穿杀死晋灵公，崔杼杀齐庄公，季孙氏驱逐鲁昭公等。孔子对这些犯上作乱的行为深为不满，曾极为愤慨地说："是可忍，孰不可忍也！"由此，他极力复兴西周初年所制定的礼乐制度，重新树立周天子的威严，提倡"君君，臣臣，父父，子子"。然而在这样一个风云激荡的变革时代中，孔子不得不承认社会变革。但他又力图从变中求稳，通过对周礼的补充与发展，使周礼适应时代的需求。孔子认为，"殷因于夏礼，所损益可知也；周因于殷礼，所损益可知也；其或继周者，虽百世，可知也"。孔子力图调和各种不同的社会矛盾，认为为人做事都要合乎中庸之道。因为做事过于谨小慎微，就达不到预期的效果；行为偏激则会出问题，过犹不及。所以中庸之道是必须遵循的正道，为人做事只有因循此道，才能不偏不倚，恰到好处。孔子曾就如何把握"质朴"与"文采"之间的度，阐述了自己的观点："质胜文则野，文胜质则史，文质彬彬，然后君子。"孔子认为，质朴与文采必须兼顾，不能偏颇于任何一方，这样才有君子的风度与气质。他以中庸作为评判一个人的道德标准，认为君子必须遵循中庸之道，而中庸之道则是以周礼为原则的，倘若中庸之道脱离周礼，就变得没有实际意义了。

欹器示戒

孔子之孙子思是春秋战国之际儒家的代表人物，受业于曾参，秉承曾参之学。相传子思作《中庸》，阐发了孔子的中庸思想。《中庸》原收录于《小戴礼记》，南宋朱熹将《中庸》从《礼记》中抽出，单独成为一书，并阐述了对"中庸"的看法。朱熹认为："中，不偏不倚，无过不及之名；庸，平常也。"《中庸》与《大学》、《论语》、《孟子》并列为《四书》，《中庸》成为了儒学的重要经典。许多人认为《中庸》也是汉初儒家的作品。

子思像

《中庸》一书着重发挥了孔子"中庸"的思想，要求人们为人行事"和而不流"、"中立不倚"。中庸之道要求人们按照"过犹不及"的精神，自觉地调

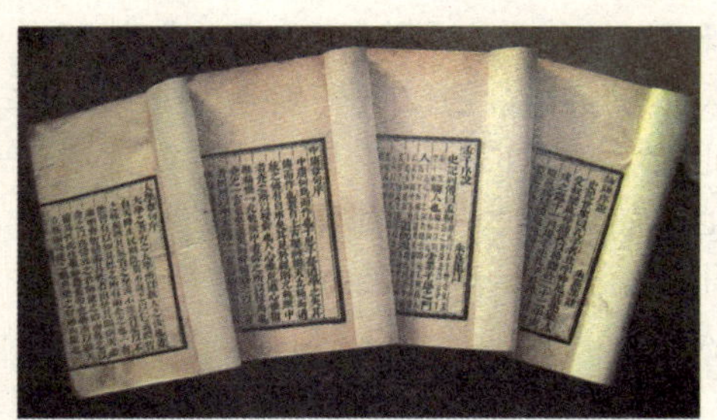

四书

节个人的思想和言论行动，使之不偏不颇，无过无不及，严格保持在儒家道德规范所许可的范围之内。《中庸》认为人保持中和的心态，用礼乐制度进行教化，才能修明人道。

《中庸》开宗明义提出了“天命之谓性，率性之谓道，修道之谓教”的观点。这是全书的纲领，认为天所赋予人的是“性”，顺应天道而处事是“道”，修道则为“教”。“天”、“人”、“道”、“教”依次贯通，由天推及人，由人推及道，由道推及教化。“道也者，不可须臾离也；可离，非道也。”道无处不在，具有绝对性、普遍性。道是君子修身、律己的客观准则。《中庸》的核心观点是“诚”。“诚者，天之道也；诚之者，人之道也。”（《中庸》）天道亦为天命，诚为天道。人“至诚”才能遵循人道，方能尽“人之性”。君子只有“博学之，慎思之，明辨之，笃行之”，才能真正因循中庸之道，达到“至诚”。《中庸》极力推崇圣人之道，“大哉圣人之道！洋洋乎发育万物，竣极于天，优优大哉！”君子行圣人之道，“尊德性而道问学，致广大而尽精微，极高明而道中庸，温故而知新，敦厚以崇礼”。君子行中庸之道，身处高位而不骄横跋扈，身处下位则专心修身，不违背礼法。中庸之道可以使君子明哲保身，也是治国的重要纲领，“国有道，其言足以兴；国无道，其默足以容”（《中庸》）。其中的“天人合一”思想及“至诚如神”的结论与董仲舒天人感应的神学目的论是一脉相承的。

《大学》和《中庸》综合了先秦儒家的成果，比较系统地提出了适合统治者需要的政治哲学与伦理哲学，以及一套修身治世方法，对后世儒学产生了深远的影响。

四、儒术定于一尊

汉武帝即位后，加强中央集权，扩充军事实力，令卫青、霍去病击溃匈奴的侵扰，西汉国力达到了空前强盛。政治统一、经济繁荣给思想政治领域带来深刻影响，主张“清净无为”的黄老思想此时已不能适应社会发展的需要。西汉王朝亟须建立维护封建大一统的思想体系。建元六年（前135），控制朝政的窦太后去世，武帝得以施展鸿图，他开始用儒术代替百家，以经学统一思想。他重新起用好儒术的田蚡为相，把不治五经的太常博士罢黜，不许刑名、黄老百家之言入官学，并延揽儒生数百人。元光元年（前134），汉武帝下诏，令各地推举博学之士前来京城应试对策，即举贤良对策。他就如何治国安邦、如何看待天人关系等问题，一

汉并天下瓦当

连垂问三策。董仲舒在众贤良中脱颖而出，献上对策三篇，这就是著名的《天人三策》，或称《举贤良对策》。在对策中，董仲舒主张推明儒学，抑黜百家，建议“诸不在六艺之科，孔子之术者，皆绝其道，勿使并进”。汉武帝采纳了董仲舒的建议，于是“罢黜百家，独尊儒术”，开此后两千年封建社会以儒学为正统之先声。

汉武帝像

董仲舒（前197—前104），广川（今河北景县）人，西汉儒学大师，今文经学家，以治《春秋公羊传》而闻名当时。他为学勤奋，《汉书》说他“三年不窥园”，可见其治学之专精。董仲舒的道德修养也很高，言中规，行中伦，“进退容止，非礼不行”，受到士人的尊敬。他在景帝时为博士，曾“下帷讲诵”，授徒课业。但由于弟子太多，无法亲自一一教授，于是让门下弟子按受业的深浅先后为次，转相传授，以致许多弟子终身未见其面。

董仲舒的著作很多，除了著名的“天人三策”外，最重要的编为《春秋繁露》。据《汉书》记载，董仲舒“说《春秋》事，《闻举》、《玉杯》、《蕃露》、《清明》、《竹林》之属，复数十篇，十余万言，皆传于后世”。后人于是取“春秋”和其中的“蕃露”合二为一，称为《春秋繁露》，现存17卷82篇。《四库全书总目提要》云：“今观其文，虽未必全出仲舒，然中多根据理要之言，非后人所能依托也。”

董仲舒顺应大一统的时代要求，对《春秋》大义作了大量的引申和发挥。在书中，他极力推崇《公羊春秋》，详述“春秋大一统”之旨，糅合儒家、阴阳、名、法、黄老等诸家思想，以自然、天道比附人事，建立了以天人感应为核心、阴阳五行为骨架的哲学神学体系，为汉代大一统的中央集权制度奠定了理论基础。

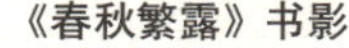

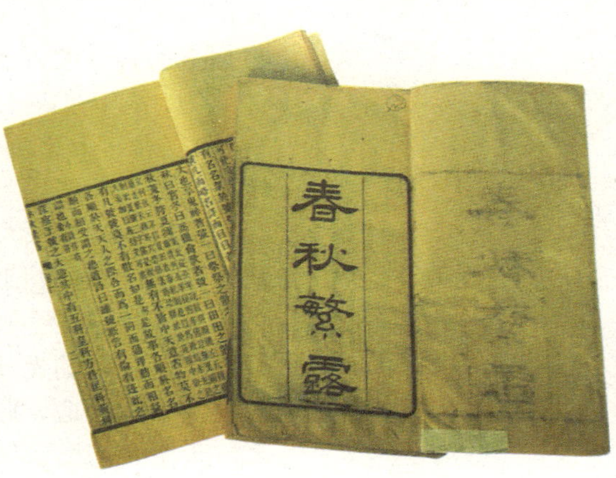

《春秋繁露》书影

董仲舒发挥了先秦时期的“天道”、“天命”观点，阐发了天命神学思想。在董仲舒看来，“天”是有意志、有目的的造物主，是世界万物的最高主宰，是至高无上的神。天化生自然万物，自然万物的存在和变化则体现了天的意志，天的意志通过阴阳五行得以显现。“天”通过阴阳之气相交而化生万物。春夏之季为阳，秋冬之季为阴，阴阳交替而

董仲舒像

四季变迁。春夏之季万物具有勃然生机，而秋冬之季万物则萧瑟不振，死气沉沉。四时变化体现了“天”的喜怒哀乐，“喜气为暖而当春，怒气为清而当秋，乐气为太阳而当夏，哀气为太阴而当冬”。董仲舒将道德属性附加于阴阳，认为阴阳贵贱地位不同，阳尊而阴卑，上天贵阳而贱阴。阳是上天之德，阴为上天之刑，上天贵德而贱刑。“天之大道者在阴阳，阳为德，阴为刑，刑主杀而德主生。”阳具有仁爱、宽厚、赏赐的品质，阴则有暴戾、险恶、急躁等品格。

董仲舒将阴阳尊卑的特性推及世间万物，将人分为尊卑贵贱。“君臣父子夫妇之义，皆取诸阴阳之道。君为阳，臣为阴；父为阳，子为阴；夫为阳，妻为阴。”他由此提出了“三纲”，即“君为臣纲”、“父为子纲”、“夫为妻纲”，只要恪守君臣父子夫妇之礼，就是顺应了天意。董仲舒还将五行纳入了伦理范畴，提出了“五行相生”、“五行相胜”、“五行顺逆”等观点，认为五行所处方位存在尊卑之别，“木居左，金居右，火居前，水居后，土居中”。在他看来，土最为尊贵，位列为五行之主。董仲舒将五行赋予五种道德属性，“木神则仁，金神则义，火神则礼，水神则智，土神则信”。仁、义、礼、智、信称为“五常”。董仲舒通过五行的关系解释了社会的兴衰治理。他认为五行是“比相生而间相胜”，“逆之则乱，顺之则治”。

他还提出了“天人相副”、“天人同类”的思想。天与人具有相同的本质，人是上天的副本。人与上天有着众多的相似之处，如人有五脏，天则有五行；人有四肢，天则有四时。人是天地之间的精华，得到上天特别的垂青。在“天人相副”、“天人同类”的基础上，董仲舒提出了“天人交感，同类相应”的观点。世间万物皆由气构成，人与上天以气为中介，进行交互感应。“天地之间，有阴阳之气，常渐人者，若水常渐鱼也”。上天会洞察人们行为，根据人们言行的善恶而赏罚分明。董仲舒进而指出，人必须顺天命而为，绝不可逆天而行。人要秉承天命，必须服从上天的意志。“受命之君，天意所予也，故号为天子”。上天将管理黎民百姓的重任交给了天子，“天子受命于天，天下受命于天子”。在世俗世界中，天子、诸侯、大夫、士、民有个严格的贵贱差别，每一阶层都要顺应天意，忠于自己的君主，绝不可做出犯上作乱的悖逆之事。“君权神授”树立了统治者的绝对权威，为大一统的中央集权赋予了神圣的光环，巩固了封建等级制度。王者要有所作为，就一定要秉承天命，明德而慎罚。就统治者而言，“其德足以安乐民者，天予之；其恶足以贼害民者，天夺之”。如果君主贤明，天就

会降下种种祥瑞；如果君主暴戾乖虐，淫逸无度，肆无忌惮地搜刮民脂民膏，上天会降下灾变，以谴告的方式警戒统治者。这种“灾变谴告说”对约束君王的行为会起到一定作用。

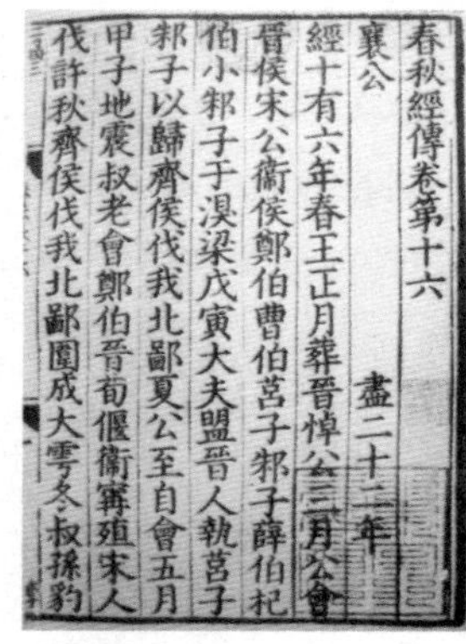

春秋經傳卷第十六
襄公　　盡二十二年
經十有六年春王正月葬晉悼公三月公會
晉侯宋公衛侯鄭伯曹伯莒子邾子薛伯杞
伯小邾子于湨梁戊寅大夫盟晉人執莒子
邾子以歸齊侯伐我北鄙夏公至自會五月
甲子地震叔老會鄭伯晉荀偃衛寗殖宋人
伐許秋齊侯伐我北鄙圍成大雩冬叔孫豹

《春秋》书影

在历史观上，董仲舒鼓吹三统三正的历史循环论，提出：“道之大原出于天，天不变，道亦不变。”每一朝代都要根据三统（黑、白、赤）和三正（夏、商、周分别以农历一月、十二月、十一月为正月）的循环来改变朝服颜色和正朔，以示重新接受天命。但“道”不会因为“新王必改制”而改变，古代的天下与当今的天下并没有什么不同。

在人性论上，董仲舒区分了“命”、“性”、“情”，并提出了“性三品”说。一类是情欲少，不经教化而能自善的“圣人之性”；一类是情欲多，虽教化也难成善的“斗筲之性”；一类是虽有情欲，却可向善或向恶发展的“中民之性”。对于“中民之性”，可通过教化使其向善。对于“斗筲之性”，则要实行刑罚。而那些具有“圣人之性”的统治者则应成为教化普通百姓的道德导师。只要做好上知天命、下以德教、辅之以刑这三件事，就可做到天下大治。

经过董仲舒的阐发，儒学体系日见成熟，适应了封建大一统的需要，并由此定于一尊。董仲舒所宣扬的“神学目的论”、“天人感应”、“君权神授”等说教以及“三纲五常”等封建伦理，成为数千年统治者所尊奉的亘古不变的信条，在中国思想发展史上产生了重要影响。

汉武帝虽用董仲舒之说，却并未重用其人，只将他迁为江都易王相，后历任中大夫和胶西相。董仲舒治国，“以《春秋》灾异之变推阴阳所以错行”，在他看来，凡是自然界的不正常现象，都是因为当时政治上的某一项措施犯了错误，“天”以不正常的现象对统治者发出警告。据《汉书》记载，武帝时辽东地方的汉祖庙和汉高祖陵墓中的便殿先后失火。这在当时来说，也是一种“灾异”。董仲舒附会当时的政治，在家里“推说其意”，刚写了个草稿想要上奏。在还没有发出的时候，中大夫主父偃来探望他，看见了这篇稿子，就把它偷了出来，上奏武帝。武帝召集了当时的一些学者讨论。董仲舒的学生吕步舒不知道这是他老师的稿子，“以为大愚”。于是竟问了董仲舒死罪，好在武帝又赦免了他。此后董仲舒就不敢再言灾异了。他晚年穷居陋巷，依仁游艺，“终不问家产业，以修学著书为事”。不过他并未高蹈肥遁，不问世事，而是魂牵斯文，意忧国民。朝廷如有大事待议，常常派遣使者亲往其家，问其得失。董仲舒引经据典，一一作答。他往往还就重大时政发表看法，上疏献计献策，直至寿终正寝。

五、盐铁会议上的儒法之争

盐铁会议有着深刻历史背景，可追溯至汉武帝统治时期。汉武帝凭借“文景之治”的太平盛世，着力于解决西汉所面临的各种社会矛盾。他采纳主父偃的建议，进一步削弱诸侯王国势力，实行刺史制度、削弱相权以加强中央集权统治。他派卫青、霍去病反击匈奴，保证了汉边境的安宁。但是与匈奴的连年战争和宫廷生活的奢侈，极大地损耗了国力，国库日渐枯竭。为充盈国库，保证战争之需，汉武帝接受了法家桑弘羊的建议，将财政大权集中于朝廷。他起用大铁商孔仅、大盐商东郭咸阳为大农丞，在全国各县设立盐铁官，实行国家对盐铁及各地所贡土特产的垄断经营，严禁私人冶煮和买卖。通过算缗、告缗向商人、手工业者、高利贷者征收财产税，自报不实者，将没收其财产。在长安设置均输、平准官员，负责贡品的征收、运输和经营，以及通过贱买贵卖，以平抑物价。通过盐铁专营、均输、平准、算缗、酒榷等经济政策，国家财政收入迅速增加，支付了巨额军费开支。但随着这些政策的推行，物价飞涨，大量农民及小工商业者纷纷破产，百姓流离失所，全国各地的起义暴动风起云涌。同时，一些大商人与官吏勾结，乘机巧取豪夺百姓之财，培植出大批豪强地主。

面对日益严重的政治、经济危机，汉武帝认识到内忧外患的严峻局面，于征和四年（前89）颁布了轮台诏令，停止在新疆轮台屯田远戍和修筑亭障，驱逐为他糜费求仙药的方士，终止了穷兵黩武、横征暴敛的高压政策，意图缓和社会矛盾，不再好大喜功，要遵循“休养生息”之道。公元前87年，汉武帝驾崩，年仅8岁的汉昭帝刘弗陵即位，由霍去病之弟霍光、桑弘羊、左将军上官桀等人辅政。此时朝中大臣分为两派：一派以大司马、大将军霍光为首，积极主张贯彻“轮台诏令”，推行儒家的仁政思想；以御史大夫桑弘羊为首的御史、丞相史为

盐井画像砖 汉

另一派 ，主张法家的治世思想，极力实行盐铁专营等政策，反对实施“轮台诏令”。

在这样的历史背景下，霍光、杜延年等人处心积虑地筹划了“盐铁会议”。西汉始元五年（前82），汉昭帝刘弗陵颁布诏令，举国召集贤才，“令三辅、太常举贤良各二人，郡国文学高第各一人”，商讨“盐铁”政策等诸多问题（《汉书》）。次年，汉昭帝下诏，将三辅、太常贤良及各郡国的贤才召入朝中，共同商榷朝政的得失，体察民间百姓疾苦，举行了历史上著名的“盐铁会议”，参加这次会议的共有60多人。会议围绕着“本末”、“礼治、法治”、匈奴及“崇儒尊法”等问题，双方进行了激烈的交锋。

在盐铁专营等经济政策上，双方意见相左。贤良、文学等儒生主张“崇本退末”，以农业为本而废除盐铁专营等政策；桑弘羊等大夫提出“本末并利”的观点，主张在重视农业的基础上，仍坚持盐铁专营等政策。贤良、文学等人历数了盐铁官营、均输等政策的种种流弊。盐铁官营的政策，妨碍了农业生产，加重了百姓负担，许多官吏中饱私囊而败坏吏治、社会风气。在贤良等人看来，“农业，天下之大业也；铁器，民之大用也”，诸多政策的实行使得本末倒置，百姓舍本逐末，从而使农业荒废，动摇了国家的经济根本。桑弘羊等人则极力为盐铁专营等政策辩解，列举其许多有利之处，认为这些政策一方面可使国家财政收入大增；另一面又使豪强势力受到遏制，中央集权得到加强。

辩论双方在施政方针上亦存在着很大的分歧。贤良、文学等人推崇“德治”、“礼治”，桑弘羊等则极力推行“法治”。文学从秦朝覆灭的历史教训中，论证了严刑峻法的严重危害，进而说明“德治”、“礼治”有助于国家的长治久安。贤良认识到，时局纷扰，“德治”、“礼治”日渐衰败，统治者应效法圣人，推行德治教化，以“德治”为主，“法治”为辅。文学曾言道：“上自黄帝，下及三王，莫不明德教，谨庠序，崇仁义，立教化，此百世不易之道也。殷、周因修而昌。秦王变法而亡。”桑弘羊等人则一味推行“法治”，实行高压统治政策。在他们看来，“令严则民慎，法设而奸禁。网疏则兽失，法疏则罪漏”。百姓品质低劣，行为不端，必须用严酷刑法镇压才能实现社会安定。

春米画像砖 汉

西汉王朝与匈奴的关系一直是

霍光像

对外政策的焦点，双方在此问题上相持不下。文学、贤良主张对匈奴采取和亲政策，桑弘羊等则主张主动出击，彻底击溃匈奴，以确保西汉王朝的长治久安。文学、贤良认为，汉朝对匈奴的战争，给百姓带来了沉重灾难，极大地损耗了国力，统治者应推行仁政之道，用礼仪德化来感化匈奴，使其归服汉朝。“蓄仁义风之，广德行以怀之，是以近者亲而远者悦服”，“王者行仁政，无敌于天下，恶用费哉”。桑弘羊等人则指出，匈奴长期侵扰中原地区，严重威胁着国家与人民的安危，虽然汉朝与匈奴多次和亲，但匈奴多次背信弃义而染指中原。因此，桑弘羊主张，朝廷应继续追击匈奴，“绝胡貉，擒单于”，以绝后患”。

双方的诸多分歧追溯其根源，在于二者的治世思想截然不同。盐铁会议是探讨西汉王朝为政得失的一次会，也是儒家与法家之间的思想之争。通过盐铁会议，贤良、文学等儒生猛烈地抨击了桑弘羊等人所主张的法家思想，桑弘羊等人的政治威望受到了冲击。汉昭帝采纳了文学、贤良的治世思想，逐步落实“轮台诏令”，采取“禁苛暴”、“止擅赋”、“力本农”等政策，停止了对匈奴的大规模战争。通过“休养生息”的统治政策，西汉王朝的统治危机得到缓和，由此出现了“中兴”之象。

汉宣帝时期，桓宽根据盐铁会议上的笔录及他人口述，整理编撰出《盐铁论》一书，全书采用对话体的形式，共10卷60篇，成为了解当时盐铁会议的重要文献资料。

盐铁会议是儒法两家在西汉中期以后的又一次大交锋，以桑弘羊为代表的大夫是法家，文学、贤良是儒家。通过这次面对面的论战，儒家进一步取得了在思想界的绝对地位。后来，霍光利用燕王旦和上官桀父子的谋反事件，处死了桑弘羊，把持了朝廷大权。霍氏家族显赫一时。宣帝时，霍光表面上想还政皇帝，宣帝竟不敢接受。霍光死后，其夫人和儿子因图谋叛乱被处死，受诛连的多达数千人，霍氏势力消除殆尽。

河南内乡县县衙门楣上的“天理国法人情”横匾，表达了儒家的治国要旨

自汉以后，法家虽然衰落了，但法治思想从来也没有中断过，而是已融入儒家的思想体系之中。元帝为太子时，曾向宣帝进言“持刑太深，宜用儒生”。宣帝教训太子说：“汉家自有制度，本以霸王道杂之，奈何纯任德政，用周政乎？”

也就是要坚持“儒法并用”、德治与法治并行，这实际上正是中国政治的特色，被称为“礼表法显”、“阳儒阴法”或“外儒内法”。

六、今文经学统治地位的确立

自汉武帝采纳了董仲舒的“贤良三策”，确立了“罢黜百家，独尊儒术”的政策，儒家由此崛起，经学受到统治者的青睐。通过“盐铁会议”的儒法之争，儒家的治世思想逐渐占据统治地位，今文经学的政治地位不断攀升，汉昭帝接受贤良、文学等儒生的谏言，贯彻“轮台诏令”，实行“仁政”。

汉宣帝刘询是汉武帝之曾孙、汉武帝之子卫太子之孙。卫太子刘据是大将军卫青的外甥。他深为汉武帝宠信，喜好《穀梁春秋》等经学典籍，主张以宽厚之道治民。卫太子遭到宦官江允诬陷，被认为以巫蛊之术谋害汉武帝。卫太子在无法辩解的情况下，被逼无奈起兵逆反，兵败后全家惨遭灭门。仅有尚在襁褓之中的卫太子之孙刘询，得到太子派官吏丙吉的庇护而幸免罹难，流落民间。刘询自幼研习《诗》、《论语》、《孝经》，深受儒家经典的熏陶。昭帝驾崩后，昌邑王刘贺即位。刘贺暴戾乖张，荒唐至极，不理朝政。霍光等权臣以昌邑王刘贺“淫乱失德”为名，废黜其帝位。霍光等人将刘询从民间找回朝廷，并拥立为帝，是为汉宣帝。公元前68年霍光去世，宣帝亲政。他注意安抚民心，发展生产，以致出现了中兴景象。

随着儒学的复起，经学逐渐成为进仕取禄的门径。传经者为了各有的利益，严守师法，各派之间党同伐异，争论不休。当时影响最大的派别是渊源于儒学发祥地的鲁学与齐学。《鲁诗》、《春秋穀梁传》皆属于鲁学，《齐诗》、《春秋公羊传》皆属于齐学。文帝、景帝时，鲁学有申培公为博士，而齐学则有辕固生、董仲舒、胡毋生和治《今文尚书》的张生为博士。齐学较鲁学处于优势地位。武帝时，正是治《公羊传》的董仲舒击败了不善言谈的治《穀梁传》的江公才脱颖而出的。公羊学在官学中地位显赫，而鲁学受到压抑，直到宣帝末年，情形才发生了变化。

宣帝秉承卫太子之遗风，对《穀梁春秋》等经学著作尊崇有加。韦贤、夏侯胜等人，皆来自鲁地，受《穀梁春秋》影响较深，在宣帝面前极力宣扬《穀梁春秋》等鲁学，而贬低《公羊春秋》等齐学。甘露元年（前53），汉宣帝召开了一次经学会议，召集经学学者于殿中，“平《公羊》、《穀梁》同异，各以经处是非”。参

讲经 汉

加讨论的每派各出5人，萧望之等人多支持《穀梁传》，由是宣帝积极扶植以《穀梁传》为代表的鲁学，培养了一批鲁学人才，于是鲁学兴盛。甘露三年，宣帝主持召开了石渠阁会议。《公羊春秋》博士严彭祖、侍郎申挽、伊推、宋显，《穀梁春秋》议郎尹更始、待诏刘向、周庆等22人出席了会议。石渠阁会议阐发了五经的经义，会后整理出《五经杂议》、《书议奏》、《礼议奏》、《春秋议奏》和《论语议奏》。太子太傅萧望之向汉宣帝上奏了会议的内容。经过汉宣帝的裁决，《穀梁春秋》优于《公羊春秋》，公羊学受挫，穀梁学被立为官学，取得了与公羊学并列的地位。会议设立了大小夏侯《尚书》，大小戴《礼记》，梁丘《易》，《穀梁春秋》（大小夏侯为夏侯胜与其堂侄夏侯建，大小戴为戴德、戴胜）博士，至此经学十四博士基本建立，穀梁之学由此兴盛。《穀梁春秋》注重礼义教化，将“礼”放于极为突出的地位，有利于加强宗法制度，缓和统治者内部矛盾，这也是汉宣帝欣然接受了《穀梁春秋》，设立《穀梁春秋》博士等职的一个重要原因。

谈经 汉

经过宣帝、元帝、成帝的支持，今文经学开始在学术思想领域与政治领域占据统治地位。宣帝在颁布《圣主得贤臣颂》中，主张任人唯贤、重视贤才的选拔：“夫贤者，国家之器用也。所任贤，则趋舍省而功施普；器用利，则用力少而就效众……《易》曰：‘飞龙在天，利见大人。’《诗》曰：‘思皇

多士，生此王国。'”元帝为皇太子时，年仅12岁便通习《论语》、《孝经》，即位后“好儒术文辞”，热衷于以经学治世。

当时，经学造诣的高低逐渐成为官吏选拔的重要标准，此前的武、昭时期，据要位的大臣如桑弘羊、上官桀等人均非经学之士。而从宣帝开始则任用了大批经学之士，疏广、于定国、平当、王吉、贡禹、韦玄成、夏侯胜、夏侯建、萧望之等经学名家受到宣帝的礼遇与重用，韦贤、魏相、丙吉等皆因明而居丞相位，公卿大臣大都通过经术进身。元帝、成帝统治时期，儒学受到了空前的推崇，公卿大臣大多在今文经学方面造诣颇深，经学之士成为西汉政权的重要组成部分，经学思潮渗透于社会生活各领域，朝中官员上书奏议，大多援引经学著作，将经学思想作为谏言的依据。《春秋》、《诗经》等儒家经典成为政事决策、判决狱案的标准，儒学真正被定于一尊。

神龟占

七、谶纬之学的兴盛

谶纬之学是流行于西汉末至东汉时期的一种经学神学化的学说。谶纬之学是由谶与纬学发展而来。谶是由巫师、方士编造的用来预示人间祸福凶吉的隐语，其文字大多模棱两可，常附有图，又称图谶。谶大多为政治隐语，预示着王朝的兴衰废立。乱世时期，谶语层出不断。谶语出现很早，据《史记》记载，秦始皇时，方士卢生入海求仙，带回一本《录图书》，中有“亡秦者胡也”的谶语，秦始皇由此推断，“胡”为北方的匈奴，于是命蒙恬率兵30万北击匈奴，夺取了河套地区。后来胡亥继承帝位，秦朝最终亡于秦二世手中。时人由此断定，“亡秦者胡也”中的“胡”指的是胡亥。卢生的这句谶语得到了验证，于是骗取了一部分人的相信。

纬是相对于经而言的。纬学是对经的注解与阐发，以天人感应、阴阳灾异之说来解释、附会儒家经典。西汉中后期，统治者独尊儒学，儒学地位提高，于是产生了傍依、比附经义的纬学。谶语与纬学结合在一起，谶纬神学逐渐形成一股强大的社会思潮，影响了当时的政治统治与学术思想。

谶纬之学的产生有着深刻的社会、思想根源，它一方面是今文经学内部的天人感应、阴阳灾异思想进一步发展的结果；另一方面，特定的社会政治危机也促进了谶纬之学的产生与发展。西汉前期政局稳定，谶语也少。武帝时，董仲舒讲灾异，差点被处死。昭帝时，治《公羊》的眭孟根据董仲舒的理论大谈灾异，认

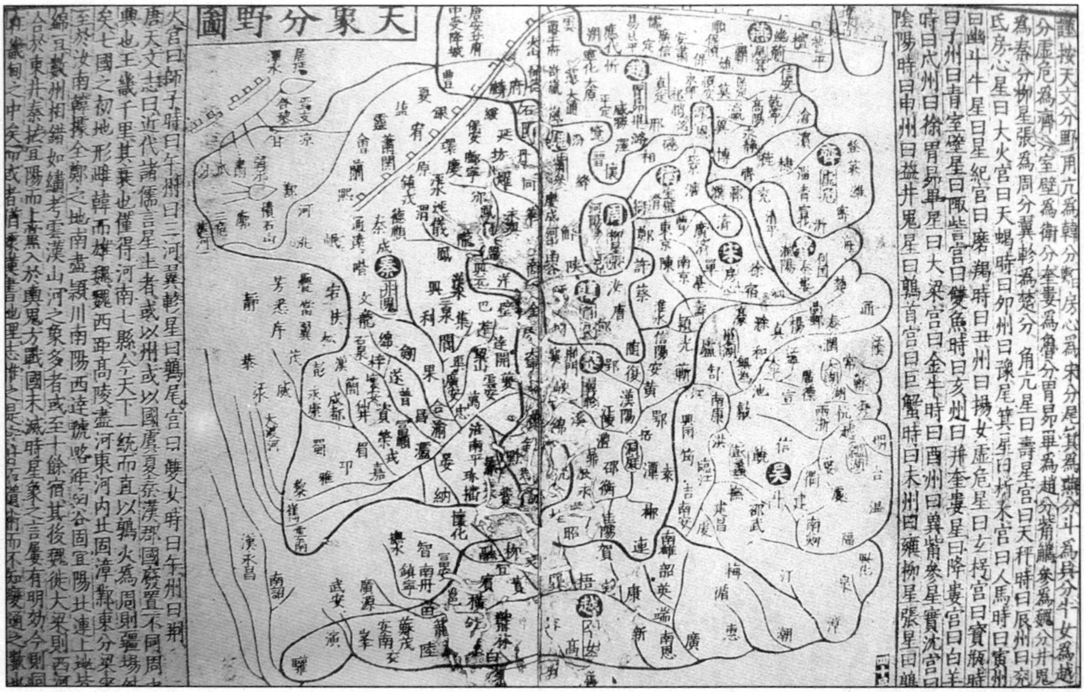

天象分野图

认为地上有各州，天上也有对应的区域

为汉家天下应改朝换代，“求索贤人，禅以帝位”，结果被杀。宣帝时，情况开始发生变化。汉宣帝遭遇离奇，由一介平民而成为“九五至尊”。因此他对“天人感应”、“阴阳灾异”等学说深信不疑，宣扬灾异祥瑞之说，标榜自己受命于天，避免重蹈昌邑王刘贺的覆辙。他给眭孟平了反，并不断地宣扬灾异祥瑞，以致大臣上奏，无不以阴阳灾异为根据，灾异谴告开始流行起来。丞相魏相把《易经》纳入阴阳灾异体系，将卦与神学联系起来，而向宣帝上书，认为东南西北之四帝通过震、离、兑、坎司春、夏、秋、冬，中央的皇帝则通过坤、艮管理百姓。之后，孟喜、焦延寿、京房的象数易学大兴，成为讲阴阳灾异的指导思想。

孟喜是宣帝时的今文经学家，曾应诏参加石渠阁会议；焦延寿与其弟子京房（前77—前37）继承发展了孟喜的易学理论，使象数之学趋于完善。他们根据四时及节气变化，将六十四卦配以四时、十二个月、二十四节气及七十二候，认为坎、震、离、兑四正卦分别主管四方、四时，四正卦的每一卦各主管六节气。如坎卦统帅冬至、小寒、大寒、立春、雨水、惊蛰六节气。六十四卦中除四正卦外的六十卦，总共有三百六十爻，主管三百六十日。阴阳的升降、消息决定了节气和物候的变化秩序。通过自然气候的寒暑阴晴的异常变化，可推知预测人事的兴衰、祸福。阴阳二气

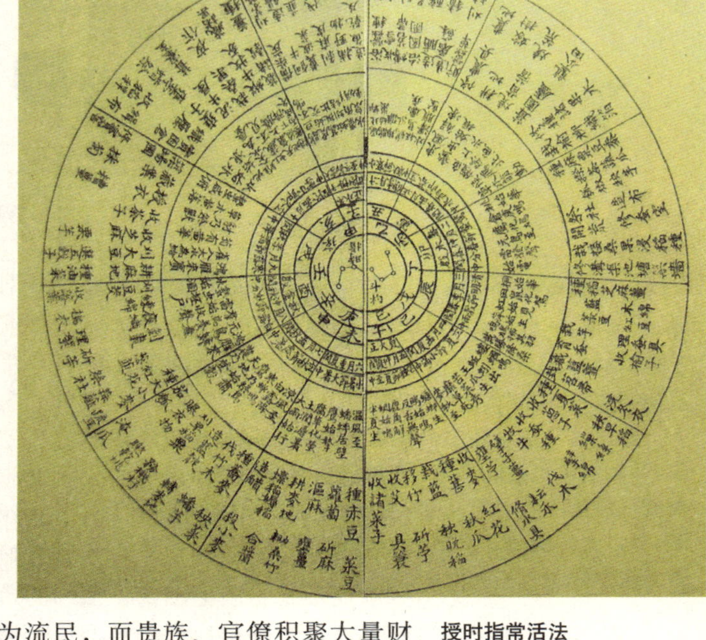

授时指常活法

的相荡相感和盈缩转化是一切变易及凶吉祸福的根源。京房经常上疏于汉宣帝，奏言阴阳灾异之事。宣帝也常召见京房，向其问以政事。京房向宣帝进言：“古帝王以功举贤，则万化成，瑞应著；末世以毁誉取人，故功业废而致灾异。宜令百官各试其功，灾异可息。”当然，讲阴阳灾异也要符合皇帝的心意，稍有不慎，就会招致杀身之祸。京房最终触怒了汉元帝，以“诽谤政治，归恶天子”的罪名被处以极刑，死后弃市。当时，好言灾异的还有夏侯胜、刘向等人。

西汉后期，土地兼并现象严重，大批农民失去土地，沦为流民，而贵族、官僚积聚大量财富，奢糜之风盛行，社会矛盾极端尖锐。皇帝昏聩无能，外戚、宦官把持朝政，任人唯亲，结党营私，排斥异己，闭塞言路。忠臣志士为了重振朝纲，挺身直谏，但忠言逆耳，触怒君王，其下场甚为悲惨。许多忠义之臣便用谶语、符命来警示统治者，以维护刘氏皇权，反对后宫、阉党乱政、外戚专权，试图用天命灾异向统治者施压，劝勉统治者刷新吏治，改革弊政。在哀帝、平帝时期，谶纬几尽泛滥。

两汉之际，政治权力斗争错综复杂，刘氏宗室与外戚争夺政权的斗争达到白热化。各种政治势力纷纷编造谶语、符命，达到自己的政治目的。外戚王莽为了夺取刘氏天下，利用谶语、符命，四处宣扬“汉家历运中衰，当再受命，宜改元易号”，用《天帝行玺金匮图》与《赤帝行玺某传予黄帝金策书》等谶纬之书制造舆论，王莽最终取代刘氏王朝，自立为帝。王莽为了安定统治局面，颁布《符命》42篇于天下，采取极为严厉的措施，禁止新的谶语、符命的出现。然而，各地农民起义军揭竿而起，各种谶语、符命层出不断。有《赤符图》写道：“刘秀发兵捕不道，四夷云集龙斗野，四七之际火为主”。刘秀受到《赤符图》等谶纬之书的鼓动，最终荣登大宝，复兴汉朝。中元元年（56）光武帝刘秀宣布“图谶于天下”，使图谶成为法定经典。后经汉明帝、章帝的继续提倡，

王莽像

光武帝刘秀像

新莽嘉量和环权

谶纬经学风行天下。既然纬书是对经所作的神学解释，相对于六经，就有《易纬》、《书纬》、《诗纬》、《春秋纬》和《乐纬》。东汉初年，光武帝令校图谶，删除王莽所宣传的部分，编定81篇，即“河洛五九，六艺四九”。其中，“河洛五九”是指“河图”9篇、“洛书”6篇，另外假托伏羲、孔子之名作30篇，共计45篇。“六艺四九”是指根据六经而作的纬书，共计36篇。“河洛五九”与“六艺四九”共计81篇。由于谶纬既可以为掌权者制造舆论，也可以为夺权者所利用来反对现存政权，谶语、符命的滥用极易导致政局不稳，国家动荡，谶纬的负面影响日益明显。因此，自魏晋以来，谶纬被斥为歪道邪说，遭到严厉禁绝。曹操、北魏孝文帝、隋炀帝等都曾严禁谶纬。隋唐以后，谶纬最终湮没无闻，退出了历史舞台。由于谶纬书籍大多遭到历代统治者的毁禁，大都散失。在侥幸尚存的谶纬书籍中，《易纬》保存得最为完整，成为研究两汉谶纬之学的重要典章文献。

谶纬之说假托孔子及古代圣人先贤，用神学思想比附儒家经典，其内容十分驳杂，除了灾异感应、谶语符命、神仙方术等内容之外，还记载了典章制度、天文历法、地理、历史、神话传说、自然科学知识等。在哲学思想上，谶纬之学发展了元气论，提出了天地“以八卦为体”的新观念，将“八卦”看作事物的内在本原、发展变化的终极根据。谶纬之学发展了《周易》中的象数理论，深化了宇宙和谐统一、天人合一的观念。

值得指出的是，《易纬》中的《乾凿度》继承了《易·系辞》的宇宙观，进一步探讨了宇宙生成理论。《乾凿度》提出，“易始于太极，太极分而为二，故生天地。天地有春秋冬夏之节，故生四时，四时各有阴阳刚柔之分，故生八卦。八卦成列，天地之道立，雷风火水山泽之象定矣。”《乾凿度》系统地阐释了宇宙万物的生成，认为宇宙是“有形生于无形”。宇宙最早处于无形之中，“形”、“气”、“质”不断演化而生。“夫有形生于无形，乾坤安从生？故曰有太易，有太初，有太始，有太素。太易者，未见气也。

太初者，气之始也。太始者，形之始也。太素者，质之始也。气、形、质具而未相离，故曰混沌。”天地从混沌状态逐渐演变形成。《易纬》是两汉时期谶纬之学的重要代表作品，发展了较为系统的象数哲学，“有形生于无形”等思想对魏晋时期的玄学思潮产生了重要影响。

八、扬雄、桓谭、王充挑战谶纬

在谶纬迷信盛行时，扬雄、桓谭、王充等人却不为所动，并且成为反谶纬神学的代表人物。

扬雄像

扬雄（前53—18），一作杨雄，字子云，蜀郡成都人，西汉著名哲学家、辞赋家、语言学家。扬雄从小好学，博览群书，沉默而好深思。他说话口吃，不善于交际应酬，为人淡泊名利，洁身自好，家虽贫，却能欣然自得。好辞赋，尤其心仪司马相如和屈原，读《离骚》，每每长叹而涕下。扬雄40多岁才离家出游，就师长安。他以辞赋见称，得与司马相如并称“扬马”。后经大司马王音推荐，向汉成帝上《甘泉》、《羽猎》等赋，不过得了个给事黄门的小官。后历经成帝、哀帝、平帝三朝，一直未能得到升迁。王莽篡位后，扬雄被封为大夫，校书天禄阁，颇受时人非议。后免官，居陋巷著述以终年。

扬雄晚年转而研究哲学，他仿《周易》著《太玄》，并作了发挥和创新。《周易》是按二分法发展的，所谓“易有太极，是生两仪；两仪生四象，四象生八卦”；而《太玄》则是按三分法发展的。它用三种基本玄画，在方、州、部、家四个位置上交错排列，共81“首”，所谓“一玄都覆三方，方同九州，枝载数部，分正群家”。每首有“首辞”，相当于《周易》里的卦辞。每首又有九赞，相当于《周易》里的爻辞。这样一共有729赞，由此而组成了一个形式结构，也形成了一个世界图式。扬雄的哲学体系就是围绕着这个图式而展开的。扬雄所讲的“玄”，一方面是指《太玄》这部书所说的哲学体系，即他所建构的这个世界图式；另一方面是指天地万物的根本，相当于老子的“道”，它是无形无象的世界本原，在幽冥中分化出阴阳，阴阳判合而生天地万物。《太玄》在内容上将儒、道、阴阳诸家的思想混杂一处，并结合当时的天文和历法知识，创造了一个独特的哲学体系。

另外，扬雄还仿《论语》，采用问答体作了一部书，其基本宗旨是用礼义、孔孟之道，批评先秦诸子及谶纬、神仙迷信，维护封建道统，因而取名为《法言》，共13卷。

《法言》认为，天道无为自然，它能化生万物，从而否定了造物主的存在；天命与人为有区别，命是不可避免的，人为则有选择的余地，比如人事，可存可亡，可死可生，完全视人的行为而定。这种区别缩小了天命活动的范围。《法言》相信世界的可知性，强调闻见之知的重要性，但又不拘于闻见。它认为知识的用处在于预见，解决实际问题。关于人性，《法言》主张“善恶混”，即人性中有善有恶，既有循礼义之善性，亦有循情欲之恶性。发展善的则为善人，发展恶的则为恶人。而气是通由善恶之路。《法言》强调后天的学习，其原因即在于学习可趋善而避恶。《法言》推崇学习，认为学而能行最好。扬雄认为，神仙是不存在的，长生不老也是不可能的，死是不可抗拒的自然规律。他强调要“以人占天”，而不是“以天占人”，不要用自然灾异来占卜人事凶吉。

《法言》模仿《论语》，缺乏创造性，但在天人感应、谶纬迷信弥漫朝野的情况下，它所表现出的无神论倾向，无疑是一股清新的凉风，使人精神为之一振，对桓谭、王充都有影响。

桓谭（约前40—32），字君山，两汉之际哲学家、古文经学家，沛国相人。桓谭曾从刘歆、扬雄学习“五经”，好音律，善鼓琴，博学多通，对浑天说颇有研究。

王莽时，儒士们争相用图谶符命迎合王莽，而桓谭默然无言。东汉初期，谶纬神学泛滥于天下。桓谭多次向光武帝刘秀上书，请求光武帝“以仁义正道为本”，不要听信“奇怪虚诞之事”，极力贬斥谶纬经学，认为“今诸巧慧、小材、伎数之人，增益图书，矫称谶记，以欺惑贪邪，诖误人主”。光武帝对桓谭上疏不予理睬，桓谭的屡次直谏却使光武帝大为不悦。刘秀欲建灵台，用以观测天象来预测国家兴衰祸福。他想通过图谶来决定灵台的修建地址，于是问询桓谭。桓谭回答道：“臣不读谶。”刘秀深究其中原因，桓谭将谶纬神学贬斥一番，列举了谶纬神学的种种是非，认为谶语离奇荒诞不足为信。刘秀听后，不禁大怒，斥责桓谭“非圣无法”，要将桓谭处以死刑。桓谭情急之下连忙叩首谢罪，直至头破血流。在众臣的规劝下，光武帝才免除桓谭死罪，将其贬为六安郡丞。桓谭逃过生死劫后，终日惶恐不安，郁闷寡欢，不久病逝于上任途中。

桓谭在其著作《新论》中，对谶纬神学进行了批判。桓谭认为，谶纬神学是后人假托孔子之名的伪作，其内容荒诞怪异，无法令人信服。桓谭反对阴阳灾异之说，认为所谓的灾异只是正常的现象，“灾异变怪者，天下所常有，无世而不然”。统治者要修明政治，积极采取措施应对灾异现象，灾祸就不会降临。

桓谭提出了“以烛火喻形神”的著名观点，驳斥了精神不死的迷信思想。桓谭以烛喻形，用火喻神，“言精神居形体，犹火之然烛矣”，“烛无，火亦不能独行于虚空”。精神依附于形体，人死后，形体腐烂，精神也随之消亡。桓谭认为人的寿命可以延长，但人绝对不会长生不死的。人“犹果物谷实，久老则自堕落矣”。无论怎样注重养生，人必有一死。人的生老病死由必然的规律决定。他所提出的形神关系论，对后世无神论产生了重大影响。王充深受桓谭的影响，对桓谭的著作大加赞赏。魏晋时期，戴逵、何承天等人继承了桓谭的形神关系论，用烛火之喻来论证神灭论思想，对神不灭思想进行了批判。

王充像

王充（约27—100），字仲任，会稽上虞（今浙江上虞）人。王充出身“细族孤门”，早年丧父，家庭生活艰辛。6岁开始读书识字，8岁入当地书馆学习。因品学兼优，被推荐到京师洛阳进太学深造，拜著名学者班彪为师。这期间，他博览群书，除儒家经典外，尤喜看各种“异言”，而且不拘泥于章句训诂，对当时一般人所公认的儒家学说敢于怀疑和批评，独抒己见。当时的洛阳车水马龙，书铺林立，王充买不起书，就常到书铺中翻阅所卖之书，“一见辄能诵忆，遂博通众流百家之言”，为以后治学打下了深厚的基础。

王充曾在地方做过几任小官吏，因为刚直不阿，不趋炎附势，所以不久就辞职回家。王充的同乡曾极力向汉章帝推荐他，说他的学问跟孟子和司马迁一样好。章帝也有意想请王充去做官，可是王充推说有病不肯去。他一生淡薄功名，在家里边教书，边广泛阅读古文，著书立说。虽“贫无一亩庇身”，“贱无斗石之秩”，仍“居贫苦而志不倦”。著书时，他常常闭门潜思，拒绝应酬，连亲戚邻里的喜庆丧事都不去。他在自己的卧室和书房的窗台上、书架上、壁洞里，到处都安放了笔、刀和竹木简，一遇到什么值得记录下来的东西，就赶快随手写下，作为写书的素材。为了写《论衡》，王充搜集的材料储藏了好几间屋子。而当此书写就时，他已是“年渐七十”、“发白齿落”的老人了。

《论衡》书影

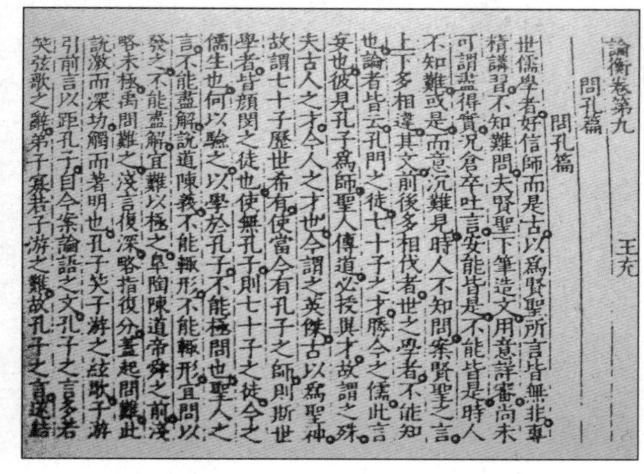
論衡卷第九 王充

問孔篇

問孔篇

世儒學者好信師而是古以爲賢聖所言皆無非專精講習不知難問夫賢聖下筆造文用意詳審尚未可謂盡得實況倉卒吐言安能皆是不能皆是時人不知難或是而意沉難見時人不知問案賢聖之言上下多相違其文前後多相伐者世之學者不能知也論者皆云孔門之徒七十子之才勝今之儒此言妄也彼見孔子爲師聖人傳道必授異才故謂之殊夫古人之才今人之才也今謂之英傑古以爲聖神故謂七十子歷世希有使當今有孔子之師則斯世學者皆顏閔之徒也使無孔子則七十子之徒今之儒生也何以驗之以學於孔子不能極問也聖人之言不能盡解說道陳義不能輒形不能輒形宜問以發之不能盡解宜難以極之皋陶陳道帝舜之前淺略未極禹問難之淺言復深略指復分蓋起問難此說激而深切觸而著明也孔子笑子游之絃歌子游引前言以距孔子自今案論語之文孔子之言多若笑弦歌之郵弟子寡若子游之難故孔子之言遂結

《论衡》在王充生前并没有得到广泛流传，直到东汉末年，蔡邕入吴，才把这本书带到中原，方在较大范围内流传开来。在这本书中，王充毅然举起“疾虚妄”的批判旗帜，决心“考论虚实”，对当时已成封建法典的谶纬神学及天人感应目的论，展开了系统、猛烈的抨击，在中国战斗无神论和朴素唯物论的发展史上树立了一座光辉的里程碑。《论衡》全书共30卷85篇。其中《招致》篇有目无文，实存84篇。所谓“论衡”，也就是平实之论的意思。

《论衡》继承和发展了先秦以来的“元气自然论”的宇宙观，认为“天地合气，万物自生”，天并不是有目的的主宰，万物和人类的产生，是天地之气自己运动的自然而然的结果。同时人的善恶和社会的治乱与天地的运动变化并无必然的联系，从而把朴素唯物主义自然观和无神论向前推进了一步。在认识论方面，《论衡》认为人们的认识根源于后天的学习，所谓“知物由学”。他主张必须根据耳闻目睹的实际情况来审定事物的真伪，就是像孔子那样的圣人也不能“神而先知”。

《论衡》一书内容丰富，说理透彻。该书以“非圣灭道”的面目卓然自立，独步千古。章太炎曾赞道：“正虚妄，审乡背。怀疑之论，分析百端。有所发摘，不避上圣。汉得一人焉，足以振耻，至于今鲜有能逮者也。”

九、今古文经学之争

春秋末的左丘明像

随着经学居于独尊地位，经学内部的分化与斗争也愈演愈烈。为了能赢得统治者的支持，取得官方承认的政治地位，今文经学与古文经学各执一端，各立门户，竭力为自身学术的正统性辩护。

古文经学与今文经学皆是对儒家经典的维护和阐发，但除了在文献来源上二者有不同之处外，古文经与今文经在内容上也存在着许多差异，因此，今文经学与古文经学不仅在儒家经典的义理阐发上存在着分歧，而且对古代制度和人物的评价也很不相同。今文经学立足于微言大义的阐发，讲阴阳灾异，力图在政治上有所作为；古文经学则着重于训诂、考证，注重古文经的本义和典章制度。今文经学宣扬谶纬之学，古文经学则将其贬斥为“枉诬”之术。今文经学将孔子看作是“托古改制”的素王，认为儒家六经皆由孔子所作，重视《公羊传》；古文经学则极力尊崇周公，将孔子尊奉为“信而好古，述而不作”的“先师”，将“六经”看作上古时期所传的古代史料，而重视《周礼》与《左传》，并且古文经

学与今文经学对六经的排列顺序也不相同。

西汉时期，今文经学最先兴盛。“自武帝立五经博士，开第子员，设科射策，劝以官禄，讫于元始，百有余年，传业者盛，枝叶繁滋，一经说至百万余言，大师众至千余人，盖禄利之路然也。”(《汉书》)当时所立五经博士皆为今文经学，古文经学尚未列于官学。古文经学仍势单力薄，未具备与今文经学争高下的能力。

刘向像

至成、哀时期，古文经学日渐成熟。刘向、刘歆父子在编校秘府藏书过程中，刘歆发现了《春秋左氏传》等一批古文经。通过对古文典籍的深究，刘歆发现古文经优于今文经。刘歆后由王莽举荐被哀帝任为太中大夫，并领校五经。于是，刘歆向衰帝上书，建议将古文经《左传》、《毛诗》、《古文尚书》、《逸礼》列于官学，为之设立博士职。在衰帝的授意下，刘歆与众多今文经学博士进行了一番论战，刘歆势单力孤而败下阵来。他对此极为愤怒，作《移让太常博士书》，历数今文经学的种种弊端。刘歆认为，今文经经口述与回忆整理而得，内容残缺不全，其“专己守残，党同门，妒道真，违明诏，失圣意”，必定不能领悟圣人之道，将贻害国家社稷。还认为今文经学皆专于对一种典籍的研究，往往皓首穷经，终不能把握六经的真谛，古文经可以补其残缺。在他看来，今文经学各立师法，往往党同伐异，排斥异己，不利于政令的上传下达。“犹欲抱残守缺，挟恐见破之私意，而无从善服义之公心。或怀妒忌，不考情实，雷同相从，随声是非……”刘歆反对今文经学，“欲以杜塞余道，决灭微学”，提倡经学的兴盛需要兼收并蓄。刘歆言辞犀利，分析鞭辟入里，入木三分。今文经学的众多经师与刘歆等人分歧日深，纷纷向哀帝上书，以“煽乱朝纲，诋毁先帝”等罪名攻讦刘歆。刘歆为求自保，上书哀帝而外放于河内，出任太守。刘歆与今文经学的经师之间的争辩，开启了今文经学与古文经学之争，亦即所谓的义理、考据之争。

西汉末年，外戚王莽独断朝纲，汉平帝形同虚设，沦为王莽的傀儡。王莽为加强自身权威，缓和尖锐的社会矛盾，进行了一系列经济改革。为了遏制日益严重的土地兼并，打击地方豪强地主势力，王莽提出了“王田”主张，欲将土地收归国有。他偏好古文经学，想通过对古文经的阐发，为代汉后的政策提供经典依据。王莽大力扶持古文经学，设立《左氏传》、《毛诗》、《逸礼》、《古文尚书》博士，代汉后又立《周官》博士，封刘歆为“嘉信公”，尊为“国师”。古文经学由此盛极一时，足以与今文经学抗衡。

光武帝刘秀利用农民起义军的力量，利用谶语谴告而复兴汉朝，所设的五经十四博士，皆为今文学家，古文经学则被驱逐出官学之列。但是，古文经学此时已发展成一股强大的势力，很难压制下去。不久，他们又提出立博士的要求。建武四年（28），在光武帝亲自主持下，古文学者韩歆、许淑、陈元就古文经《费氏易》、《左氏传》等博士的立废，与今文学者范升等人进行几十个回合的论战，双方相持不下。在光武帝的裁决下，最后将李封立为《左氏传》博士，古文经学取得了暂时的胜利。但不久之后，李封病逝，在今文学者的反对声中，《左氏传》博士被废。尽管如此，古文派的影响却扩大了。

古文学者治学方法严谨，往往淡泊名利而专心于学术，涌现出一大批经学大师。他们学识渊博，门徒众多，深为时人所景仰，统治者对古文经学也愈加重视。明帝、章帝特别推崇古文经，章帝一即位就令贾逵（30—101）到宫中讲古文经。贾逵是贾谊之九世孙，是当时有名的古文学大师。他条奏《左氏》优于《公羊》，并从中找出刘氏为尧之后的证明，深受章帝褒奖。而与贾逵同时的今文学大师李育不以为然，双方在白虎观会议上相互辩难，各不相让。

东汉末桓帝、灵帝时期，今文经学家何休（129—182）作《公羊墨守》、《左氏膏肓》、《穀梁废疾》，认为《公羊》如墨子守城一样无懈可击，而《左氏》、《穀梁》皆有着严重的弊端。当时最为著名的古文学大师郑玄（127—200）看到后，作《发墨守》、《针膏肓》、《起废疾》，与何休针锋相对。何休见后叹道："康成（郑玄字）入吾室，操吾戈，以伐我乎！"

古文经学虽然没有争到正式列于官学的地位，但在长期的今古文之争中却势力日益强大，为最终战胜今文经学进而走向二者的融合奠定了基础。

十、古今文经学的合流与终结

班固像

东汉初年，统治者汲取了西汉王朝覆灭的惨痛教训，采取各种政治、经济措施，缓和阶级矛盾，加强中央集权。经过光武帝、明帝、章帝的励精图治，东汉王朝国力日盛，营造出一番"太平盛世"的景象。

当时，谶纬之学在民间与朝廷更加泛滥，加之古文经学与今文经学相互攻讦，相持不下，这种状况不利于经学作用的发挥。统治者为了巩固自身统治，力求在思想上实现大一统。章帝建初四年（79），杨终为整饬经学弊病，上书奏请章帝，建议效法

宣帝开石渠阁会议之先例，召开经学会议而为后世立则。杨终指出："宣帝博征群儒，论定五经于石渠阁。方今天下少事，而章句之徒，破坏大体。宜如石渠故事，永为后世则。"(《后汉书》)章帝采纳了杨终的谏言，遂下诏于白虎观召开经学会议。

众多经学大师如李育、魏应、杨终、班固、淳于恭、丁鸿、成封、贾逵等云集白虎观，详考异同几个月。其中既有今文学者，又有古文学者。丁鸿兼通古文经与今文经，在殿堂之上镇定自若，对答如流，深受章帝的赏识与器重。通过白虎观会议，谶纬神学与经学思想得到了梳理与总结。会议结束后，章帝命班固等人整理会议记录，编撰了《白虎通义》。《白虎通义》又名《白虎通》，全书所涉及的问题较为宽泛，涵盖了社会、国家制度、伦理道德、民风习俗等方面。《白虎通》以"君臣之正义"和"父子之纲纪"作为统一各派的基础，对众多学术争议采取了较为合理的阐释，以今文经学观点为主，但也采纳了古文经学的许多观点，同时谶纬之学受到了一定程度的限制，许多粗俗不堪的谶语迷信从中剔除，维护了经学的学术性地位。

《白虎通》沿袭了董仲舒的"天人感应"、"天人相副"、"谴告"、"符瑞"学说，将"阴阳"、"五行"看作"天命"的体现。阴阳二气和合与五行相生、相胜，决定着万物化生、四季变迁与王朝的兴衰。人的情生于阴，性生于阳，仁义礼智信来自五行。人的寿命取决于天，根据命的不同，分为寿命、随命、遭命。寿命决定人的寿数，遭命决定人们遭受的灾祸，随命是上天根据人行为的善恶进行赏罚。《白虎通》强化了封建等级制度与伦理纲常，对"三纲"、"六纪"作了进一步的阐发。"三纲"是"君为臣纲，父为子纲，夫为妻纲"。"六纪"为"诸父、兄弟、族人、诸舅、师长、朋友"。臣子必须绝对听命于君主，"君之威命所加，莫敢不从"。"父权"、"夫权"在家庭中有着绝对权威。女子处于从属地位，

《七戒图》 明版画
按儒家三纲五常为妇女的伦理道德作准绳，加以劝诫

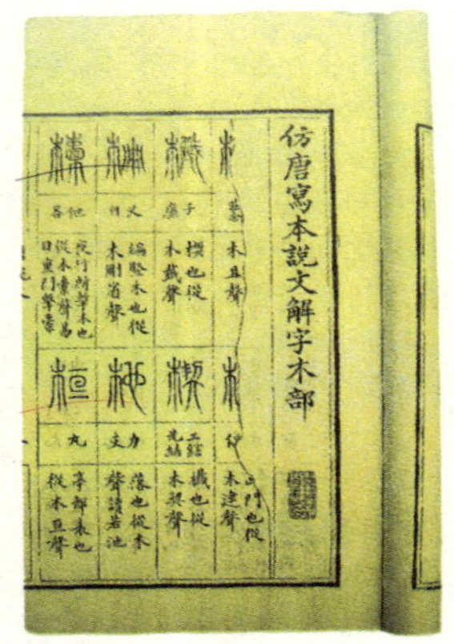
《仿唐写本说文解字》

《纂图互注毛诗》郑玄笺　宋刊本

"在家从父母，既嫁从夫，夫没从子也"。《白虎通》所列门目，对社会生活、国家制度和伦理原则等方面作出了基本规定，实际上成了一部以经义为根据，具有浓厚神学色彩的封建法规，为后世统治者所重视。

白虎观会议之后，虽然古文经学与今文经学之争尚未结束，但在一定程度上使经学趋于一致，二者合流态势日渐明显。古文经学与今文经学在理论上互有优劣，二者皆无法取代对方而处于独尊地位。古文经学注重文字训诂，学风严谨，但理论过于烦琐，往往支离破碎；今文经学擅长对经书微言大义的阐发，义理比较完备，但学风浮夸，常常将经学思想与谶纬之学相联系，在一定程度上伤害了经学的学术价值。东汉后期，经学的政治影响每况愈下，经学博士渐渐失去了统治者的宠信。众多经学大师为了扭转经学颓势，力主糅合古文经学与今文经学之长，试图以此重振日益没落的经学。实际上，经学两派虽形式上各异，但在维护纲常伦理方面如出一辙，两派相互攻击，却妨碍了它们固有的政治功能，所以到了东汉后期，许慎、马融、郑玄等经学大师立足于古文经学而通习今文经学，取二者之所长，走上了折中古今的合流道路。

许慎（约58—147），字叔重，从师于贾逵，有《说文解字》等著作传于后世。许慎博采各家之长，著写了《五经异义》，评述古、今经学之是非。许慎列举出古、今文经学的众多相同之处，并通过比较而列举出二者的优劣、长短之处。马融（79—166），字季长，在易学方面有着很深的造诣，在精研费氏《易》等古文经的同时，吸取了孟喜、京房的卦气说等今文经学思想，对《易》作了修订。郑玄字康成，北海高密（山东高密县附近）人，早年从师于第五元先（"第五"为复姓），精通《京氏易》、《公羊》，后拜张恭祖为师，研习《周官》、《礼记》、《左氏》、《古

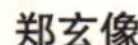
郑玄像

许慎等人像

马融传经图 清·柳岱

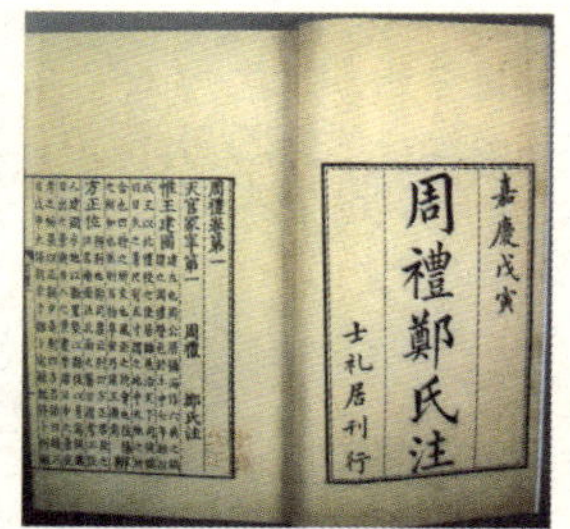

周礼郑氏注 清嘉庆刻本

文尚书》。为使自身的学业修为能进一步，郑玄又西入关中拜于马融门下。学成回乡，一边种地，一边讲学，从他学习的弟子有数千人之多。郑玄指出经学“异端纷纭，相互诡激，遂令经有数家，家有数说，章句多者或百余万言，学徒劳而少功，后生疑而莫正”，古今之争既浪费精力，又使学者莫知所从。郑玄敏锐地认识到经学的症结所在，力图消除古、今文经学的壁垒而实现二者的统一。郑玄兼通古、今文经学，以古文经学为宗，融会今文经学思想，遍读群经，对《周易》、《尚书》、《诗经》、《仪礼》、《论语》、《孝经》、《尚书大传》、《中候》、《乾象历》等进行大规模的注笺。他注《毛诗》，吸取了鲁、齐、韩三家《诗》之长；注《论语》则以《鲁论》为重，兼顾《齐论》、《古论》，不拘一家之说。“郑玄囊括大典，网罗众家，删裁繁诬，刊改漏失，自是学者略知所归。”（《后汉书》）郑玄集经学之大成，建立了“郑学”，从此郑学流行于世。对古、今文经学的合流，郑玄功不可没。

熹平四年（175），议郎蔡邕（132—192）与五官中郎将堂溪典、光禄大夫杨赐、议郎张驯、韩说等人向汉灵帝上书，请求删订六经文字而编撰出统一的经书定本，从而避免今文经学内部再起争执。在灵帝的授意下，蔡邕等人刊订了《诗》、《书》、《礼》、《易》、《春秋》及《公羊传》、《论语》，并将经书定本镌刻于石碑之上，立于太学门外。碑成后，“后儒晚学，咸取正焉。及碑始立，其观视及摹写者，车乘日千余辆，填塞街陌”。熹平石经使今文经学内部趋于统一，进而有利于古、今文经学的合流与统一。

蔡邕像

东汉末年，经学家荀悦（148—209）从文字和经说两个方面

熹平石经

条分缕析了古、今文经的源流，指出古文经与今文经皆能表达先师孔子的真意，但二者皆不完备，因此必须兼顾古、今文经学才能法圣人之道。荀悦曾上书献帝，请求扩充太学规模，增设经学博士及弟子员，使古、今文经学求同存异而最终冰释前嫌、消除芥蒂。在谶纬问题上，古文经学与今文经学有着很大分歧。荀悦继承了其叔父荀爽的观点，极力贬斥谶纬之学，指出纬书是俗儒方士假托孔子之名的伪作，谶纬之学内容粗陋不堪，无法体现圣人之道。但是荀悦对待谶纬之学中的一些有价值的部分，却能持以公论。荀悦对待谶纬之学的态度，为古、今文经学的统一扫除了障碍。通过郑玄、荀悦等人的努力，古今文之争结束，经学出现了统一局面。

东汉后期，经学的政治功能逐渐丧失，经学日趋没落。此一时期，时局纷扰错杂，皇帝大多年幼孱弱，和帝、殇帝、安帝、顺帝、冲帝、质帝、桓帝、灵帝、献帝皆为幼年登基，其中殇帝即位时仅出生百余天，在位不足一年便殇逝。皇权旁落，朝政为外戚或宦官所把持。和帝时期，外戚窦宪专权；安帝时期，宦官樊丰等人擅权；顺帝时期，外戚梁冀权倾一时；桓帝时期，宦官“五侯”、侯览把弄朝权。东汉王朝陷入了外戚与宦官交替专权的恶性循环中，宦官、外戚相互倾轧，朝中权力争夺趋于白热化。许多饱读经学的儒生出仕后，纷纷向皇帝谏言，反对宦官擅权、外戚乱政。经学之士大多性格刚正，常常仗义执言，斥责宦官、外戚闭塞言路，恣意安插亲信而垄断仕途。经学之士的言行触怒了宦官与外戚，终而酿成了“党锢之祸”。统治者指责经学之士“交结诸郡生徒，更加驱驰，共为部党，诽谤朝廷，疑乱风俗”，对经学之士大肆捕杀、禁锢。“党锢之祸”连发数次。每次“死徙废禁者”，达六七百人。

在宦官、外戚的联合打压下，经学遭到了严重摧残，由此更加衰落。东汉末年，在刘表治下的荆州形成了一个有名的经学流派。刘表、宋衷等人对易学极为推崇，热心于《费氏易》、《太玄》，促进了经学的流变和魏晋玄学的产生。王弼的易学就受到了其曾外祖父刘表及其领导的荆州学派的影响。东汉末年的“党锢之祸”将知识分子处于文化高压政策之下，迫使知识分子不问政事，而怡情于山水，纵情于自然，于是魏晋时期崇尚清谈的玄学之风便蔚然形成。

孟维中国哲学殿堂

第五章 魏晋玄学

东汉末年，黄巾起义失败后，地主武装集团借机形成地方割据势力，东汉政权名存实亡。经过几十年混战，魏蜀吴三国鼎立的局面逐渐形成。后司马氏集团取代曹魏政权，建立了统一的西晋王朝。

玄学是魏晋时期流行的社会思潮。它以与汉代经学迥然不同的理论形态和学术风格出现在历史舞台上，不仅征服了时人的心灵，渗透到了社会生活的各个方面，而且还影响到东晋及南北朝时期，甚至对后世也产生了重大的影响。

玄学作为一套思辨的哲学体系，所关涉的问题甚多，如有无、本末、体用、一多、动静、自然与名教、有情与无情及孔老优劣、圣人人格等。这些问题，都是“玄理”所特有的内容。玄学家因对这些问题有不同的理解，而产生了不同的流派，并表现为一个新旧更迭的动态过程，大致经历了正始玄学、竹林玄学和元康玄学三个时期。相继出现了以王弼为代表的“贵无”论，提出“名教本于自然”；以嵇康为代表的“自然”论，认为“名教不合自然”；以裴頠为代表的“崇有”论，主张“自然不离名教”；再到郭象的“独化”论，论证了“名教即是自然”，成为玄学理论发展的高峰。总的来说，玄学所探讨的主题可以归结为自然与名教之辩。按照玄学的根本理路，从客观政治实践方面说，只有顺应自然，对名教不执不著，反而能最大限度地发挥名教的治世功能；从主观心灵方面说，只有顺应自然，反而可在名教现实中获得精神的自由。尽管魏晋玄学内部存在着不同的派别，但就其致思的基本倾向看，大体上可以说是这样理解自然与名教之关系的。

玄学中的其他它问题可以说从属于和服务于自然与名教之辩这一主题。其中值得注意的是有无之辩和言意之辩。玄学家喜欢讲本末有无，尽管他们对二者的关系及其意蕴往往有不同的理解，但归根到底，都在通过有无之辩为解决自然与名教关系提供一个本体论的依据。言意之辩本质上是一个解释学的问题。玄学家大多以《老子》、《庄子》、《周易》为谈资，这三本书即所谓“三玄”。前二书是道家的经典，而《周易》历来为儒家所重，无论就每一部典籍自身内容来看，还是就二书的关系看，都表现为儒、道两家思想的冲突。这一冲突，说到底仍然是一个自然与名教的关系问题。因此，如何理解和重新解释这些文本，调和其关系而使儒道思想统一起来，自然为玄学所关注。玄学的言意之辩，即是旨在为这一问题提供一个解释学的原则，确定解决矛盾的方法。

在学术方法上，玄学一扫谶纬迷信以及种种牵强附会的繁琐解释，从哲理上诠释了一些微言大义，给人们带来了一种清新的感觉。东晋以后，玄学一方面与佛教合流；另一方面向神秘化的方向发展，变为神仙道教。玄学从而走向了衰落。

一、正始玄学

东汉末年，王朝摇摇欲坠，政治经济危机深刻影响了思想文化领域。经学弊端日益显露，已不能适应急遽变化的社会。经学的社会政治功能逐渐萎缩，经学博士的地位一落千丈。随着经学与王权的逐渐剥离，读经之士的利禄之心渐渐消退，他们大多闭门静思，收授门徒，私学的社会影响日增，学术氛围日盛。面对衰世、乱世局面，众多饱学之士心系社稷安危，纷纷提出了治世良方，社会批判思潮渐兴。面对诸多社会顽疾，他们洞察时弊，针砭时政，指出其症结所在。王符、仲长统、崔寔等人围绕着“本末”关系、“名实”关系展开论述，提出了各种治世之道。三国时期，位列于“建安七子”的徐幹对名实关系又作了进一步探讨。徐幹主张“名之系于实者，犹物之系于时也”（《中论·考伪》）。这些范畴推动了从经学向玄学的过渡。随着统治集团内部权力斗争日益激烈，许多文人为避免卷入政治斗争，多趋向老庄的消极出世，出言玄远，清谈之风盛行于世。统治者也逐渐采取了儒道结合的统治策略。《老子》、《庄子》、《周易》等典籍为士族名士所热衷。在各种因素的综合作用下，玄学之风乍起，形成了魏晋时期的思想文化主流。

武侯高卧图 明
朱瞻基的这幅画描绘了诸葛亮当年隐居南阳时的形象

秋窗读易图 宋 · 刘松年

正始年间（240—248，魏废帝曹芳的年号），夏侯玄、何晏、王弼竞事清谈，形成了以他们为代表人物的“贵无论”，正始之音开启了魏晋玄学之风。

夏侯玄（208—254），字太初，沛国谯（今安徽亳县）人。夏侯玄年少之时就以聪慧扬名，进入仕途后，历任散骑黄门侍郎、散骑常侍、太常等职，官位日渐显达。夏侯玄仪表华美，有“玉人”之美誉。曹芳为帝时，曹爽削弱司马懿权力，形成了以曹爽为首的曹氏集团，夏侯玄与曹爽为姑表兄弟，曾与曹爽共谋伐蜀战役。司马懿复起后，大肆杀戮曹氏同宗。司马师执政后，继续专擅曹魏政权。中书令李丰等密谋以夏侯玄为大将军，诛杀司马师，举事未成，遭人泄密，李丰、夏侯玄等六人为司马师所害。夏侯玄与何晏、王弼等倡魏晋时期的清谈之风，开玄学之先。夏侯玄提出“道”或“无”是天地万物存在变化的根本，认为儒家“名教”（以正定名分、等级为主的封建礼教）出于“自然”。

何晏（约190—249），字叔平，南阳宛（今河南南阳）人。何晏为东汉末年大将军何进之孙，其生父早亡，曹操娶纳何晏之母尹氏，将何晏收为养子。何晏聪颖好学，机敏过人，深为曹操所赏识器重。曹操将何晏视为己出，将其女金乡公主许配于何晏，封何晏为列侯。“晏性自喜，动静粉白不去手，行步顾影”，为时人誉为“傅粉何郎”。魏文帝曹丕嫉妒何晏之才而不予以重任，常常以“假子”诋毁何晏。魏明帝曹睿即位后，何晏与李胜、丁谧等人颇有声名。明帝厌恶何晏浮华之风，仅命其担任闲散之职。齐王曹芳登基后，曹爽与司马懿同受明帝遗诏，辅佐幼主。曹爽极力排挤司马懿而独揽朝政，视何晏为心腹，擢升何晏为吏部尚书。曹爽、何晏等人权倾一时，日渐骄横，百姓中流传着“何、邓、丁乱京城”之说。249年，在家称病的司马懿趁曹爽随曹芳外出祭祀明帝之机，发动军事政变，诛杀曹爽一党，何晏因之而遭祸，为司马懿所杀。

司马懿像

何晏好老庄言，对儒家与道家的经典进行注解，将儒家的名教思想与道家的无为思想结合，开创了玄学“贵无”一派。何晏以“无”为本，“有”为末。“有之为有，恃无以生。事而为事，由

无以成。”“无”化生“有”，生“阴阳”，化为万物。“无”是无形、无声的，不具任何具体规定性，人无法直接把握“无”。“无”是至高之道，圣人是“道”之体现，必然行“无为”之道。他认为圣人无喜怒哀乐，把“无为而治”解释为“任官得其人”。何晏崇尚清谈之风，常服食五石散，行散之风蔚然形成。

王弼（226—249），字辅嗣，魏山阳（今河南焦作东）人。他出身名门，祖父王凯为“建安七子”之一王粲之兄。王粲曾从蔡邕处得书数车，后传于王弼之父王业，由此，王弼自幼即得十分有利的学习条件。加之他“幼而察慧”，因而十几岁就“通辩能言”，人多不及。《世说新语》记载有这么一个故事：当时的吏部尚书何晏有次在家里和宾客正谈论一个问题，这时王弼来见，何晏就把他们刚才谈辩中最难辩驳的一个理论拿给王弼看，说：“这个道理我们都觉得无法驳倒了，你看是否还有可质疑之处？”王弼当时就对其进行驳难，在座的众人皆为之叹服。然后王弼又反过来将刚才的立论又进行了反驳，又使众人听得心服口服。“于是弼自为客主数番，皆一座所不及。”有此种才辩，无怪乎何晏会仰天长叹，曰：“仲尼称后生可畏，若斯人者，可与言天人之际乎！”“善论纵横”的刘陶也为之倾倒，议论风生的钟会也服其“高致”。何晏与王弼皆注《老子》，而当何晏听到王弼的注解之后，自惭才疏，竟无意再注，转而作《道德论》。由此亦可见王弼之玄学造诣。

周易注 王弼

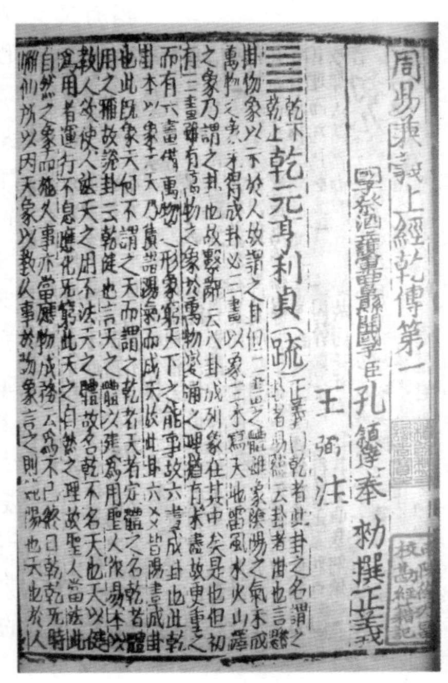
周易兼義上經乾傳第一
國子祭酒上護軍曲阜縣開國子臣孔穎達奉勅撰正義
王弼注
乾下乾上 乾元亨利貞

王弼善谈玄理，而事功非其所长。何晏把他推荐给曹爽，得以“补任台郎”。王弼上任后拜见曹爽，见面就“论道移时，无所他及”。曹爽自是不会对他的清淡感兴趣，因此一直未加重用。不过这未尝不是好事，后来曹爽与何晏被杀，王弼却由于资历浅、官职卑小而幸免于难，仅被罢去官职。然而，或许是天妒英才罢，被称为“天才卓出，当其所得，莫能夺也”的王弼，却于当年秋遇痢疾而亡，死时年仅24岁。王弼以其短促的一生，留下了《老子注》、《老子指略》、《周易注》、《周易略例》和《论语释疑》等重要著作，为玄学奠定了理论基石，登上了正始玄学理论的最高峰。

从王弼思想体系的建构过程看，他先是入老，借助于老子阐述自己的玄学思想；后是入易，以老解易，这可以视之为其玄学思想的进一步发展。《老子》是道家著作，王弼解《老子》，不能不重在发挥老子哲学的义旨，但与此同时，又融合了儒家崇尚名教的精

谈道图 明·吴伟

神，走的是一条以道摄儒的理路。《周易》历来为儒家所重，儒家借助这部典籍重在政治人伦之则，亦即名教之则。王弼解《易》，不能不发挥儒家原有的易学思想，但又把名教置之于道家自然观念的根基上，走的是一条引道入儒的理路。王弼这两种著作虽然分别有所侧重，但大旨无异，皆在统一儒道之说，会通自然与名教的关系。明于此，方可充分把握王弼哲学思想的整个体系。

在《老子注》（又称《老子道德经注》）这部书中，王弼以注释《老子》为名，充分发挥了自己的思想。在道与万物的关系问题上，也就是王弼讲的本末问题上，王弼认为本就是道，即无，它超形象，超感觉，无任何规定性，是虚无，一无所有，因而能成为万物的根本。离开道，万物便无由生成。而末就是万物，即有，指有形有象的具体事物，它由道而生成，所以它是末，是子。王弼认为有形的具体事物都有自己的规定性，因而不可能成为万物存在的共同根据，而且它也没有自己存在的内在根据。在《老子注》的体系中，体用一元，不可分割。体是无，用是无的作用，万物的存在都是无在发生作用。《老子注》很强调“无”的作用，“贵无”又可称为“崇本”，但贵无、崇本的目的是全有、举末，即“崇本举末”。王弼又提出“崇本息末”，在这里，“举末”是从正面讲崇本，“息末”是从反面讲崇本，是一个问题的两个方面。在名教与自然的关系问题上，《老子注》认为名教本于自然，指出自然乃万物之本性，名教是自然的表现，人们必须遵循自然，方可保全自己。“法自然者，在方而住方，在圆而住圆，于自然无所违也。”在《老子注》看来，仁、义、礼、智、信等名教概念都是出于自然的。只要按照自然、无为的原则设官分职，名教就是合理的。

《老子注》是玄学的首章，是第一部系统阐述玄学理论的著作，对玄学的发展起了重要作用。它奠定了一代新的学说，开创了一代新的学风。

二、竹林玄学

竹林玄学主要是指“竹林七贤”的思想。“竹林七贤”包括阮籍、嵇康、山涛、刘伶、阮咸、向秀、王戎七位贤士，因常集于竹林中，肆意酣畅而得名。代表人物为阮籍、嵇康。

阮籍（210—263），字嗣宗，陈留尉氏（今河南尉氏县）人，魏晋之际著名的思想家、文学家。其父阮瑀，为“建安七子”之一。阮籍早年丧父，由母亲抚养成人。他自小博览群书，尤好老庄，能长啸，善弹琴。为人志气放达，任性不羁。或闭户读书，累月不出；或登山临水，经日忘归。纵酒谈玄，蔑视礼法，与嵇康等交善。阮籍33岁时，太尉蒋济闻其隽才而请他出来做官，他写了篇奏记躲了起来，后来终在众乡亲的劝喻下做了一段时间的尚书郎，不久就谢病而归。后来曹爽辅政，召他为参军，阮籍又托病辞却。两年后，曹爽为司马氏所杀。后来他在司马师手下又做过从事中郎、东平相、散骑常侍等职。阮籍本有济世之志，然而

阮籍像

竹林七贤图　清 · 华喦

秋舸清啸图　元 · 盛懋

在魏晋之际，官场斗争极其激烈，身在官场，往往朝不保夕。阮籍也因此无意仕途，以酣饮为常，常以醉酒的方法摆脱困境。他听说步兵厨营人善于酿酒，有贮酒300斛，于是就求为步兵校尉，因此世称“阮步兵”。司马氏想篡魏，令阮籍写劝进表，为保身存世，阮籍也不得不从命，由此世人对其人格多有非议。然而阮籍心中自有其无法排遣的苦闷。据《晋书》本传载，阮籍“时率意独驾，不由径路，车迹所穷，辄恸哭而反”，其心之凄楚，由此可见。景元四年，阮籍去世，结束了他矛盾的一生，时年54岁。其著作有《阮籍集》，也称《阮步兵集》或《阮嗣宗集》。

阮籍认为，天地是自然而然、自己生成的；万物则由天地所生，统一于气，“一气盛衰，变化而不伤”。他以“道”为世界的本原，认为自然界与万物相互联系，和谐一致，和谐是天地万物之性。人的形体和精神都是自然界的产物，理想的人物应是“恬于生而静于死”，即对生死全不在意，完全顺应自然。

关于名教与自然的关系，阮籍的看法在他不同的著作中表现出不同倾向。《乐论》强调礼乐的教化作用，认为礼乐对维护等级制度有重要作用。在《通老论》和《通

山涛像

王戎像

易论》中认为名教和自然没有矛盾。而在《大人先生传》中，他则从天地万物自然一体的思想出发，指责儒家制定名分违背了自然。认为古代自然社会没有等级贵贱，而自名教产生，有了君臣制度以后，“上下相残”，名教和自然不能调和，丑恶也随之出现。在人生观上，阮籍推崇返朴还纯，泯绝是非，有着消极的自然主义的倾向。对于汲汲于世俗的虚伪的礼法之士，他进行了尖刻的讥讽：

阮籍墓碑

> 且汝独不见乎虱之处于裈之中乎？逃于深缝，匿乎坏絮，自以为吉宅也。行不敢离缝际，动不敢出裈裆，自以为得绳墨也。饥则啮人，自以为无穷食也。然炎丘火流，焦邑灭都，群虱死于裈中而不能出。汝君子之处寰区之内，亦何异夫虱之处裈中乎？悲夫！而乃自以为远祸近福，坚无穷也！

嵇康（223—263），字叔夜。从《晋书》本传对他的一段描述中，我们大致可以想见其为人：“康早孤，有奇才，远迈不群。身长七尺八寸，美词气，有风仪，而土木形骸，不自藻饰，人以为龙章凤姿，天质自然。恬静寡欲，含垢匿瑕，宽简有大量。学不师受，博览无不该通，长好老庄。……常修养性服食之事，弹琴咏诗，自足于怀。”正始年中，嵇康与阮籍、山涛、向秀、刘伶等游于山阳，世称“竹林七贤”。大约在其20多岁时，娶了魏宗室沛王曹林的女儿长乐亭主为妻，拜中散大夫，不过是个七品的闲职，司马氏当政后不久即隐居不仕。景元中，山涛曾推荐嵇康为吏部郎，嵇康于是作了那篇著名的《与山巨源绝交书》，予以拒绝。文中有“不堪与俗人共事”及“每非汤武而薄周孔”等语，影射以汤、武、周公自比的司马昭，由此而触怒司马昭。嵇康无意为官，于是就与向秀等

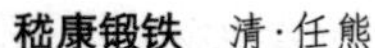
嵇康锻铁　清·任熊

嵇康像

打铁灌园，以自赡给。钟会曾去见他，嵇康始终“不为之礼，而锻不辍”，由而又得罪了钟会。后来钟会向司马昭进谗，将嵇康处以极刑。嵇康的死显得凄美无比，“临刑东市，神色不变，索琴弹之，奏《广陵散》曲，终曰：‘袁孝尼尝请学此散，吾靳固不与，《广陵散》于今绝矣！’”时年40岁。其著作被编成《嵇康集》传世。

临流赋琴图 南宋

嵇康是一个有着高度思辨能力、丰富知识和精深理论素养的哲学家，他在理论探索中强调从自我意识出发，从自我的独立思考和理性判断出发，主张打破经典权威和习俗成见的束缚，反对人云亦云、随声附和的行为。如世皆称声有哀乐，嵇康则特地著《声无哀乐论》，称“声音自当以善恶（动听不动听）为主，则无关于哀乐，哀乐自当以情感而后发，则无系于声音”。在嵇康看来，五音、五色、五行等皆是客观存在的，人情感上的哀乐变化并不能影响音乐本身的变化、特性，二者毫无因果关系。同一支乐曲，有人听了欣然而欢，有人听了惨然而泣，这正好说明乐曲本身不具有哀乐情感。人听到音乐所体会到的哀、乐之情，是由人内心的情感决定的。即谓：“哀乐自以事会，先遘于心，但因和声以自显发。”嵇康反对《礼记》“治世之音安以乐，亡国之音哀以思”的观点。音乐不能简单地等同于政治，音乐自身的变化不能与国之兴衰相联系。嵇康的《声无哀乐论》否定儒家音乐理论，这实际上是他关于“自然”与“名教”的观点在音乐理论上的体现。他反复辩难，层层剖析，为一时不刊之论。其他作品如《养生论》、《释私论》、《明胆论》等亦皆为匠心独运、妙理迭出的奇文，令人千载之下，犹能见其风骨。

在自然观上，嵇康认为万物的产生是元气陶铸的结果，元气由阴阳二气的结合衍化出天地万物，人类最初也是由阴阳二气陶化而来。在名实关系问题上，嵇康指出“因事与名，物有其号”，认为名号是根据事物的具体情况所给定的，名不过是事物的标识，同一事物也可以有不同的名号，“五方殊俗，同事异号，趣举一名，以为标识耳”。在认识方法上，嵇康主张“推类辨物，当先求之自然之理”，反对只靠传闻和“古义”进行推理判断，反对“以己为度”的主观臆断。他鄙视儒生“以周孔为关键”、“以六经以为准”的思想方法。

在名教与自然的关系上，嵇康反对提倡虚伪名教，指出六经

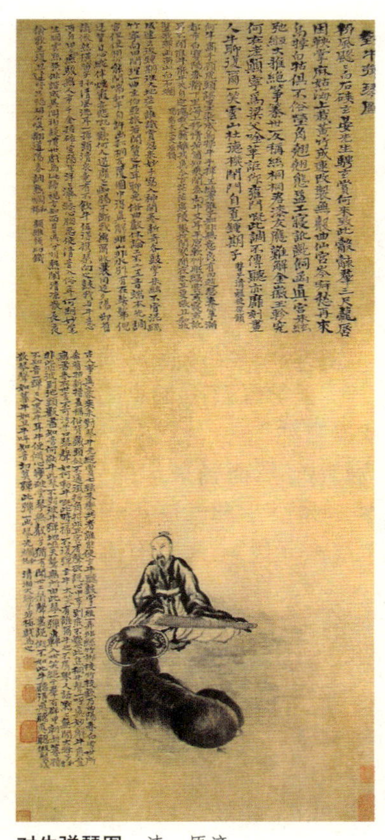
对牛弹琴图 清·原济

是利禄之门，使人们陷入骛名竞利之中而不知醒悟，敢于宣称“六经为芜秽，仁义为臭腐”，“则向之不学，未必为长夜，六经未必为太阳也”。他崇尚自然，强调名教与自然对立，要求人们超出名教的束缚，主张“越名教而任自然”。认为人的本性“好安而恶危，好逸而恶劳”，向往“不逼”、“不扰”的自然生活。理想的社会，应施行“崇简易之教，御无为之治，君静于上，臣顺于下”的无为政治，而对于个人应该是“导其神气，养而就之；迎其情性，致而明之”，为每个人的自由发展创造条件。

嵇康还强调“养生”对于人的本真价值，认为人通过“导养得理”，可以使生命存在得以尽可能地延长。其方法主要是去声色、弃名位、除喜怒、捐外累，以颐性养神；同时辅以呼吸导引、服食等方术。对道教之思想发展有一定影响。

“竹林七贤”对司马氏推行的所谓“名教”口诛笔伐，并以实际行动进行回击。阮籍居母丧期间披头散发，饮酒食肉，被司马昭一伙指责为“纵情背礼败俗之人”。嵇康认为礼教的繁文缛节压抑了人的性情，做官要早起、危坐、酬答、与俗人共事，这些都是他无法应付的，穿上官服搔痒又不方便，所以拒绝出来为官。“竹林七贤”蔑视礼法，行为狂诞，他们忘情于山水，投身于田园，喜好服散、嗜酒、裸袒。“使我有身后名，不如即时一杯酒。”刘伶常乘鹿车，携一壶酒，让仆人荷锸随后，说“死便埋我”。阮咸喜用大盆饮酒，时有群猪光顾，将酒污浊，他把污物去后，照饮不误。所

竹林拨阮图 宋

有这些都构成了魏晋风度的一道道风景线。

三、玄风中的异声

在玄学风行时，也出现了各种反玄学的声音。许多科学家、儒家、道家的学者，从不同的角度对玄学思想和主张进行了抨击。其中代表人物有杨泉、裴頠、欧阳建等人。

杨泉，字德渊，三国时吴国人。他少而好学，博览经籍，会通百科，对天文、历法、地理、农学、医学以及手工业工艺等无一不晓，蔚然大成。然而为人却“清操自然”，无意名利。在会稽相朱则的推荐下，西晋朝廷曾征他为侍中，然而杨泉却推辞不就。他隐居江南，闭门著书，终身未仕。杨泉继承和发展了当时荆州和江南一带的新学风，曾仿扬雄著有《太元经》，又著有重要的自然哲学著作《物理论》，皆佚。

在《物理论》中，杨泉提出了他的水气一元论的学说，认为宇宙空间，充满了水之气，此外别无它物。天地和日月星辰都是由水气所形成的。杨泉肯定“自然之理”的客观性，但同时认为掌握了“事物之宜”并“既合利用”，就可以发挥人的主体性，利用和改造自然。在医学方面，杨泉还认为只要遵循生理、病理规律，所有的疾病都可以得到治疗。他又用唯物的眼光去说明人是没有所谓灵魂依附身体以存，而死后亦无灵魂可以独立存在。他认为人也是水之气的产物，生命依赖于水之气，“犹如火依赖于薪，薪尽而火灭，气消人便死”，“人死之后，无遗魂矣”。杨泉的形神论思想影响了何承天、范缜等人。另外，对于当时北方士人中盛行的清谈玄风，杨泉还进行了尖锐的批判，认为玄学家们放言高论，不过是“解小而引大，了浅而伸深”的故弄玄虚，虽然“饰以华辞，文以美言”，而实际上是一种脱离实际、违反逻辑的比附和空谈。而儒道之争，亦是“见虎一毛，不见其斑，道家笑儒者之拘，儒者嗤道家之放，皆不见本也”。相反，对于切实影响着人们生产生活的自然科学的成果，杨泉却十分注重，在《物理论》的残篇中就保留了许多农业生产知识和手工业工艺的记述和总结。这在当时玄虚盛行的时代背景下有着特别的意义。

危坐图 选自《三迁志》 明嘉靖刊本

裴頠(267—300)，字逸民，河东闻喜（今属山西绛县）人。西晋名士，哲学家。裴頠之父裴秀，是魏晋时期的勋臣和著名学者，为一时“后进领袖”。裴頠承父志，自幼便发奋苦读，博览群书，深得时人之誉。他为人才德英茂，弘雅有远识，又善谈论，时人谓为“言谈之林薮”。裴頠曾历任太子中庶子、散骑常侍、惠帝时转国子祭酒、尚书左仆射等职。当时的权臣贾充是裴頠的姨夫，后来贾充之女贾南风即贾皇后擅权当国，而裴頠虽为贾后亲戚，世人却不认为他是因皇亲才做的官，且惟恐其不居位。而裴頠则深虑贾后乱政，曾与司空张华、侍中贾模商议废之而另立，二人因担心引起内乱而劝止。不过命运却给裴頠开了一个大大的玩笑，后来赵王司马伦发兵捕杀贾皇后，裴頠和张华也被杀，时年34岁。

裴頠像

裴頠生活在一个玄风炽起的时代。他“深患时俗放荡，不尊儒术”，玄学家们“口谈浮虚，不遵礼法，尸禄耽宠，仕不事事”，以至教化衰微，风俗败坏，于是著《崇有论》，希望藉此书对时代风气起到矫偏补弊的作用。所谓“崇有”是相对玄学“贵无”而言的。《崇有论》的主要目的是批判“贵无论”，维护封建名教。《崇有论》可分为三部分：崇有的世界观；贵无论的政治危害；对贵无论世界观的批判。

《崇有论》认为，世界上一切有形有象的具体存在物，即所谓“有”的存在，就是各自存在的本体，“形象著分，有生之体”；而整个世界则是由万有本身所构成的。《崇有论》批评说，“夫至无者无以能生，故始生者自生也”。即是说绝对的无，无法生出有，只有有才能生有。所谓“无用”、“无为”只不过是“心无为”而非无所事事。经过对贵无论的批判，裴頠最后得出了“济有者皆有也”的结论。裴頠把事物发展变化的规律称为“理”，而“理之所体，所谓有也”，即是说万有、万物是理所依存的实体。

《崇有论》指出，贵无论看到了欲望太多的危害，其解决方法是要人去欲，因而得出“贵无贱有”的结论。但在《崇有论》看来，贵无贱有则必然置形体于度外，置形体于度外则必然蔑视法规、遗弃制度，遗弃制度则必然忽视防范，忽视防范则必然忘掉礼法，礼法不存则政权就无法维持。总之，贵无论的流行已经达到伤风败俗、毁弃名教、危害政权的地步。

裴頠的《崇有论》强调礼法名教的现实作用，反对一味讲自然，表现出贵名教、轻自然，尚有为、卑无为的思想倾向，对当时社会风气的批判具有进步意义，对当时的思想界有很大触动。

四、元康玄学

晋惠帝元康（291—299）前后出现了一批名士，其中有向秀、郭象、王衍、乐广、王澄、谢鲲等，代表人物是向秀和郭象。他们从以前玄学家注《老子》而转向注《庄子》。他们综合了“有”与“无”、“名教”与“自然”之间的矛盾，以及“贵无”与“崇有”两派的观点，提出了独化论和“名教即是自然”的学说，最终实现了自然与名教、儒家与道家的合流。

向秀（约227—272），字子期，河内怀（今河南武涉）人。向秀为人清悟有远识，雅好老庄之学。他和嵇康、吕安交谊很深。《晋书·向秀传》载：“康善锻，秀为之佐，相对欣然，傍若无人。又共吕安灌园于山阳。”他们在一起锻铁灌园，垂钓弋游，饮酒论道，弹琴咏诗，将老庄精妙的思辨融于感性的现实生活。嵇康死后，向秀受形势所迫应郡选赴洛阳，见司马昭，应对间颇为得体，于是进入仕途，历任散骑侍郎、黄门侍郎、散骑常侍等职，不过他“在朝不任职，容迹而已”，在那个严酷的时代，也算找到了一种存身的方式。向秀雅善诗赋，曾作《思旧赋》，以吊嵇康、吕安二友。赋云：

桐阴论道图　清·华嵒

余与嵇康、吕安居止接近，其人并有不羁之才。嵇意远而疏，吕心旷而放，其后并以事见法。嵇博综伎艺，于丝竹特妙，临当就命，顾视日影，索琴而弹之。逝将西迈，经其旧庐。于时日薄虞泉，寒冰凄然。邻人有吹笛者，发声寥亮。追想曩昔游晏之好，感音而叹，故作赋云：

将命适于远京兮，遂旋反以北徂。济黄河以汎舟兮，经山阳之旧居。瞻旷野之萧条兮，息余驾乎城隅。践二子之遗迹兮，历穷巷之空庐。叹《黍离》之愍周兮，悲《麦秀》于殷墟。惟追昔以怀今兮，心徘徊以踌躇。栋宇在而弗毁兮，形神逝其焉如。昔李斯之受罪兮，叹黄犬而长吟。悼嵇生之永辞兮，顾日影而弹琴。托运遇于领会兮，寄余命于寸阴。听鸣笛之慷慨兮，妙声绝而复寻。伫驾言其将迈兮，故援翰以写心。

其文凄绝婉转。

向秀最著名的著作是《庄子注》，大约作于与嵇、吕共游山阳之时。当时向秀打算为《庄子》作注，先告诉嵇、吕二人，他们都不以为然，认为是“徒弃人作乐事”。后向秀《庄子注》成，以示二人，吕安竟惊呼：“庄周不死矣！”此书“发明奇趣，振起玄风，读之者超然心悟，莫不自足一时。惠帝之

世，郭象又述而广之，儒墨之迹见鄙，道家之言遂盛”。由于向秀注本已经佚失，而郭象之《庄子注》又是在向秀注本的基础上完成的，因此，后世学者往往将向郭合称，综而论之。

向秀认为宇宙以不生不死的“无”为本，“无”先天地万物而存在，并生化出万物。这一点有似于王、何的“贵无论”。不过向秀同时又提出了万物“自生”、“自化”的思想，认为“吾之生也，非吾之所生，则生自生耳。生生者岂有物哉？”其实导致了对“无”的本体意义的消解，从而产生了“独化论”的新理论形态。向秀还作《难养生论》一文，是在与嵇康辩难中写成的，认为“人含五行而生，口思五味，目思五色，感而思室，饥而求食”，包括对“荣名富贵”的追求等，都是人自然的欲求，不可过分地加以抑制。这在一定意义上有调和“名教”与“自然”的倾向，反映了他以“儒道为一”的思想立场。

郭象（252—312），字子玄，河南（今河南洛阳）人。据《晋书》记载，郭象“少有才理，好老庄，能清言。太尉王衍每云：‘听象语，如悬河泻水，注而不竭’”。常闲居，以文论自娱。后历任司徒掾、黄门侍郎、太傅主簿等职，颇受统治者重用，以至“任职当权，熏灼内外”，成为炙手可热的人物。

郭象的主要著作是《庄子注》。当时注《庄子》者很多，以向秀所作最精，但他未能完成就去世了。郭象在向秀注的基础上，增改润色，“述而广之”，推演“独化”之意，把玄学理论推向一个高峰，从而被称为“王弼之亚”。《庄子注》虽说是解释《庄子》的著作，但其实“注”只是一种形式，以注为作的方式本来就是中国哲学发展的主要方式。通过对《庄子》的注释，郭象阐发了自己的哲学思想。

世界如何生成和存在历来都是哲学争论的一个核心问题。围绕这个问题，在玄学中主要体现为有无之辩。郭象批判地总结了此前“有生于无”和“无不能生有”的争论，指出“夫造物者有邪？无邪？无也，则胡能造物哉？有也，则不足以物众形。故明众形之自物而后始可与言造物耳”。也就是说，世界的本体既不可能是无，也不能是有具体规定性的有。其实“物皆自然，无使物然也”，何必一定要在事物之上寻求什么“真宰”或本体呢？

谢鲲静坐于大自然中

元 · 赵孟頫

观泉图 明·仇英

“然则生生者谁哉？块然而自生耳。”万物都是自生的，无造物者，也无所待，每一个别事物都是一个独立的绝对存在，既不依赖于造物主，也不依赖外在条件，而是“独化于玄冥”，自生、自造的，它们的生成存在是没有原因的，这也就是“自然”或“天然”。

由于万有众形都是从神秘的“玄冥之境”中不知所以地“独化”出来的，它们“不知所以因而自因”；同时人的认识能力和范围都是有限的，所以寻求万物本体、知万有之所以然的努力其实只是“譬犹以圆学方，以鱼慕鸟耳。虽希翼鸾凤，拟规日月，此愈近彼，愈远实，学弥得而性弥失”。因此它主张“以不知为宗”，讲求“冥然自合”，即所谓“捐聪明，弃知虑，魄然忘其所为，而任其自动”，如此方可达到一种“内不觉其一身，外不识有天地，然后旷然与变化为体，而无不通也”的境界，也就是泯除一切差别，达到物我合一的“乐命自愉”的最高精神境界。

《庄子注》主张“性命论”。“天性所受，各有本分，不可逃，亦不可加。”万物的本性都有各自的规定，不可更改。因此，人们必须“各安其分”，这样才可获得自由。“知不可奈何者命也，而安之则无哀乐，何易施之有哉？故冥然以所遇为命，而不施心于其间；泯然以至当为一，而无休戚于其间。”进而，《庄子注》又提出“自足其性”的命题，即各自以其性分为满足，不必向外求索。而人类社会虽然存在着贵贱、祸福的差别，但只要各安其位，各足其性，去“羡欲之累”，亦可以视差别为等同，“容愿有余”。

由此出发，《庄子注》论述自然与名教的关系，说：“故知君臣上下，手足内外，乃天理自然，岂真人之所为哉？……凡得真性，用其自为者，虽复皂隶，犹不顾毁誉而自安其业。”而君临天下的帝王，也可以“虽寄坐万物之上，而未始不逍遥也”。帝王身居方内，以礼法名教自守，似乎脱于自然。然而理想的帝王即“圣人”可以“游外以冥内，无心以顺有”，从而做到“虽在庙堂之上，然其心无异于山林之中”。“外”与“内”分指自然与名教两面，“冥”

则是二者的玄合，即超越与现实的统一。圣人“无心”，所以他不会执于名教而可以心游其外；圣人又“顺有”，所以他不会遗弃名教而身处其间。这样，他就可以“虽终日挥形而神气无变，俯仰万机而淡然自若”，无心于治而治，无心于为而为。事实上也就实现了“自然”与“名教”、“内圣”与“外王”的合而为一，肯定了理想与现实、自由与道德、个体与社会的统一，把由正始玄学所开始的本末有无之辩和自然与名教之辩推向了一个新的理论高度。

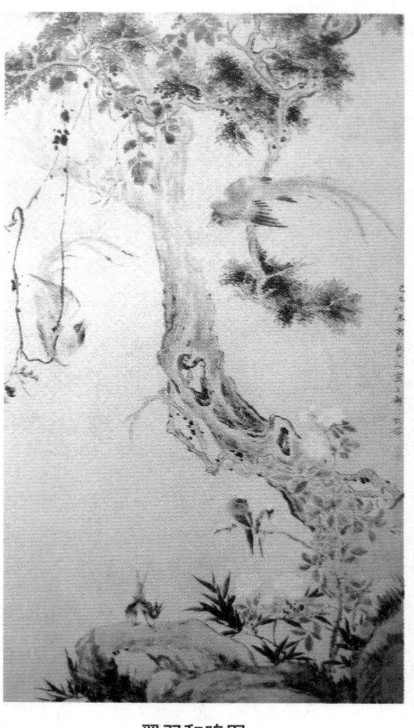

翠羽和鸣图

五、言意之辩

“言意之辩”也是玄学中非常有名的争论，它与“声无哀乐”、“养生”问题一起被称为玄学中的“三理”。

所谓“言”即指言辞、概念、论说等，“意”指义理、宗旨、规律等。关于言意之间的关系，当时有两种对立的意见。一派主张言不尽意，以何晏、王弼为代表，另一派主张言尽意，以欧阳建为代表。

言不尽意这一命题最早见于《周易·系辞上》，书中借孔子之口说：“书不尽言，言不尽意。”后来，王弼又进一步发挥了这一思想。他一方面指出：“夫象者，出意者也；言者，明象者也。尽意莫若象，尽象莫若言。言生于象，故可寻言以观象；象生于意，故可寻象以观意。”认为言、象是得意的媒介、工具，可以根据对言、象的认识达到对意的理解。但另一方面，他又认为言不能完全地表达意，认为媒介手段不能完全把握认识对象，他说：“名号则大失其旨，称谓则未尽其极。”王弼之所以如此讲，是因为他所指的认识对象不是客观现实，而是超越现实的所谓“本体”，即“无”或“道”。王弼认为这个“超言绝象”的本体，既不是感觉也不是思维的对象，常人根本无法认识，“无不可以为训”，“道不可体”。只有圣人才能“意谓”，这种“意谓”的内容是一种神秘的经验，圣人也常常苦于“言不尽意”，而只能“寄言出意”，通过言辞来表达这种“意谓”的内容。但是，言辞所能表达出来的也仅仅是圣人思想的粗迹，还不能把圣人思想的核心完全表达出来，所以人们只能透过言辞来“善会其意”。他还根据庄子“得鱼忘筌”的说法，提出了“得意在忘象，得象在忘言”的理论，认为只有忘言才能得象，只有忘象才能得意，也就是说，只有抛弃

了概念、语言、现象，才能把握事物的本质和规律。

王弼在一定程度上看到了认识对象与认识媒介、手段有区别，强调在把握义理时，不要拘泥于形式，这是对认识论的贡献。但是，王弼又夸大了这种区别，甚至将二者截然对立起来，最终走向了不可知论和唯心论。王弼的“言不尽意”、“得意忘象”说对当时的佛教，乃至文学、绘画、书法等文艺理论，都产生了相当大的影响。

王弼等人的“言不尽意”论受到了欧阳建的反对。欧阳建（268—300），字坚石，渤海南皮（今河北仓县）人，西晋名士，哲学家。欧阳建出身名门望族，为权倾一时的石崇的外甥。他“雅有理思，才藻美赡，擅名北州”。时人为之语曰：“渤海赫赫，欧阳坚石”，可见时誉之高。历任山阳令、尚书郎、冯翊太守，后因参与统治集团的内部斗争，被赵王司马伦所杀，年仅30余岁。临终前曾作诗曰：“真伪因事显，人情难豫观。穷达有空分，慷慨复何叹。”

欧阳建的著作现只留下短短的一篇《言尽意论》。当时思想界风行“言不尽意”与“贵无”之论，他敢于独标异帜，起而驳之，表现了极大的理论勇气，对玄学的发展有一定影响。《言尽意论》主要是对“言不尽意论”的批判，欧阳建阐明了“言”、“称”和物、理的关系，认为客观事物不依人们对它的“言”、“称”为转移，客观事物在人们没有给它名称以前，依然按其本来面目存在；“言”、“称”对客观事物的存在不能有任何作用，所谓“形不待名，而方圆已著；色不俟称，而黑白已彰”。事物及其性质决定了名、称的内容，而不是相反。不过，客观事物虽然没有自然固定的名称，但人们对物、理的认识，不用言词就不能表达出来；客观事物不用名称就不能辨别，“理得于心，非言不畅；物定于彼，非名不辩”，充分肯定了“言”、“称”反映物、理的作用。

欧阳建又指出，事物的名称是人们约定的，目的是为了区别不同的事物，“名”归根结底是根据事物的相异而不同的。语言要根据事物道理的变化而变化。客观的物、理是不断变化的，因而“言”、“称”也应随之变化，名与物的关系正如“声发响应，形存影附”一样不可分离，两者在对立的基础上具有一致性。既然言、称与物、理是一致的，那么他们就能反映出事物及其性质的真实情况而无不尽。从而得出了“言无不尽”的结论。他的论证虽不免简单，然而却揭示了言意之间的统一性。

老莊中國哲學殿堂

第六章 佛教东传与中国佛学

佛教自释迦牟尼创立后，在印度不断传播与发展，经历了原始佛教、部派佛教、大乘佛教、密教阶段。汉魏以来传入中国的佛教，既有小乘，也有大乘。东晋时期，随着大量经论的译出，大乘般若学遂盛。在佛玄的消化融合过程中，由于僧人和名士对空观的理解不同而出现了所谓的“六家七宗”，即“本无”、“心无”、“即色”、“识含”、“幻化”、“缘会”、“本无异”，及至鸠摩罗什等人新译和重译了印度大乘空宗的大量经论，并由其弟子僧肇对各派作了理论总结，才把般若学的研究推向了一个新的高峰。

南北朝时期，佛教在历代统治者的支持下空前繁荣。许多高僧就一些有代表性的佛典潜心研习，据以发挥其思想，并相沿传授，从而形成了多种佛教师说。竺道生所悟出的先见之论甚至引起了佛教界的震惊。政治上的长期分裂，使佛教也表现出不同的特点。从总体上讲，北方佛教注重修持，以禅法、戒律为主；南方佛教偏重于经论阐释与义理分析。直到南北朝末期，南北学风才开始融合。

隋唐时期，伴随着全国统一局面的形成，佛教各家各派融合和佛教中国化的趋势得到更进一步的加强，先后形成了许多中国独创的新宗派，先有三论宗和天台宗开始综合北方禅学和南方义学而自建体系。唯识宗在唐初曾盛行一时，但由于讲了一整套极端繁琐的法相分析，而难以流行下去。华严宗和禅宗力图会通佛教各宗的理论，善于同中国传统文化相结合，又具有各自独创的理论形态，所以得到广泛流传。

总之，中国化做得差的，流行的时间就短；中国化做得好的，就会在中土扎下根来，而成为中国文化的有机组成部分。

一、佛教的创立

释迦降生图 传唐吴道子作 该图已具有明显的中国风格。

佛教与基督教、伊斯兰教并称为世界三大宗教。佛教起源于公元前6—7世纪的古代印度，迄今已有2500年的历史。佛教的创始人为乔答摩·悉达多，属释迦族，成道后被尊称为释迦牟尼，又被尊称为“佛陀”、“世尊”、“如来”、“无上师”等。在古代梵语中，释迦牟尼意为“释迦族的贤者”，佛陀意为“觉者”或“智者”。释迦牟尼的生卒年代无确切记载，大约生于公元前566年，卒于公元前486年。相传他的生日为四月八日，佛教把该天定为“浴佛节”，出生地为古印度东北部的迦毗罗卫国（今尼泊尔南部）。其父为饭净王，为刹帝利种姓。乔答摩·悉达多作为王子，天资聪颖，自幼受到了良好的教育，精通哲学、文学、艺术。其父饭净王立乔答摩为太子，希望他继承王位后能施展其雄才大略，成为统一天下的“转轮王”。当时，古印度各国之间互相征伐，民族矛盾十分尖锐。他所属的释迦族，受到邻国强权的威胁，朝不保夕，人人自危。乔答摩在一次出游中，看到生老病死的凄惨景象，引发感悟，意识到人生无常。为摆脱生老病死等诸多人生苦难，探寻真正的人生解脱之道，乔答摩萌发了出家的念头。他在29岁时，离家云游苦修，寻求人生真谛。经历了六年的苦修，他

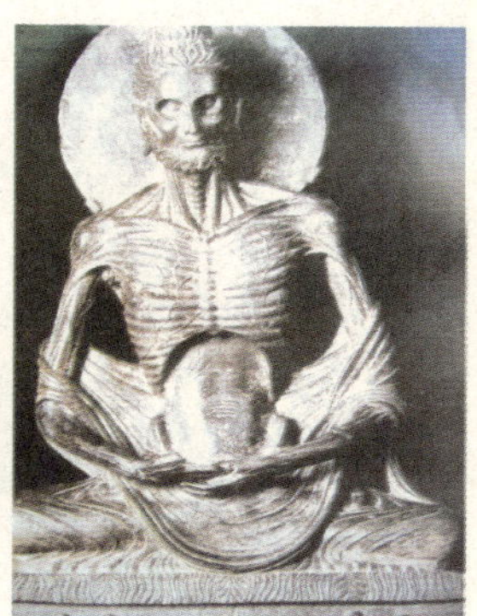

释迦牟尼苦修像 犍陀罗石刻

释迦说法图 现代·徐悲鸿

穿着鹿皮、树皮，睡在鹿粪、牛粪上，或是荆棘上，吃食很少，直到每天只吃一粒，后来干脆七天进一餐。他身体消瘦，肋骨突出，却仍然一无所获，感悟到苦修无益于得道。于是，他放弃了绝食和苦行，来到尼连禅河沐浴，洗净六年的积垢后，在伽耶的菩提树下冥思七天七夜，洞悉真谛而大彻大悟，一切疑惑化为乌有，悟道成佛。相传悟道之日为十二月八日，该天被称为佛教中的“成道节”。释迦牟尼得道后，首先来到鹿野苑，找到与他一同出家的五个侍从，向他们谈了悟道的四谛。由于从不同角度讲了三遍，故而叫“三转法轮”。佛教形成时的印度正处于各国征伐、社会动荡时期，沙门思潮与传统的婆罗门思潮相互对立。在释迦牟尼看来，这两种思潮所提出的修道方法走向了两个极端，不足以探寻人生，穷尽宇宙之奥秘。他既反对极端苦行主义，又反对极端纵欲享乐主义。他主张中正之道，认为只有“中道”的修道方法才能使人真正达到解脱。这是佛陀首次宣讲佛法，也称为“初转法轮”。

释迦牟尼图 明 · 丁云鹏

自此，他四处宣扬佛法，传道45年，教化众生，足迹踏遍恒河流域。释迦牟尼的传教方式多样，绝不是仅仅拘泥于一种形式。他擅长因材施教，用偈颂、故事、譬喻、问答等各种形式，根据场合的不同，针对不同的传道对象，宣说不同的内容，从而使得他的思想学说在社会上得到广泛的传播，信徒日增，遍及古印度十六国，佛教的影响逐渐扩大。释迦牟尼80岁时，在拘尸那迦城两棵娑罗树下涅槃。释迦牟尼涅槃后，遗体火化，遗骨（舍利）为八国分得，各建舍利塔供养。释迦牟尼深受后人景仰与膜拜，佛教用许多节日来纪念这位开山鼻祖。释迦牟尼诞辰（农历四月初八）、成道日（农历十二月八日）、涅槃日（农历二月十五日）皆为佛教重要节日，其中以佛陀诞日最为重要。

早期佛教中很有特色的理论是“因缘论”（又称之为“缘起论”）。佛教中的“四谛”、“八正道”、“十二因缘”皆是在“缘起论”中逐渐展开的。佛教中所说的缘起，是指一切现象和事物都是有联系的，处在生灭变化中，而生灭变化只有在一定条件下才能引起。缘就是条件，离开因缘就没有世间的一切。“缘起论”作为佛教洞察宇宙和人生的独特方法，分为十二个彼此成为条件的环节，涉及过去、现在与

未来三世。该十二环节称为“十二缘起”、“十二因缘”。“十二因缘”阐明了人生死业报轮回的原因与过程及脱离轮回之法。“十二因缘”包括老死、生、有（决定来世果报的思想行为）、取、爱、受（苦乐感受）、触（与外界接触）、六入（眼耳鼻舌身意六种感觉和认识机能）、名色（人体）、识、行、痴，十二因缘即无完结，终而复始，形成了人生死报应之轮回，从而构成了生命不断循环的无限因果链条。释迦牟尼提出的“四圣谛”（又称为“四谛”、“四谛法”、“四真谛”）包括苦谛、集谛、灭谛、道谛。其中苦谛指的是苦的内容。苦分为八种，有生、老、病、死、忧悲恼、怨憎会、恩爱别离、所欲不得。集谛是指产生苦的原因。人具有各种欲望，从而会有“无明”，人继而会“造业”，由“业”决定了苦的产生。灭谛是指苦的消灭。人皆是因惑而造业，只有彻底破除惑业，才能免除生死轮回，进入涅槃境界。涅槃的梵语原意为“火的熄灭”或“风散”，意译为“圆寂”、“灭度”等，是指超越轮回之苦，达到完全自由，不受任何羁绊的极乐世界。道谛是指灭苦的方法。免除人生苦难与烦恼方法有八种，释迦牟尼称之为“八正道”。其中包括正见（正确的认识理解）、正思（正确的思维方法）、正语（正确的言语）、正业（正确的行为举止）、正命（正确的生活方式）、正精进（正确的修道方法）、正念（正确的信念）、正定（正确的禅思）。释迦牟尼从“八正道”阐发了“三学”，进而概括了佛学的基本内容。“三学”是指佛教修行者所应该修持的戒、定、慧。戒包括了“八正道”中的“正语”、“正业”、“正命”，其意在于防止佛教信徒为非作恶。释迦牟尼为佛教信徒制定戒律，作为他们的行为规范。为出家的僧尼制定的戒律条目众多，比丘有250戒，比丘尼有348戒；为在家中修行的“居士”制定了“十善”、“五戒”，其中“五戒”包括戒杀，戒偷盗，戒邪淫，戒妄语，戒饮酒。“定”包括了“八正道”中的“正念”、“正定”，它是指通过禅定，排除心中一切杂念，身心专于一境，也就是要注意力集中。“慧”包括了“八正道”中的“正见”、“正思”，指的是智慧，是考察万事万物的观点和思维方法。

极乐世界图

释迦牟尼在生前述而不作，未有著作传世。在释迦牟尼涅槃之后，僧侣经过多次结集，统一经、律、论，形成典籍，传于后世。

印度佛教在释迦牟尼圆寂后百余年，分裂为上座部与大众部两派。公元1世纪前后，从大众部各支派中演化出的大乘佛教，在思维上超过了原来的部派佛教，并把坚持原来教义的教派，称为小乘佛教。3—5世纪，大乘佛教又逐步形成“空”、“有”两宗，从不同角度对佛教基本教义进行了理论加工，使佛教由早期简朴的宗教形式发展成为极富思辨色彩的唯心主义体系。

佛教不断外传，逐渐扩展到东亚、东南亚诸国，成为至今仍具影响力的世界三大宗教之一。

二、佛教传入中土

佛教传入中国内地的年代，学术界尚无定论，相传佛教在两汉之际传入中国。在传入之初，佛教被时人看作黄老道术，在当时影响不大，未受到当政者的重视。随着天竺、西域各国与东汉的交往日益密切，来华僧人的数量日增。许多佛教典籍传入中原地区，天竺的大乘佛教和小乘佛教介绍到了中国。魏晋时期，佛教在中国逐渐兴盛，佛教典籍的翻译规模也随之扩大，南北方佛典翻译超出了前代的数量，大乘佛教、密教的经典和律典陆续译出。

白马驮经图

白马寺 东汉明帝遣蔡愔、秦景出使西域求法，路遇高僧摄摩腾、竺法兰，以白马驮经回洛阳，并建白马寺翻译佛经

西域高僧安世高原为安息国太子，于汉桓帝（147—167）初年入中国内地，在洛阳从事译经，20年间共翻译佛经34部，计40卷，其译著主要有《安般守意经》、《阴持入经》、大小《十二门经》等，首次系统地介绍了早期的小乘思想，其中以译介禅法的《安般守意经》影响最大。来华月氏人支谶，全名支娄迦谶，译有《道行般若经》、《般舟三昧经》、《首楞严三昧经》等多部大乘佛教典籍，并着重介绍了般若学的理论。

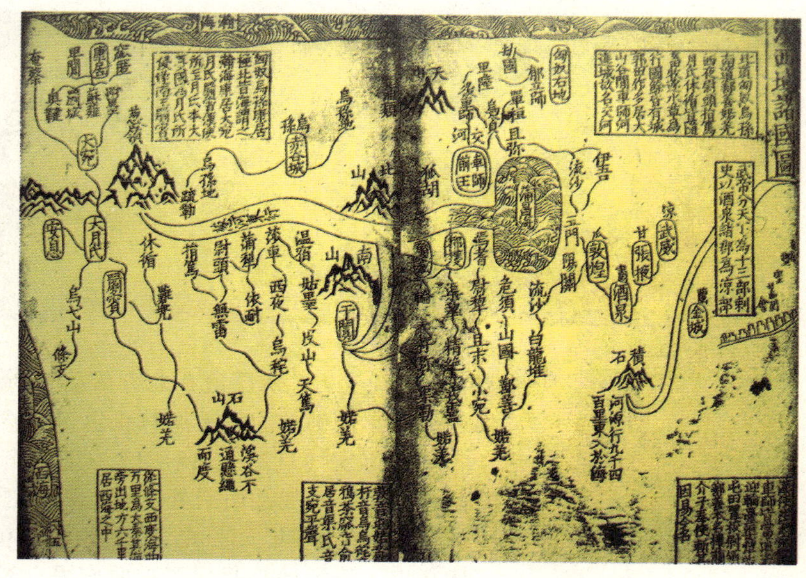

西域诸国图

东汉末儒家纲常名教趋于崩溃，魏晋玄学逐渐兴起，这些都为佛教的传播创造了良好的条件。三国时，般若经在洛阳很受欢迎。中印度僧人昙柯迦罗在洛阳译出戒律《僧祇戒心》，并为中国僧人受戒，中国戒律始自于此。吴都建业的般若学更加发达。孙权拜月氏人支谦为博士。为了普及般若学，支谦将《道行般若经》改译为《大明度无极经》，并译出《维摩诘经》，以适应那些既享受世俗生活乐趣，又想达到涅槃境界的居士们。世居天竺的康居僧侣康僧会说服孙权建立佛寺，是为江南有寺之始。

西晋时期，8岁出家、世居敦煌的月氏名僧竺法护曾周游西域诸国，遍学36种语言，后来到长安，在居士聂承远、聂道真父子的协助下，翻译了大量沿途搜集的佛教典籍，译有《般若》类、《华严》类、《宝积》类、《法华》类、《涅槃》类等大乘经典上百部，被时人称为“敦煌菩萨”、“月氏菩萨”。与此同时，汉僧帛远，字法祖，在长安建造精舍，以讲习为业，并翻译了多部佛典。

东晋的清谈、佛教盛行之时，北方少数民族政权也大都扶植佛教。在十六国中，后赵、前后秦、北凉的佛教最盛。后赵统治者石勒、石虎尊崇高僧佛图澄，拜佛图澄为国师。佛图澄是西域人，以神异著称。西晋末年，天下大乱，他以预知行军吉凶等道术取得石勒信服，尊为大和尚，并参与军国要务。石虎对佛图澄更加崇拜，誉为“国之大宝”，令太子诸公五日一朝。其随从常有

石勒问道图　明 · 谢时臣

数百，门徒上万。佛图澄在北方活动30余年，开创了中国神异僧侣之一途，使佛教为帝王所真正供奉。

高僧道安（312—385）12岁削发出家，早年曾师从佛图澄学律，后为躲避战乱而到处迁徙，所到之处讲道授徒，往往有数百僧众追随。365年，他来到东晋拒胡的前沿襄阳，斋讲不倦，对安抚军士、稳定民心起到了重要作用。378年春，前秦皇帝苻坚派兵围攻襄阳。道安在将慧远等高徒分散到各地后，与将士共保城池。次年，道安因城破被俘至长安。苻坚视道安为神器，对其礼遇有加，并将他安置在五重寺弘法。在赵政的资助下，他组织多名译者开展了译经活动，翻译了一些小乘佛经，开创了“毗昙学”。他编纂了第一个完备的佛教目录《综理众经目录》，开创了中国佛教的史料学和目录学。他还制定了中国僧尼日常修习和活动仪轨，创立了佛门释姓制，规定佛门弟子禁用俗家姓氏，均以释为姓，增强了宗教的统一色彩。他提出佛教惟依国王才能立的原则，力求与统治者合作。道安实为这一时期北方学界的领袖，时人称为“手印菩萨”，鸠摩罗什则称他为“东方菩萨”。

佛图澄像

鸠摩罗什（343—413），其意为童寿，祖籍天竺，生于龟兹。鸠摩罗什原为天竺的名门望族，历代继任天竺国相。鸠摩罗什之母虔心修佛，后出家为尼。罗什自幼受母亲影响，7岁时便随母出家，游学西域各国。他起初学小乘《杂藏》、《中阿含经》、《长阿含经》，后接受大乘中观之学，受诵《中论》、《百论》、《十二门论》。后回龟兹，宣讲大乘教义，随之声誉鹊起，名被西域。382年，苻坚派骁骑将军吕光率兵西伐。次年，苻坚不听道安的劝告过江攻东晋，结果大败。吕光攻陷龟兹后，捕获鸠摩罗什，并妻以龟兹王女。在回军途中，吕光占凉州，自立为王，建后凉国。

鸠摩罗什因精于医术、文学、阴阳卜算，为吕光所器重，时常向鸠摩罗什咨询军政大事，鸠摩罗什对之断定祸福凶吉。401年，后秦皇帝姚兴打败凉军，鸠摩罗什被邀至长安。姚兴统治开明，礼遇儒生与佛门弟子，国运日益昌隆。姚兴以国师之礼优待鸠摩罗什，安置于逍遥圆西明阁，请他讲经说法、译注佛典。在姚兴的支持下，鸠摩罗什大开译场，门下僧众多达上千人。鸠摩罗什与其弟子共译大小乘佛经律论等35部。为避免前人译经所出现的纰漏，鸠摩罗什注重文字的锤炼，将文、质相结合，所译佛经言简意赅而能保持原文文字风格。鸠摩罗什译经成果丰硕，在中国翻译史上占有重要地位。

鸠摩罗什信奉大乘中观派观点，曾适应中土人士所需重译《维摩诘经》，他与中观派的代表人物龙树、提婆一样性率达，不拘小节。他娶妻生子，过着世俗生活，与佛戒相违拗。因此他每讲经前先自说："譬如臭泥中莲华，但采莲华，勿取臭泥。"

妙法蓮華經觀世音菩薩普
門品 姚秦三藏法師鳩摩羅什譯
爾時無盡意菩薩即從座起
偏袒右肩合掌向佛而作是
言世尊觀世音菩薩以何因
緣名觀世音佛告無盡意菩
薩善男子若有無量百千萬
億衆生受諸苦惱聞是觀世
音菩薩一心稱名觀世音菩
薩即時觀其音聲皆得解脫
若有持是觀世音菩薩名者
設入大火火不能燒由是菩

《妙法莲华经》 鸠摩罗什译
北宋刊本

鸠摩罗什作为历史上著名的佛教翻译家和理论家，对中国佛教的发展产生了深远影响，后世佛教众多宗派如三论宗、天台宗、华严宗、禅宗等皆以鸠摩罗什等人所译佛典作为开宗立派的经典。鸠摩罗什佛法精深，众多子弟皈依其门下，许多弟子成为佛学大师。 其中道生、僧肇 、道融、 僧睿并称为"什门四圣"，"什门四圣"与道恒、昙影、 慧观 、慧严合称为"八俊"。

三、般若学的兴盛

般若学是用玄学义理阐发佛教《般若经》（全名为《大般若波罗蜜多经》）义理，以般若经阐发玄学义理的学问。"般若"一词为梵文音译，其意为"智慧"、"明见"等，"波罗蜜多"意为"到彼岸"，"般若波罗蜜多"有"明渡"、"通过智慧到达彼岸"之意。

魏晋时期，大乘般若经典不断传入中国。当时，玄学思潮盛行于世，清谈之风占据了整个思想界，玄学已经取代了经学，成为学术思想的主流。士大夫阶层热衷于《周易》、《老子》、《庄子》，

兰亭修禊图　明·沈完

围绕有无、本末、动静、体用、名教与自然之间的关系展开争论。般若经着重论证了世俗世界是虚假的，人们所见所言说的事物全是虚幻不实的，任何事物都是因缘所生，没有本身固有的自性，因而“一切皆空”。大乘般若经的“空观”思想，正好与当时流行的玄学思想相匹配。于是，人们在译经时多采用“格义”方法，用玄学的名词概念去比附和译解，用玄学理论来解释般若经理论，着重从义理方面融会佛、玄两家的学术思想，从而消除了佛玄交流中的隔阂与抵触。佛教逐渐玄学化，佛教与玄学出现合流趋势。许多佛学名僧带有浓厚的清谈色彩，如东晋名僧支道林与玄学名士谢安、王羲之、郗超等交往甚密，善作文赋，喜好养鹤。佛教般若经比附于玄学，得到了很快传播。般若学也随之兴盛起来，在东晋成为一门显学。东晋诸帝无不信奉佛法，结交僧尼。王、谢、庾、桓等显门大族及名士，如戴逵、王羲之、顾恺之、谢灵运、孙绰皆与名僧交往。

由于众多僧人对玄学思想的理解不尽相同，于是在般若性空的理解上就发生了分歧，般若学出现了“六家七宗”。南朝僧人昙济作《六家七宗论》，对各宗派作了列举、阐述。六家为“本无”、“心无”、“即色”、“识含”、“幻化”、“缘会”。其中“本无”派影响最大，又分出了“本无异”一派。六家与“本无异”派合称为“七宗”。

“本无”派以道安等人为代表。道安早年研习小乘教义，后研讲般若学，每年要为大众部讲解《放光般若经》两遍。为使佛教适合中国的情况，他早年也是用格义之法解释佛教义理。后来他发现用格义之法不能完全得到般若经的原意，改而主张通过会通来把握般若经的实质思想，“忘文以全其质”，不必拘泥于文字，不能为求“喻俗”而“失真”。他对大小品般若经进行了对照，作《光赞析中解》、《放光般若析疑准》等。他提出了“无在万化之前，空为众形之始”，世界的真相即是空无所有，心的本性也是无，用玄学“贵无”的观点来解释般若空观，借鉴了王弼等人提出的“天

地万物皆以无为本”。道安认为诸法本性空寂，要泯灭人主观认识，方能达到“无为无著”的至高境界。

竺法琛等人创立了“本无异”派，提出“本无者，未有色法，先有于无，故从无出有”。“无”是派生万物的本原，与老子的“有生于无”命题相似。

“即色”派以支遁、关内为代表。支遁（314—366），字道林，陈留人（今河南开封南），精研《般若经》，好谈玄理，善于阐发《般若经》的义理思想，著有《即色游玄义》等佛学著作。支遁提出“即色是本性空”，关内认为“明即色是空者，此明色无自性，故言即色是空”。色在佛教中意为物质现象。“即色”派主张“即色者，明色不自色，故虽色而非色”，一切“色”都有缘起，皆由各种条件和合而成，本性为空，色即为空，空即为色，故名“即色”。“即色”派的观点与玄学中的“独化论”有着相似之处。

“心无”派以支愍度 、竺法蕴、道恒等人为代表。“心无”派主张“心无者，无心于万物，万物未尝无”。认为外物是“有”，“心”不受外物的干扰，中无杂念，即为心无。该派侧重从主体方面把握“空观”，主体要心如太虚，不为外物所滞，便可达到般若的“空观”。该派观点与“崇有”论颇为相象。

“识含”、“幻化”、“缘会”三派 ，与“即色”派在理论观点上较为相象。“识含”派代表人物于法开提出，三界万有皆由心识变化呈现。“幻化”派以道壹为代表，认为“世谛之法，皆如幻化”。于道邃等人创立“缘会”派，提出：“缘会故有，名为世谛；缘散故即无，称第一义谛”。因缘会而生诸法，诸法皆无实体。

“六家七宗”之争实际上是玄学内部理论之争在般若学研究上的反映。另外，当时所译出的诸多般若经文义不畅，纰漏较多，导致了佛门各家对“空观”的理解出现了偏颇。南北朝时期的鸠摩罗什重译《大品般若经》等诸经，僧肇作《肇论》，对般若学各派作出了理论总结，推动了般若学理论的发展，自此般若性空的理论才真正得以正确阐发，把般若学推向顶峰。

支遁爱马图 清·任颐

鸠摩罗什兼通大乘、小乘经论，对大乘龙树一系的中观之学尤为精通，专注于《中论》、《百论》及《十二门论》。鸠摩罗什系统地介绍了龙树、提婆的中观学说。中观学派认为，“不生亦不灭，不常亦不断，不一亦不异，不来亦不出”。世间万有既非由“他生”，也非“自生”；万物皆为“不生”，因而亦是“亦不灭”。世间一切都是矛盾的，因而是虚妄不真实的。提婆说：“除非不说，一说即有可破”，“可破故空”。认识不可能达到客观真实性，真理是相对的。 对同一件事，既可说是实在的，又可说是不实在的。中观派

龙树像

倡导非有非无的中道观，坚持“空”与“有”，世间与出世间的统一，提出了“俗谛”和“真谛”二谛说。俗谛是世俗人们的认识，世间一切包括可言说的如鬼神、业报轮回之说都是合理的、真实的；而对于佛教圣贤来说，这些都是空无所有，是谓真谛。这两种矛盾的认识在不同层次的人看来都是真理。这两者都有益于众生，不可偏废。这便是般若方便的思想。鸠摩罗什对中观思想的介绍促进了大乘佛教在中土的传播。

僧肇作为鸠摩罗什门下高足，秉承了中观之学，推进了魏晋佛玄之学的发展。僧肇（384—414），长安（今陕西西安）人。僧肇幼年家境贫寒，以抄书为业，因而有机会博览群书，“志好玄微，每以《庄》、《老》为心要”，后得《维摩诘经》，深得其中真谛，遂遁入佛门，专心修行佛法，名振关中。僧肇仰慕鸠摩罗什之名，远去凉州拜于鸠摩罗什门下。鸠摩罗什被姚兴迎入长安后，僧肇专心辅助鸠摩罗什译注经书。其代表作为《肇论》，包括《物不迁》、《不真空》、《般若无知》、《涅槃无名》等篇。

罗什尊者

僧肇认为世间万象非有非无，亦有亦无。在僧肇看来，因缘和合而诸法生，因缘散失则诸法灭。“物从因缘，故不有”，而具备一定条件时，事物就出现，“缘起，故不无”。他指出般若六家皆是偏重于有、无的一方面，将有无割裂开来，不符合非有非无的中道观。在玄学动静问题上，僧肇仍沿用了有无之论，认为非动非静、亦动亦静。僧肇主张：“必求静于诸动，故虽动而常静。不释动以求静，故虽静而不离动。”总之，僧肇在继承大乘中观之学的基础上，吸纳了玄学理论，对般若之学进行了总结，促进了佛学的中国化进程。

四、佛教师说

南北朝时期，佛教达到了空前繁荣，这与历代统治者大多积极扶植佛教是分不开的。南朝延续了东晋时的佛教政策，宋、齐、梁、陈的历代皇帝都尊崇佛教。在宋诸帝中，文帝最注重佛教，常

与慧严、慧观等高僧研讨佛理。孝武帝曾重用僧人慧琳，让其参与政事，世人称之为“黑衣宰相”。在齐王室中，竟陵王萧子良精研佛法，着力弘扬佛教教理。

梁武帝像

南朝佛教在梁武帝时达到了全盛。梁武帝萧衍是南朝梁代的开国皇帝，在位48年，是南朝历代诸帝中统治时间最长的帝王，同时也是一位很有作为的皇帝。论文治武功，梁武帝绝不亚于刘裕、萧道成、陈霸先。在梁武帝的统治时期，梁朝的政治、经济、文化都有了很大发展。但梁朝在梁武帝死后便很快衰亡。在导致梁朝衰亡的众多因素中，梁武帝痴迷佛教是个极为重要的原因。正如他说：“自我得之，自我失之。”梁武帝起初信奉道教，在弃道从佛后，痴迷达到了极其狂热的程度。他惟佛为尊，极力抬高佛教的社会地位。他先后兴建了爱敬寺、光宅寺、开善寺、同泰寺等。他在同泰寺多次开设了大规模法会，并亲自披上袈裟，诵经讲法。梁武帝十分重视佛教典籍的译著活动，他本人就著有《涅槃》等诸多佛经的《疏记》、《问答》。梁武帝曾脱下黄袍，四次舍身同泰寺作寺奴。有一次舍身时间竟长达37天，群臣多次死谏，奏表上书尊称他为“皇帝菩萨”，捐给同泰寺亿万钱后，梁武帝才恋恋不舍地脱下僧袍，与众臣回朝。梁武帝下令“禁断酒肉”，其本人也严守佛家戒律，主张素食、布衣。由于梁武帝过度溺佛，荒废政事。僧尼数量急剧膨胀，社会劳动力减少，严重影响了社会生产，损耗了国家的经济实力。国家在经历了侯景之乱后，逐渐走向衰亡。

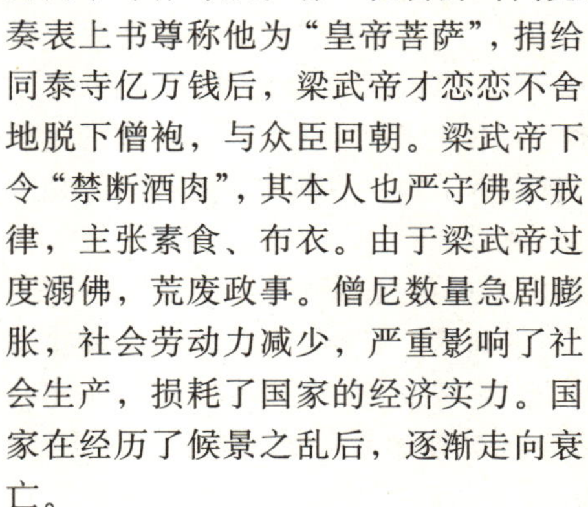

梁武受戒 清版画

在北朝历代中，北魏佛教最为兴盛，曾花费了大量人力、物力，先后开凿了云冈石窟和龙门石窟。到了东魏末期，魏境有寺院三千所，出家的僧尼达二百万。北齐帝室大多笃信佛教，全境寺院共四万余所，僧尼约两百万。南朝的情形与北朝相似，但寺院的规模与僧侣的数量逊于北朝。在南朝佛教最盛的梁代，寺院将近三千，僧尼八万余人。随着佛教的兴盛，寺院经济有了很大的发展。就南北朝相

云岗石窟 20 窟大佛 北魏

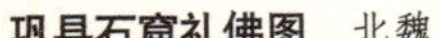

巩县石窟礼佛图 北魏

比而言，北朝寺院经济远远胜于南朝。寺院虽盛，但弊病甚多。寺院凭借各种特权，大肆聚敛财富，世俗地主与僧侣地主之间的矛盾不断激化，民生凋敝，国势渐衰。鉴于此种情形，一方面有些统治者调整了佛教政策。北魏世祖太武帝、北周武帝先后颁布诏书，发起了灭佛运动。但这两次灭佛运动持续时间很短，对佛教的发展未产生深远影响。另一方面，一批思想家如范缜、何承天等人，坚持无神论，与神不灭论进行了激烈辩论。

此一时期，佛教东传和西行求法活动极为活跃。北魏洛阳永明寺曾接纳百国沙门三千余人，南朝的建康也是外籍僧人云集。中土僧人法显、智猛、宋云、惠生等则历尽艰险，西游取经。南北朝是中国佛教翻译史上的一个辉煌时期，特别是南朝聚集着许多译经集团，华严经类、大集经类、大涅槃经类、胜鬘经类、唯识经类等大乘佛经竞相译出，开辟了一系列新的佛学领域。

随着佛教典籍的译著不断增多，佛理的研究不断深入。南北佛学由于受到地域影响，开始分化，北朝佛教侧重实修，以禅法、戒律为主，南朝佛教虽摆脱了对玄学的依附，独立发展起来，但仍深受"清谈思想"影响，长于玄思，侧重于对义理的研究。佛教开始分为不同派别，主要有南地三论师、北地四论师、涅槃师、成实师、地论师、摄论师等。这些佛教学派未形成教派体系，也未有传宗定祖之说，但已具备了宗派的雏形，为隋唐时期宗派的形成奠定了思想基础。

三论师主要是指讲习、弘传《中论》、《百论》、《十二门论》的佛门学派。印度龙树著《中论》、《十二门论》，龙树弟子提婆著《百论》。姚秦时期，鸠摩罗什译出三论，门下弟子僧肇、僧睿、僧导、道融、道生等人弘传三论，三论师影响日增。梁初僧朗讲习三论，三论师逐渐在南朝兴盛。其弟子僧诠深受僧朗影响，居摄山止观寺，传习三论。僧诠门下弟子法朗、智辩、慧勇、慧布皆精通三论，号称"四友"。法朗传僧诠之

学统，将三论之学传承于后世。陈隋之际的吉藏传法朗之衣钵，著有《中论》、《百论》、《十二门论》诸疏及《三论玄义》、《大乘玄义》、《二谛义》等，最终创立了三论宗，弘传了三论体系。

楷书大般涅槃经 隋

涅槃师是精研、传扬《大涅槃经》的佛门学派。法显西行求法，在中印度求得梵文《大般泥洹经》，系《大般涅槃经》的前分，回国后在建康将其译出。该经认为存在“佛性”，从而将佛学从般若学中解放出来。北凉时期昙无谶等人相继译出《大般涅槃经》，称为北本《涅槃》。道朗，昙准、道登、昙度、圆通、僧妙、道安等皆为北朝著名的“涅槃师”学者。北朝涅槃师力量远不及南朝。北凉的北本《涅槃》传入南朝后，慧严、慧观等人在建康又依上述本各整理出南本《涅槃》。竺道生与慧观各自创立了涅槃师的两大支派，慧观主张“渐悟成佛”，道生主张“顿悟成佛”。

竖石点头

道生被逐后，来到吴郡的虎丘寺，对竖石讲经，当讲到一阐提有佛性时，群石全都点头

道生，即竺道生，出身于官宦世家，他的父亲为广戚县令，以仁善见称于乡里。道生“幼而颖悟，聪哲若神”，很受父亲喜爱。或许是时代的风气使然罢，这样一个聪颖的孩子，竟在幼年便从竺法汰出家皈依了佛门。道生出家后，通过对佛法的研习，不久即领悟了佛法的要义。15岁时开始登坛讲经，“吐纳问辩，辞清珠玉，争宿望学僧当世名士，皆虑挫词穷，莫敢酬抗”。后至庐山，向慧远问学，并就僧伽提婆学习一切有部的教义。后赴长安，师从鸠摩罗什，并参与译事，被关中僧众誉为“神悟”。后到南京传播佛教，由于深感“自经典东流，译人重阻，多守滞文，鲜见圆义”，于是穷力校阅研思，结合般若学和涅槃学，阐发佛性说，立“善不受报”、“佛无净土”、“顿悟成佛”诸义。他从《泥洹经》所说的“佛身是常，佛性是我，一切众生，皆有佛性”得到启发，提出了“人人皆可成佛”，“一阐提人皆得成佛”的教义。“一阐提人”是指贪欲成性，作恶多端、丧尽

善根而不可救药的人。《泥洹经》认为这种人不能成佛，因此，道生的这种见解遭到当时佛教徒的反对，乃至被逐出京师。不久，新译出的北凉昙无谶的大本《涅槃经》传来，正有此说，由此而被后僧誉为“涅槃圣”。

道生把诸法现象背后的本体直接称之为“佛性”，认为“性者，真极无变之义也。即真而无变，岂有灭邪？”佛性不生不灭，内在于人的本性之中，“苟能涉求，便反迷归极”。他贬低偶像崇拜和净土信仰，指出成佛并无须超越生死流转的现实世界之外，只要能够反本内求，去迷理惑，便可以“顿悟成佛”。“悟”非由听闻而来，而是一种直接性的觉解，其特点必须是“顿”，即霎时间的认识飞跃。真理是一个整体，不可分割，要么不悟，要么顿悟。涅槃学派认为，一切众生悉有佛性，人人皆能成佛。这种说法很快风靡南北朝，促成中国佛学思潮从般若学到佛性论的转变。

五百强盗成佛图 局部
敦煌285窟壁画

毗昙师主要是研习《毗昙》的佛门学派。北朝名僧道安最先重视毗昙学，北朝精研毗昙学的名僧以慧嵩最为著名，为时人称为“毗昙孔子”。南朝则以慧集最为突出，对毗昙学众经有着独到的见解。毗昙师之所以能在南北风行一时，是因为它对名相的解释较清楚，易于揭示佛教的真义。毗昙师没有传统的师承和独立的教判，未形成一个完整的教派体系。随着成实师的兴起，毗昙师逐渐衰落下去。

成实师是研究弘传《成实论》的佛门一派。天竺僧人诃梨跋摩著写了《成实论》，由鸠摩罗什于长安译出，又经其门下弟子昙影等人整理，分为五部。刘宋时期，僧导于南朝建立了寿春系；北魏时期，僧嵩在北朝创立了彭城系。成实师在梁代达到鼎盛，一大批佛门高僧精研《成实论》，其中法云、僧旻、智藏等最为著名。梁代以后，成

实论逐渐分为了“新实”与“旧实”两说。随着其他学派的兴起，成实论由盛转衰，至唐朝初期最终湮没无闻。

地论师是研究弘传《十地论经》的佛门学派。世亲著《十地论经》，后成为印度大乘瑜珈行派重要典籍。北魏时期，宣武帝命勒那摩提和菩提流支合译了《十地经论》。由于二人在译著过程中，在义理方面发生分歧，地论师由次此分为南北两支。菩提流支门下弟子道宠创立了北道。勒那摩提的弟子慧光创立地论师南道。慧光门下弟子云集，皆为名躁一时的高僧。

摄论师是传习、弘扬《摄大乘论》的佛门派别。《摄大乘论》是印度大乘佛教瑜伽行派代表人物无著的典籍，世亲为其作释。南朝时期，真谛重译《摄大乘论》，并另译世亲所著《释论》。真谛门下众多弟子中，慧恺、道尼、法泰、曹毗等传承摄论之学，但在陈朝受到排斥。地论南道的一些高僧也弘传摄论学。陈隋之际，摄论师与地论师逐渐融合到其他流派中。

律学是研究佛教戒律的佛门学派。南北朝时期，各种律经戒本已大规模地译介进中国，属小乘戒的有《十诵律》、《四分律》、《摩诃僧祇律》、《五分律》等，属大乘戒的有《菩萨戒本》、《优婆塞经》等。北朝弘传《四分律》，南朝则研习《十诵律》。北魏时期，法聪精研《四分律》，慧光造《四分律疏》，删《羯磨戒本》，著《仁王七戒》、《僧制》等，成为北朝律学之宗。南朝齐梁时，僧祐是律学大家，竟陵王每请讲《十诵律》，听众如潮。隋唐时期，中国南北统一，律学南、北两派逐渐融合发展成为了律宗。

魏晋时重般若轻禅定，南北朝时，禅法则受到重视，特别是北朝更重禅法。许多著名禅师受到帝王礼遇和官方支持。提起禅师，人们自然会想到菩提达摩。

菩提达摩，又称“达摩”或“达磨”，为南天竺国王香至王第三子。他自幼聪明颖悟，志存大乘，冥心虚寂，于禅学尤其精通。南朝宋末由海路到达广州番禺，梁武帝遣使迎至建业，然与武帝语不相契，遂渡江至魏。曾至洛阳，睹永宁寺建筑之精美，极为赞叹。又见洛阳所修建之梵寺金刚，亦称得其真相。后入嵩山少林寺，在此独自修习禅定，“面壁而坐，终日默然”达9年，世称

焉耆文《十诵律》

达摩渡江图　明 · 孙克弘

达摩面壁图　明 · 宋旭

“壁观婆罗门”。后来有感于慧可断臂求法的决心，收了慧可为徒，且将四卷《楞伽经》授与慧可说：“我观汉地，唯有此经，仁者依行，自得度世。”而后又陆续收了昙林、道育、僧（道）副等为弟子，传授禅法，开创禅宗一脉，因而被奉为禅宗初祖，世称“达摩老祖”。由于达摩祖师的东来，将禅宗的思想带进中国，因此开创了中国佛教新的局面，也连带影响了日、韩国，使这些国家在原本的思想体系之中纳入了禅宗的思想。

三教图　清 · 丁云鹏

达摩禅法的核心理论是“壁观”，主要是比喻人心如同墙壁，要舍伪归真、消除一切执见。其入道途径即为通常所讲的“二入四行”。所谓“二入”是指“理入”和“行入”。“理入”即“壁观”，要求“舍伪”、“归真”，从理论上解决认识问题；“行入”即入“四行”（报怨行、随缘行、无所求行、称法行），教人去掉一切爱憎求欲，按佛教义践行，属于禅的实践，其要旨在于以清净本性了悟佛法以至觉悟之境。达摩禅所包含的“藉教悟宗”内容，孕育和形成了自由解经的特点；而达摩禅对《楞伽经》“如来佛性”的重视，更为禅宗的形成提供了理论依据和方法。后世佛教徒则以“教外别传，不立文字”来概括达摩禅法的特点。

佛教经过了魏晋南北朝时期的发展，在长期的传译、讲习、融化过程中，逐渐与中国传统文化相融合，从而形成了具有中国特色的各种学派。尽管南北朝时期所形成的众多学派不能称为真正的宗派，但为隋唐时期天台宗、华严宗、三论宗、律宗、唯识宗等宗派的创立与发展奠定了思想基础。佛教在与中国传统文化的碰撞中，创造性地发展了中国文化，其影响不仅涉及政治、哲学、文学、艺术，而且也深入到人们的日常生活中。佛教逐渐被中土接纳，以至成为中华文化不可分割的一部分。

五、中国佛教宗派的创始

供养菩萨 敦煌40窟壁画 画像已有中国化特征

隋朝建立后，开国皇帝隋文帝杨坚于589年以武力平陈，实现了大统一，结束了南北朝的分裂局面。然而不到30年，隋朝就从炀帝手中倾覆了。而由李渊父子建立的唐朝却统治了中国近三百年。唐朝时的中国是一个泱泱大国，以其宽阔的胸怀接纳四方文化，实行的是儒、道、释三教并立的政策。但唐朝对儒学也很重视，唐太宗即令孔颖达等人撰定《五经正义》，将其作为传授和科举考试的官方定本。

在隋唐盛世，南方重义理和北方重修行的佛教融合，并逐渐走向鼎盛。隋唐统治者为了迎合自身的需要，大都扶植佛教。隋文帝、隋炀帝时广建寺院，兴修佛塔，大造佛像。相传，隋文帝在为政期间所修建的寺院多达3700余所，铸造佛像1.6万多座。在修缮前朝佛经的同时，招揽高僧，译著撰写新经。在唐代，政府组织译场，主持译经活动，从太宗贞观三年一直延续到宪宗六年，前后近两百年时间，所译出的佛经共370多部，2100余卷。随着佛教势力的日益增强，逐步建立起了稳固的寺院经济，庙产的继承问题使师徒延续的法嗣制度逐渐完善，从而促进了佛教宗派的形成。隋唐之际形成的影响较大的宗派有三论宗、天台宗和三阶教，唐朝盛行的宗派有唯识宗、律宗、华严宗、净土宗、密宗、禅宗等。这些宗派都程度不同地反映了佛教中国化的过程，体现了中国佛教的特色。

三论宗是以《中论》、《十二门论》、《百论》为依据而创立的佛教宗派。三论宗的创始人是吉藏（549—623）。从三论宗的传法世系上看，僧肇、昙济、僧朗、法朗等人皆传承了三论的佛学思想，但并未开宗立派。吉藏精研前人之学，在真正意义上创立了三论宗。吉藏为安息人，其祖为避祸而东迁至金陵。吉藏受其

隋文帝祈雨图

僧犁图 清·任渭长
反映了僧人从事农业生产的情景

镜影水月图 清·汪士慎

父影响，自幼好佛，7岁时便剃度出家。他聪颖慧达而深受法朗赏识，19岁便登坛讲法。隋统一江南后，吉藏曾居于会稽嘉祥寺，故而被后人称为嘉祥大师。吉藏佛法高深，名噪一时，隋炀帝杨广、唐太祖李渊等人曾向其求道问法。在乱世时期，寺院荒废，大量佛学著作毁于战火。吉藏注重佛学注疏的收集，保存了大量佛学文献资料，对佛学六家七宗有着精辟的见解。吉藏著有《十二门论疏》、《中论疏》、《百论疏》、《三论玄义》等。吉藏圆寂后，慧远、智凯、慧灌等人传吉藏之衣钵，弘传三论之学不遗余力，使得三论宗在初唐时期甚为流行。其后三论宗逐渐传入朝鲜和日本，在日本的奈良时代三论宗盛于一时。但三论宗流行时间甚短，随着天台宗、唯识宗的相继盛行而逐渐衰落。

三论宗宣传“一切皆空”，以二谛、八不中道为其教义。“二谛”即指前面所说的俗谛和真谛。俗谛说“有”，真谛说“空”，此为“二”，而“不二”，即非有非空就是中道。吉藏认为世界本无差别，只有人的“一念”才产生出诸如生灭、常断、一异、来出等差别，只有对矛盾的双方都予以否定，即不生、不灭，不常、不断，不一、不异，不来、不出，才能显出中道，此所谓“八不法门”。但是认识不能就此停留下来，否则也是俗谛。就生灭而言，应从“不生不灭”上升到“假生假灭”、“假不生假不灭”、“非生

灭非不生灭”，才真正符合中道。世上一切如同镜花水月，皆为“假相”。“生死”、“涅槃”、“凡圣”、“解惑”皆是“无有自性”、“假名相待”。只有把一切从意念中清除出来，保持“无所得”的空寂状况，才能达到终极真理。

智颉像

三论宗以“二藏三法论”为教判理论的核心主旨。“二藏”即声闻藏和菩萨藏；“三法轮”为根本法轮、枝末法轮、摄末归本法轮。轮是印度古代战争中使用的一种武器，它的形状像个轮子。印度古代有一种传说，征服四方的大王叫做转轮王，出生的时候，空中自然出现此轮，预示他所向无敌，战无不胜。后来以轮来比喻佛所说的法。佛的法轮出现于世间，扫除一切邪见。三论宗以“二藏三轮”来统摄佛教众家之说，从而抬高三论宗的地位与影响。

天台宗与三论宗一样，也来源于大乘空宗一系，创始人是智颉。智颉(538—597)，俗姓陈，字德安，祖籍颍川（今河南许昌市），后寓居荆州华容（今湖北境内）。据《续高僧传》载，智颉生而灵异，眼有重瞳，“卧便合掌，坐必面西”，7岁时就喜欢到佛寺去观佛礼拜。寺僧们对他有这样的情志颇为惊奇，于是就向其口授法华经的《普门品》，智颉竟能过耳成诵。智颉18岁时，即投湘州果愿寺沙门法绪出家，受十戒。后从慧思学法华三昧，解悟颇深。30岁时至金陵，与法喜等30余人在瓦官寺弘传佛法。陈太建七年（575）入天台山，宣讲《法华经》，禅名远播，故称“天台大师”。隋开皇十一年，晋王杨广赐号“智者”，故又世称“智者大师”。智颉的著作主要有《摩诃止观》、《法华玄义》、《法华文句》，为天台宗代表作，被称为“天台三大部”。弟子著名的有灌顶、智越等。《摩诃止观》是智颉讲述、由门人灌顶笔录而成。

禅定图 清·罗聘

天台宗以止观并重、定慧双修为特色。“止”即“禅定”，“观”即“智慧”，前者是修行，后者是修心。修行就是让人静其思虑，并在此基础上修心；“观”有多种，其中以成就智慧的“正观”最为重要。正观首先要知晓“色”（相当于事物和现象）和“名”（相当于意识）都是假象，因为“名”、“色”都依“心”这个条件产

天台宗国清寺

生，即所谓“一念三千”。“一念”指人们“心”中的区区“一念”，“三千”泛指世间一切事物现象。整个世界不过是一念所生，“名”、“色”是空的，进而推知“心”的功能也是假的、空的。这样才符合中道，此所谓“一心三观”。“空”、“假”、“中”三观交融不分，圆满自在，浑然一体，此所谓“三谛圆融”。智𫖮把“一念之心”说成是包含“空、假、中”三谛的唯一本源，只要静坐息心，无思无念，就能成智慧，见佛性，达到涅槃境界。

三阶宗又称为“三阶教”、“普法宗”等，该宗由隋代僧人信行（540—594）创立。三阶教是根据该教派的教判理论而得其名称。三阶教把佛教依“时”（时间）、“处”（地点）、“人”，划分为三类，每类又各分为三阶，因故该宗称为“三阶教”。据佛经上讲，释迦牟尼圆寂后，佛教将经历“正法”、“像法”、“末法”三个时期，并日渐衰微。在“时”的三阶中，第一阶是佛灭后初五百年的正法时期，此时依佛理修行者皆能得正果；第二阶是佛灭后第二个五百年的像法时期，此时修行者只能得到类似正法的佛传；第三阶则为一千年后的末法时期，此时佛法衰微，修行者难得正果。信行将“处”分为净土与秽土，根据“人”之根机不同而将人分为三阶。人之第一阶为佛陀、菩萨等，根机超凡；人之第二阶为正邪兼有者，根机平常，无脱俗之慧根；人之第三阶为大恶无善之人，根机已无超凡之悟性。正法期是净土，为一乘所居世界，后两期是秽土，为三乘所依世界。

信行认为，他所处的时代属于末法期，这是一个“五浊诸恶世界”，一切众生根机低劣，此期所行佛法就不能与前两期的相同。人之第一阶行一乘法，第二阶行三乘法，各有所信所教，故称为“别法”。既然隋代属末法期，处于第三阶，世间皆为秽土，芸芸众生戒见俱破，那么在这一时期，普法应大行其道，救世度人。

所谓普法，即法不分大小，人无分贤愚，修行者皆普信之，普敬之。三阶教无视人的差别，同样看待一切法，普敬一切人。信行反对净土宗所提倡之念佛三昧，进而主张不念阿弥陀佛，只念地藏菩萨，因为其立誓尽度众生。在信行看来，一切佛像皆为泥胎神龛，不应予以供奉，而应把一切众生看作真佛菩萨，对其尊之敬之。

普佛思想是三阶教的独特之处。“真佛”、“应身佛”、“形象佛”、“邪魔佛”、“普真普正佛”为三阶教所尊奉的五种佛。信行将五佛之中的“普真普正佛”又分为四种，称为普法四佛，即“如来藏佛”、“佛性佛”、“当来佛”、“佛想佛”。三阶教认为，芸芸众生在佛性面前一律平等，都有成佛之可能。

三阶教教义、教规与其他佛门宗派相比，有着独特之处。如该教竭力提倡布施，建立了“无尽藏”。三阶教提倡苦修，信徒每天仅吃一餐乞来之食，路见行人，不分男女之别，皆行礼拜之礼。三阶教的教义与当时佛门其他各派很难调和，屡遭其他各宗非难。从隋文帝至唐玄宗前后百余年间，朝廷先后四次限制三阶教。在佛教其他宗派和朝廷的联合遏止下，三阶教在唐朝末年逐渐衰落，最终销声匿迹。

六、玄奘西行求法与唯识宗

玄奘（602—664），初唐时期佛门高僧，唯识宗的创始人，也是有名的佛教大翻译家。玄奘俗称“唐僧”，通称“三藏法师”，因神魔小说《西游记》中西天取经的故事而家喻户晓。他俗姓陈，名祎，洛州偃师（今河南偃师）人，13岁剃度出家，此后游学于长安、成都、荆州、扬州等地，遍访名师，研习《摄大乘论》、《杂阿毗昙心论》、《成实论》等经论。在修习佛法的过程中，玄奘发现佛理中的众多争论悬而未绝，他由此萌发了西行求法之念，追溯佛法本源，以解疑惑。但他的申请未获朝廷批准。贞观三年（629），玄奘趁灾荒延年之机离开长安，孑然一人，毅然踏上万里险途，经高昌王城、素叶城、葱岭、达迦湿弥罗国、曲女城，终抵摩揭陀国，于当时佛学中心那烂陀寺受学于唯识大师戒贤。玄奘居于那烂陀寺五年之久，精研《瑜伽师地论》、《顺正理论》、《中论》、《百论》等佛典，因佛法精深而位列于十德之一。此后玄奘离开那烂陀寺，游学于与摩揭陀国相邻的诸国，研习《摄正法论》、《成实论》等，期间数返那烂陀寺。在曲女城，戒日王对玄奘礼遇有加，为他设万人无遮大会，以玄奘所著疏通大乘有宗与空宗两派的《会宗论》和驳斥小乘的《制恶见论》的论点标宗，与诸多高僧及外道学者辩难，18天竟无一人能将他驳倒，玄奘因此名震四方，被大乘部尊为“大乘天”（意即大乘的圣者），小乘则尊其为“解脱天”（意即已获得

玄奘西行求法

放置经书的大雁塔

解脱的圣者)。

贞观十九年，玄奘携带657部经文、佛像载誉归国，在长安受到僧俗的隆重接待。唐太宗父子对玄奘非常器重，将他留在长安弘福寺，后移居大慈恩寺。在朝廷大力支持下，玄奘在归国后的20余年中，翻译经论75部，共计1335卷，其中包括《显扬圣教论》、《瑜伽师地论》、《能断金刚般若波罗蜜多经》、《大般若经》等。玄奘博通梵文，精于文理，所译佛典达到了辞藻优美、文质相融，又忠于原典的极致境界，开辟了中国译经史上的新纪元，"新译"时代即发轫于此。玄奘口述，由弟子辩机笔录的《大唐西域记》一书，记述了他亲身经历的城邦、国家的风土人情，内容丰富，是研究7世纪中亚、南亚和中国西北地区历史、地理的宝贵资料，受到国际史学界的珍视。

窥基大师像

玄奘法师门中弟子云集，其中神昉、嘉高、普光、窥基传其衣钵，号称奘门四哲。玄奘与弟子齐心译经的同时，亦深研佛法，开创了唯识宗。玄奘的译著《成唯识论》成为唯识宗的立宗经典。窥基作《成唯识论述记》，进一步阐释了该宗的佛理精要。

唯识学属于印度无著和世亲所创立的大乘有宗的一系。他们认为，大乘空学把"空"的道理说过了头，指出精神本体"识"为实有。《成唯识论》认为，世界现象不管如何复杂，无非只有两种东西："我"和"法"，"我"为主体生命活动之表现，"法"为事物的存在表现，"我"与"法"分别呈现为精神现象与物质现象。这些所谓的法相都是不真实的，是"识"变现出来的。世界上只有内识，并无外境。好像是外境，其实是内识所生成的幻相。

玄奘取经回长安图

唯识论指出，识共有八种：眼识、耳识、鼻识、舌识、身识、意识、末那识、阿赖耶识。第八识为根本识，前七识都是其派生的。"阿赖耶"是"藏"的意思，第八识是能够"收藏诸法一切种子"的"识"，故称为"种子识"。所谓种子就是变现世界的潜在功能。"阿赖耶识"通过种子这个因生发出第七识末那识及其他六识和外界现象，于是，第八识就成了能够派生出世间一切的本原。"万法唯识"，唯有"识"是实有存在，"识"决定了世间一切现象。外界现象依赖"识"而存在，"识"

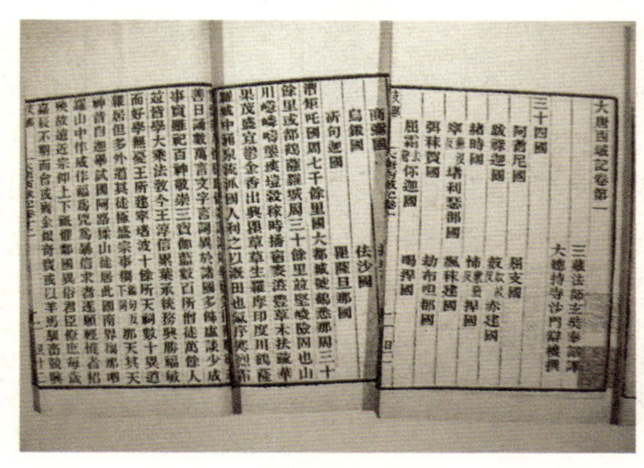
大唐西域記卷第一
三藏法師玄奘奉詔譯
大總持寺沙門辯機撰
三十四國

《大唐西域记》书影

作为万象之根本，其实质为“有”。外境与内识相结合，排斥对外境的迷执，把握内识之“有”，这为真正的中道认识。

《成唯识论》为了论证“唯识无境”，提出了“四分”说和“三自性”论。“四分”即“相分”、“见分”、“自证分”和“证自证分”。认识对象（相分）是自我意识的外化，所谓认识就是意识化的主体（见分）与外化的认识对象的结合，而见分与相分两者皆依存于“自证分”和“证自证分”。由八识所显现的“我、法”二相，都有“三性”，凡夫俗子执迷地认为“我、法”二相是实我、实法，这叫“遍计所执性”；其实，它们都不是自生的，而是依因缘而生，这叫“依他起性”；纷绕世事都是由心而起，而心本是清净的，由此认识到“圆成实性”。修法者依“三性”循序渐进，识破遍计所执性，洞见依他起性，最终达到圆成实性的圆满之境，就能脱离苦海，觉悟成佛。

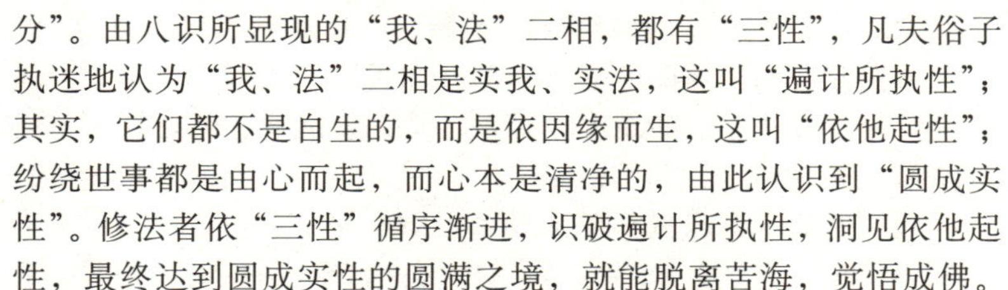

唯识宗因主张“唯识无境”而得名，又因剖析了一切事物和现象（法）的相对真实（相）和绝对真实（性）而称为法相宗。由于其创始人玄奘及弟子窥基常住大慈恩寺，故而又称为慈恩宗。

七、鉴真东传律宗

鉴真为第六次东渡做准备

律宗，是中国佛教中研习和传持戒律的一个宗派，实际创始人为唐代道宣。该宗依据五部律中的《四分律》而建宗立派，因此也称为“四分律宗”。道宣在终南山创设戒坛，制定佛教受戒仪式，从而正式形成宗派，因而道宣所创宗派又称为“南山律宗”或“南山宗”。道宣专研《四分律》，著有《四分律比丘含注戒本》、《四分律删补随机羯磨》、《四分律删繁补阙行事钞》、《四分律拾毗尼义钞》、《四分律比丘尼钞》，后被佛门众僧奉为律学五大部。与此同时，还出现了相部宗、东塔宗，合称“律宗三家”。在戒律义理等方面三家相

鉴真像

互辩难、争论，相部宗与东塔宗影响逐渐衰微，而南山宗却人才辈出，最终传承于后世。

在佛门高僧西行求法的同时，中国佛教宗派也逐渐东传至朝鲜、日本。在隋唐时期，两国陆续派出使者来华研习佛法，中国僧人也东渡传法，其中最感人至深的是道宣三传弟子鉴真去日本弘传戒律。

鉴真（688—763），唐代律宗高僧，俗姓淳于，扬州江阳县（今江苏扬州）人。鉴真自幼颇具慧根，佛缘颇深，14岁时于大云寺出家，师从于智满、道岸等。景龙元年（707），鉴真游学于长安，次年受戒，正式取得僧籍。他先后从师于数位律宗高僧，经数十年苦修，精研《四分律》、《四分律疏》、《四分律行事钞》等律学典籍，对医学、建筑亦有很深的造诣。此后，他返回家乡扬州致力于弘扬律学，声名远播。

此时，日本佛教戒律颇不完备，亟须律学修持。许多日本僧人来华求法，其中荣睿、普照留学中国十余年，遍寻律学大师，邀请东行日本传律授戒。天宝元年（742），荣睿、普照至扬州大明寺，恳请鉴真东渡传戒，鉴真欣然应允。他问寻门下弟子，何人愿渡海传戒。中土与日本有苍茫大海相隔，路远途险，吉凶难卜。众弟子对此深感忧惧，面有难色，沉默无语。鉴真洞悉到弟子忧虑之心，随即表示：弘扬佛法，即要将生死置于一旁，若弟子不去，则一人只身前去弘法。众弟子听闻此言，皆被感化，纷纷要求随师东渡传戒。但天不遂人愿，至天宝七载，先后五次东渡皆以失败而告终。日僧荣睿、门下高足祥彦先后为法捐躯。鉴真也突发眼疾，双目失明。然而他弘法意志坚决，毅然决定再次东渡，为此精心筹备，携带观音、弥勒等法像及《四分律》等大量律宗典籍。天宝十二载（753）十月，已66岁的鉴真搭乘日本遣唐使船，自扬州出发，随行的还有思托、义精、法载、法成等僧人。次年二月，终于抵达日本平城京（今日本奈良），日本朝野轰动一时。鉴真受到举国盛大欢迎，被天皇赐号为传灯大法师。在东大寺佛殿前，鉴真依照《戒坛图经》，筑起日本第一座戒坛，设多宝塔，供奉释尊等法像。此外，在观音寺、药师寺还各设戒坛一座。鉴真仿照唐朝建筑结构与布局，于奈良筑造了唐招提寺。天皇对鉴真推崇有加，自天皇以下，皇后、

唐招提寺

皇太子等四百余人受菩萨戒。自此，日本律宗正式建宗立派，传于后世。除律学外，鉴真也将天台宗经典带到日本，由此被尊为日本天台宗的先驱。鉴真还将中土医道传入日本，虽双目失明，乃以鼻识药，被奉为日本医术之祖。

鉴真圆寂于唐招提寺后，门下弟子为寄托悼念哀思之情，塑造了鉴真大师干漆像，千余年来被日本奉为国宝，始终备受日本人民的景仰。鉴真居于日本十载，对中日文化交流和日本文化的发展作出了巨大贡献，他的历史功绩深为中日人民所铭记，这也是中日友好交往的历史印记。

八、华严宗、禅宗、密宗

武则天当政时期，华严宗和禅宗兴起。华严宗的创始人是法藏。法藏（643—712），俗姓康，字贤首，为康居国寄寓长安的侨民。他生于唐太宗贞观十七年，17岁时，入太白山求法。后来听说智俨在云华寺讲《华严经》，就去听讲，因设数问请教，颇得智俨赞赏，由此列为门徒，成为智俨嫡传，深得其妙旨。智俨圆寂后，乃依薄尘剃度，时年28岁。由于法藏能通西域诸国语言与梵文经书，因而曾参与一些译场，翻译疏证了许多经书。据称他还参加过玄奘译场，因意见不合退出。乃自创宗派，综合三论、天台、法相诸宗，会通大乘空、有各派，创立了中国化的佛教理论，后被奉为华严三祖，他应是华严宗的实际创立者。

女皇武则天像

通天元年（696），法藏奉诏在太原寺讲《华严经》，后又在云华寺开讲。武则天命京城十大高僧为其授具足戒，赐号“贤首戒师”。圣历二年（699），又受诏，宣讲其与实叉难陀等新译的《华严经》，且被召至长生殿为武则天讲经。当讲到宇宙万物处于无穷无尽、无限交杂的相互圆融、相互包含的关系时，素以天资聪颖自诩的武则天，也感到不易理解。法藏特以殿前的金狮子作比喻，讲解“法界缘起”的道理，据说令武则天听之“豁然领解”。法藏弟子把这次讲解的记录加以整理，称为《华严金狮子章》，成为华严宗教义的纲

楷书华严经　宋·张即之

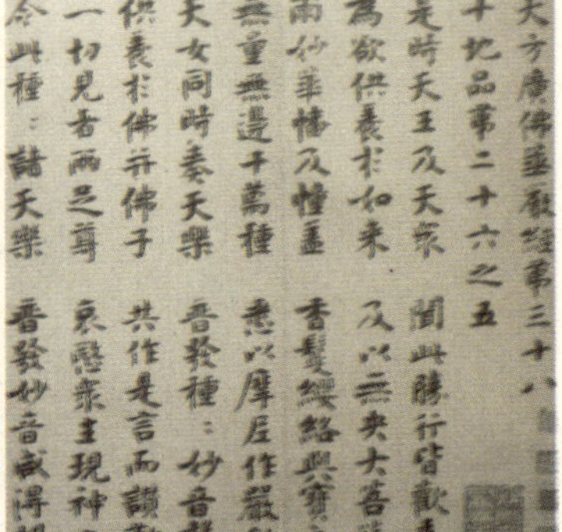

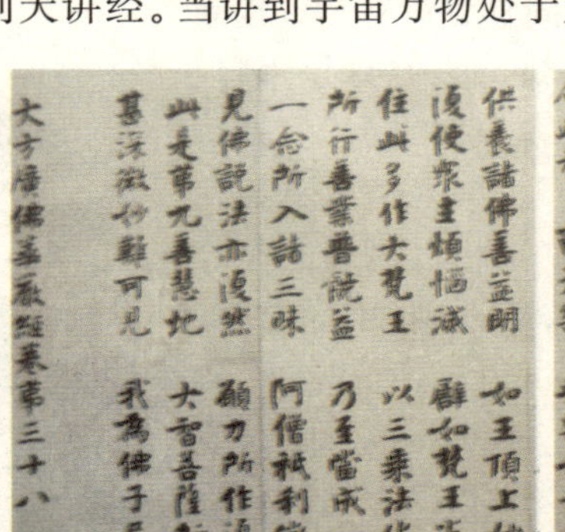

法藏善喻 清版画

法藏说："狮子是总相，五根差别是别相。共从一缘起，是同相；眼耳等不相滥，是异相。诸根合会有狮子，是成相；诸根各住自位，是坏相。"狮子是总相、同相、成相，而五根是别相、异相、坏相，它们相即相入，圆融无碍，故名"六相圆融"

领。法藏也由此被武则天特加优礼，成为"内弘法力，外赞皇猷"的一代法师。

华严宗从佛教的因缘论出发，认为一切事物和现象要依赖一定的条件才能产生，每一事物的存在既以他物的存在为条件，又是它物存在的条件。万事万物都是在"法界"的作用下发生的，法界是世界一切现象的本原。这就叫法号缘起。华严宗把事物的本质概括为"理"，把个别事物概括为"事"，然后从本质与现象、体与用、本与末、一般与个别、一与多、整体与部分的关系来说明理与事之间的关系。在四法界说中也体现了对理事关系的认识。"事法界"指事物的个性与差别性，"理法界"指事物的共性与本质，最有特色的是"理事无碍法界"和"事事无碍法界"。因为"事"依"理"而产生，"理"靠"事"表现；"理"作为一个整体通彻于每一"事"中，万"事"含容一"理"，所以理即事，事即理，一事包含一切事，事与理之间、事与事之间你中有我， 我中有你，相即相入，相互贯通，层层无尽，圆融无碍。为了更透彻地阐述这些关系，华严宗还提出了"六相圆融"说和"十玄无碍"说。所谓六相指：总相、别相、同相、异相、成相、坏相，共三对六个范畴。"总相"相当于整体，"别相"相当于部分。部分构成整体，部分要依赖整体而存在。法藏曾以房、椽、瓦为例来说明六相的关系。椽是房舍的组成部分，没有椽就构不成房舍。同样，没有房，也就没有椽，它们只是木料。可见，"椽即是舍"、"舍即是椽"。房舍是"总相"，椽是"别相"，两者总是相即的，总即别，别即总。如此也可得出，同即异，异即同；成即坏，坏即成。总之，世间和出世间的一切都处于互相依持、相即相入的关系中，"圆融无碍"

华严寺

为认识的最高境界，从而建构了一种有着高度思辨性的理论体系，成为佛学和理学的思想承递中的重要环节。

如前所述，禅宗的始祖可追溯到菩提达摩，后经过慧可、僧灿、道信和弘忍，禅宗还没有形成宗派，到六祖慧能才真正形成宗派。慧能（638—713），一作慧能，俗姓卢，南海新兴（今广东新县）人。慧能3岁丧父，家境艰难。稍长，以卖柴养母度日。24岁时偶闻人诵《金刚般若经》有悟，决心学佛，知弘忍禅师在黄梅弘扬此经，便入东山寺，欲拜于弘忍门下。弘忍得知慧能为岭南之人，认为他久处蛮荒之地，尚未开化，无法会通佛法。慧能却道：人虽南北之分，佛性岂有南北之别？弘忍见其尚有佛根，让他在寺中作了一名行者。慧能目不识丁，充当舂米的杂役，未正式剃度出家。他随众听法，虽有领悟，却默契不语。一日，弘忍召集门下弟子，命每人作一偈，以验证众弟子的佛缘与心性，从中选出慧根佛性出众者，传其衣钵与法门。弘忍座下有一高足神秀，平日颇为众人推重。闻此，自当仁不让，很快就写好了一偈。但是他似乎有点儿惶惑，不敢直接呈给弘忍。于是就将偈子写在了廊壁上，偈云：

慧能入寺 清版画

> 身是菩提树，心如明镜台。
> 时时勤拂拭，勿使惹尘埃。

弘忍看到此偈子后，认为神秀悟到一些佛法，照此偈子修行，可使人免入邪道。但弘忍认为神秀尚未开悟，不见自性。慧能听闻神秀的偈子后，亦作偈一首，由居士张日用书于壁上。慧能的偈子云：

禅心 清·石庄

> 菩提本无树，明镜亦非台。
> 本来无一物，何处惹尘埃。

众僧惊叹慧能的佛性，连声称奇。弘忍则不动声色，将慧能偈子拭去，称慧能亦未见佛性。翌日，弘忍见到慧能，二人只说了寥寥数

六祖破经图　南宋·梁楷

付衣法稟為六代褐有一上座名神秀忽於南廊下
書无相偈一首五祖令諸門人盡誦悟此偈者即見自
姓依此修行即得出離惠能答曰我此踏碓八箇餘月
未至堂前望上人引惠能至南廊下見此偈礼拜亦
願誦取結來生緣願生佛地童子引能至南廊下
能即礼拜此偈為不識字請一人讀惠能聞已即識
大意惠能亦作一偈又請得一解書人於西間壁上
提著呈自本心不識本心學法無益識心見性即悟大意
惠能偈曰
菩提本無樹　明鏡亦無臺　佛姓常青淨　何處有塵埃
又偈曰
心是菩提樹　身為明鏡臺　明鏡本清淨　何處染塵埃

《坛经》敦煌写本

言，弘忍用木杖在石臼上敲了三下，便悄然而去。慧能领会弘忍之意，于当晚三更时来到弘忍的禅房中。弘忍专为他讲《金刚经》，密传衣钵，作一偈语曰：

有情来下种，因地果还生。
无情既无种，无性亦无生。

弘忍嘱他远遁异乡，因为“物忌独贤，人恶出己”。慧能接受了弘忍的衣钵，隐居于岭南一带，直至16年后才出山，至广州法性寺，当时正值印宗法师讲《涅槃经》。时风吹幡动，一僧说是“风动”，一僧说是“幡动”，议论不已。慧能上前说道：“不是风动，不是幡动，仁者心动！”使在场众人皆惊佩不已。印宗请其上坐，质问佛法奥义。交谈之后，甚为钦佩，到处为其宣传，后又为之落发，智光法师为之授具足戒。次年回韶州，住曹溪宝林寺，应请在大梵寺说摩诃般若波罗密法，传授“无相戒”，弘扬“直指人心，见性成佛”的顿悟法门。

慧能的禅法以定慧为本，主张一切众生皆有佛性，人人都可成佛，关键在是否能“悟”，“不悟，即佛是众生；一念悟时，众生是佛。故知万法尽在自心，何不自心中，顿见真如本性？”他认为心外无佛，反对向外求佛，主张不读经，不坐禅，不礼佛，采取“直指人心”的通俗说教，主张返本观心，认为若能做到“无念”、“无相”、“无住”，心灵无执，便可彻见自性，于自性顿现真如本性，也即“顿悟成佛”。要“悟”就要破“迷”，“迷”在于“妄念”，任何承认客观事物，身外有佛以及求佛求法的念头，都是妄念。慧能认为身外无物，身外无佛，不论是风动，还是幡动，都没有否认风和幡的存在，所以是妄念，是执迷不悟。他要人们把外物化为心灵的幻像，否定客观世界的真实性，否定西方极乐净土的存在，佛性和天国只存在于心中。只有否定了自我之外的一切，才能使个性不受束缚，成为一个“内无一物，外无所求”的无念之人，并顿悟成佛。

慧能对传统的佛教理论进行了大胆的突破，摆脱了烦琐的修证过程和经论词句的解释，由思辨推理转入神秘直觉，为中国化的佛教哲学开拓了新的领域。慧能本人未留下任何著作，他的言行由门人法海集记而汇编成书，名《六祖法宝坛经》，简称《坛经》，成为后来禅宗之“宗经”，是中国僧侣学者著作中唯一被称为“经”的作品。它是禅宗各派各系所共同信奉的经典，对后来禅宗的发展演变产生了极为深远的影响，也是宋明理学的一个重要思想来源。

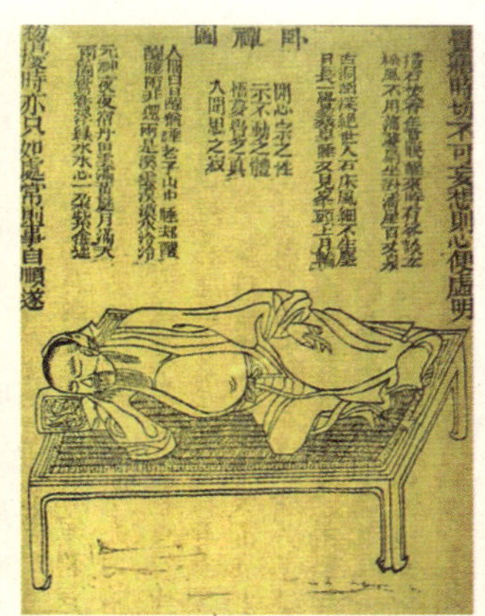

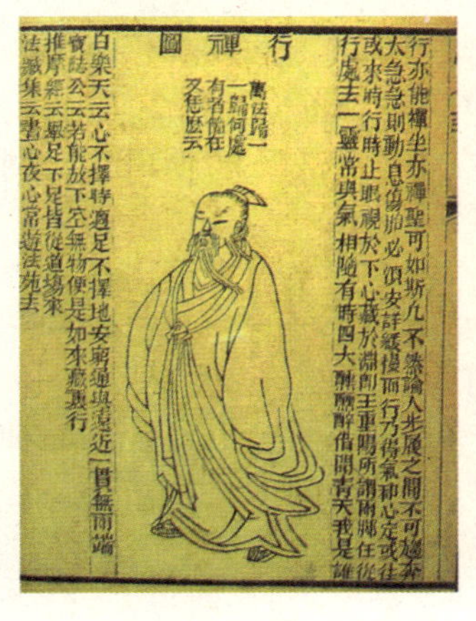

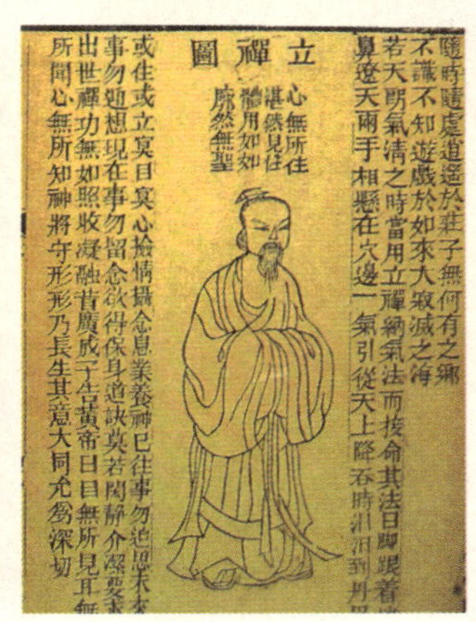

修禅的方式

弘忍圆寂后，禅宗分为了南、北两派，北派以神秀（约606—706）为代表，南派以慧能为首。神秀认为人生来具备佛性，主张“渐修”，通过不断进行禅定等修行，使人除去情欲与烦恼，最终显现人的“清净心”。慧能则主张“顿悟成佛”，指出“佛”并非遥不可及，而是自在人心中。他反对极为烦琐的佛教修行，不讲求累世修行、布施财物，认为终日念经、拜佛、坐禅会妨碍领悟佛理，最终不能成佛。慧能提倡通过体悟“本性”，内求于心。在体悟佛性过程中，主张靠“灵知”，凡人与佛的差别在于一念之差，“一刹那间，妄念俱灭，若识自性，一悟即至佛地”。南北两派为争正统，攻击不断。神秀90岁时被武则天诏到洛阳，又得到中宗、睿宗的礼遇。后来慧能的弟子神会冒险到洛阳宣传南宗教义，安史之乱时，设坛度僧，为李唐王朝资助军费，得到唐肃宗支持，后又被德宗立为禅宗第七祖，于是南宗大盛，北宗衰落。

红降阎魔尊曼陀罗

密宗，作为中国佛教的一个宗派，又名“密教”、“秘密教”、“瑜伽密教”等。自魏晋时期，印度密教开始传入中国。密教的咒经、咒术及各种密咒汇编的总集相继被译介，在中国传播开来。来华的印度与西域诸国的僧人，大多精于密咒。密教内容传入中国

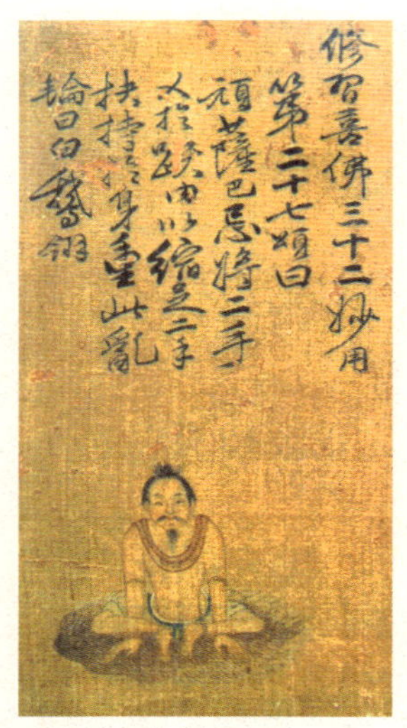
密宗的一种修习方法

时间虽早，但在中国真正建宗立派是始于唐朝，创立者一般推为中天竺的善无畏（637—735）、南天竺的金刚智（669—741）和师子国（今斯里兰卡）的不空（705—774），号称“开元三大士”。在唐玄宗的支持下，密宗不断得到发展，此时密宗典籍的译著数量大大超过了前代。

唐朝开元四年（716），瑜伽三密高僧善无畏东行至长安，受到唐玄宗的礼遇，被尊奉为“国师”，许多贵族大臣多从他灌顶受法。善无畏在华期间，在一行等的协助下，译出密教经典多部，其中最重要是《大毗卢遮那成佛神变加持经》（即《大日经》），是密教胎藏部经典。善无畏弟子一行亲承其讲传，撰写阐释密教理论的著作《大日经疏》。唐开元八年，南天竺密教高僧金刚智经南海、广州到达洛阳，弘传密教。金刚智在长安与一行、不空等人译出多部密教经典。不空曾奉命回国寻求密教经典，学习密法，回中国后先后在长安、洛阳等地译出《金刚顶经》等，成为金刚顶部所依的主要经典。

密教教义的来源比较复杂，神鬼系统、法式仪轨与修持方法五花八门，如设坛（曼陀罗）供养、诵咒、灌顶、禅定、护摩（火祭）等。密宗将地、水、火、风、空、识尊为“六大”，其中的前“五大”（地、水、火、风、空）为“色法”，属胎藏界；“识”为“心法”，属金刚界。世间一切万有甚至包括佛，皆是由“六大”所造，因而在体性上，佛与众生是无二致的。既然佛与众生体性相同，芸芸众生若能潜修三密瑜伽（相应），使口密（咒语）、身密（手势、身体姿势）、意密（观想）相应，终将修得正果，化身为佛。

无畏祈雨　清版画

自唐朝时期，密宗不断外传至日本。日本僧人空海大师在贞元二

十年（804），来唐求法，回国后，在平安弘传密教，创立真言宗，并逐渐盛行于日本。

7世纪，密宗经典传入吐蕃。西藏密教不断流传，噶当派、宁玛派、噶举派、萨迦派、格鲁派等诸派皆弘扬密宗教义。至今密宗在西藏仍起着举足轻重的作用。

空海像

九、藏传佛教

藏传佛教又称为”喇嘛教”、藏语系佛教，大概于7世纪松赞干布（约617—650）执政时期传入西藏。松赞干布统一西藏后，采取了一系列稳固政权的措施，如创立文字、历算，制定官制，引进佛教等。他先后迎娶尼泊尔尺尊公主、唐朝文成公主。尺尊公主、文成公主入藏后，为供奉所带佛教诸圣像分别建立了大昭寺和小昭寺，佛教开始在西藏传播。

在此之前，古代藏民崇信名为“本教”的原始宗教。本教，又名本波，主张万物有灵，天、地、日、月、星辰、草木等皆为崇拜对象。佛教的传入遭到了本教的强烈抵制。赤德祖赞即赞普位后，迎娶唐金城公主进藏，佛教得到进一步传播。但支持本教的贵族借一次蔓延天花之机，宣称这是鬼神对外来僧人发怒造成的，遂驱逐僧人，封闭寺庙，直到吐蕃第五代王赤松德赞掌握实权后，才废除了禁佛令，稍后被邀来藏的印度佛教显宗知名大师寂护因压制不住一再高涨的反佛风潮，在返回尼泊尔前建议赤松德赞请印度密教大师莲花生入藏降魔。莲花生用密宗的法术同本教较量，并把本教的神祇纳入佛教范围，以扩大佛教的影响。后来由莲花生主持，寂护设计的西藏第一座正规寺庙桑耶寺建成，并由寂护亲自剃度七名藏族青年为僧。西藏佛教逐步形成了显密共修的局面。在赤德松赞（798—815年在位）和赤祖德赞（815—838年在位）时期，大兴佛事，让僧侣参政，推行佛教教育。崇佛运动激起了崇本贵族的愤恨，他们制造事端，最后将赤祖德赞缢死。新即位的达磨在反佛贵族大臣的操纵下，大事灭佛，经典被焚，寺庙被毁，就连小昭寺也改作牛圈。僧人或者被杀，或

吐蕃赞普礼佛图
莫高窟壁画

受戒出家的七觉士

者遭流放，或者迫令还俗。佛教经受此一打击，一百余年未有起色，史学界称之为“黑暗期”，此前则名之为“前弘期”。842年，达磨被一僧人刺杀，从此吐蕃陷入分裂战乱局面。

978年被史学界定为“后弘期”的开端。佛教从多康、阿里分别传回卫藏，很快恢复和发展起来。其间仁钦桑布、阿底峡、卓弥等高僧为佛教的复兴作出了贡献。他们的弟子分别成了藏传佛教各派别的创始人。当时影响较大的教派有宁玛派、噶当派、萨迦派、噶举派、格鲁派等。

宁玛派是藏传佛教中最古老的一个教派，“宁玛”在藏语中意为“古老”。该派僧人皆戴红帽，穿红袈裟，因故被称为“红教”。宁玛派正式形成于11世纪中叶，三位创立人皆属于素尔家，因此三人被称为“三素尔”。该宗以莲花生的嫡传弟子自居。其教义是将佛法判为声闻、独觉、菩萨、事、行、瑜伽、大瑜伽、无比瑜伽、无上瑜伽等九乘，前三乘属于显教，为化身佛释迦牟尼所说，中间三乘属于密教，是报身佛金刚萨埵及大日如来所说，后三乘属于密教，是法身佛普贤所说。其中属于第九乘的“大圆满法”在宁玛派中占有重要地位。宁玛派的教义吸收了本教的教义与仪式，在下层群众中有广泛的影响。

莲华生法师像

传说密宗修行者在观想莲华生像时，有时会在朦胧中看到此像化为一团彩虹

噶当派中的“噶”在藏语中意为佛陀的言语，“当”意为教授。“噶当”的意思是用佛陀所传教诲来指导僧侣的修行。该派由阿底峡的弟子仲敦巴（1005—1064）创建于热振寺。随着其弟子与再传弟子的弘传，噶当派分为教典派与教授派。教典派注重对佛教典籍的研习，而教授派则重视实修。噶当派以修习显宗为主，强调修习次第，主张先学显宗后学密宗，二宗应相互补充。噶当派按照阿底峡

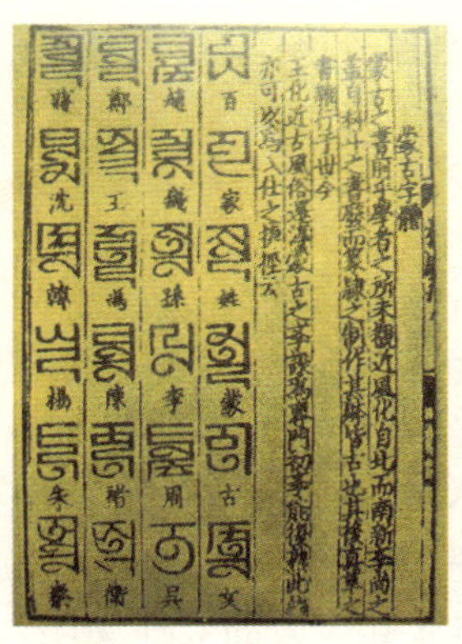

八思巴文百家姓

的理论，把众生分为下士、中士、上士三类。下士只求今生乐，不想解脱，属“人天乘”；中士只求个人解脱，不想普度众生，属“小乘”；上士自求解脱，也普度众生，属于“大乘”。与此相应，修行的次第也分为下士道、中士道、上士道，即“三士道”。此所谓“下士勤方便，恒求自身乐”；“中士求灭苦，非乐苦依故”；“上士恒勤求，自苦他安乐，及他苦永灭，以他为己故”。噶当派的教义被格鲁派等吸收，对藏传佛教的发展产生了深远影响。

观音菩萨坐像 宋 · 景德镇

萨迦派的创始人为贡却杰布，他创建萨迦寺，弘法传道，因故该派称为“萨迦派”(萨迦藏语意为白土，因寺所在地土色灰白，故名萨迦寺和萨迦派)。萨迦派一支派寺庙围墙涂有红白黑三色花条，分别象征文殊菩萨、观音菩萨与金刚手菩萨，因而萨迦派又称为“花教”。萨迦派的教义以“道果法”为核心，认为只要不做恶，行好事，破除认为万物实有的“常见”，以及各种“断见”，就能获得“一切智”，达到“涅槃”之果。在萨迦四祖贡噶坚赞为教主时期，归服元朝，五祖八思巴被忽必烈封为国师，兼领总制院事，协助中央管理西藏事务。萨迦派由此确立在西藏的领导地位。自14世纪中叶，随着元朝的衰落，萨迦派失去了中央的支持，其统治地位被其他佛教教派取代。

噶举派是一个支系众多、教法复杂的派别。“噶举”意为“口传”，该派历来注重密法修炼，强调口耳相传，故称为噶举派。噶举派僧人沿袭该派祖师玛尔巴等人传统，穿白色僧衣，故又称为“白教”。噶举派分为“香巴噶举”与“达波噶举”两个支派。其中达波噶举派又分出“噶玛”、“蔡巴”、“拔戎”、“帕竹”等四个分支，后者又进一步分出八小支。噶举派教义以“大手印法”为核心，显密兼修，显教大印重修心，密教大印重修身。噶举派在历史上也是有影响的藏传佛教教派，其中的帕竹派在14世纪下半叶取代了萨迦派，获得了西藏的政教控制权。

宗喀巴大师说法图

格鲁派是藏传佛教中至今仍有极大影响的一个教派。在藏语中“格鲁”意为“善律”，该派以严守戒律而得名。格鲁派僧人身着黄色僧衣，头戴黄帽，故又称为“黄教”。宗喀巴（1357—1419）为该宗创始人，于

布达拉宫建筑图

拉萨以东建甘丹寺，宣传其思想。格鲁派吸取了噶当派等其他诸派的教义，以后期中观说为主，信奉“缘起性空”说，强调止观兼修，先显后密。宗喀巴弟子贾曹杰、克主杰先后继承了教主之位，三人被尊称为“师徒三尊”。该派制定了严格的戒律，规定了学经程序和考核规范，完善了寺院制度，逐渐建立起庞大的寺庙集团。甘丹寺、哲蚌寺、色拉寺与扎什伦布寺是其主寺。

达赖的金印

活佛转世制度是黄教寺庙法规中的重要部分，明嘉靖二十五年（1546），哲蚌寺的索南嘉措正式称活佛，以承袭其前世根敦嘉措的地位。万历六年（1578）索南嘉措应蒙古土默特部俺答汗的邀请，到青海传教，被赠以“圣识一切瓦齐尔达喇达赖喇嘛”称号（“圣”意为超出世间，“识一切”指在显宗方面取得最高成就，“瓦齐尔达喇”指在密宗方面取得最高成就，“达赖”是蒙语大海的意思，“喇嘛”是藏语上师的意思），其意为“遍知一切德智如海之金刚上师”，这就是达赖喇嘛名号的来历。后黄教徒以索南嘉措为三世达赖，追认根敦嘉措、根顿朱巴为二世、一世达赖，建立了达赖喇嘛活佛转世系统，达赖被尊为观音菩萨化身。崇祯十五年（1642），支持黄教的蒙古和硕特部固始汗攻陷日喀则，因功于清顺治二年（1645）赠扎什伦布寺寺主罗桑确吉贤赞“班禅博克多”称号（“班禅”意为大学者，“博克多”意为智勇）。后黄教徒追认克主杰、索南乔朗、罗桑顿珠为一世、二世、三世班禅，建立了班禅活佛转世系统，班禅被尊为无量光佛化身。

清顺治九年（1652），五世达赖罗桑嘉措赴京觐见。翌年，顺治帝册封五世达赖为“西天大善自在佛所领天下释教普通瓦赤喇怛喇达赖喇嘛”，并赐金册、金印，正式承认达赖喇嘛为西藏的佛教领袖。五世达赖返藏后，移住布达拉宫。康熙五十二年（1713）清政府册封五世班禅罗桑意希为“班禅额尔德尼”（“额尔德尼”意为“宝师”或“大宝”），并颁金册、金印。班禅还被委以分管后藏部分地区政教事务的大权。乾隆十六年（1751），清王朝正式诏令七世达赖格桑嘉措掌管西藏地方政权，西藏逐渐形成在清朝管辖下的政教合一体制。

班禅的金册

第七章 道教及三教论争

道教作为中国传统宗教，源远流长，它是在中国古代原始宗教信仰的基础上，吸收道家、阴阳家、谶纬神学以及巫术和神仙方术的某些观念和修炼方法，于东汉中叶逐渐形成的。道教以“道”为最高信仰，奉老子为神明，相信通过修炼可长生不死，成为神仙。早期道教如太平道、五斗米道等大都流行于民间，往往同农民起义结合在一起，发挥着强大的思想感召力。太平道随着黄巾起义的失败而衰败湮灭，五斗米道受招安后，逐渐发展成为著名的符箓派——天师道。魏晋南北朝时期，在统治者的扶植利用下，民间道教在儒家名教和佛教的影响下，逐步向上层发展。经葛洪、寇谦之、陆修静、陶弘景的改造和充实，道教发展成为教义教规和组织形式日渐成熟的官方宗教。儒、佛、道鼎立局面日趋形成，由儒家独尊转变成儒、佛、道并存发展。诸教为了维护自身的地位，相互攻击，冲突不断，文化论争此起彼伏，发生了老子化胡之争、沙门不敬王之争、白黑论之争、夷夏论之争、神灭论之争等规模很大的争论。当然，三教在论争中也彼此援引，取长补短，在摩擦中逐步适应对方，从而形成了中华民族多元互补的文化模式。儒、释、道三家成为中华古代文明的三大支柱。隋唐时期，统治者实行三教并重的宗教政策，儒、释、道之间的联系密切，逐渐出现了三教合流的趋势。至宋，儒、释、道三教日益融会贯通，宋明理学即为三教融合的理论产物。

一、道教概述

道教是土生土长的中国宗教，具有鲜明的中国特色。道教的源头可追溯到氏族社会的原始宗教。三代时，原始宗教发生分化，对天神和祖先的祭祀纳入国家的礼乐制度，而对鬼怪乱神的崇拜则留在了民间。战国时期，追求长生成仙的方士们形成了神仙家，或称“方仙道”。两汉时期，黄老道家逐渐退出官学之列，而专于治身养生之术，长生成仙的思想使黄老之学逐步形成以老子为崇拜对象的黄老道。方仙道与黄老道吸取谶纬神学内容，编造经书，逐步合流而形成了早期道教的前身。

东汉顺帝至东汉末年为道教的创始阶段。当时，统治者热衷于治身养生之术，以延年长生为宗要的道教丹鼎派应时而生。《周易参同契》作为丹鼎派立宗之经典流于世间，该书由魏伯阳所作，大约成书于东汉后期。“周易参同契”所涵之意深幽邈远，所谓“参同契”中的“参”意为“三”，指的是“周易”、“黄老”、“炉火”等；“同”有贯通之意；“契”为书契。该书吸纳了东汉时期医学、天文历法等方面的成就，利用周易义理、黄老之学论述了炼丹之道。纳甲法、十二月消息卦、卦气说等理论皆被《周易参同契》所采纳。此书将铅汞等药物作为炼制丹药的主要用药。铅、汞按照比例调和，八两汞水与八两铅粉注入丹鼎之中，汞水与铅粉共计一斤（古时十六两为一斤），合三百八十四铢，恰好与六十四卦中的三百八十四爻相对应。在炼制外丹时，通过把握天地阴阳之变，参照“阴阳五行”思想，使火候的变化遵循五行相生、相胜之道，适应卦气的变化，并根据四时的变迁而确定炉火的大小。依此炮制，炼制出所谓灵丹妙药，虽无法实现长生不老之功效，但仍有一定的药用价值。自魏晋起，随着玄学之风的蔚然兴起，服食丹药为名士们所竞相效仿，《周易参同契》备受尊崇，被外丹派和内丹派奉为本宗经典。

魏伯阳像

正当统治者沉溺于声色犬马之娱、一味陷入长生不老的迷梦之中时，东汉王朝已处于风雨飘摇的岌岌末世，农民起义一触即发。动荡乱世促成了方术、谶纬之学的兴盛，符命之说流行人世。顺帝时期，《太平经》始传于民间，以咒术、符水治病免祸的宗教活动兴起。通过符箓、斋醮等手段来治病免灾、祈祷驱邪的符箓派逐渐流布于社会下层，太平道、五斗米道等教派相继崛起。

《周易参同契》书影

《太平经》初名为《太平清领书》，脱胎于《包元太平经》，经

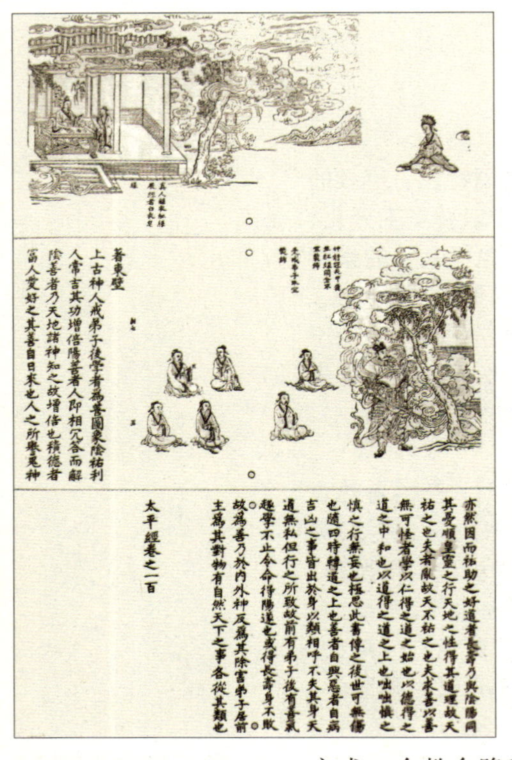
著東壁
上古神人戒弟子後學者為善圖象陰祐利
人常吉其功增倍陽善者人即相冗答而解
陰善者乃天地諸神知之故增倍也積德者
畐人愛好之其善自日來也人之所舉鬼神

亦然因而祐助之好道者長壽乃與陰陽同
其憂順皇靈之行天地之性得其道理故天
祐之也夫者亂故天不祐之也夫求善以善
無可怪者學以仁得之道之始也以德得之
道之中和也以道得之道之上也咄咄慎之
慎之行無妄也極思此書傳之後世可無傷
也隨四時轉道之上也善者自興惡者自病
吉凶之事皆出於身以類相呼不失其身天
道無私但行之所致故前有弟子後有善氣
○趣學不止令命得陽道也或得長壽身不敢
故為善乃於內外神反為其除害弟子居前
主為其對物有自然天下之事各從其類也
太平經卷之一百

《太平经》之一页

于吉之手，将书扩充至170卷。《太平经》折射出当时的社会黑暗，提出了一些治世观点，反映了社会中、下阶层的政治主张，力图通过调和各阶层的矛盾而维护国家的长治久安。《太平经》主张以“太平”之道治民，反对以严刑峻法压制民意，构造了一个理想的太平世界。“阴阳五行”、“天人感应”等思想在当时大行其道，《太平经》吸收了阴阳灾异说，创立了 “天人相通”的“三统”神学体系，认为“阴阳”、“君臣民”、“父母子”存在着尊卑贵贱之分，“君、臣、民”关系和谐，则国家政通人和，百业兴盛；阴阳失调，必定天下大乱。它还构建出一套包括神人、真人、仙人、道人、圣人、贤人在内的神学体系，指出：“神人主天，真人主地，仙人主风雨，道人主教化凶吉，圣人主治百姓，贤人辅助圣人。”

钜鹿（今河北平乡附近）人张角尊崇黄老，得《太平经》一书，自称“大贤良师”，依照其中的道术、教理，创立了太平道，希图建立理想的“太平”王国。张角借鉴《太平经》中的巫觋之术，令教众跪拜思过，以符水咒说疗病。张角、张梁、张宝三人称为天公、地公、人公将军，这正是采纳了《太平经》中的“三名同心”等思想。张角派遣弟子四处传教，历经十余载，以“方”为单位，共设三十六方，发展教徒数十万。中平元年（184），张角自称“黄天”，分布于八州的三十六方以“黄巾”为标志，掀起了声势浩大的黄巾起义，一时之间“天下响应，京师震动”。随着黄巾起义的惨烈终结，太平道逐渐衰微，最终销声匿迹。但《太平经》却传于后世，被历代道教徒奉为经典，为道教教义的发展完善奠定了基础。

张天师像 明·张翀

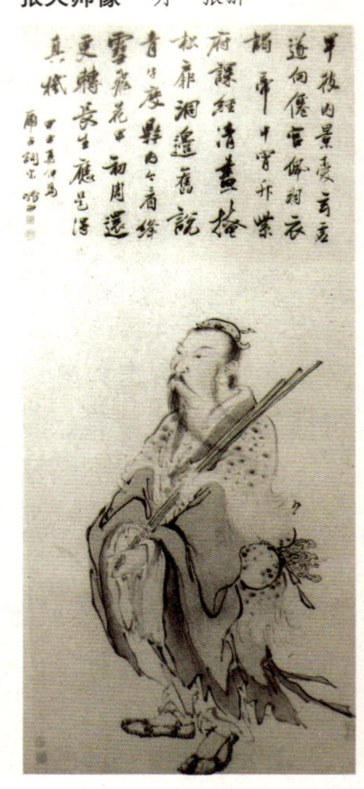

正当黄巾军横扫中原之时，五斗米道势力迅速膨胀。该派规定入道之人需交五斗米，故该派俗称“五斗米道”。据后世道教谱系记载，五斗米道由张陵

（又名张道陵，34—156）所创。顺帝汉安元年，沛国丰（今江苏丰县）人张陵在鹤鸣山声称受太上老君之命，被封为天师，以“正一盟威”之道救度世人，因故五斗米道又称为“天师道”。张陵将印剑符箓传于其子张衡，张衡又传于张鲁。张陵祖孙三人为天师道的前三代领袖，后人合称为“三张”。张陵为第一代天师，又称祖天师；张衡为嗣师，张鲁为系师。张鲁接任教首后，自称“师君”，将教权与政权集于一身，占据汉中地区。在其苦心经营下，天师道逐渐演变为割据一方的地方势力。东汉建安年间，张鲁率其教众招降于曹操，天师道逐渐由汉中传入内地，大批教众迁入关陇、洛阳等地。在寇谦之、陆修静等人的整改下，天师道为上层统治者所宠信，成为符箓派中最具实力的教派，其影响一直延伸至明清之际。

元始天尊

道家思想是道教教义理论的重要来源，道家的经典为道教所信奉，如《老子》被尊为《道德真经》，《庄子》被奉为《南华真经》，《列子》被奉为《冲虚真经》。

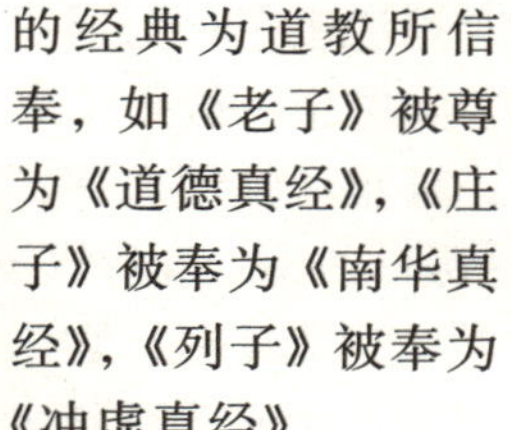

烧丹图 明 · 陈洪绶

道教从“天”、“地”、“人”、“鬼”等方面阐释教义理论，将天界分为三界三十六天，地分为九地三十六音，尊崇日月、星辰、山河，继承了商周时期的祖先供奉传统，融会成复杂的多神体系。道教以“道”为最高信仰，道是“造化之根，神明之本，天地之元”，衍生宇宙万象，化生五行（《玄纲论》）。道教把“道”人格化为“三清尊神”，即“元始天尊”、“灵宝天尊”、“道德天尊”，其中三清境为玉清境、上清境、太清境。元始天尊居清微天之玉清境，灵宝天尊居禹余天之上清境，道德天尊居大赤天之太清境。因此，三清尊神又称为“玉清境

老子像 明 · 张路

修仙炼真之图

清微天元始天尊”、“上清境禹余天灵宝天尊”、“太清境大赤天道德天尊”。其中道家创始人老子被尊为“道德天尊”，又称为“太上老君”。

修炼成仙是道教修身的终极目标。道教认为人通过修炼可以与神仙一样逍遥无待，长生久视，使生命与“道”融合为一，永恒长存。道教依据《黄帝内经》、《道德经》等，提出了“把握阴阳”、“呼吸精气”等修行方法。道术包括外丹、内丹、服食、房中术、辟谷、内观、静守等内容。外丹，指用丹炉或鼎炉烧炼铅汞等矿石，通过化学烧炼的方法，用丹砂（硫化汞）、硝石与其他矿物质制造出金丹灵药，服后能“长生不老”、“化羽成仙”。道教的炼丹术对后世产生了深远影响。葛洪、陶弘景等人皆为当时著名的炼丹家。历史上有许多帝王为求长生而推崇炼丹之术，如秦始皇、汉武帝、明嘉靖帝等都乐此不疲，但收效甚微。魏晋时期，玄学名士喜好服食丹药，其中五石散（又名“寒食散”）最为流行。五石散由紫石英、白石英、赤石脂、钟乳、石硫黄等五种矿物质炼制而成。据说服用该药后可以延年益寿，甚至可以长生不老、飞升成仙。实际上，服食了五石散，人将遭受极大的肉体折磨，疼痛难忍，甚至会性情大变，会变得狂躁、疯癫。内丹包括行气、导引、呼吸吐纳等，以后逐渐演变为气功。自唐代起，道教的内丹之术逐渐被广为接受，它以人体作鼎炉，使精气聚于体内，凝集成丹，进而达到长生延年之功效。

上清灵宝大法之一页

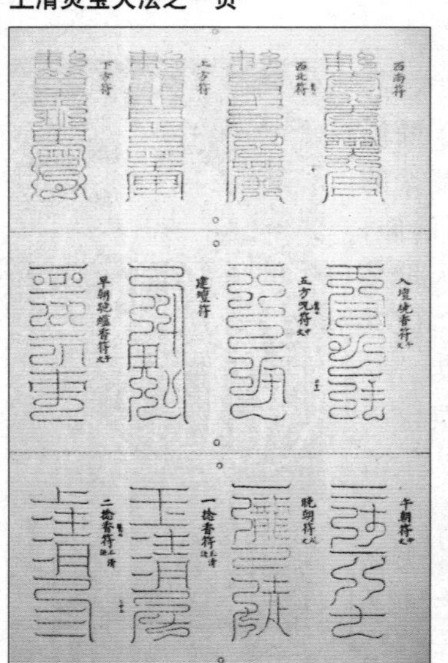

太上灵宝芝草品

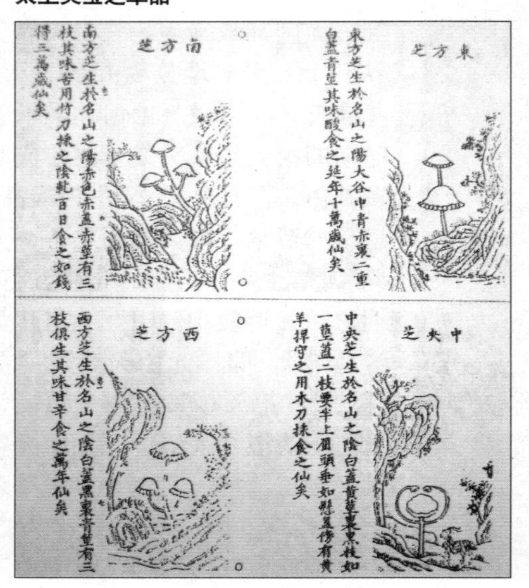

符、箓、斋、醮为道教主要仪式。道教认为符是天神所降的图或篆文，由精气化生而成，它是以“符号”的形式，附着在特定的文字、图形上，具有治病、镇邪、驱鬼、召神的功效。箓有记录之意，根据功用的不同而分为箓牒、记箓、

符箓等。箓牒是道教徒受戒修行的凭证。记箓是用来记录有关天宫功曹、十方神仙名属的牒文。符箓又称为“法箓”、“佩箓”，可分为童子箓、益寿箓、超拔灵箓，用以避邪镇妖、护身、保命。斋分为设供斋、节食斋、心斋，是指祭祀神祇之前，道士清洁身心、规整举止，以表虔敬之意。醮是指专门祭祀供奉诸神的仪式，以祈福避灾。东汉末期，太平道初步创立了斋、醮仪式。唐代以后，二者逐渐融合，界限难以区分。道教徒分为“道士”和“居士”，“居士”不入道观而在家中修行。

道教的神学、方术为明清神魔小说提供了丰富素材。游仙诗、步虚词、青词等道教文体丰富了中国古代文学。许多道教名士如葛洪、陶弘景等人精通医术，促进了中国医药的发展，在古代中医学理论方面有重大突破。鲁迅曾言：“中国的根底全在道教。”道教作为中国传统文化的重要组成部分，对中华文化的各个方面都产生了重要影响，体现出中华民族独特的精神气质与魅力。

二、抱朴子葛洪

葛洪（284—364），字稚川，号抱朴子，丹阳句容（今属江苏省）人，两晋时期的道教代表人物、炼丹家、医学家。葛洪是三国时期著名方士葛玄之从孙，其父葛悌，为邵陵太守。葛洪少而好学，因其父早逝而家境贫寒，他往往独自上山砍柴，以换取纸笔。因累遭兵火，家中积存的书籍散失殆尽，为借书读，他常徒步走几十里。借到书后，就连夜抄写下来。这样，他很快就博通典籍、闻名一方了。葛洪为人木讷，无所爱玩，与琴棋及博戏之术无缘，也不喜交游，每日闭门谢客，有时在路上遇到熟人，也只是“目击而已，各无所言”。他真正感兴趣的是“神仙导养之法”，从小就跟随葛玄的弟子郑隐学道，颇得其真传。后来又师事南海太守鲍玄。鲍玄亦为能“逆占将来”的道教名士，见到葛洪后很是赏识，并把自己的女儿嫁给

葛洪移居图 元·王蒙

他。此后，葛洪一度委身官场，曾任咨议、参军等职。后因镇压石冰领导的农民起义有功，又升为伏波将军，赐爵关内侯。不过他对功赏并不甚在意，只是一有机会就“搜求异书，以广其学”。咸和初年，葛洪听说交趾出丹砂，想到那里炼丹以求长寿，于是自己主动要求降为句漏令。上任途中，携子侄经广州，却被刺史邓岳挽留不放，于是索性止于罗浮山炼丹，悠游闲养，以著述为乐。后无疾而终，时年81岁。据《晋书》称，葛洪死的时候“兀然若睡”，“视其颜色如生，体亦柔软，举尸入棺，甚轻，如空衣，世以为尸解得仙云”。葛洪著作甚丰，据史载有《抱朴子》、《神仙传》、《金匮药方》、《肘后备急方》等，是道教发展史上集大成式的人物。另外，他对化学和医学的发展也有一定贡献。

《抱朴子》是葛洪最重要的著作，分《内篇》和《外篇》，各自成书。《外篇》论人间得失，世事臧否，以复兴儒教为宗旨，积极救世，基本属儒家学说。《内篇》强调“道”是根本，“儒”为末节，消极避世，寻求长生不死，提倡神仙道教。《外篇》中有反对清谈玄虚的言论，《内篇》则以“玄”为哲学体系之核心。葛洪受到魏晋玄学之风的影响，对“玄”进行了阐述。《内篇》的开篇之作即用四六骈体文，以飘逸华美之文笔详细阐释了“玄”的含义，认为“玄”或“玄道”乃天地万物之总根源，所谓：“玄者，自然之始祖，而万殊之大宗也。”他用数篇论述了神仙的存在及修行成仙的可能性。他将神仙分为天仙、地仙、尸解仙，指出修仙的人在于“思玄”，通过修炼可与“玄道”合一而成为神仙，“得道者，上能竦身于云霄，下能潜泳于川海”。至于具体修炼的方法，仍本于嵇康《养生论》所谓“清虚静泰，少私寡欲”，以“保和全真”。具体说来，有“十一少”及“除六害”等条目。所谓“十一少”是指“少思、少念、少笑、少言、少喜、少怒、少愁、少好、少恶、少事、少机”；“除六害”是指“薄名利”、“禁声色”、“廉货财”、“损滋味”、“去佞妄”、“去沮疾”，如此方可实现“全身久寿”之目的。葛洪对服食丹药极为重视，对“金液还丹”等丹药的作用深信不疑，曾断言“服此不仙，则古来无仙矣”。

金液还丹印证图之一页

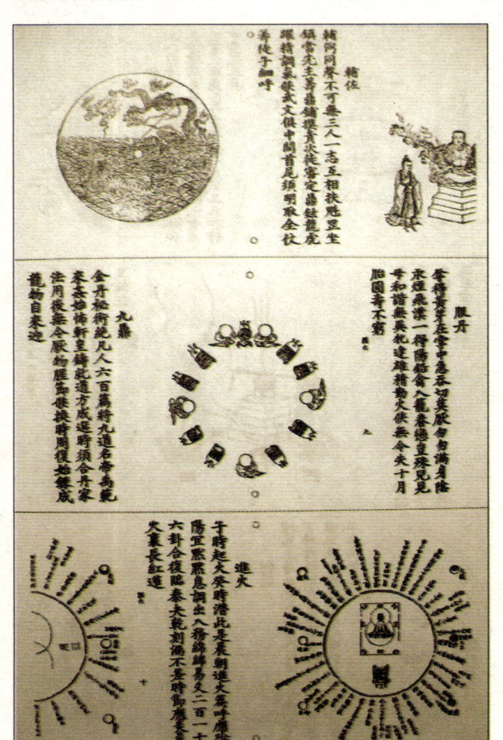

《抱朴子》主要讲炼丹术，祈求成仙，大致体现了神仙道教的基本特征，与以符水疗病消灾为主的民间道教有一定区别。葛洪成为魏晋

时期丹鼎派神学体系的奠基人，《内篇》成为后世丹鼎派的重要经典。在道教史上，葛洪齐名于“三张”（张陵、张衡、张鲁），被丹鼎派供奉为本宗的祖师。魏晋时期，统治者大力扶植丹鼎派，以取代与农民起义结合在一起的符箓派，葛洪顺应统治者的意愿，使道教迎合统治者飞生、成仙的需要，丹鼎派日渐成熟完备，跃居为上层道教。但道教的官方化尚未彻底完成，后通过寇谦之、陆修静等人对天师道的整改，终结了原始的民间道团阶段，使其脱胎成为成熟的官方宗教。

三、寇谦之、陆修静与天师道整改

自天师道第三代教主张鲁之后，天师道组织涣散，人心离散，科戒废弛，日渐衰微。天师道的许多教规已不能适应时代的发展，其流弊已严重影响了天师道的威望。天师道教规规定，祭酒道官世代因袭，许多不肖子孙因袭了教中职位，任意向教众索要钱财，随意招收市井无赖与不良之徒，败坏教规，为非作歹，教众对此怨声载道。男女房中之术为当时天师道的养生之术，许多不良教徒以养生为名，进行淫乱活动。这一状况遭到正统儒家士大夫与佛教徒的攻击，天师道影响每况愈下。针对天师道的这些流弊，寇谦之、陆修静分别对北朝、南朝的旧教规进行了修改与清整，从而使天师道从原始的民间道团脱胎成为日益成熟的官方宗教。

寇谦之（365—448），原名谦，字辅真，北朝著名道士。自天师道传入北方后，汉族门阀地主中信徒日增，寇谦之受家庭影响，自幼便喜好道教，先后在嵩山、华山学道，精于道教方术和丹药。得道之后，寇谦之长期致力于弘扬道教。

寇谦之为树立自己在教众中的威望与权威，托称太上老君降临，授之新天师之位，命他掌管天师道。寇谦之根据《音诵戒经》、《录图真经》，开始用儒家的道德礼法来改造天师道，对天师道进行了大刀阔斧的清整。寇谦之首先废除了祭酒道官的世袭制度，打破了天师职位世袭的惯例，主张择贤而立，唯贤是授，自称太上老君察觉到他才德俱佳，才授之以天师之位的。为了清整教徒，扫除教中败类，加强对教众的管理，寇谦之规定道民不可随意改投道官，道官所要招收的教徒必须先考验三年，经道官验其品行，德行淳良者方可入教。为了断绝祭酒道官的奢侈腐化之风，寇谦之废除了租米钱税制度；为扭转天师道的淫逸之风，极力杜绝教众滥传房中之术，强调修行以斋功为主，斋功才是养生求仙的根

道教水陆图

本之法。

除了对教规进行清整外，寇谦之还修改了道教教义，完善了道教的神学系统，明确了诸位天尊、神仙之间的等级从属关系。寇谦之称上界有三十六天，各天皆有一宫，每宫有神镇守，将“无极至尊”列为最高神，其次是大至真尊、阴阳真尊、洪正真尊、牧土宫主李谱文等。道教教义远不如佛门教义精妙，寇谦之就用佛教教义来充实、改造道教。为使道教在影响上胜于佛教，寇谦之将佛祖释迦牟尼归于道教，将他列入三十六天的诸神之中，位在无极至尊之下。

随着释、道两教之争愈演愈烈，寇谦之为了得到当朝统治者的扶持，积极结交权臣。崔浩出身于北方的门阀士族，是北魏太武帝时期的重臣，位高权重。崔浩注重儒学的修为，排斥佛教。崔浩与寇谦之交往甚密，拜其为师，弘传道教。北魏太武帝受崔浩的影响，采取了崇道抑佛的宗教政策，极力扶植道教，于440年改年号为太平真君元年，并封寇谦之为国师。天师道逐渐受到国家政权的支持，成为官方正统宗教。

经过对天师道的改革，寇谦之确立了在北方天师道中的领袖地位，扭转了天师道的颓势，充实了新天师道的力量，使天师道显盛于北朝。与此同时，在南朝为迎合门阀士族的需要，陆修静进一步充实天师道的教义，完善了道教戒规科仪，变革了南朝道教的组织形式，重整南朝天师道，将南朝道教从民间宗教发展为士族神仙道教。

陆修静（406—477），字元德，吴兴东迁（今浙江吴兴）人，出身于江南望族吴郡陆氏。他少时饱读诗书，厌恶士族官宦的糜烂生活，欲求得道成仙，遂弃绝妻儿，入山修道。陆修静起初隐于云梦山，后云游四方寻觅仙踪，受高人点化而得道，再隐居于庐山，声名远扬，受到统治者的重视。宋文帝、宋明帝先后下诏，命陆修静进京讲道。宋明帝对陆修静礼遇有加，在京都北郊外修建崇虚馆，让陆修静居于馆内，修道讲法。在此期间，他修撰《三洞经书目录》，整理了大量道教典籍。

道教源流图 《搜神记》插图

陆修静生活时代正值南朝佛教盛于一时，佛教深刻影响了道教的发展，佛教教义逐渐渗透于道教中。众多道教经典模仿佛经而作，佛教术语也被纳入了道教的教义体系。陆修静用佛教改造南方道教，吸纳了佛教三世轮回、因果报应等教义，道教理论体系日趋成熟。

陆修静还重整南方道教组织，完善三会日制度，规定每年的正月初七、七月初七、十月初五召开元会，同时完善道教徒的名籍管理制度，将教民登记于“宅录”上，管理的加强扭转了道教的涣散局面，使其组织日益严密。陆修静严格整顿了道教中的等级制度，建立起完善的道官晋升制度。在陆修静等人的弘传下，道馆的数目也不断增多，其规模日益扩大，道馆逐渐成为道教各派的活动中心，许多著名道士居于道馆，对教民讲经布道。道馆制度的确立，变更了天师道的教团形式，逐渐发展为成熟的宫观制度。

为了加强对道士的管束，陆修静修订了道教教规，完善了道教的斋醮仪式。斋醮仪式成为道教徒重要的修行功课，通过清心沐浴，设坛上供，焚香烧符，念诵经咒，为国家祈福，为百姓免祸。陆修静身先力行，亲自设坛为宋明帝祈福。

在陆修静不遗余力的推动下，道教在南朝影响大增，流行于上层士族。此后南朝道教人才辈出，顾欢、宋文明等人皆为当时的道教名士。陆修静的再传弟子陶弘景脱颖而出，创立茅山宗，成为南朝道教的代表人物。

四、山中宰相陶弘景

陶弘景（456—536），字通明，丹阳秣陵（今江苏南京）人，南朝齐梁间著名的道教思想家、炼丹家。陶弘景“幼有异操，年四五岁，恒以荻为笔，画灰中学书”（《南史》）。10岁时，他读到葛洪的《神仙传》，被其中记载的神仙故事所深深吸引，乐此不疲，

陶弘景像

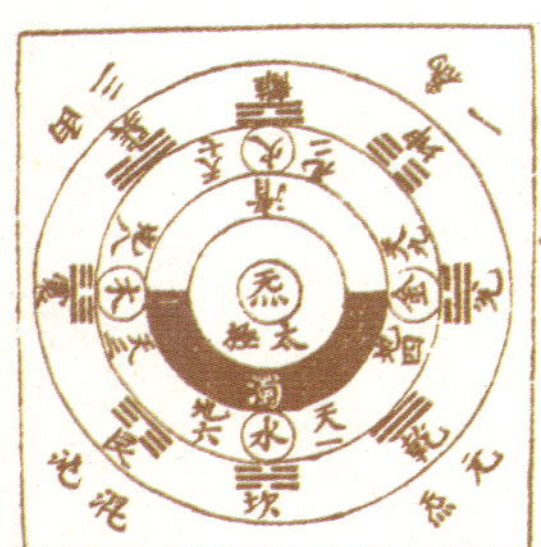
道妙惚恍之图

昼夜研习，遂产生养生修道之念。他读书破万卷，博闻多知，善琴棋，工草隶，十几岁便被引为诸王侍读。然而他无意仕途，遂辞官隐居。陶弘景游历名山大川，寻访仙药，觅清修之地，遍访得道高人、隐士，先后从师于孙游岳等人，学习符图经法，得真人遗迹十余卷。永明十年(492)，陶弘景隐于茅山，在山中立华阳馆，开道教之茅山宗。

陶弘景虽过着隐居生活，但仍关注世事变迁。陶弘景曾用谶图，推演出“梁”字，派弟子进献于齐朝大将萧衍，劝其顺应天命而取代齐朝。萧衍罢黜齐和帝后，采纳了陶弘景的谶语，定国号为“梁”。武帝对他极为礼重，以至“每得其书，烧香虔受”，后屡加礼聘，陶弘景以庄子“曳尾之龟”自居，始终隐居不出。武帝倒也并不勉强，但朝廷每逢大事，无不前往山中咨询，时人称他为“山中宰相”。陶弘景“善辟谷导引之法”，直到80岁时仍身强体壮，81岁时无疾而终。

陶弘景是南朝著名的炼丹家，编撰了《太清诸丹集要》、《太清玉石丹药集》、《炼化杂术》等外丹著作。在梁武帝的支持下，他在二十余年中先后七次炼丹。梁武帝服食所炼制的丹药后，感觉身轻体健，从而更加信服、尊崇陶弘景。

陶弘景宣扬“百法纷凑，无越三教之境”。他本人佛、道双修，曾受佛戒，并在茅山道观中建佛、道二堂，隔日朝礼。他撰有《真灵位业图》，将儒家的等级制引入道教之中。陶弘景以图谱的形式，列举了七百多位仙人，众多道教传说中的神人及历史人物列入仙位。元始天尊列为道教的至上神，仙界由三清九宫组成。

陶弘景注重前人的理论成果，搜集了大量遗著，整理出《真诰》、《登真隐诀》等道教典籍。《真诰》是一部专门记述上清派早期教义、方术和历史的重要论著，“真诰”意为得道真人的口头传授。《登真隐诀》则收集了上清派的养生、求仙之道。《真诰》重视《抱朴子》的金丹和守一，但认为“若得《大洞真经》者，复不须金丹之道”。上清派推崇《大洞真经》为“仙道之至经”，又窃取佛说《四十二章经》文，纳入真人的诰语中。《真诰》认为“道”是天地万物生成的本原。“道者混然，是生元气。元气成，然后有太极。太极则天地之父母，道之真也”。这是说“道”产生元气，元气孕育太极，太极分生天地。元气、太极、天地都是从“道”这个精神性的实体演化出来的。

陶弘景偏重于修炼养生之术，主张服食、导引、神丹、诵经等修行之法，他提出太极真人云：“读《道德经》五千文万遍，则云驾来迎。”他认为，诵经是重要的修行功夫，虔心诵经可提升修

为境界，其功效不亚于其他修行之法。陶弘景主张养神与养形并重，行“中和”之道。在形神关系上，他认为，“生者神之本，形者神之具，神大则用竭，形大劳则毙”(《养性延命录》)。为了延年益寿，人必须保持“游心虚静，息虑无为”的心态，要恬淡无为，淡泊名利，避免大喜大悲，不为外物所扰；在生活起居上，要节制、适度。

陶弘景文采华美，善于辞章，精于书画琴棋，在阴阳五行、医学等诸多方面颇有建树。他“性好著述，尚奇异，顾惜光景，老而弥笃”(《南史》)，除了以上著作外，还编撰了《本草经集注》、《效验方》、《肘后百一方》等。《本草经集注》对《本草经》进行了修补，将原书中360余种药物增加了一倍，并总结了魏晋南北朝时期的医药学理论。

陶弘景促进了南朝道教的改革与发展，使道教理论趋于成熟。他继承了老庄思想和葛洪的神仙方术，融合儒、佛、道三教，主张三教合流。南朝道教经葛洪、陆修静、陶弘景等几代道士的整改、完善，终于演变为成熟的官方宗教。自此，儒、释、道三教呈鼎立之势，派别之争屡见不鲜，在冲突激荡中呈现出融合趋势。

五、老子化胡与夷夏之争

佛教传入之初，影响甚微。作为外来宗教，佛教教义与中国传统文化发生冲突，佛教受到了儒家的攻击。为谋求发展，佛教便比附于黄老之学。随着佛教的兴盛，中国传统文化的正统地位受到冲击，在两种文化的激荡碰撞中，引发了老子化胡之争、夷夏之争、沙门不敬王之争等文化论争。

西晋时期，佛教逐渐渗透到社会各阶层。佛教教义远比道教机巧，道教无法从理论上胜佛教一筹。为了维护自身的发展，道教编造事实来极力抬高老子的地位，以贬低佛教，源于东汉后期的“老子化胡”的观点遂盛于一时。《史记·老子韩非列传》中曾记载老子至函谷关著“五千余言而去。莫知其所终”。此段记载被后

松阴谈道图　宋

僧道辩论 清版画

成仙飞升图

人加以发挥，编造了许多老子化胡的故事。惠帝时，天师道祭酒王浮与佛门高僧帛远争论释、道二教的邪正，辨别佛、道之优劣。每次辩论，王浮皆败下阵来。在恼怒之余，王浮收集“老子化胡”之旧说，糅合了王浮本人的观点，编写了《老子化胡经》，想以此来达到崇道抑佛的目的。

《老子化胡经》认为，老子生于天地形成之始，先于三皇五帝。老子曾为三皇五帝之师，曾号“究爽子”、“大成子”、“传豫子”等。周昭王时期，老子西出函谷关，传尹喜《道德五千章句》，口授《妙真经》、《西升经》。老子出关后，远至流沙、于阗等地，教化胡人。周桓王时，老子令尹喜转世于中天竺国，名为“悉达”，后离家修身，终成正果，号为佛陀。许多道教徒受《老子化胡经》的启发，任意进行发挥，编造了许多“玄之又玄”的故事，情节怪诞斑驳，颇令人匪夷所思。

《老子化胡经》问世之初，佛教势力在当时还不是很强，佛教希望攀附道教，从而扩大自身的影响，因而对《老子化胡经》采取了忍让的态度，任凭该书流于天下。南北朝时期，佛教逐渐达到鼎盛，其势力远远超过道教。就《老子化胡经》的真伪问题，佛教开始发动教徒，利用一切方式与手段攻击《老子化胡经》。佛教竭力证明《老子化胡经》是伪书，并认为佛教的历史远比道教久远，道教的产生晚于佛教，是受佛教的启发而创立的。佛道二教就此书展开了激烈争论，延续了数百年。在北魏，沙门昙无最与道士姜斌在朝堂之上争辩《老子化胡经》的真伪，魏孝明帝亦难作出判定。唐朝采取了佛道并重的宗教政策，但这并未调和佛、道二教对《老子化胡经》的争论。显庆五年（660），唐高宗曾下诏，命道士李荣与僧人静泰等人争辩《老子化胡经》的真伪。神龙元年（705），唐中宗又召集佛、道信徒于大殿之上争辩该书的真伪，二教各执一辞，互不相让，甚至大打出手。由于道教的势力弱于佛教，佛教在政治上更具有影响力。元朝时期，佛、道二教又对该书的真伪进行了激烈争辩。1281年，元世祖下令毁禁除《道德经》以外的道教典籍，《老子化胡经》也在禁书之列。自此，《老子化胡经》的真伪之争终于偃旗息鼓，告一段落。

老子化胡之争尚未尘埃落定，夷夏问题则又陷入了白热化争辩之中。夷夏问题由来已久，儒家自孔子起皆主张以夏变夷，严守夷夏之分。道教为了提升社会影响，开展了激烈的反佛斗争。南朝刘宋时期，道教思想家顾欢作《夷夏论》，以实现崇道抑佛的目的。顾欢以“老子化胡说”为理论依据，主张道教为“圣教”，贬斥佛教为“戎法”。华夷两地差异很大，人性风俗皆不相同。因此中土之地只能用儒、道之学经世治俗，杜绝以夷变夏。《夷夏论》一出，顷刻轰动朝野上下，引起了佛教信徒的强烈反对，进而引发了一场“夷夏之争”。袁粲、谢镇、朱昭、慧通、僧愍等人纷纷著述，驳斥顾欢的《夷夏论》。谢镇作书信《与顾道士书》，朱昭作《难顾道士夷夏论》，慧通著《驳顾道士夷夏论》，僧愍作《戎华论折顾道士夷夏论》。袁粲、慧通与顾欢针锋相对，将《老子化胡经》斥为伪经，他们指责“老子化胡论”荒诞不经，纯属子虚乌有之事。佛教既然为圣教，则必然能适用于华夏之地。慧通等人指出，夷夏之地人性并非善恶不同，反对将佛教仅看作“破恶之方”。此次论战结束后，“夷夏之争”并未终结。萧齐时期，道教徒假借张融之名作《三破论》，对佛教极力贬低，认为佛教“入家而破家，入国而破国，入身而破身”，佛教在中土的兴盛，必定招致以夷变夏，“中原之人莫不奉道，其奉佛者，必是羌胡之种！”佛门众僧立即反唇相讥，认为道教为国家衰亡的祸乱之源，对道教的黄白之术、化羽成仙等思想进行了批驳。

就本末、同异等问题，儒、佛、道三教也展开激烈争论。针对这些论争，许多人持调和心态，主张以融合替代纷争。早在汉末魏初，牟子就作《理惑论》，书中曾言道：“书不必孔丘之言，药不必扁鹊之方，合义者从，愈病者良。”牟子主张儒、佛二教兼容互补，以佛教教理来弥补儒学纰漏之处。经过“夷夏之争”等多次论战，儒、佛、道三教相互激荡、相互融合，为中国文化注入了生机活力，从而使中华文明以海纳百川之势崛起于世界东方。

六、沙门不敬王之争

佛教传入中国之初，其教义、戒律就与传统儒家伦理发生了冲突，因为佛教教义规定，佛教徒只跪拜佛祖释迦牟尼，对任何世俗人，无论高低贵贱皆不行跪拜礼。佛教中的僧侣剃发、入空门等教规也遭到了正统儒学的攻击，指责这些教规违背孝道，悖

白莲社图局部 南宋·张激

逆封建纲常。随着佛教势力急剧膨胀，佛教与王权、名教的冲突日益加剧，随即引发了沙门不敬王之争。

东晋成帝时期，庾冰、何充辅助皇帝执政。庾冰极力排斥佛教，尊崇儒学，试图恢复儒学独尊的局面。何充则崇信佛教。佛门弟子见君王而不行跪拜之礼，庾冰认为这违背名教，有碍朝廷典章制度。庾冰代晋成帝发布诏书，声称礼敬体制为治国之纲，为维护名教与朝廷典制，僧侣必须跪拜君王。何充极力反对庾冰颁布的诏令，便上书进言，认为佛法的弘传有利于教化百姓、巩固王权。虽然佛教的礼仪与儒家的礼教不同，但佛门弟子敬重君王，尊重王权。朝中大多数人认为佛教与儒家名教在礼俗上存在着细微差异，但二者皆能教化万民、维护王权。晋成帝最终采纳了何充的谏言，允许沙门弟子面君时免行跪拜礼。

虎溪三笑 清版画
慧远三十年足不出山，每次送客以虎溪为界。传说有一次他送陶渊明、陆修静，边走边谈，不知不觉过了虎溪，三人不禁大笑

东晋安帝在位时期，桓玄总揽朝政，处理国事。他认为君权至高无上，沙门弟子对君王免行跪拜礼，这对君王极不敬重。桓玄重提庾冰所起草的诏令，于元兴二年（403）颁布政令，强制沙门弟子跪拜王者。针对桓玄所颁布的政令，佛门高僧慧远作《答桓太尉书》、《沙门不敬王者论》。

慧远（334—416），东晋僧人，俗姓贾，雁门楼烦(今属山西)人。慧远少而好书，13岁就跟随舅父令狐氏游学中原，博综六经，尤善老庄之学。据《高僧传》记载，他性度弘博，风鉴朗拔，虽宿儒英达，莫不服其深致。21岁时拜道安为师，在听《般若经》后，豁然而悟，叹道："儒道九流，皆糠秕耳。"于是投簪落发，皈依佛门。出家后，慧远以弘法为己任，"精思讽持，以夜续昼"，24岁即开讲《般若经》，极受道安赏识。前秦围攻襄阳时，道安分散众徒，慧远率弟子南下，于东晋太元六年（381）上庐山，住虎溪东林寺传法，刘遗民、雷次宗、宗炳等名流望风而来。402年，在慧远倡导下，他们于庐山建"莲社"，希望通过"念佛"或"观佛"，

死后可往生西方净土。因此，慧远又被奉为唐代产生的净土宗的始祖。

慧远认为，佛法教义中体现了忠孝思想，“奉上之礼、尊亲之敬、忠孝之义表于经文”。慧远提出，佛门修行之人的礼节与世俗之人不同，“隐居以求其志，变俗以求其道。变俗服章不得与世典同礼，隐居则宜高尚其迹。夫然故能拯溺俗于沉流，拔幽根于重劫，远通三乘之津，广开人天之路。是故内乖天属之重而不违其孝；外阙奉主之恭而不失其敬”。在慧远看来，沙门弟子虽遁入空门，但“一夫全德，则道洽六亲，泽流天下。虽不处王侯之位，固已协契皇极，大庇生民矣”。慧远为了维护佛教的发展，在一定程度上对儒学进行妥协，依附于皇权，从安邦治国的高度，阐述了佛教的重要作用。桓玄最终听从了慧远的劝说，收回了政令，放弃了沙门必须跪拜王者的要求。

沙门不敬王之争，说明佛教在与中国传统儒学的冲突中，不断融合、贯通和适应，既促进了中国文化的多元化，又为后来的三教合流奠定了基础。

七、神灭与神不灭大论战

两晋南北朝时期，佛教在统治者的扶持下，盛极一时。佛教的兴盛，引发了许多社会问题。佛教的盛行危及到儒学的正统地位及道教的发展；寺院和僧侣数量的剧增，占用了大量土地与人力，导致社会劳动力减少，人民负担加重，阶级矛盾不断尖锐；寺院经济与世俗地主之间的矛盾也日益激化。随着这些弊端的不断暴露，反佛斗争逐步深入。许多思想家对佛教所宣扬的三世轮回、因果报应等教义进行了批判。

东晋书画家戴逵对因果业报提出了质疑。他指出，有人一心向善，但人生多舛，生活坎坷；有人为非作歹，无恶不作，却未得恶报，生前尽享荣华，死后子孙富贵。戴逵继承了东汉思想家桓谭的神灭论思想，以烛火比喻形神关系，批判了佛教“神不灭”思想。他认为，生命需要用气来维持，正如火的燃烧需要木柴。木柴用尽时，火便会熄灭；气被完全消耗，生命便会终结。木柴、气是有限的，火、生命不会永远存在下去。由此可见，“神不灭”思想是非常荒谬的。

戴逵对“神不灭”思想的批判，动摇了佛教教义的理论根基，但其理论也存在缺陷。慧远则借薪火之喻来论证“神不灭”思想，在他看来，木柴烧尽，火便熄灭。但火可以由一片木柴传到另一片木柴上，随着木柴的不断传递，火可以一直延续下去。形神如同薪火，神可以从一个形体传到另一个形体中去。慧远等人对“神不灭”思想的论证，产生了很大影响。慧远还作《三报论》，深入阐释了因果业报思想。《三报论》说：“业有三报，一曰现报，二曰生报，三曰后报。”“业”指人的行为、讲话和思想。业有三种性质：善、恶和非善非恶(无记)。人们根据作业的不同性质而相应得到不同的报应。现报是指今生作业，今生便受报应；生报是指今生作业，下一世受报应；后报是今生作业，经二生三生、百生千生而受报应。报应有先后，是由于受报应要通过人心，而心要对事物有所感受才有反应活动。感应有快慢，所以报应有先后。慧远针对时人根据“积善而殃集”、“凶邪而致庆”的现象提出的质问，强调“此皆现业未就，而前行始应”。善人受祸，恶人受福，是他们前世行为所得的报应，今世行为所受的报应还没有显现出来。

南朝天文学家何承天（370—447）则运用当时所掌握的自然知识来批判三世轮回、因果报应等佛教教义。何承天指出，人与其他动物的本性是根本不同的，人转世不会变为牛马等牲畜。何承天认为，人死后元神便会散去。他也用薪火之喻来批判“神不灭”思想，认为火势的大小取决于木材的多少，人的精神依靠形体而存在，形体散失后，精神不会存在下去。何承天等人并未从理论根本上驳倒慧远。直到范缜，才比较彻底地驳倒了“神不灭”思想。

何承天像

范缜（450—515），字子真，南乡舞阴(今河南泌阳县西北)人。范缜很小的时候父亲就去世了，家境十分贫寒。后来听说沛国刘瓛聚众讲学，于是就前去求学，这时范缜已将近20岁了。经过数年的勤学苦读，终于有成，博通经术，尤其精于三礼之学。范缜性情奇崛，“好危言高论，不为士友所安”（《梁书》），然而对于他的辩才，众人则无不钦服。范缜30岁开始在南齐为官，当时的南齐执政竟陵王萧子良笃信佛教，常在其府邸召集名僧讲论佛法，宣扬佛教的因果报应、灵魂不灭之说，范缜则屡屡加以驳斥。

范缜像

永明七年（489），萧子良在家中宴请宾客，范缜应邀前往。萧子良问范缜：“君不信因果，世间何得有富贵，何得有贫贱？”范缜指着院中之花，回答道：“人之生譬如一树花，同发一枝，俱开一蒂，随风而堕，自有拂帘幌坠于茵席之上，自有关篱墙落于粪堆之侧。坠茵席者，殿下也；落粪堆者，下官是也。贵贱虽复殊途，因果竟在何处？”范缜的寥寥数言当即驳得萧子良瞠目结舌，无言可辩。在范缜看来，个人的贫贱、富贵纯属偶然机遇，并非

前世所修，也非由鬼神安排。范缜“退论其理”，著《神灭论》。

在《神灭论》一书中，范缜提出了“形质神用”这一观点，他与佛教徒辩论的主要是神灭与神不灭问题，佛教徒主张“神不灭”，认为灵魂可以独立存在，人间存在因果报应。范缜则主张“形神相即”，“神即形也，形即神也。是以形存则神存，形谢则神灭也”。精神与形体存在着差别，但二者是不可分离的统一整体。那么为什么形神相即而不相离？对于这个问题，范缜则运用“质用”范畴，给予了有力回答。他说：“形者神之质，神者形之用；是则形称其质，神言其用；形之与神，不得相异也。”形体是精神的主体，精神是由形体所派生的。形体决定精神，形体一旦消亡，精神则亦消失。范缜还用“刀利之喻”来说明形神关系，“神之于质，犹利之于刃；形之于用，犹刃之于利”。有刀刃才会有锋利，离开了刀刃，就不会有锋利，只有锋利才称得上是真正的刀刃。范缜认为，不同的“质”决定不同的“用”，精神是活人特有的“质”所表现出的“用”。人的精神活动分为“知”和“虑”，“知”是指人的感觉、知觉，“虑”是指人的思维。“知”、“虑”是由人体的不同器官所决定的，二者有程度上的差别，但没有本质上的差异。

《神灭论》一发表便轰动朝野，萧子良纠集了一大批名士与佛教信徒，围攻范缜的《神灭论》。王琰曾讥讽范缜说：“你真是太可悲了，你竟然不知你祖先神灵在何处！”范缜立即反驳道：“你才是真正的可悲呀，既然知道祖先神灵的归所，你为何苟且偷生而不去追随你的祖先呢？”萧子良未能驳倒范缜，于是指使王融用高官诱使范缜放弃神灭论。范缜对此不屑一顾，听后哈哈大笑说道：“我要是放弃我的立场观点，我的官职早就升至尚书仆射了，岂止是一个五品的尚书郎呢！”

梁朝建立后，定佛教为国教。由于深感范缜及其《神灭论》的威胁，梁武帝萧衍先下《敕答臣下神灭论》，对范缜施加压力。天监六年（507），梁武帝向释法云下诏书，亲自组织了60余人围攻范缜，几乎涉及了当时所有的名臣、名士、高僧。曹思文、萧琛、沈约、任昉等人著写了《难神灭论》、《难范缜神灭论》、《重难范缜神灭论》等文章共70余篇，攻击《神灭论》。而范缜“辩摧众口，日服千人”，令曹思文等不得不承认“情识愚浅，无以折其锋芒”，范缜最终取得了胜利。萧衍不得不发布诏书，强行停止争辩，并网织罪名，将范缜流放到广州。几年后，范缜被重新起用，官至中书郎、国子博士，但仍坚持自己的观点。

在神灭、神不灭的论争中，范缜用“形质神用”的观点以及“刀利之喻”对神不灭说进行了有力驳斥，克服了以往唯物主义者用精气说明精神活动和以“烛火喻形神”等理论上的缺陷，从而使唯物主义无神论思想达到了一个新高度。

八、退之、习之的崇儒活动

孔颖达像

隋唐时期，随着统一局面的确立，在统治者的扶持与重视下，儒学趋于复兴。儒家的礼乐教化愈加受到隋唐统治者的重视，国家的礼乐制度日益完善。随着儒学的盛行，儒者的政治地位得到提高，儒学在官学中的地位日益巩固。地方学校勃然兴起，问学求道者络绎不绝。儒学成为官吏遴选的重要标准，科举中儒学的重要性日渐突出。当时，众多儒者为统治者所器重，成为股肱之臣。在隋朝，牛弘、辛彦之、许善心、刘炫、刘焯等儒学名家被委以重任。唐初，朝中重臣长孙无忌、房玄龄、杜如晦、魏征、褚遂良、孔颖达、颜师古、刘知几等人皆是知名的儒者。隋唐基本上采取了儒、佛、道并重的政策，在重视儒学的同时，也大力尊崇佛教、道教。李唐王朝为抬高自身的统治地位，还尊封老子为“太上玄元皇帝”，用道教神权来维护世俗权利的合法性。

安史之乱不仅结束了“开元盛世”，并且使儒学受到了极大冲击。长安太学荒废，学生纷纷离散避祸，众多儒者因战乱而死于非命，儒学逐渐衰败。同时，佛道的兴盛也危及到了儒学的正统地位，许多学者为复兴儒学，在思想领域积极批判佛、道的出世思想，推动了儒学的发展。其中著名代表人物有韩愈、李翱等人。

韩愈像

韩愈（768—824），字退之，河南河阳（今河南孟县西）人，原籍昌黎（今辽宁义县），故称韩昌黎。古文运动领袖，在政治上主张削弱藩镇势力，加强中央集权，在思想上极力复兴儒学，其著作《原道》、《原性》、《原鬼》、《谏迎佛骨表》集中代表了其思想。韩愈多次向宪宗谏言，力主排佛。元和十四年（819），唐宪宗将佛骨（舍利）迎入宫内供养。韩愈听闻此事后作《谏迎佛骨表》，呈于宪宗。在谏表中，韩愈直言溺佛之祸，指出“事佛求福，乃更得祸”，警示宪宗应鉴于前朝亡国之痛，避免重蹈梁武帝之覆辙。韩愈将佛教视为夷狄之教，佛门弟子“口不言先王之法言，身不服先王之法服，不知君臣之义、父子之情”，其教义、言行有悖于儒家伦理纲常。韩愈恳请宪宗停止此事，“断天下之疑，绝后代之惑”，以行圣人之道。宪宗御览此表后，为之震怒，欲处之以极刑，幸有左右苦劝，遂将韩愈贬为潮州刺史。但韩愈并未屈从，仍执守固有信念，在《左迁至蓝关示侄孙湘》一诗中写道：

一封朝奏九重天，夕贬潮州路八千。
欲为圣明除弊事，肯将衰朽惜残年！

药山李翱问答图
南宋·马公显

寥寥数言表明了韩愈排佛决心之坚定，壮志未酬，但豪情依旧。

韩愈不仅排佛，而且也极力排老，企图恢复儒家的正统地位，以与佛老相抗衡。韩愈指出，仁、义是实现圣人之道的基本条件，“道德”作为形式，其目的是实现“仁义”的内容。佛老之学亦注重“道”与“德”，但所宣扬的“道”与“德”已背离圣人之道，仅是追求“一人之私言”及个人“治心”之境，破坏了君臣父子的伦理纲常，失去了“修身、齐家、治国、平天下”的仁义之道。

韩愈还针对佛教的法统说，提出了儒家的“道统说”。韩愈认为，儒学思想在中国历史上存在着严格的传授系统，他在《原道》中提出，儒学“尧以是传之舜，舜以是传之禹，禹以是传之汤，汤以是传之文、武、周公，文、武、周公传之孔子，孔子传之孟轲”。在时间上，儒家的“道统”要早于佛教的“法统”，但在孟子之后，儒学便“不得其传焉”，道统由此中断。因此，韩愈要复兴儒学，必须要恢复道统。于是，他自命为儒家正统的继承者和捍卫者，“使其道由愈而粗传，虽火死，万万无恨！”

李翱（772—841），字习之，唐陇西成纪（今甘肃秦安东）人，唐代文学家、哲学家。李翱作为韩愈的弟子，协助韩愈推进古文运动，并继承了他的反佛思想，使之更加系统化，其代表作是《复性书》。李翱认为，孟子死后，儒家中断的道统由子思作的《中庸》所接续，《复性书》即是对《中庸》所作的进一步阐发，由此丰富了韩愈的道统体系。

李翱引入佛教人性论思想，发挥了韩愈的人性论。韩愈在《原性》中认为，人性分为上、中、下三个品级，情也由之分为上、中、下三个品级。人性包括仁、义、礼、智、信，情则有喜、怒、哀、惧、爱、恶、欲七种。上品的性情天生是善的，下品的性情天生是恶的，中品的性情可善可恶。李翱发展了韩愈的性三品说，亦将人性分为性与情两方面，认为性本然为善，是先天赋予人的，因此凡夫与圣人的性是无差别的。情与性截然迥异，情是多变、虚妄的，是产生邪恶的根源，它可迷惑人的心智，掩盖人的本然之性。圣人与俗子的差别在于，圣人纯善之性不受情的迷惑，彻底摆脱情的羁绊，因此圣人是“先知”、“先觉”，达到至高化境。而凡人的性却为情所困，处于隐匿状态。李翱主张，去欲从善，摆脱情的迷惑，实现性的去蔽状态，恢复性的清明之境，这正是李翱“复性”的本意。在李翱看来，要复性去情，就要“弗思弗虑”，使心进入虚寂状态，免受惧、爱、恶等情欲的侵蚀，内心达到恬然静止之境，性就不会受到情的任何影响，本然之性恢复，实现“至诚”的境界。可以看出，李翱的这种修养方法吸收了佛教的许多东西，体现出儒佛合流的趋势。

韩愈、李翱等人对儒学义理的阐发，起着极为重要的承前启后作用。韩、李二人上承“汉学”，下启“宋学”，是正统儒学由汉学过渡到宋学的中介和桥梁。

九、探究天人之际

柳宗元像

柳宗元（773—819），字子厚，河东（今山西永济）人，唐朝中期著名文学家、哲学家，著有《天说》、《天对》、《封建论》、《非国语》等。刘禹锡（772—842），字梦得，中山（今河北正定）人，中唐时期文学家、哲学家，著有《刘宾客集》，其中《天论》三篇将其哲学思想阐发得淋漓尽致。

柳宗元、刘禹锡的生活年代正值李唐王朝中后期，国运日衰，民生凋敝。二人同朝为官，胸怀大志，欲通过政治变革，刷新吏治，重振朝纲。唐顺宗永贞元年，以王叔文、王伾为代表的中下层地主革新派发起一场政治改革，史称“永贞革新”。此次变革仅维系百余天，就在守旧派的扼杀下草草收场。柳宗元、刘禹锡作为此次变革的中坚人物，遭到排挤、被贬。在抑郁失意的情形下，二人探悉天人之际，对天人关系以及天究竟是什么的问题作出了唯物主义的回答。

柳宗元反对“天人感应”等天命论观点，坚持元气一元论思想。其《天说》是针对韩愈神化天的言论而作，《非国语》是针对《国语》而作，而《天对》则是针对屈原《天问》中所提出的关于宇宙、自然、历史传说、神话方面的一百多个疑问而作的总结性回答。柳宗元认为，元气为宇宙之本原，充塞于天地之间。天地万物都是由元气形成的，天地间的一切自然现象都是元气运行变化所造成的。元气是宇宙中唯一的物质性存在，元气分为阴阳二气，它们的交互作用是天地万物形成的原因，并无别的创造者。元气“自动自休，自峙自流”，“自斗自竭，自崩自缺”，不需外力的推动，不以人的意志为转移，是自己在运动。宇宙在空间、时间上是无限的，既没有起点，也没有终点。

在元气说的基础上，柳宗元否定了天命论，主张天与人“不相预”。天地万物的一切现象、变化既无神意支配，也与人事无关。

自然界作为物质存在，根本不具有神的意志，不具有赏功、罚祸的作用。天灾和人祸分属于自然现象和社会现象，二者无法互相影射对方，“其事各行不相预”，超自然力的天命、神权纯属无稽之谈。柳宗元阐发了荀子“明于天人之分”的思想，尖锐地批判了天命论思想，否定了董仲舒以来的“天人感应”说，促进了古代无神论的发展。

刘禹锡对柳宗元《天说》推崇有加，称赞该作“文信美矣，盖有激而云”。但他洞悉到《天说》之论尚未“尽天人之际”，于是作《天论》三篇，提出“天与人交相胜，还相用”的观点，弥补了《天说》的理论缺陷。

刘禹锡认为，天与人有着截然不同的功用，二者不可互相替代。天之道在于生殖万物，人之道在于制定法制，人类社会不同于自然界。然而，“人”为“倮虫之长”，是自然界中最有智慧的生灵，能够认识“天之道”，依道而行，因而能统摄、治理万物。天与人之间处于“交相胜”、“还相用”的关系之中，人可因势利导，充分发挥才智，战胜自然。这是对荀子“制天命而用之”观点的继承和发展。刘禹锡不仅把“天”与“人”明确地区别开来，而且还探讨了它们之间互相联系、互相依存的关系，这种朴素的辩证认识比柳宗元的“其事各行不相预”要深刻得多。

天问图　清·萧云从

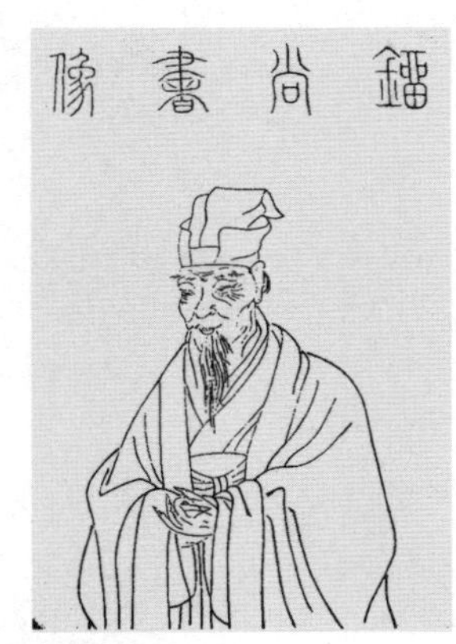

刘禹锡像

柳宗元、刘禹锡对天人之际的探究，极大地推进了古代无神论思想和辩证思想的发展，在中国哲学史上谱写了光辉的篇章。

十、三教合流

中国古代哲学，发轫于殷周时代，至春秋战国，百家争鸣，达到了学术上的高度繁荣。然后是汉武帝“罢黜百家，独尊儒术”，进入经学时代，其他各家学说大多转型或断绝，只有道家以隐士之学，在民间仍大有市场。魏晋玄学的兴盛，可以看作是道家之言的复兴，此时佛教也已传入中国，大有流行之势。到隋唐，佛教高度兴盛，其势直压儒学，统治者虽仍主儒学，但实际上却是三教并尊。

儒家思想自汉代以来就在中国传统文化中占据着统治地位，

人物山水　明·尤求

儒学一直是历代王朝治国安邦的指导思想。佛老所宣扬的出世思想，与儒家的入世主张是相背的，因此，随着玄学的兴起和佛教的兴盛，儒家的统治地位一度受到威胁。唐宋时期为重振往昔盛势，儒学家们在批判佛学的同时，也自感儒学的思想体系远不如佛老思想精微，于是吸取佛道的思想，发展了儒学的本体论和心性论。就连极力排斥佛教的韩愈，为了恢复儒学的正统地位，仍然接受佛教理论的影响，依照佛教的法统，建立了儒学的道统。韩愈弟子李翱承袭了韩愈的反佛思想，在政治上极力斥佛，但其“复性”学说，却正是融合了佛教教义才提出来的。排斥佛学的儒家学者有之，喜好佛法的儒者也不在少数，他们大都叹服佛理之精妙。柳宗元、刘禹锡等人在对“天”作出唯物主义解释，推动无神论发展的同时，对佛法兴趣也颇为浓厚，并且极高地评价了佛教的社会意义，主张儒佛同尊，反对崇儒抑佛。儒学与佛道在不同的历史时期和境遇中所起的作用不尽相同，儒学适用于治世，佛道在衰世、乱世易于流行。

佛教在传入中国之初，便依附于黄老学派，作为一种神仙方术在社会上传播。东汉时，儒家便对佛教提出了质疑，认为抛家弃子，断绝子嗣，有违儒家孝道。随着佛教势力不断壮大，佛教与儒家、道教的纷争不断出现。在日益激烈的教派纷争中，佛教为适应中土国情，走上了中国化的道路，禅宗的成熟标志着佛教中国化的彻底完成。许多佛学家还对三教关系进行理论论证。唐代高僧宗密会通佛、儒、道，作《华严原人论》，主张三教是殊途同归，三教会通的基础是“本觉真心”。宗密肯定了儒、道二教的合理性，把儒家的伦理思想吸纳到佛教体系中。佛教汲取了儒家的忠孝、仁爱思想，从而调和了佛儒之争，使佛教逐步适应了封建宗法关系。北宋时期，天台宗“山外派”代表人物智圆兼习儒经，热衷于儒学问题的探讨。智圆主张儒、佛之学可以相融，二教在众多之处是相通的。禅宗名僧契嵩作《辅教编》，力主儒、释二教圆融。契嵩认为，儒家的五常仁义与佛教的五戒十善从根本上说是一致的，二者存在融通之处。

早在南北朝时期，寇谦之、陆修静等人就用儒家伦理思想、佛教教义改造天师道。山中宰相陶弘景则道佛双修，主张三教合流。到了唐代，著名道士成玄英、王玄览、司马承祯等人汲取了佛教教理，完善了道教理论体系，道教“重玄”之风盛于一时。道教对儒家思想也很重视，主张在内修的基础上注重外行，提倡忠孝仁义、积德行善。

陈抟是五代至北宋初期的道士。他年少之时便博览众书，聪敏过人，善作律诗。陈抟身有异才，胸怀经世之志，但考进士却屡次不第，遂无心留恋仕途，而怡情于山水，遍访得道隐士、高人，先后隐居于武当山、华山等地，修炼服气辟谷之术。传说陈抟的“睡功”已炼得高深莫测，可长睡百余日而不醒。一青年对陈抟非常仰慕，前去求仙问道。可他见到陈抟后，发现陈抟纹丝不动地躺在地上，身体被树叶半掩，青苔竟从身上长出。青年看到陈抟已经仙逝，悲恸至极随即失声痛哭。正当青年人痛哭流涕之时，陈抟竟悠然醒来，面带愠色地说道：“何人在此喧闹聒噪，扰人清梦！”陈抟曾作《归隐》一首，借诗言志，表达他逃遁于红尘而沉心修道的志向：

> 十年踪迹走红尘，回首青山入梦频。
> 紫绶纵荣争及睡，朱门虽富不如贫。
> 愁闻剑戟扶危主，闷听笙歌聒醉人。
> 携取旧书归旧隐，野花啼鸟一般春。

至后周时期，陈抟已深谙道学精要，声名早已远扬四方。周世宗柴荣有雄才大略，听闻陈抟道学精深，欲授陈抟谏议大夫之职。陈抟识破世间纷扰，婉言谢绝了周世宗。北宋初年，宋太祖、太宗先后多次召见陈抟，向他询问养生之术及治世之道。陈抟深得宋太宗器重，赐号“希夷先生”。

作为道士的陈抟却善周易象数之学，传有《龙图序》、《无极

赵匡胤与陈抟弈棋，以华山赌赢，结果太祖败，将华山封给陈抟 武强年画

丘处机像

图》、《先天图》等。陈抟认为，“无极”为万物本原，修道的终极归宿即为无极。“清净无为”为修道必经之正途，通过炼精化气、炼气化神、炼神返虚，最终归于无极。修行应循序渐进，分为五种境界，它们由低至高依次为“顽空”、“性空”、“法空”、“真空”、“不空”。相传理学大师周敦颐受《无极图》而作《太极图说》，邵雍秉承《先天图》而阐发象数易学。陈抟顺应儒、释、道三教合流之趋势，将道教修炼之术与儒家修身之道、佛教义理相融合，对宋代理学的产生影响很大。

宋元之际，由王重阳创立的全真教，作为一新兴道教教派迅速崛起。王重阳，名为王喆，道号重阳子，他于终南山开凿洞穴而居，自称“活死人墓”，经得道高人点化，幡然悟道，先后招收了马钰、谭处端、刘处玄、丘处机、王处一、郝大通、孙不二七大弟子。全真教注重“真功”与“真行”，在修性的同时不放松修命，认为二者双全才能真正得道成仙，故而称为“全真教”。全真教力主会通三教，实现三教圆融。它以《道德经》、《般若心经》、《孝经》为必修经典。全真教重“道”，主张虚静，它融会儒家六经，进而提出正心诚意，注重以德修身，淡泊名利。

众仙图 表现了三教合一的思想

三教之间的冲突大多为争夺利益的门户之争，三教在理论上并非根本对立。唐朝采取了儒、释、道三教并重的政策，为三教合流创造了宽松的政治环境。三教互有优劣得失，儒学侧重伦理纲常而弱于义理之思辨；佛、道二教长于精微之思辨而轻经世致用，易走入虚妄空寂之境，它们可以互容互补。再者，三教又有共同的服务对象——封建宗法制度，佛教修心，道教修身，儒学治世，三者的修行路径虽有差别，但它们都不约而同地提出了“修心”的主张。儒、佛、道虽然教名有异，教义理论所说不同，但有一个共同点，即都劝人向善，起到了维系人心、稳定统治的作用。北宋时期，儒、佛、道三教不断圆融会通，熔铸出更为精微深妙的儒学思想“理学”，自北宋至明清时期，理学成为中国文化的主流，在中国思想史上产生了深远影响。

第八章 宋明理学

理学，又称“道学”、“新儒学”、“宋学”。它是以讨论理气、心性等问题为中心的哲学思潮，是中国宋元明时期儒学的主要形态。理学家所探讨的哲学问题，无论在深度和广度上都超过了以往任何一个时代，达到了相当高的理论思维水平，对中国哲学的发展产生了重要影响。

公元960年，陈桥驿兵变，赵匡胤黄袍加身，建立了宋王朝。赵氏兄弟南征北战，终于结束了晚唐以来近百年的分裂割据局面，建立了专制主义中央集权制。为巩固统治和防止“乱臣贼子”的再次出现，统治者亟需一套新的完备的理论来重振伦理纲常，时代呼唤着新学说的出现。

伦理纲常是儒学的核心，但传统儒学偏重伦理却疏于哲学思辨；佛学和玄学富于哲学思辨却流于寂灭空虚，任何一种单独的学说都满足不了时代的要求。于是统治者在重整伦常的同时，也力图糅合三家而成“一家”。三家学说在相互辩难、较量中也逐渐融合。三教合流是宋代哲学的思想渊源，为新学说的出世作了学理上的准备。条件一旦具备，新理论便逐渐浮出水面，这就是援佛道入儒而建立起来的、与两汉经学有很大区别的、极富思辨色彩的理学。

理学虽然是在吸取佛、道理论营养的基础上成长起来的，但却以复兴儒学的面目出现，自继于尧、舜、禹、汤、文、武、周公、孔、孟的“道统”，在言论上对佛、老学说也多予排斥，因此，学术界多把理学称为“新儒学”。理学的主要特征表现在重视本体论的建构和心性哲学中心地位的确立，把伦理纲常和天道人道有机结合起来，从而顺应了时代精神，成为此后的官方哲学。

作为一种思潮，理学滥觞于北宋初年，先由“宋初三先生”胡瑗、孙复、石介以及陈抟、刘牧、范仲淹、欧阳修、王安石等人开其端，但他们还没有提炼出一贯通本体论、认识论、人性论等方面的哲学体系。理学的真正形成是“北宋六子”完成的，自此哲学主题由天人关系转向对理气、心物关系的阐述，并形成了许多影响很大的学派，主要有周敦颐的“濂学”、张载的“关学”、程颢和程颐兄弟的“洛学”以及邵雍独树一帜的“象数学”和第六子司马光的“朔学”。

南宋是理学发展的高峰，出现了两个对后世产生深远影响的理学大家：朱熹和陆九渊。朱熹是理学的集大成者，他兼采众说，综罗百代，建立了一个庞大完备的理学体系，把中国传统哲学推进到一个新高度。与此同时，理学内部也发生了分化，陆九渊糅合佛、儒，承袭二程的心性之学，建立了一个新的理论体系“心学”。朱熹悬道于器外，陆九渊容理于心中，出现了“理学”和“心学”的对立局面。当时，“朱学”压倒“陆学”，直到明朝中叶，在王守仁的大力倡导下，心学才兴盛起来，而这时理学也开始走向自己的反面。看来哲学自身的发展也受到了辩证法的制约。

一、理学的开山鼻祖周敦颐

周敦颐（1017—1073），原名敦实，因避英宗旧讳改敦颐，字茂叔，道州营道（今湖南道县）人，谥元，后人尊称元公。周敦颐15岁时，父亲去世，随母入京师投靠舅父郑向。后经郑向保荐，为洪州分宁县主簿。此后直至55岁告归以前，做的大都是州县地方官吏，不过他却并不以为意，而是醉心于为学行道。他在任南安军司理参军时，二程曾遵父命从其就学，据程颢自述："自十五六时，与弟颐闻汝南周敦颐论学，遂厌科举之习，慨然有求道之志"。后遇王安石，与之"语连日夜，安石退而精思，至忘寝食"，可见他所想问题之深刻。晚年定居庐山莲花峰下，筑书堂讲学。堂前有溪，因他家乡有水名濂溪，所以亦以濂溪名之。故世人称其为濂溪先生，其学则被称为"濂学"。周敦颐一生没有做过什么大官，著作也不多，现存的哲学著作只有一幅从道教图录中改装过来的《太极图》、两百多字的《太极图说》和两千多字的《通书》，然而他对于理学的产生却实有发端之功，他提出的"太极"、"理"、"气"、"性"、"命"等一系列范畴，成为宋明理学家们反复讨论的基本范畴。他由此也被视为理学的开山祖师，在《宋史·道学传》中被列为道学之首。

周敦颐像

周敦颐吸收了《老子》、《周易》、《中庸》以及阴阳五行学说等思想，提出了一种宇宙生成的图式，即：

无极（太极）⟶阴阳⟶五行⟶万物

在周敦颐看来，有形有象的二气五行和万物，都出于终极本源"太极"，而"太极"无形无象，因而又可称为"无极"。他说："无极而太极。太极动而生阳，动极而静，静而生阴，静极复动。一动一静，互为其根。分阴分阳，两仪立焉。阳变阴合而生水、火、木、金、土，五气顺布，四时行焉。"也就是说，通过"太极"的运动，便生出阴阳二气，二气变化交合形成五行，而二气五行，又可以"化生万物"。那么，太极为何能动而不止呢？它究竟是一种混沌的元气还是抽象的理则？这些问题周敦颐并没有明确讲出来，因而成为后来学者们不断争

隶书太极图说　明·徐兰

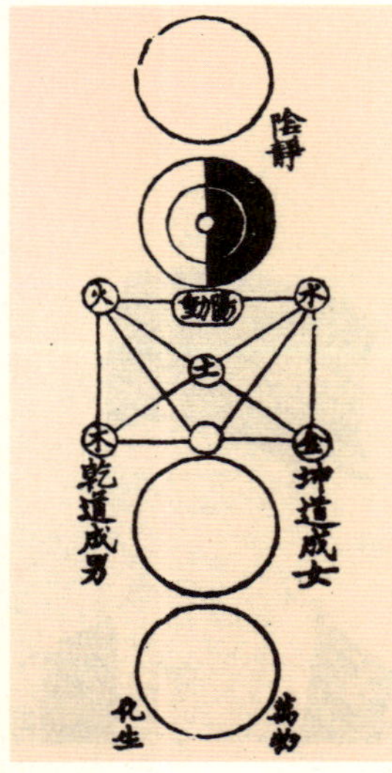

周氏太极图

论的话题。《太极图说》是对《太极图》的解说，虽寥寥250余字，但结构严谨而精练，展示出一幅宇宙生成图式和人类生成发展过程，极富理性思辨特点，为宋明理学的形成提供了理论基础。

周敦颐极其强调人在天地万物中的地位，认为“惟人也得其秀而最灵”。他讲：“天地间至尊者道，至贵者德而已矣。至难得者人；人而至难得者，道德有于身而已矣。”也就是说，使人卓出于万物的乃是由于其具有道德。因此他要求人“希圣”、“希贤”，践履“圣人之道”。如果能把道德价值放在至高无上的地位，则只要执守于道德，便可达到无地不乐的境界。他进而还提出“文，所以载道也”的主张，将为道视为读书为学的根本指向，从而确立了宋明道学的基本旨趣。周敦颐生前，实际上并没有产生很大的社会影响，其死后名气却很大，除了他对理学有开创之功外，还由于他是二程的老师。二程以后，又有朱熹这些后传弟子。在朱熹、张栻等人的极力赞誉和推崇下，周敦颐其人其学才渐为世人所知。朱熹对他作过这样的评价：“其高极乎无极太极之妙，而其实不离乎日用之间，其幽探乎阴阳五行之赜，而其实不离乎仁义礼智刚柔善恶之际。其体用之一源，显微之无间，秦汉以下，诚未有臻斯理者，而其实不外乎《六经》、《论语》、《中庸》、《大学》、《七篇》（指《孟子》）之所传也。”

周敦颐的人格气象最为后人所称道。程颢曾说：“自再见周茂叔后，吟风弄月以归，有‘吾与点也’之意。”程颢的一个弟子见了周敦颐后自觉“如在春风中坐了半年”。黄庭坚更是称他“人品甚高，胸怀洒落，如光风霁月。廉于取名而锐于求志，薄于徼福而厚于得民，菲于奉身而燕及茕嫠，陋于希世而尚友千古”。他脍炙人口的散文《爱莲说》中描写的清新洁雅的莲花，在某种意义上可以视为他自身的写照：

爱莲图　清·原济

水陆草木之花，可爱者甚蕃。晋陶渊明独爱菊。自李唐来，世人甚爱牡丹。予独爱莲之出淤泥而不染，濯清涟而不妖，中通外直，不蔓不枝，香远益清，亭亭净植，可远观而不可亵玩焉。

予谓菊，花之隐逸者也；牡丹，花之富贵者也；莲，花之君子者也。噫！菊之爱，陶后鲜有闻。莲之爱，同予者何人？牡丹之爱，宜乎众矣。

周子爱莲 武强年画

《爱莲说》是周敦颐在庐山筑濂溪书堂之后写的，这座书堂又名“爱莲书堂”。“濂溪”发源于莲花峰下，水中有莲。莲是佛教之花，慧远与陶渊明等又曾在庐山结莲社，周子爱莲说明其思想受到了佛教的影响。朱熹曾赋《爱莲诗》赞曰：

闻道移根玉井旁，
开花十丈是寻常。
月明露冷无人见，
独为先生引兴长。

二、张载的气学

在北宋道学发展史上，除理学和心学两大派别外，还有一个独具特色的派别——气学，其创始人就是哲学家张载。

张载像

张载（1020—1077），字子厚，原籍大梁（今河南开封），因其父张迪知涪州卒于任上，年幼的张载，无力返回老家，便侨居凤翔郿县（今陕西眉县）横渠，所以学者多称其横渠先生。张载早年喜欢谈论兵法，曾准备联络一些人举兵收复被西夏占领的洮西之地。当时范仲淹主持西北地区军务，遂上书范仲淹，陈其兵略。范仲淹认为此人思理精深，或许可以在学问方面有更大作为，于是便引导他说：“儒者自有名教可乐，何事于兵？”鼓励他读《中庸》，学儒家之学。张载读完《中庸》，感到不满足，于是去读释、老之书，几年后无甚收获，便又回到儒家经典上来，开始研习六经。宋仁宗嘉祐初年，学有所成的张载在京师“坐虎皮讲《易》，听从者甚众”。此时恰逢二程至京，与之研讨《易》理，相谈之下，张载自叹不如，第二天，便对前来听讲的学生说：“比见二程深明《易》道，吾所弗及，汝辈可师之。”从此撤虎皮辍讲。这次张载还和二程充分讨论了“道学”的要旨，确立了他对儒学的基本认识。他认为，完全可以在儒家的系统之内建构起完整严密的学术理论体系，而不需要借助佛、道等思想资源。此后，他尽弃异学而独宗儒门，涣然自信曰：“吾道自足，何事旁求？”

张载一生为官时间很短，大部分时间都在授徒讲学，著书立说。他为学勤奋异常，他的弟子吕大临在《横渠先生行状》中曾对他的生活作过这样的描述：“终日危坐一室，左右简编，俯而读，仰而思，有

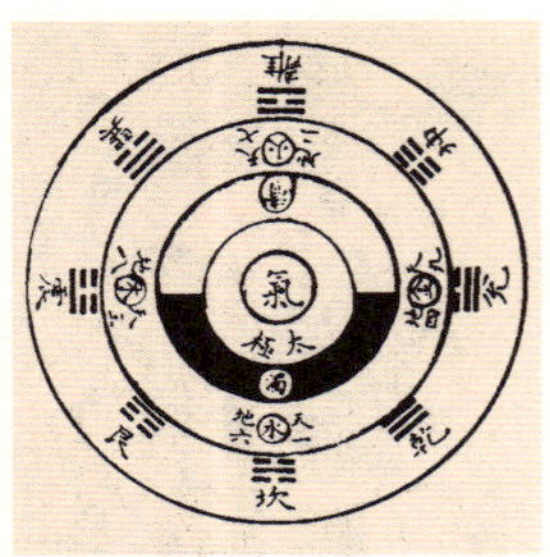

《六经图》中的太极图

得则识之，或中夜起坐，取烛以书。其志道精思，未始须臾息，亦未尝须臾忘也。”正是以这样的治学态度和精神，张载完成了他卓有建树的哲学体系，成为道学初创时期最具影响力的哲学家之一。由于他长期讲学关中，并在关中倡行儒家礼制，化民成俗，因此后人将其创立的学派称为“关学”。

张载哲学的最高范畴是“气”。气是绝对的、永恒的，它有聚散而无生灭，聚则成万物，散而为太虚，万物都是由气构成的，气的聚散正是一切具体事物生灭的内在根源，万物消亡又复归于太虚。他说：“太虚无形，气之本体，其聚其散，变化之客形尔。”太虚是气的本然状态，它无形无状，却并非虚无。实际上，太虚、气、具体事物都是同一实体的不同形态。以此为基点，张载对道家和佛家进行了批评。他认为，道家所说的“有生于无”，其实质是把“虚”看作根本的“体”，把“气”看作外在的“用”，将二者截然分开，从而在理论上陷入“体用殊绝”的误区，违背了“无中不能生有”的道理。而佛教在解释万物的存在时将其视为主观的幻象，看不到事物存在的内在根据，从而陷入一种主观的偏执。在张载看来，只有在“气”的基础上，世界的多样性和统一性、事物的产生、变化和消亡等问题才能得到合理的解释。他进而还指出，气是“一物两体”的，即本身包含着内在矛盾，而这正是“气”运动变化的内在根据。

“理”在张载的哲学中也是一个相当重要的范畴，主要用来指“气”运动变化的规律。张载讲：“天地之气，虽聚散攻取百涂，然其为理也，顺而不妄。”“气”的“变”和“化”是有秩序的，遵循着某种必然性。而对于每一具体事物而言，亦各有其理。人生于天地之间，须明天地之理、万物之理，只有如此，方能了解自己的本性，确立存在的价值。因此张载说：“万物皆有理，若不知穷理，如梦过一生。”那么如何才能得到理呢？一般说来，人可以通过耳目感官和具体事物打交道，从而获得“闻见之知”，但它是有局限性的，即便“据闻见上推类”，亦不能充分地实现“尽物”、“穷理”。不过张载认为，人还有一种“德性所知”，它“不萌于见闻”，只要人能“大其心”，充分发挥自己的内在本性，便能超越自己的有限状态进而达到一种“视天下无一物非我”的境界。这种境界，也就是在其名作《西铭》中提到的“民吾同胞，物吾与也”的境界。既然宇宙万物皆由一“气”而成，那么人与万物之间就会“通一无二”，是一体的。因此，天地就可以视为我的父母，则民众就是我的同胞，而万物则是我的朋友。从这个立场出发，敬养老人、抚育幼小、帮助弱者等事情，都与自己有着直接的关系，为自己的分内之事。至于自己的存亡祸福，则不过大化流行，应泰然处之，无须为之忧戚。在这里，张载从形上学的层面论证了人的存在价值，提出了一种高妙的人生境界和人生理念，可以看作是对“天人合一”思想的新发展，对后世学者有着深刻的影响。

张载一生著述很多，除已亡佚的外，现存的主要有《横渠易说》、《正蒙》、《经学理窟》、《张子语录》等，现均收入《张载集》。其中，《正蒙》是张载最后也是最重要的著作，保存了他的主要哲学思想。另外，他的作品中最为理学家们所称道的则是《西铭》。《西铭》原为《正蒙·乾称篇》首段，张载曾把它录出来贴在西窗上，作为座右铭，名之为《订顽》，后来程颐将其改名为《西铭》，主要表达了张载“民胞吾与”的思想。

三、“别为一家”的象数大师邵雍

在理学的形成过程中，作为北宋五子之一的邵雍，在理学家中颇有些另类的意味。他以象数系统作为宇宙的最高法则，并以之推衍事物的生成变化，从而建立起了一套“包括宇宙，始终今古”的先天象数学体系。

邵雍（1011—1077），字尧夫，先世为河北范阳人，幼随其父迁居共城（今河南辉县）。“雍少时，自雄其才，慷慨欲树功名。于书无所不读，始为学，即坚苦刻厉，寒不炉、暑不扇，夜不就席者数年。”后又游历四方，求学访道，以开阔眼界。共城令李之才闻其好学，亲自上门造访，传其“物理性命之学”，其实主要是所谓“河图、洛书、宓羲八卦六十四卦图象”之类的象数图书之学，据说传自陈抟、穆修。邵雍以李之才的传授为基础，“探赜索隐，妙悟神契，洞彻蕴奥，汪洋浩博”，从而形成了自己独特的学术体系。

邵雍像

邵雍曾著书十余万言，但并不为世人所了解。30岁时，他迁居洛阳，生计一度颇为艰难，“蓬荜环堵，不芘风雨”，甚至连吃饭都成了问题。可即便在这样的境遇下，邵雍却一样能够“怡然有所甚乐”，颇有颜回安贫乐道的精神。洛阳为中原名城，此时反对王安石变法的前任宰相富弼、司马光、吕公著等人都住在这里，他们都很尊重邵雍，甚至还凑钱为他买了一处大园宅。邵雍便在洛阳隐居下来，过上了闲适自得的生活。他给自己的居所起名为“安乐窝”，自号“安乐先生”，常与司马光及程氏父子兄弟一起，诗酒唱和，纵议时政。他对王安石新法颇有微词，曾写过一些抨击当时新法的诗作。如《无酒吟》曰：

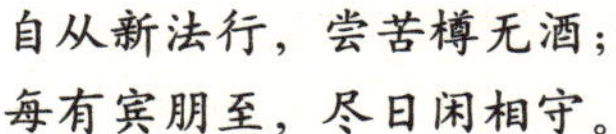

自从新法行，尝苦樽无酒；
每有宾朋至，尽日闲相守。

必欲丐于人，交亲自无有；
必欲典衣买，焉能得长久。

从诗中可见其当时的政治态度。邵雍无意于仕途，他曾几次被荐举授官，但终苦辞未就。不过死后还是被赋予了一个“秘书省著作郎”的官衔。后又赐谥康节，后世因习称其为“康节先生”。

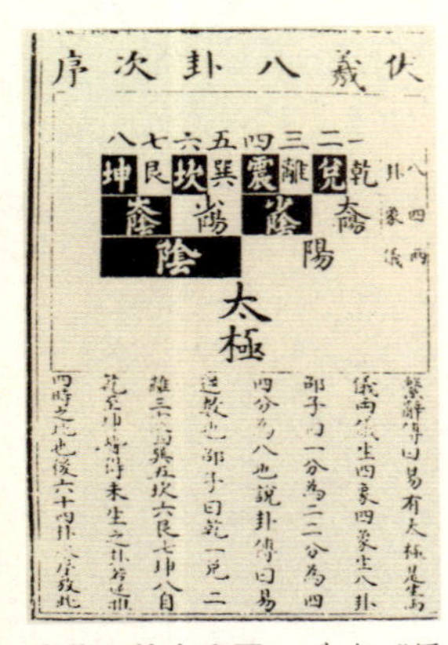

伏羲八卦次序图　选自《周易本义》

邵雍的学说叫做“先天学”，也被称为“象数学”，它以数理推衍的方式来说明“天地万物之理”，揭示世间万物的产生和发展过程，从而形成了一个“范围天下而不过，曲成万物而不遗”的宇宙图式。这个学说可通过一个图来说明，此图叫“先天图”。邵雍认为，“伏羲八卦”是“先天八卦”，《周易·说卦》所说的“文王八卦”则是“后天八卦”。邵雍的图是表现“伏羲八卦”的，所以叫“先天图”。邵雍很看重这个图，“图虽无文，吾终日言而未尝离乎是，盖天地万物之理在其中矣！”他认为根据先天图就可以“上识天时，下尽地理，中尽物情，通照人事”，实现对宇宙的认识。不过他同时强调，“先天学，心法也，故图皆自中起，万化万事生乎心也”，认为理性的契悟有着更为重要的意义。在他看来，宇宙的本原是“太极”，万物皆由“太极”演化而成，“太极一也，不动，生二，二则神也。神生数，数生象，象生器”，万事万物的生成变化是按照“先天象数”的图式展开的。简单说来，邵雍的宇宙图式不过是“一分为二，二分为四，四分为八，八分为十六……合之斯为一，衍之斯为万”的分化结构，每一数字又对应于“太极”、“动静”、“阴、阳、刚、柔”等理则，以及“天地”、“日月星辰”、“水火土石”等物象，据此便可进而推究自然界的阴阳消长和人世间的治乱变迁。他按照象数，将天地生成和变化的过程分为“元”、“会”、“运”、“世”，以此作为宇宙发展周期：三十年为一“世”，十二世为一“运”，三十运为一“会”，十二会为一“元”。一“元”代表自然史的一次生灭，如此往复，循环不已。人类历史则按“皇”、“帝”、“王”、“霸”分为四个阶段：“三皇”之世，以道化民，故上自然；“五帝”之世，以德教民，故上让；“三王”之世，以功劝民，故上政；“五霸”之世，以力率民，故上争，历史的发展表现为一种退化过程。邵雍认为，根据他所提供的宇宙和社会的发展图式，人们就可以“以一心观万心，一身观万身，一物观万物，一世观万世”，明了社会历史发展的方向和可能性，从而以一种“包括宇宙，始终今古”的宏大视野去把握自然界和社会人生。在这样的视野观照下，个人的身世浮沉、利害祸福便显得那样的微不足道，根本无须挂牵。

邵雍“高明英迈，迥出千古，而坦夷浑厚，不见圭角，是以清而不激，和而不流”（《宋史》），程颢称他为“风流人豪”，对他相当推

崇。邵雍本人亦自谓“生平不作皱眉事”，认为“学不至于乐不可以谓之学”。他曾有诗自况其乐：

太平身老复何忧，景爱家园自在游。
几树绿杨阴乍合，数声幽鸟语方休。
竹侵旧经高低迸，水满春渠左右流。
借问主人何似乐，答云殊不异封侯。

邵雍的著作主要有《皇极经世》和《伊川击壤集》。其中《皇极经世》是代表其哲学思想的著作，主要论述了邵雍的先天学。《伊川击壤集》则是他的诗集。邵雍的象数学实际上是一种神秘的创世说，使人望而生畏。后人对其加以改造，发展为算命学。因他谥号康节，后世的算命先生把他的算命学称为“康节神数”。

四、理学的奠基者程氏兄弟

程颢像

程颢（1032—1085），字伯淳，学者称明道先生，河南洛阳人。程颐（1033—1107），字正叔，学者称伊川先生。两人是亲兄弟，因同是宋明理学的奠基人，世人称为“二程”。

程氏兄弟生于书香门第、仕宦之家，少时即受到传统的儒家教育。十五六岁时，从父命受业于理学的开山鼻祖周敦颐，这对两人以后思想的形成产生了很大影响。程颢自幼知书识礼，“数岁，诵诗书，强记过人”，早年中进士，从此踏入仕途。神宗初，任御史，“每进见，必为神宗陈君道以至诚仁爱为本，未尝及功利”，颇有些迂直之气。他曾多次上疏反对王安石变法，也因此多次被贬。后来居洛讲学，以在野的方式继续倡导自己的思想学说。程颐在政治见解上亦同于其兄，他18岁时曾上书朝廷，谏天子行“王道”而黜功利之言。不过他一生大部分时间都没做官，直到50多岁时，才在司马光等人的保荐下进入仕途，曾擢崇政殿说书，为皇帝讲论经书。但由于他性情峻急谨严，与皇帝和同僚的关系都处理得不太好，后来亦屡遭贬斥。总的来说，二程在政治上并无太多的建树，两人对后世的影响主要在其学术思想方面。他们长期在洛阳授徒讲学，著书立说，产生了相当大的影响，故其学说被称为“洛学”。

程颐像

二程在哲学上最重要的贡献就是创立了“天理”学说。程颢曾说过：“吾学虽有所受，‘天理’二字却是自家体贴出来。”“理”是二程哲学的最高范畴，宋明理学也由此而得名。在二程看来，“凡事皆有

宋代科举考试图

理”，事物的生成变化都是依此理进行的，它超越于具体的事物之上，是世界的本原、事物的“所以然者”。他们又进一步认为，万事万物之理归究说来又只是一个理，也即“天理”，它是指自然界和人类社会的普遍法则，适用于自然、社会和一切具体事物。比如阴阳之理，表现于自然则为日月、寒暑，显于社会则为男女、夫妇；自然有等级秩序，有天地之别、四时之序，在社会中便有贵贱尊卑，这都是理之当然。理是唯一的存在，其所产生的事物虽有万殊，但都具有共同的理；理又是永久的存在，它不为尧存，不为桀亡，不生不灭，不增不减。而对于人们来说，只有依此理而行事，才能“大行不加，穷居不损”，实现自己应然的存在。程颐还从体用关系方面来论证理与物的关系，认为理是“体”，物是“用”，进而提出“体用一源，显微无间”这一重要的哲学命题。而程颢则把理纳入心中，提出了“理与心一”的命题，对孔子的“仁”学进行了新的阐发。他说：“仁者，浑然与物同体，义礼智信皆仁也。”只要达到仁的境界，就能“天人无二”，“理与心一”。

在理与气的关系上，二程认为理在气先，理是形而上的，气是形而下的。“有理则有气”，形而上之理是形而下之气存在的根据，是理决定了气的运行变化，再通过气化而成万物。在人性论上，二程发扬了儒家的性善论，在承袭张载关于“天地之性”和“气质之性”划分的基础上，将人性区分为“天命之性”和“气质之性”，前者是生来就先天具有的，是天理在人性中的体现，因而是至善的，在这里“性即理也，所谓理，性是也。天下之理，原其所指，未有不善”；后者则是在气化过程中形成的，气有清浊之分，因对天理禀受程度的不同而有贤愚之分、善恶之别，“禀其清者为贤，禀其浊者为愚”。程颐认为人性的不同表现形式——仁、义、礼、智、信，都是至善的，它们是天理的本质特征。如果人的情感、欲望合乎节度，仍然能保持性的至善；相反，则表现为恶，这就是所谓的“人欲”或“私欲”。人之所以不善，就是人欲引诱的结果，“诱之而弗知，则至于天理灭而不知反，故目则欲色，耳则欲声，以至鼻则欲香，口则欲味，体则欲安”，以至把正常生理需要也归于“人欲”之中。“天理”与“人欲”水火不相容，天理盛则人欲灭，人欲盛则天理衰，“不是天理，便是私欲”。二程主张“去人欲，明天理”，由此引出其道德修养论。

在修养论上，程颢提出了“定性”理论。所谓“定性”实指“定心”，即如何使人做到内心的安宁与平静。他认为，如果不受外物干扰，“内外两忘”，心内便澄然无事，无事则定，定则明，至此就“廓然而大公，物来而顺应”，从而达到“仁”的境界。这一“定性”理论，实启陆王心学之绪。程颐在注意内省的同时，则坚持一种外求的修养功夫，“涵养须用敬，进学则在致知”。他认为，人的道德情操和精神境界的培养，要靠“主敬”的修养，即排除杂念，把注意力集中到内心，使内心始终保持一种高度敬畏的状态去遵守伦理纲常。但是，仅此还不够，他根据《大学》提出了自己的格物致知说，把“格物”解释为“穷理”，即通过学习、读书、应事接物等方法来认识事物的道理，最终达到所谓豁然贯通，直接体悟天理。这种“格物穷理”的修养论则下开朱学一派。

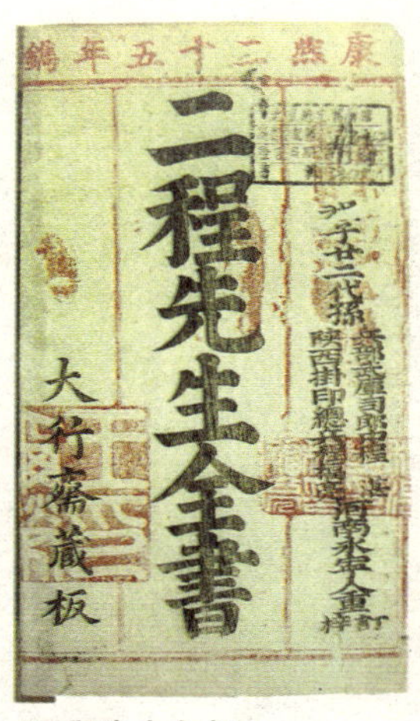

《二程先生全书》

程氏兄弟的思想虽有差别，但基本精神还是一致的。故世人往往不对兄弟二人进行区分，并称“二程”。他们将儒学思想融会贯通，在批判地吸收佛、道思想的基础上，构建了一个以“理”为最高范畴的、极具思辨性的新儒学体系，成为宋明理学的奠基人。二程哲学后来由朱熹加以发展和完善，形成了统治中国思想界达数百年之久的程朱理学，对中国封建社会后期的政治、经济、文化产生了巨大影响。

二程的著作被后人编为《二程先生全书》，包括《二程遗书》、《二程外书》、《明道文集》、《伊川文集》等，今有校勘标点本的《二程集》。

五、理学的集大成者朱熹

朱熹（1130—1200），字元晦（一字仲晦），号晦庵，晚号晦翁、沧州病叟。祖籍徽州婺源（今属江西），自父辈起侨居福建尤溪。其父朱松师事杨时弟子罗从彦，为程门三传弟子。朱熹5岁时便随父读书，学习儒家经典。14岁时父亲去世，遗命朱熹从胡原仲、刘致中、刘彦冲三位先生受学。家学的熏陶和师长的教诲，令勤奋好学的朱熹在青年时代就渐露头角，不过此时他出入经传，泛览释老，学问还相当驳杂。后拜程颐的三传弟子李侗为师，由此确定了自己的学术路向。

朱熹信札
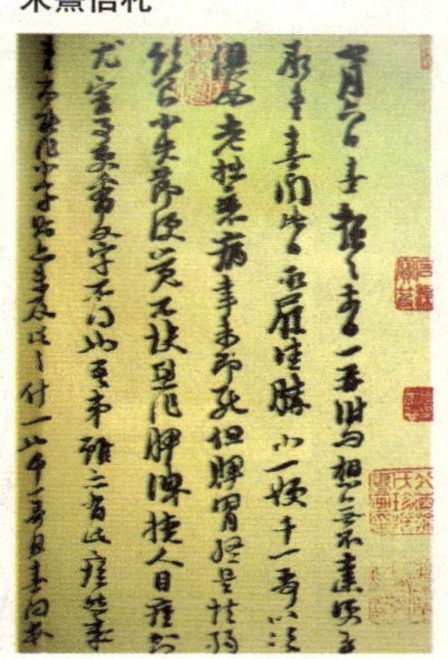

朱熹一生从事政治活动的时间较短，他虽然19岁便中了进士，但此后的50余年间只做过9年官，在朝不过40天。在短暂的政治生涯中，他曾多次上疏，论“天下之务”，试图唤起皇帝“整顿朝纲”的决心。他还坚决主张抗金，认为“和议有百害而无一利”，“今日所当

白鹿洞书院

为者，非战无以复仇，非守无以制胜”，不过他同时也强调要“蓄锐待时”，反对盲目用兵。然而，南宋王朝政治极端腐败，统治阶级内部不断争权夺利，使他的政治主张无法得以实现，在仕途上也一再受挫，终于绝意于官场，而把大部分时间和主要精力都用在了研究、著述和讲学活动上。他十分热心于教育，往往每到一处便兴办教育，亲自讲学，这几乎成了他一生中的乐事。他修复了白鹿洞书院和岳麓书院，并以此为宣扬理学的基地。由于他长期寄居福建，并在考亭讲学，故其学派称为“闽学”或“考亭之学”。

朱熹继承发展了北宋诸子之学，尤其是二程的“伊洛之学”，并以儒学为核心吸收了佛、道诸家的思想，全面而深入地探讨了理气、心性、知行等理学中的各个重要问题，并从“理”为天地万物的最高主宰出发，建立起一个庞大、思辨的哲学体系，使传统的儒家理论“至是皆焕然而大明，秩然而各得其所”，从而把理学推向了一个新高峰。

“理”或“天理”是朱熹理学的最高范畴。任何一个事物的存在总有它的道理、根据，这便是它的理。而万事万物合而言之，又有一全体之理，朱熹把这一理之全体称为“太极”。朱熹发挥了程颐“理一分殊”的思想，认为每一具体事物都具有完整之理，而不是分禀了理的一部分，这就如“月印万川”，天上之月会完整地映现在江河湖海之中。他说：“太极只是个极好至善底道理。人人有一太极，物物有一太极。”“太极”，是宇宙之本体，亦是事物的本质和规律，体现于人类社会中即为理性所认同的道德法则。但从事物和人的现实存在来讲，并不只是纯然抽象的理，还有必要的构成质料——气，万事万物都由“理”、“气”构成。朱熹说：“天地之间，有理有气。理也者，形而上之道也，生物之本也；气也者，形而下之器也，生物之具也。是以人物之生，必禀此理，然后有性。必禀此气，然后有形。其性其形，虽不外乎一身，然其道器之间，分际甚明，不可乱也。”不过就理气的关系而言，理则具有更根本的意义。虽然从一般意义上讲，“天下未有无理之气，亦未有无气之理”，理和气并不能分离，理须借助于气而挂搭、附着；但从根据的意义上说，理却是逻辑在先的，理本气末，理主气从，理是解释事物存在的第一原则。

观水中月图　明·吴伟

从这种理论出发，朱熹进而又解释了人的存在，认为“人之所以生，理与气合而已”，人也是理和气的统一体。朱熹发挥了张载和程颐的“天命之性”与“气质之性”的观点，认

为由于天理通一无二，所以人禀天理而为人人皆备的仁、义、礼、智等先天善性，即“天命之性”；而由于气有精粗、厚薄、清浊之分，人因气禀不同就产生了善恶、贤愚、贫富、寿夭之不同，这被称为“气质之性”。他说：“人之性皆善。然而有生下来善底，有生下来恶底，此是气禀不同。”他以此来解释人为善的应然性和社会上存在着的恶的现实之间的矛盾。那么，如果一个人生下来便气禀不佳，是否便做不得好人了？朱熹当然不会同意这种观点。他认为，既明了“气禀之害”，便“要力去用功克治，裁其胜而归于中，乃可”。他进而又提出了“道心”、“人心”的范畴，认为“道心”出于天理，是禀理而成的仁义礼智之心，故为善；“人心”则出于形气之私，是指饥食渴饮之类的欲望。“人心”总是处于不满足的状态之中，如无道德理性加以节制，很容易流于邪恶。因此，必须用“道心”去统率“人心”，“存天理，去人欲”，方有可能走上圣贤之途。

人虽然禀天理以生，然而要真正契悟此天理，并依“天命之性”或“道心”而行却并非易事。因为人有形气之私，往往会造成对“本原之性”的遮蔽。那么，人如何才能知道自己的本性呢？在朱熹看来，这需要一个“格物致知”的过程。“格物致知”也就是“即物而穷其理”，即通过接触具体的事情而逐渐触动心之灵明。比如“自家知得万物均气同体，见生不忍见死，闻声不忍食肉，非其时不伐一木”，即渐发心中之仁。但要使心性完全显发出来，则要经历一个从积累到豁然贯通的过程，“今日格一物，明日格一物”，由近及远，由浅而深，次第而入，层层而进，格到一定程度，“则众物之表里精粗无不到，而吾心之全体大用无不明矣”，从而达到对理的体认。需要指出的是，朱熹还特别强调了读书在穷理中的重要作用，这也是他埋头经传，进行大量的注解和考订工作的一个原因。

在朱熹那里，真实的“学问”是要“穷天理、明人伦、讲圣言、求世故”，而这种学问要落到实处，亦必须将其付诸于具体的行为活动之中。因此朱熹进一步讨论了知行的关系问题，认为“致知力行，用功不可偏废”，不过也要分个先后轻重，即“论先后当以致知为先，论轻重当以力行为重”。人的行为是有意识、有目的的，因此，在行为中已包含一在先之知；但行毕竟是知的指向和归宿，具有更重要的意义。比如做一事，事先不知如何做，就无从下手。但是只知如何做而不去做也是知得不深，只有亲自做了这件事，有了体验，才知得明白清楚。当然，朱熹的知行观主要是指儒家的个人道德修养和实践，而非认识的来源，这与我们今天讲的知行问题还是有所不同的。

凤冠 十三陵定陵出土。统治者要求人们存天理、灭人欲，而自己的欲望却是无限制的

朱熹进而又提出“主敬涵养”的功夫论，这是体认天理的

朱熹对镜写真像

重要途径。无论是致知还是力行，都要以“敬”贯穿始终，进而真正提升自己的修养和生命境界。生命来不得怠忽和不恭，因此“敬”的工夫实为“圣门第一义，彻头彻尾，不可顷刻间断”。所谓“敬”，主要是指一种虔诚、敬畏和警觉的精神状态，如此则可使心有所警醒，清明洞彻，遇事自易见理，躬行亦可见功，“圣学之所以成始成终者，皆由此”。道德修养要有确定的目标，即“存天理，去人欲”。在这里，朱熹区分了人欲和人的正常生理欲望，认为饥而思食、寒而思衣的欲望是圣凡都有的，这是正当的生活需求，超过此一界限的即“人欲”，“饮食者，天理也；要求美味，人欲也”。“天理”是善的，“人欲”是恶的，“天理存则人欲亡，人欲胜则天理灭”。只有克得一分人欲，方可复得一分天理，人欲被克尽之日，便是天理流行之时，这里所说的天理主要是指“三纲五常”等封建道德。他的这套观点曾长期钳制着人们的思想，对维护封建统治秩序有很大的功劳，因而受到统治者的一再表彰。

朱熹著书图

这样，通过对天理论、人性论、致知论、主敬论等的系统论述和创造性总结，朱熹逻辑一贯地建立了一个严密的理学思想体系，无论在深度和广度上，都远远超过了前代。正因如此，他才被视为“集大成者”，成为理学的代表人物。朱熹在世时因对外戚专权不满而遭贬逐，甚至其学术思想一度被判为“伪学”，门人同道亦受到牵连。但死后不久，其地位开始日渐上升，最终成为配享孔庙的“孔门十哲”之一，在历代儒者中的地位仅次于孔子和孟子。元、明、清三代，程朱理学一直被尊奉为官方哲学，还传播到朝鲜、日本等国，一度成为这些国家的统治思想，成为东方文化的一个重要组成部分，影响极为深远。

朱熹学识渊博，著作宏富。他对经学、史学、文学、佛学、道教及自然科学都进行了深入的研究，留下了数量惊人的著作，单是他讲学的语录《朱子语类》（门人辑录）就有140卷，诗文集亦有上百卷。另外还有《四书集注》、《周易本义》、《诗集注》、《楚辞集注》等专著，还编集了《伊洛渊源录》、《家礼》、《小学通》等书。其著作之多，涉猎之广，在整个中国文化史上也是不多见的。《四书集注》是朱熹为《大学》、《中庸》、《论语》、《孟子》所作的注，是其哲学思想的重要代表作。此书既是封建社会知识分子的必读教科书，也是宋明理学的权威性著作。该书为历代学者所重视，亦为统治者所推崇，元、明、清科举考试，均以此书为标准，可以说是对中国封建社会后期影响最大的书之一。

六、心学体系的创立者陆九渊

仰首攀南斗，
翻身倚北辰。
举头天外望，
无我这般人。

这首小诗，是南宋哲学家陆九渊的自况，其中既表明了其学理上的宗旨，亦传达出其在学术上的自信。在朱熹以学者式的谨严建构出其理学体系的同时，陆九渊则以思想家的胆识别辟一途，提出了“发明本心”的学说，从而使理学的发展呈现出双峰并峙的局面。

陆九渊像

陆九渊（1139—1192），字子静，号存斋，江西抚州金溪人。陆九渊自幼敏悟善思，“生三四岁，问其父天地何所穷际，父笑而不答。遂深思，至忘寝食”。后读书就学，接受传统的儒家教育。但与一般人不同的是，他读书并不甚“规矩”，而是善于怀疑，敢于对前人的观点提出批评，比如他曾讲：“伊川之言，奚为与孔子、孟子之言不类？近见其间多有不是处。”程颐的思想在当时是非常有影响的，可小小年纪的陆九渊就已经敢于在理论上向其挑战了。后来他读古书，读到“宇宙”二字，一时大悟，说：“宇宙内事乃己分内事，己分内事乃宇宙内事。”此时，一种新的学术构想已在他心中萌芽了。

陆九渊中年以后才踏入仕途，但即使在仕宦生涯中，他仍讲学不辍，并时常与其他学者进行学术交流。他曾在家乡金溪辟“槐堂”讲学，“一时名流踵门问道者常不下百千辈”。在这种讲学论道的过程中，陆九渊逐渐形成了“心学”的基本架构，并以此为立足点对程朱理学展开批评。孝宗淳熙二年（1175），著名史学家吕祖谦去福建访问朱熹。返回时朱熹相送，游经江西信州（今江西上饶）铅山，在鹅湖寺停留数日。于是，吕祖谦写信给在金溪讲学的陆九渊兄弟，邀请他们前来鹅湖，以学会友，并试图使他们消除观点分歧，这就是历史上有名的“鹅湖之会”。当时，这几位知名人物聚在一起举行学术讨论会是一件很难得的事情，除了各门弟子、学友前来参加外，周围的学者也都赶来听讲。集会将近十来天，讨论的范围十分广泛，其中心议题是“为学之方”。会议以陆九渊及其兄陆九龄为一方，朱熹为另一方，就治学问题展开了面对面的辩论。朱熹主张，为学应“泛观博览而后归之约”，即从博览群书和对外物的观察体悟应然和必然之理，从而知所当为。而二陆则认为这套方法过于“支离”，而应找一条简单直接的途径，即“切己自反”，“先发明人之本心，而后使之博览”。会上陆九龄赋诗曰：

孩提知爱长知钦，古圣相传只此心。
大抵有基方筑室，未闻无址忽成岑。
留情传注翻蓁塞，着意精微转陆沉。
珍重友朋相切琢，须知至乐在于今。

陆九渊接着和诗一首，继续表明自己的观点：

墟墓兴哀宗庙钦，斯人千古不磨心。
涓流积至沧溟水，拳石崇成泰华岑。
易简工夫终久大，支离事业竟浮沉。
欲知自下升高处，真伪先须辨只今。

谈心图

由于陆氏兄弟主张心学，所以他们的诗都从本心说起。认为“此心”是人人生下来就有的善心，是人之为人的内在根据。人们之所以能接受教育，甚至成圣成贤，皆因具备此心。识得本心，是学问和修养的前提；保存和恢复本心，是学问和修养的唯一工夫，这种简易工夫是长远久大的。而朱熹的一套理论则过于支离烦琐，且缺乏内在的根据，故诗中以“无址”、“支离”等语加以讽刺。这使朱熹很不高兴，与他们进行了争辩，讥其学术空疏，无法落到实处。由于双方观点相左，相持不下，集会最终不欢而散。这次集会没有达到“会归于一”的目的，反而使双方的分歧更加明确。自此，朱、陆的信奉者各为一派，朱学被称为“理学”，陆学被称为“心学”。

淳熙十四年，陆九渊以祠禄官闲居时，于江西贵溪应天山建精舍讲学。翌年改山名为象山，自号象山居士。这一时期，是他讲学的最盛期，“每开讲席，户外屦满，耆老扶杖观听”。陆九渊有着极强的讲演辩说能力，据说他曾至江西白鹿洞书院去拜访朱熹，并在书院讲学，“听者至有泣下”。此后，他与朱熹长期通过书信讨论争辩“太极”、“无极”等学术问题。经过长时期的讲学、深研和辩论，陆九渊进一步明确了自己的学术观点，提出其“心学”的主旨在于“先立乎其大者”，即通过直指本心确立行为的原则，从而“自做主宰”，真正做一个顶天立地、堂堂正正之人。

陆九渊的学说被称为“心学”，那么，什么是他所说的“心”呢？这一点颇难界定。我们可以把它理解为映现万事万物、从而确认事物

之存在的内在依据，比如陆九渊说："宇宙便是吾心，吾心即是宇宙。"宇宙的存在恰恰表明"心"的存在，苟无吾心，宇宙亦无以呈现于我面前；同时又由于宇宙皆可收束于一心，所以此心实包容万物，亦可尽纳宇宙之理。这也就是陆九渊说的"万物森然于方寸之间，满心而发，充塞宇宙无非此理而已"。沿着这个思路，陆九渊又提出"心即理"的论断，他说："人皆有是心，心皆具是理，心即理也。"又说："心，一心也；理，一理也。至当归一，精义无二，此心此理实不容有二。"从"心具理"到"心即理"，其在理论上的过渡并不太自然，但实现这种转换无疑有着重要的意义，即它将人的行为依据由外在而超越的"理"转化为内在于自我的"心"或"本心"，从而使行为的主体性更加突出。在这种意义上，"心"大致可以理解为一般人们常说的"良心"，它是宇宙之理最完满的体现，因而可以成为人们伦理行为的内在依据。在陆九渊的哲学体系中，"心"是最高范畴，是宇宙万物的本原。

既然"本心"就是理，那么，"理"就用不着向外去求，他反对朱熹的"即物穷理"之法，认为那样太麻烦、太支离。他教人"自做主宰"，反省内求。他指出修养的功夫就在于发明本心，"切己自反"，本心的自我认识，就是真理的自我发现；本心的自我觉悟，就是道德的自我完成。那么，如何才能"切己自反"、"发明本心"呢？陆九渊自称找到了一条"简易"、"直捷"的认识和修养途径，也就是他所说的"易简功夫"。所谓"易简功夫"就是要"先立乎其大者"，即首先确信自己尽善的"本心"，然后再反身内求，自我反省，自我认识，自我完善。本心是至善的，但是人的过分欲望会损害"本心"，从而造成"心蔽"，这会妨碍"本心"的自我认识。人要保持本心，就必须清除欲望，解除"心蔽"。而解除"心蔽"的方法是"剥落"，经过层层剥落，心就会清明起来。这种"存心去欲"的主张与程朱的"存天理，去人欲"的主张基本一致，但他特别强调通过发挥本心来战胜物欲。

陆九渊对读书的看法有个变化的过程，起初，他对读书并不多么看重，因为在他看来，儒家经典不过是对"良心"各种表现的叙述。因此，当有人问他："何不著书？"他回答说："学苟知本，六经皆我注脚。"也就是说，六经的道理原本就在我心中，我又何必再去著书解释呢？后来，他把读书作为除意见、解心蔽的一种方法，指出读书可以印证"此心之良，人所固有"，而如果忘记了这个根本，读书无益而有害。他曾经举一学者诗云：

读书切戒在荒忙，涵泳工夫兴味长。
未晓莫妨权放过，切身须要急思量。

自家主宰常精键，逐外精神徒损伤。
寄语同游二三子，莫将言语坏天常。

这首诗基本反映了陆九渊的思想观点。而从这种观念出发，陆九渊本人也很少著述，他只留下了少量的诗文，大部分是书信及讲学的语录，后由其子陆持之搜集编成《象山先生全集》。

陆九渊所开创的“心学”体系，极富个性特色。它作为南宋理学的一个主要学派，和程朱理学交相辉映，成为宋明理学发展中不可或缺的一个环节。南宋以后，由于程朱理学被尊为官方哲学，“陆学”的传播受到影响。直到明朝中叶，由于王守仁的大力倡导，“心学”才重新焕发活力，此后便以压倒“朱学”之势，在思想界大行其道。因此，后人就把王守仁与陆九渊之学合称“陆王学派”或“陆王心学”。

七、心学大师王守仁

朱熹之后，理学仍在发展演变之中。南宋末期，朱熹后传弟子根据各自的需要，表现出不同的思想倾向。真德秀、魏了翁等人着重发展了朱熹的心本论；而黄震、文天祥等人在道气等问题上，初步改造了朱熹哲学，发展了唯物主义思想。成吉思汗在征战中原时，颇注意网罗儒士，使南方的理学传到北方。其中，赵复、姚枢、许衡、刘因等人在传播理学方面尤为用功。元朝南方理学的代表人物是吴澄，他提出一条向内发展的心学路线，朱陆合流是元代理学发展的一个趋势。

文天祥像

朱元璋建立明朝后，继续把程朱理学奉为官方哲学，并规定用程朱派传注的“四书”、“五经”的内容作为科举考试的题目，文章略仿宋经义，代古人语气为之，体裁用排偶，这就是所谓的“八股”。永乐年间又编纂了《五经大全》、《四书大全》和《性理大全》三部皇皇巨著，由明成祖朱棣作序并颁行天下。从此，朱学渗透到社会的每个角落，出现了“家孔孟而户程朱”的局面，读朱子之学成了绝大多数士人学子走向仕途的必由之路。明初的朱学代表人物有刘基、宋濂、方孝孺、曹端、薛瑄、吴与弼等人，他们在崇信朱学的同时，反对空谈性命，注重修齐治平，强调道德的修养和践履。刘基曾向朱元璋献取天下之计，方孝孺在“靖难之役”中为名节而殉身，都是这种趋向的表现。由注重道德修养出发，就会很容易地走上讨论心性问题的道路。吴与弼已特别强调静观内省，到了他的弟子陈献章，终于发展出了一个心学理论。明朝中叶，理学内部的反对派异军突起，王阳明的“心学”很快风靡整个思想界，其流风余韵一直延续到明末。

王守仁（1472—1528），字伯安，浙江余姚人。由于他筑室于故乡阳明洞，自号阳明子，所以学者多称他阳明先生。王守仁出生于官宦世家，青少年时代就熟读儒家经书，还“纵观山川形胜”，以开拓眼界。后又遍览各家，出入佛老，可“数年无所得”。17岁时，曾拜访程朱派学者娄谅，听其讲宋儒“格物之学”和圣人可学而至的思想，深受启发。“还家，日端坐，讲续‘五经’，不苟言笑”，俨然一副道学先生的模样。后来通过科举考试进入仕途，授刑部主事，后又补兵部主事。34岁时因反对宦官刘瑾，被贬到人迹罕至的贵州龙场当驿丞。在这种艰苦的环境下和苦恼的心境中，王守仁力图靠精神力量的支撑去克服危难。他日夜默坐，冥想圣人在这种境遇下的作为。据说，一天夜里，他“忽中夜大悟格物致知之旨，寤寐中若有人语之者，不觉呼跃，从者皆惊，始知圣人之道，吾性自足，向之求理于事物者误也”。这就是所谓的“龙场悟道”。从此，他改宗陆九渊的心学，认为“宋周、程二子后，惟象山陆氏简易直捷，有以接孟氏之传”。他在当地建立了龙冈书院，授徒讲学，“学者翕然从之，世遂有‘阳明学’云”。

吴澄像

宋濂像

王守仁的著作，由其门人辑为《王文成公全书》，共38卷，其中最能体现其哲学思想的是《传习录》和《大学问》。《传习录》是王守仁的语录和论学书信，主要是王守仁教学时的言论，是取《论语》中“传不习乎”的句意以名书。《传习录》一书涵盖了王守仁的主要哲学观点，如“心外无物”、“心外无理”、“知行合一”、“致良知”等，是研究其思想的主要资料。《大学问》是王守仁在稽山书院讲授《大学》时的记录，可以说是王守仁哲学体系的纲领。《大学问》意味着心学思想的最终完成，被称为王学“师门之教典”，对心学的发展产生了重要作用。

方孝孺像

王守仁发挥了陆九渊“心即理”的学说，提出“心外无物”、“心外无理”的观点。他认为人心是天地万物的主宰、世界的本原，天地万物由心所派生，是心的显现和外化，没有人心也便无从知有天地万物。最能体现王守仁“心外无物”思想的是《传习录》中记载的这样一个故事：有一次，王守仁和一个朋友游南镇，此人看到偏僻的山谷中有一花树，就问王守仁：“你说天下无心外之物，可像这样的花树在深山中自开自落，与我的心有什么关系呢？”王守仁回答说：“你没有看到此花时，此花与你的心同归于寂。但你来看此花时，此花的颜色一时便明白起来，便知此花不在你的心外。”按照王守仁的回答，山中花树只有在心的观照下才获得了自身的存在，脱离了人的心，说它存在并无甚意义。他由此提出“心之所发便是意，意之所在便是物”的命题，认为意识必有其对象，而我们所说的“物”，亦不外是意识的对象而已。不过，王守仁这里说的“物”主要指的是“事”，即人

王守仁像

阳明格竹 现代·田原
王守仁从一丛竹"格"起，从早到晚对着竹子冥思苦想，"格"了七昼夜却一无所获，并且病倒了。"格竹"的失败，使他开始怀疑朱子之学

看花图 清·张洽

们的社会实践活动。由于这些活动都是在人的意识参与下进行的，因此必然会打上"心"的烙印。心是人社会行为的内在根据，而理学家讲的"理"，亦不过是"心之条理"，"是理也，发之于亲则为孝，发之于君则为忠，发之于朋友则为信。千变万化，至不可穷竭，而莫非发于吾之一心"，由此他认为"心外无理"，"外吾心而求物理，无物理矣"。这也就是说，道德法则和礼义规范并不是外在于人心的，而是可以在"心"那里找到依据。心是宇宙的立法者，也是一切理的立法者。

由"心外无理"出发，王守仁进一步提出了他的"致良知"说。所谓"良知"，最早由《孟子》提出，指一种天赋道德意识。王守仁对孟子的这一思想进行了发挥，直接将良知解释为理学中的"天理"或"道心"，认为它是人心先天固有的"本然之知"，是善恶、是非的终极标准。由于良知为人心所固有，所以见父自然知孝，见兄自然知敬，见孺子落井自然产生怜悯之心。既然人人都有良知，人人都可用自己的良知去判断是非、衡量善恶，而不必求助于圣人和典籍。只要循着自己的良知，将其实现于生活的每一个细节，也就是人们所说的圣贤了。圣贤并不难为，若良知发行处，"满街都是圣人"。而一般人之所以无法成圣成贤，则在于其私欲太重，蒙蔽了自己的良知。因此，要想成为圣贤，就必须保持和贯彻先天固有的良知，不断"改过迁善"、"胜私复理"，从而使良知充分显露，这就叫做"致良知"。

"致良知"不仅是个知的问题，也是行的问题。在王守仁看来，知和行是相辅相成，不可分割的。他反对朱熹"知先行后"的观点，而主张知行合一。他讲："知是行的主意，行是知的功夫；知是行之始，行是知之成。只说一个知，已自有行在；只说一个行，已自有知在。"因此，知行是一个功夫的两面，知中有行，行中有知，既没有先后，也无法截然分开。他进而又说："我今说个知行合一，正要人晓得一念发动处便是行了。……须要彻根彻底不使那一念不善潜伏在胸中。此是我立言宗旨。"这就是说，修养工夫的要点不在于不行恶事，更重要的是连"一念不善"也要杜绝，发动处若有不善，就要立即克制。这是他极力强调"知"和"行"有内在关联的根本原因。

在王守仁的时代，程朱理学由于被尊为官方的意识形态而逐渐成为一种思想教条，而理学家们"求为圣人"的修身之学也逐渐异化为士子们博取功名的阶梯。在这种背景下，王守仁重提"心学"，使僵化已久的学术空气又重新活跃起来，而王学也一度成为明代后期影响最大的学派之一，在中国思想史上占有极其重要的地位。明朝中叶以后，王学传到日本，形成"阳明学"，对后来的明治维新也起过一定的积极作用。王守仁的"心学"，从客观上强调了人的主观能动性和自觉性，冲破了理学的思想禁锢，促进了人的个体意识的觉醒。

走進中國哲學殿堂

第九章 启蒙与趋实

中国封建社会发展到明朝中叶，已经越过顶峰而进入了末期，各种弊端暴露无遗，新的资本主义经济萌芽已在东南沿海地区出现，反映新兴市民阶层意愿的早期启蒙思想也随之产生。而以李自成、张献忠为首的明末农民大起义，冲击了整个封建制度，也给予明清之际的启蒙思想以很大的推动力。清兵入主中原后，一批参加反清斗争的地主阶级中下层知识分子有感于时局的变化，沉痛于汉民族的自取败辱，对封建专制主义和蒙昧主义进行了审查和批判，从而推动了启蒙思潮的发展。

明清之际的启蒙思想家大多具有勇敢的历史担当感，身居"天崩地解"（黄宗羲）的时代，"已居不得不变之势"（顾炎武），我辈应"坐集千古之智，折中其间"（方以智），"虽百千年同迷之局，我辈亦当先觉觉后觉"（颜元）。正是在这种悲天悯人的情怀下，反封建、开民主、倡经世致用的启蒙思潮一度风行开来。

反封建意识反映到思想上，就是对封建文化专制工具"理学"的批判改造。李贽的"是非无定质，无定论"思想，否定了"以孔子之是非为是非"，试图借否定孔子的权威来冲决封建网罗；黄宗羲重校理、气关系，走向了对道学唯心主义的否定；方以智致力于新兴自然科学的研究，发展了朴素唯物主义思想；王夫之则集宋明理学之大成，并对之批判改造，建立了别开生面的唯物主义哲学体系；颜元、戴震在复古的名义上，重新讨论理欲关系，揭露了道学唯心主义“以理杀人”的伪善本质。

在批判封建专制的同时，他们还不时地流露出带有民主色彩的主张。傅山呼出“天下者，非一人之天下，天下人之天下也”的心声；王夫之提出“循天下之公”、“不以天下私一人”，希望“以天下之禄位，公天下之贤者”；黄宗羲则驳斥君主专制，主张以“天下之法”代替“一家之法”，建立“天下为主，君为客”的理想社会。他们还提出“均田”的思想，“有其力者治其地”（王夫之），“有田者必自耕”（颜元），这些改革主张虽不能付诸实践，但反映了下层劳动人民的要求。

早期启蒙者的又一贡献，就是开辟了一代重实际、重实证、重实践的新学风。他们痛斥宋明以来的“空谈性理”的腐朽学风，认为这种学风是祸国殃民的根本，是束缚人们思想的绳索。他们不仅主张经世致用，而且以实际行动发扬重实践重实证的求实精神。秉着这种精神，他们对自然史、社会史和思想史进行了综合探讨，形成了一些符合唯物主义的观点，体现了当时的思想水平。

明清之际的早期启蒙思潮，虽不可避免地具有阶级和时代的局限性，含有旧思想的陈渣，但在对封建专制主义及其意识形态的斗争中，批判了旧世界，揭露了封建末世的社会矛盾和时弊，其中的民主思想和人文关切在清朝文化专制主义的重压下虽几近夭折，但在19世纪初叶又得以复苏，对近代资产阶级启蒙运动和“五四”新文化运动产生了积极的广泛影响。

一、罗钦顺和王廷相的反理学思想

罗钦顺像

明朝后期，国势衰落，各种社会矛盾空前尖锐，大明王朝已处于日暮途穷之际。面对严重的社会危机，当时作为官方哲学的程朱理学显得苍白无力，统治地位发生动摇。一度兴盛的陆王心学也同样是凌空蹈虚，“局于内而遗于外”，无补于世事民生。在这种形势下，罗钦顺和王廷相通过对理学的改造和批判，继承和发展了张载的气学，并大力张扬经世致用的学风，掀起了一股注重“经世宰物”的实学风潮。

罗钦顺（1465—1547），字允升，号整庵，江西泰和人。早年精研佛学，后出佛入儒，转而对程朱理学心有所悟，自此对释氏之言大加批判，并在此基础上与王守仁的心学展开辩论。在与王守仁辩论时，罗钦顺是站在维护程朱理学的立场上，自命为程朱派。但是，其思想虽出于朱熹理学，却是批判改造了的理学，特别是在哲学基本问题上，已表现出反理学的唯物主义特色。

理、气是理学的基本概念，对理气关系的不同回答就成了判定思想派别归属的重要依据。罗钦顺否定了朱熹的理本论，提出了“理气为一”的唯物主义命题。他认为气才是世界万物的本原。四时的变化，万物的生长收藏，以至人类的日用彝伦、成败得失，都是气的发育流行；而理是世界万物莫知其所以然而然者，是物质运动的必然性、规律性，这样就否定了朱熹的理的主宰地位。针对朱熹的“理气为二”的观点，罗钦顺对之进行了公开的批判，认为朱熹没有很好地理解事物规律与具体事物的关系。依罗钦顺之见，理是物质本身所固有的规律，虽有抽象性，但不能脱离物质而存在。“理只是气之理，当于气之转折处观之。”理是气化流行所体现出的规律性，罗钦顺用气之“转折处”来概括理气关系，从而表达了物质运动的一条重要规律。

“理一分殊”是朱熹的重要思想。在朱熹那里，理是万物的主宰，是最高的本体，是“理一”；理散之于万物，万物因理而实然存在，是“分殊”。“理一”与“分殊”是体用的关系。罗钦顺则从气本论出发，把理一与分殊的关系改造为总规律与具体规律的关系，改造为一般与特殊的关系，并在理气为一、理在气中的前提下，认为个别就是一般，一般存在于个别之中。人们的认识须从个别开始，然后达到一般，从而很好地回答了理与物、一般与个别的关系。

明宪宗元宵行乐图 明

在心性问题上，罗钦顺基本上是站在朱熹理学的立场上，宣扬“性即理”，对王守仁的“心即理”、“心即性”思想进行了有力批判。他同朱熹一样，认为性是人生而就有的，仁、义、礼、智等伦理道德也是人人同有的。之所以有人不能成圣，甚至为恶，是因为他“未尝学问”，而不能自觉地认识到其自身固有的理之善性。但罗钦顺并没有因之而推导出“存天理，灭人欲”的理学思想，而是走向了其反面。罗钦顺认为，性即理，但理是气之理，性为气之性。因此，性只有一个，是气质之性，性在气中，性不能离开人的形体，同样也离不开人的欲望。因此，理与欲不是对立的，而是统一的；人之欲是人生而具有的，符合必然当然之则，符合理。但如果恣情纵欲，便会流于恶，所以也要以理节欲。

罗钦顺的思想，虽然在很多方面还没有跳出朱熹理学的影响，但他对“理”进行了唯物主义改造，批判了心学，校正了理、欲关系，为王夫之全面总结理学作了重要的铺垫，因此，在理学发展史上占有重要地位。

王廷相（1471—1544），字子衡，号浚川，又号平崖，河南仪封（今河南兰考）人。王廷相仕宦一生，自弘治十五年（1502）中进士后，历官监察御史、湖广按察使、左都御史、兵部尚书等职。他为人“博学好议论”，条陈时政，往往无所顾忌。对于贪官污吏，王廷相也一向敢于斗争，不循偏私，因此颇为权奸所忌。他曾被栽赃陷害，逮下诏狱；然而一旦复起，仍锐意改革时弊，拯救社会危机。不过晚年终于还是被罢归田里，不久就去世了。

与许多只知空谈心性之学，而对经世致用的“实学”漠然视

之的知识分子不同，王廷相极注重自然科学的研究，于天文学、生物学和音律学等方面均有成就。他主张“祛其因循之旧习，革其积久之弊政”，并以“同道相贤，殊轨异趋”的批判精神，对程朱理学和陆王心学进行了深刻的批判。

王廷相继承发展了张载的气一元论，认为元气是宇宙万物的终极根源，“天地未生，只有元气”，“元气之上无物、无道、无理”。元气虽无形无象，但却是“实有之物”，它聚则为有形之万物，散即为无形之“太虚”。太虚是气散而未聚的状态，并非真的虚空。他反对程朱“理为气之本”的思想，认为在气之上，并无一先在的理，“夫万物之生，气为理之本，理乃气之载”，气才具有第一性的意义，作为根据和前提而存在。他反对程朱“理”为气生化根源的外因论，而提出了“阴阳相待”的观点，认为元气本身以及由元气所派生的天地万物都包含有阴阳二气，这两个对立面虽共处于一个统一体中，却并不绝对平衡，而是“气有偏盛，遂为物主”，从而导致万事万物的产生和变化。

在王廷相看来，人也是禀元气而生的，而人性亦生于气，因此并不存在所谓超越的普遍的“天地之性”。他说：“人有生气则性存，无生气则性灭，不可离而论者也。”他不认为人一生下来就具有仁义礼智等道德观念，提出“凡人之性成于习”的观点，强调德性是环境和教育的产物。人的其他知识也是如此，“诸凡万事、万物之知，皆因习、因悟、因过、因疑而然，人也，非天也”，都是人为努力的结果。就知识的具体来源和过程来说，则来自于“思与见闻之会”，即认识的获得首先要依靠感官与外界接触，否则“物理不见不闻，虽圣哲亦不能索而知之”。而在此基础上，还要加以“思虑”，实现“以类贯通”，最终达到“究其理”的目的。王廷相反对程朱的“知先行后”说和陆王的“知行合一”说，而力主“知行兼举”，认为“知行并进，体用兼举，有用之学，无过于此”。他还大力提倡“实践”，强调“力行”重于“致知”，认为“力行”不仅是致知的目的，而且只有通过“力行”才能获得和检验真知。王廷相把“实践”这一范畴明确地引入认识论，并论证了其在认识中的作用，这在中国哲学史上具有重要的理论意义。

王廷相的哲学上承张载，下启王夫之，在思想史上占有重要地位，向为学者所重视。他的哲学著作有《雅述》、《慎言》、《太极辩》等，多收入《王氏家藏集》和《内台集》。今人辑有《王廷相集》，完整地收录了有关他的思想资料。

二、泰州学派：从王艮到李贽

明朝中期，王阳明的心学流传很广，门下弟子遍布大江南北，心学逐步分化为浙中、江右、南中、楚中等学派，各派之间和内部争论不断，有的强调“彻悟”，进一步向禅学靠拢，有的强调修行，还有的主张折中朱王。而泰州人王艮则创立了较有特色的泰州学派，并由王襞、罗汝芳、耿定向、何心隐、李贽等人将泰州学派发扬光大。

王艮像

王艮（1483—1541），原名王银，字汝止，号心斋，泰州安丰场（今江苏东台）人。王艮出身贫苦，其父以煮盐为业。王艮七岁时曾入乡塾，后因家境贫寒而被迫辍学，做了一名煮盐的灶丁。王艮在闲暇之余坚持读书，常将《论语》等书带于身旁。19岁后跟随父亲往来山东从事经商。随着家道日益宽裕，王艮更加勤于问学，将《论语》、《孝经》、《大学》等儒家经典烂熟于胸，立志效法圣人之道。相传在王艮29岁时，他突然梦到天穹坍塌，世人因之而惶恐哀号，他奋起将天穹托起，整理了次序错乱的日、月、星辰。当他一觉醒来时，“顿觉心体洞彻，万物一体，宇宙在我之念益真切不可已”。自此王艮治学日益精深，闻名于泰州。正德十五年（1520），王艮远去江西，谒见王阳明，虔心问寻治学之道。王阳明对王艮赞赏有加，遂将其纳为门下弟子，根据《周易》艮卦卦义将他更名为王艮。王艮声名鹊起，学术活动愈加活跃，先后在安定书院、阳明书院讲学，众多问学之人慕名而来，泰州学派日渐形成。

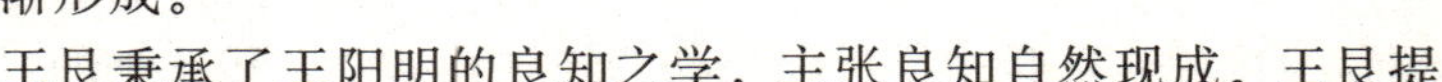
王艮秉承了王阳明的良知之学，主张良知自然现成。王艮提

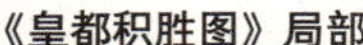
《皇都积胜图》局部

出，人心之所向、所见是欲念、妄念，当欲念、妄念祛除，使心中无物，达到“无极而太极”之境，良知则会自然呈现。良知自在每人心中，因此人必须通过修养工夫而保持良知不失。良知具有天然自有之特性，“良知者，不虑而知，不学而能者也。惟其不虑而知，不学而能，所以为天然自有之理”。既然良知为人的自然本性，圣人与凡夫在良知上无本质区别。由此，王艮提出“百姓日用即道”的学说。百姓日常生活正是道的直接表现，圣人之道与百姓之事是根本一致的。良知正是在日常生活中，不加刻意安排所自然表现出来的。王艮关注于百姓之事，致力于社会下层的启蒙布道。王艮依照《礼记》等古书而做古冠服，衣服称为“深衣”，帽子称为“五常冠”，涵盖仁、义、礼、智、信之义。他时常郑重其事地经过市井，试图引起世人的注意而启发愚蒙。王艮曾于门上书写到，“此道贯伏羲、神农、尧、舜、汤、文、武、周公、孔子，不以老幼、贵贱、贤愚，有志愿学者传之”。王艮所收弟子来自于社会各个阶层，既有官宦子弟，亦有平民布衣、田夫村氓。在格物之学上，王艮仍坚持“百姓日用即道”，提出了独特的格物、修身理论。他提出，“自天子以至于庶人，一是皆以修身为本也”。王艮认为，身与天下皆为物，但身为本而国家为末。“修身，立本也；立本，安身也”。王艮注重个人的修养，将修身作为根本功夫。通过个人修为的提升，最终实现齐家、治国、平天下。“安身以安家而家齐，修己以安国而国治，安身以安天下而天下平。”王艮作《乐学歌》，提出“乐便然后学，学便然后乐。乐是学，学是乐。呜呼！天下之乐，何如此学；天下之学，何如此乐”。王艮将为学看作一种人生乐事，鼓励门下弟子勤于好学。

王艮病逝后，他的次子王襞及弟子徐樾等人传其衣钵，纳徒讲学，宣扬泰州学派的学术思想。王襞（1511—1587）沿袭其父的良知之学，主张“任良知本体顺布流行”。良知是自然呈现，应率性而为。人不可时时留意，亦不能刻意而为，否则会导致画蛇添足，无益于良知呈现。

明朝后期，颜山农、何心隐、李贽等人为泰州学派的重要代表人物。何心隐（1517—1579），原名梁汝元，因对明末危局深为不满，遂放弃科举仕途，师从王艮的弟子颜山农。他极为痛恨明朝的腐败吏治，曾与蓝道行用奇计除去权倾一时的奸相严嵩，改名何心隐。何心隐深受王艮思想的影响，主张“万物一体”。他将天地与人看作同等重要，二者互为本末关系；主张同尊卑、等贵贱，试图缓解岌岌可危的明王朝的矛盾。何心隐曾创立“聚和堂”，散尽家财而试图建立一个人人平等、和睦的理想社会。后因反对宰

李贽像

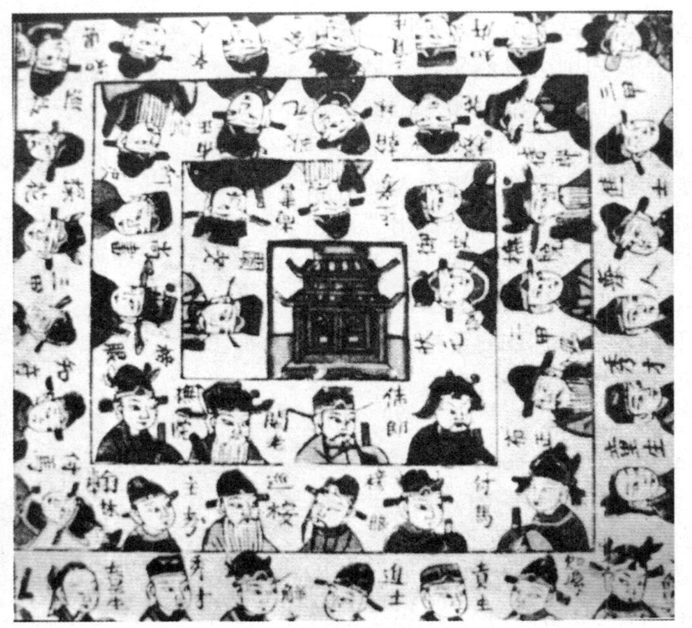

升官图

描写由科举考试步向高官的情景

相张居正毁书院和禁止讲学而被杀。

泰州学派中的最激进的思想家是李贽。李贽(1527—1602),字叔简,号卓吾,别号温陵居士,福建泉州晋江人。李贽原姓林,名载贽,中举后改姓李,又为避明穆宗朱载垕讳,改名贽。李贽出身于一个航海经商世家,不过自其祖辈起,因“海禁”而家道中落。母亲早丧,幼即随父读书,26岁以时论中举。此后历官河南共城教谕、南京国子监博士、北京礼部司务、刑部员外郎、云南姚安知府等职。然而,由于他为人“丰骨稜稜,性甚下急,好面折人过”,又“强力任性,不强其意之所不欲”,以这种个性和处世方式,自然难以为世所容。后来终于弃官而归,开始了读书、教书、著述的生涯。由于他鲜明的个性和超凡的胆识,其作品一经问世便备受欢迎。然而他作品中的“叛逆”精神和“异端”思想也使封建势力感到不安,最终以“敢倡乱道,惑世诬民”的罪名将已是76岁高龄的李贽逮捕下狱。李贽在狱中写下“志士不忘在沟壑,勇士不忘丧其元。我今不死更何得,愿早一命归黄泉”的诗作,在狱卒为其理发时夺刀自刎,用自己的生命最后一次书写了对封建势力的控诉。

李贽早年亦曾埋头于“四书”、“五经”,研读科举考试所规定的朱熹章句之学。然而他“读传注不省,不能契朱夫子深心”,倒是颇受王阳明心学的影响,一度醉心其中。他曾师从王艮之子王襞,在思想上受到泰州学派的影响,是泰州学派中左派的继承者和发扬者。然而,突出的个性和强烈的批判精神使他能够不依他人藩篱,纵横百家,“不守绳辙,出入儒、佛之间”,充满了学术独立精神和怀疑精神。时人目之为“异端”之尤,而他索性便以异端自居,以投枪匕首般的辞锋对理学及道学家展开了尖锐的批判。他说:“余自幼倔强难化,不信学,不信道,不信仙释,故见道人则恶,见僧则恶,见道学先生则尤恶。”道学先生满口仁义礼智,主张革尽人欲,去己之私;可事实上却和常人一样,“耕田而求食”,“买地而求种”,“架屋而求安”,“读书而求科第”,“居官而求尊显”，“博求风水以求福荫子孙”，又何尝去得私利？这种禁欲主义伦理的虚伪性可谓一目了然。李贽反对“存天理，去人欲”的说教，大胆地提出“人必有私”的观点，认为“穿衣吃饭，即是人伦物理。除却穿衣吃饭，无伦物矣”。所谓“理”，即在百姓日用之中，而不是在其外。因此，满足天下之民的物质生活欲求，“使其各遂其生，各获其所愿有”，才是真正的善，才是国家社会应尽的责任。

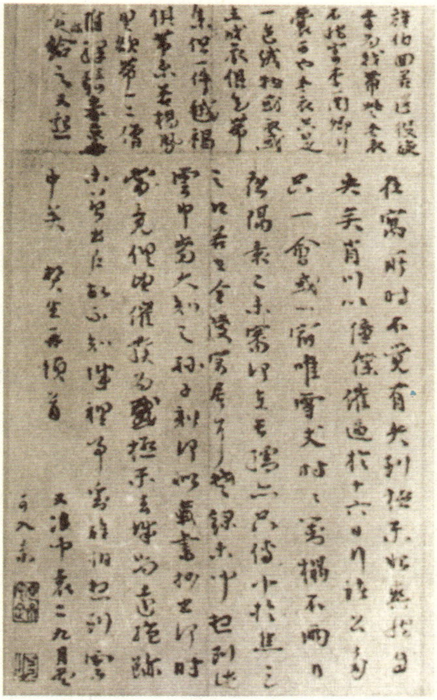

李贽手迹

李贽还抨击了宋明理学的“道统”说。他认为，正如地下处处有水，世间也世世有道，不能说“道”只在几个圣贤中间传授。他指出，道学家们讲只有宋儒才上接孟子，得道统之真传，而把秦汉、宋代之间的人都排斥在“道统”之外，这样的“道统”可谓无视历史，是“好自尊大标帜”的表现。李贽认为，人生而有知，人人可以作圣，人人可以成佛。他反对将孔子当作偶像来崇拜，并针对士人学子迷信圣贤的现象，用戏谑的口吻进行讽刺。李贽在龙潭芝佛院时，竟将孔子像供于佛堂上，并在《题孔子像于芝佛院》中写道：

> 人皆以孔子为大圣，吾亦以为大圣；皆以老、佛为异端，吾亦以为异端。人人非真知大圣与异端也，以所闻于师父之教者熟也。师父非真知大圣与异端也，以所闻于儒先之教者熟也。儒先亦非真知大圣与异端也，以孔子有是言也。……儒先臆度而言之，父师沿袭而诵之，小子朦聋而听之，万口一词，不可破也；千年一律，不自知也。……至今日，虽有目而无所用矣。

李贽借题发挥，淋漓尽致地揭示了人们迷信孔门圣教的真相。其实，他针对的并非孔子本人，而是“万口一辞”、“千年一律”的是非观，是千百年来因循守旧的文化迷信现象。

李贽印章

李贽以“颠倒千万世之是非”的批判精神对统治中国社会一千多年的封建礼教进行了质疑，认为其“非民情之所欲”。然而，道学家们却对之百般缘饰加工，并通过教育灌输到人们的头脑中，从而使人们失去了“绝假纯真，最初一念之本心”，即童心。童心既失，则一切皆假，“于是发而为言语，则言语不由衷；见而为政事，则政事无根柢；著而为文辞，则文辞不能达”。因此，李贽要求复“真心”、做“真人”，呼唤“最初一念”的觉醒。在李贽看

来，只有在未经意识形态浸染的状态下做出的判断才是可靠的，而为世人所遵奉的价值标准则并不具有绝对的意义，儒家的“六经”、《论语》、《孟子》也非“万世之至论”，且还往往被假道学们所利用，充当遮蔽人们童心的工具。由此出发，李贽提出了“是非无定质、无定论”的看法，认为价值标准具有多元性和历史性，并不存在超越的、绝对的价值标准。他说，要是一定“以孔子之是非为是非”的话，“则千古以前无孔子，终不得为人乎？”因此，李贽主张彻底审视数千年来未曾变更的古训，冲破思想禁锢，打破闭目塞听的状态，反对“以孔子之是非为是非”，认为做人并“不待取给于孔子而后足也”。这种批判应该说是相当深刻的，其反思精神凌烁后世，对冲破封建传统罗网和程朱理学对人们思想的束缚，起了积极作用。

李贽的思想反映了当时处于萌芽状态中的市民阶层的某些愿望，具有明显的反封建、反传统的色彩，因而被统治阶级视为洪水猛兽，即便是王夫之、顾炎武这样的进步思想家也对他丑言有加，这反而更衬托出其超拔的学术品性和过人的胆识。他的反封建礼教的精神和倡导个性解放的思想，对后世产生了深远影响，在中国文化史上是一笔稀缺的财富，显得尤为珍贵。

李贽一生“笔不敢停挥”，著述极丰，今存者计有《焚书》、《续焚书》、《藏书》、《续藏书》等23种。《焚书》是一部与当时的假道学先生们的论战集，包括信札、杂述、史论、诗歌等。书中突出表现了李贽思想的战斗风格，锋芒直刺数千年来一直占统治地位的儒家传统学说，同时揭露了假道学们的伪善嘴脸。李贽自知书中“所言颇切近世学者膏肓，既中其痼疾，则必欲杀我矣，故欲焚之”，因此取名为《焚书》。此书虽不断遭到禁毁，可还是大量流传下来，见证着其思想顽强的生命力。

顾宪成像

三、蕺山学派：从刘宗周到黄宗羲

明中期以后，知识分子的讲学活动盛行一时，他们利用书院集会结社，宣传反封建、反理学的思想，发表各派的政治主张，从事政治活动。继泰州学派之后崛起的东林学派，以著名的“东林书院”为活动阵地，史称“东林党”。其领导者顾宪成（1550—1612）兄弟、高攀龙（1562—1626）等人多出身于长江三角洲地区的工商业者家庭，他们每月召集一次小会，每年召开一次大会。他们在思想上力图调和朱学与王学，在政治上关注现实，评议朝

政，裁量人物，在朝野影响很大。后来东林党与浙党等诸党围绕着明末的三大案（梃击案、红丸案、移宫案）展开了激烈的斗争。熹宗时，东林党依扶持有功，得以控制朝政，排斥诸异党，使许多官员投靠魏忠贤及其组织的所谓“阉党”。因东林党人多次上疏弹劾为非作歹的魏忠贤，遂遭到阉党的大肆剿灭，趋于衰微。此后兴起的复社虽以共兴复古学相号召，但其政治态度与东林党大体一致，故有“小东林”之称。这一时期比较有名的学派是由刘宗周开创的蕺山学派。

高攀龙像

刘宗周(1578—1645)，字起东（一作启东），号念台，山阴（今浙江绍兴）人。刘宗周父亲早逝，他自幼随母亲寄居于外祖父章颖家中。章颖为浙东闻名遐迩的儒者，早年屡试不第，遂归乡以讲学为业。章颖的子弟出仕后，许多人成为达官显贵，嘉靖时期的内阁首辅徐阶便是他的门下高足。刘宗周自幼受章颖的启蒙之教，为日后出仕、治学打下了深厚的根基。刘宗周与东林党领袖、理学名宿高攀龙为挚友，时常向高攀龙询问为学之道。万历二十九年（1601），刘宗周考取进士，从此便在宦海浮沉数十载，历经万历、天启、崇祯、弘光四朝。刘宗周曾因支持东林党、反对阉党而被革职，崇祯时重新起用。明朝后期，沉疴旧弊积累已久，酝酿着重重危机，大有山雨欲来之势。面对朝中宦官擅权，党派林立，各派相互倾轧，刘宗周心系国家社稷，先后上疏多次，请求摒除朋党之争、宦官之害，用仁义为治国之本。但所上奏章未引起统治者重视，刘宗周屡次直谏触怒了崇祯皇帝，最终被革职为民。清兵入关后，刘宗周悲恸至极，痛不欲生。为坚持操守，坚决不臣服于满清，他效仿伯夷、叔齐，绝食23天后，于南明弘光元年闰六月初八逝世。

刘宗周像

刘宗周对“慎独”极为注重，指出通过“慎独”功夫，修学之人实现内省，通过正心、诚意由内圣而实现外王。在理气关系上，刘宗周在前人的基础上作了新的阐发，将气看做天地间的唯一实体，理既不在气先，也不在气外，离气无理，理就是气之理。他将“器”（具体事物）看作“道”（规律）的根本，认为道不离器。他还从“气”出发推出自然人性论，把人的欲望归结为自然之本性，肯定人欲的合理性，对理学进行了批判。刘宗周作为明代最后的一位儒学大师，在蕺山讲学多年，门下弟子众多，形成了蕺山学派，其中明清之际的著名学者陈确、黄宗羲皆为他门下高足。

陈确（1604—1677），原名道永，字非玄，明朝覆灭后，改名确，字乾初，浙江海宁人。陈确出身于破落的知识分子家庭，其父陈颖伯严谨端庄，在为学态度上给陈确很大影响。陈确自7岁起，受教于他的两位兄长。陈确才思敏慧，聪颖过人，年幼之时在当地便饶有声名。陈确一生从未出仕，自16岁应童子试起，他屡试不第。崇祯六年，陈确补弟子员。崇祯十三年，又补为廪生。青年时期，陈确淡泊名利，钟情于琴棋诗乐。随着年龄的增长，他逐渐心存天下，关注黎民苍生。陈确年至四十，方拜于刘宗周门下，由此开始了他潜心治学的学术生涯。陈确晚年身染重病，患拘挛疾，无法下榻行走，足不出户15年，于病榻之上坚持治学。陈确晚年思想趋于成熟，其思想孤峭深刻，所做断语被其他学者视为“惊世骇俗”之论。他与蒋书升、张履详、黄宗羲等人，就人性论问题进行了多次辩难。陈确对《大学》提出质疑，认为该书并非孔子所作。陈确提出，《大学》义理与孔子思想在多处相抵触，《大学》中“明德”、“亲民”、“止于至善”的三纲领不能体现孔子的大道之学，仅是“末学之夸词”。在陈确看来，《大学》的内容“其言似圣，而其旨实窜于禅，其词游而无根，其趋罔而终困，智利虚诞”；若是不加审视而一味迷信《大学》，“则诬往圣，误来学，其害有莫可终穷者”，公开怀疑《大学》等儒家经典的正确性和权威性。陈确洞悉到当时治学之道所存在的流弊，众多学者专注于格物致知而沉溺于“佛老玄虚之学”，容易导致文化危机的出现，从而使“道术分崩，圣教衰息”。他主张格物致知要坚持知行并重的脚踏实地的学风，反对重知轻行的虚浮学风。陈确对理学的禁欲主义进行了抨击，他肯定人欲的正当性，认为理存于欲中。人欲有众多合理之处，不可过分节制，从一定程度上讲，正当的人欲即天理。

黄宗羲像

黄宗羲（1610—1695），字太冲，号南雷、梨洲，学者称其为梨洲先生或南雷先生，浙江余姚人，与孙奇逢、李颙并称为“清初三大儒”。

黄宗羲的父亲黄尊素是东林党人，因弹劾魏忠贤而被迫害致死。崇祯即位，黄宗羲赴京为父伸冤，魏忠贤此时已经伏诛，他又上书请诛阉党余孽，且携铁锥刺许显纯，殴崔应元，一时名震京师。归乡后致力于学问，遵父遗命，师从当时著名学者刘宗周。其为学不为科举，而试图走出一条新路来。崇祯十一年（1638），宦官势力图谋再起，黄宗羲与复社领袖顾杲（顾宪成之孙）为首签署《防乱揭》，与之展开坚决的斗争。后清兵南下，黄宗羲招募义兵，成立“世忠营”，直接投身于武装抗清斗争，还被南明政权委以官职。兵败后，感到复明无望，乃隐居不出，潜心著述讲学。他恢复了刘宗周的证人书院，一改明人“抄袭语录之糟粕，不以六经为根柢”的讲学习气，而主张穷经研史，以经术经世，一时之间“大江南北从者骈集”，产生了相当的影响。康熙十七年(1678)，诏征博学鸿儒，叶方蔼荐其修《明史》，屡征不应。不过，黄宗羲虽不受征聘，“而史局大议必咨之”，其实相当于一名权威顾问。后终老于乡里，终年86岁。

黄宗羲站在新的时代高度，对宋明理学进行了理论批判和历史总结。他基本上坚持气一元论的唯物主义观点，认为“通天地，亘古今，无非一气而已”，而所谓“理”并非独立存在的实体，而是“依于气以立，附于气以行”的秩序和法则，“无气则无理”。这种理气统一在人身上即体现为心和性的统一，“在天为气者，在人为心；在天为理者，在人为性”。由于万物皆收摄于一心，且物亦气，心亦气，因此可以说“盈天地皆心也”。天地虽变化万殊，然而由于“我与天地万物一气流通，无有碍隔，故人心之理即天地万物之理”，所以可以通过“穷此心之万殊”，以穷万物之理。他进而提出“心无本体，功夫所至即其本体”的观点，取消了“心”的实体意味，而将本体理解为一种“功夫”，将心学逻辑地推至极处，在理学发展史上有着重要的地位。

黄宗羲对封建君主专制进行了深刻的批判。他大胆揭露君主实为“天下之大害”，其为一人之私，可以“屠毒天下之肝脑，离散天下之子女”，不顾百姓死活。而且更可恶的是，君主往往还将一己之利说成是天下之公利，将维护自身利益的“一家之法”当作“天下之法”。他明确提出“天下之治乱，不在一姓之兴亡，而在万民之忧乐”的主张，有着强烈的民本意识和民主精神。黄宗羲还反对传统的农本工商末的观点，强调工商皆本。这些思想具有近代民主思想萌芽的特点，对后来的资产阶级革命派有很大影响。

黄宗羲主持编纂了《宋元学案》，并亲自写定《明儒学案》，对宋明理学作了系统的批判总结，开创了系统编写学术思想史的先河。他所倡导的博古通今、经世致用的治史精神以及尊重史实的考评风格，熏陶了一代又一代文人学士。另外，他在天文、历法、数学、小学、乐律等方面也皆有研究，可以说是一位真正的“博学鸿儒”。黄宗羲著述颇丰，一生著作70余种，1000余卷，主要有《明儒学案》、《宋元学案》、《明夷待访录》、《易学象数论》、《孟子师说》等。

四、自然哲学大师方以智

明末清初，兴起了一股研究自然科学的热潮，许多自然科学

方以智像

家会通古今中西，产生了一批具有时代先进水平的科学论著。方以智便是这一时代风潮的突出代表，他的哲学大出旧儒只在天理心性内兜圈子的窠臼，而别辟蹊径，建构出一套完整的自然哲学体系，从而成为早期启蒙思潮中的一道亮色。

方以智（1611—1671），字密之，号曼公，安徽桐城人。方以智家族与东林党关系密切，青年时期，他立志要改革弊端，建立开明政治。崇祯七年（1634）至南京，结交陈贞慧、吴应箕、侯方域等人，参加复社的政治活动。崇祯十三年中进士，任翰林院检讨。他也曾得到过皇帝的赏识，但终未加以重用。李自成攻入北京后，他逃奔南明弘光政权，因屡遭权奸诬害，只好逃至岭南地区，隐姓埋名，以卖药为生。后清军南下，方以智在广西被捕。清廷想要劝降他，“左置官服，右白刃，惟所择，以智趋右”。不过清廷并没杀他，而是听任他出家为僧。方以智改名大智，字无可，别号弘智、药地、浮山、愚者大师等，从此过上了隐居著述的生活。他一生的著作多且博杂，“凡天人、礼乐、律数、声音、文字、书画、医药，下逮琴剑、技勇，无不析其旨趣，著书数十万言”，其中《通雅》和《物理小识》是其代表作，曾盛行于世，对明清之际的学者有很大影响。

在博学深思的基础上，方以智以其独有的思维方式，折中会通中西古今，构建了一套较为系统完整的学术思想体系。他把古今中外的学问知识概括地分成三大类别：即“质测”（自然科学）、“宰理”（社会政治学说）和“通几”（哲学），并进而对它们之间的关系进行了探讨。他批评宋明理学往往只固守“宰理”而轻视“质测”，对质测之学毫无了解，从而也就无法真正达到“通几”之学。在他看来，质测和通几是存在着本质联系的，一方面，“质测即藏通几”，在对自然科学的探索中即已包含哲学的观念，哲学离不开自然科学，应以自然科学为基础；另一方面，“通几护质测之穷”，哲学反过来可以帮助克服各门实验科学的片面和局限，指导自然科学研究。因此，两者不可偏废，而应协调发展。

方以智凭借其所掌握的广博的自然科学知识，建立了颇具特色的唯物主义自然哲学。他提出“盈天地间皆物也”，“一切物皆气所为也”，认为“气”是天下万物的本原。“气”有许多不同的存在形式，“气凝为形，蕴发为光，窍激为声，皆气也”。作为一种物质实体，气的存在是绝对的，“天地间凡有形者皆坏，惟气不坏”，它是宇宙万物统一和变化的基础。方以智还认为，宇宙万物无时无刻不处在流转运动之中，“凡运动皆火之为也”，把“火”视为一切运动的根源。火本身即是一种动态的呈现，它“内阴外阳而主动”，内在地具有相互作用着的矛盾的两个方面，从而推动万物永恒不息地运动。

方以智还用“一而二，二而一”的命题来概括事物的矛盾和矛盾运动，既指出矛盾存在的普遍性，又强调“两间无不交，则无不二而一”，从而得出矛盾双方“相捄、相胜而相成”的结论，认识到矛盾双方既互相依赖，又互相斗争的性质。其“合二为一”的命题，与“一分为二”的观点相补充，推动了中国古代辩证思想的发展。不过，他进而又提出“无二无一”、“一即二，二即一”的观点，试图在更高的意义上达到一种“无对待”的状态，不免陷入一种纯粹的抽象思辨。

方以智反对“离气执理”、“扫物尊心”的宋明理学思想，提出“心物交格”的认识原则，认为认识发生于认识主客体之间的交互作用。因此，他主张“学天地”、“即物求理”，即面对客观世界运用人的认知能力去寻求知识。他还主张“以实事征实理”，“知至而以知还物”，“考古所以决今，然不可泥古”，强调理论和实际的密切联系的重要性。

五、爱国学者顾炎武

清末以来，“天下兴亡，匹夫有责”的口号，一直激励着众多仁人志士为民族兴存和国家富强而前仆后继，奋勇拼搏。而这一振奋人心的口号，即出自爱国学者顾炎武“保国者，其君其臣，肉食者谋之；保天下者，匹夫之贱与有责焉耳矣”的名句。

顾炎武（1613—1682），原名绛，字忠清，明亡后方改名炎武。字宁人，江苏昆山人，世称亭林先生。顾炎武出生于没落的官宦家庭，自幼便攻读经史，讲求经世之学。然而，尽管他学识渊博，却不得志于科举。清兵入关后，他遵循继母“勿事二姓”的遗训，曾在苏州、昆山参加武装抗清斗争。失败后，怀着国破家亡之痛，遍游大江南北，广交豪贤，眼界学识大进。康熙十年（1671），翰林院掌院学士熊赐履邀他参加编修《明史》，他力拒不从。康熙十七年，清廷诏举“博学鸿儒”，许多官员都推荐他，而顾炎武却以“七十老翁何所求？正欠一死！若必相逼，则以身殉之矣”相答，终身未事满清。

顾炎武像

顾炎武学识渊博，对经学、诸子学、音韵训诂学、历史学、地理等均有研究。他在哲学上的创见不多，主要是继承了张载“太虚即气”的学说，认为“盈天地之间者皆气也”，并提出了“非器

北京顾炎武祠

则道无所寓”的命题。他还对“格物致知”这一传统命题进行了新的解释，认为格物致知就是他所提倡的“下学而上达”。“下学”即考察实际具体事物，也就是“格物”；“上达”指贯通具体事物中的道理和原则，也就是“致知”。顾炎武强调“致知在格物”，但他的“格物”已不局限于书本上的知识，更重要的是那些与国计民生息息相关的“当务之急”。作为一个关注现实、关注国计民生的思想家，顾炎武从归本传统儒学的立场对醉心于性与天道的宋明理学家们进行了批判，认为他们背离了儒学的基本精神，即所谓“博学于文，行已有耻”。“博学于文”、“行已有耻”都是传统的儒家观念，最早由孔子提出，顾炎武则把它们合而为一，并给予新的解释：“博学于文”，就是要博古通今，掌握有关国计民生的具体知识，以明道救世，经世致用；“行已有耻”，则关乎道德问题，它要求一个人立身行事，要讲是非、善恶、廉耻，不要只图升官发财，而要有对国家和社会的责任感和担当感。这种对知识和道德并重的观念，对于中国长期以来重道德而轻知识的倾向实有纠偏补弊之功。

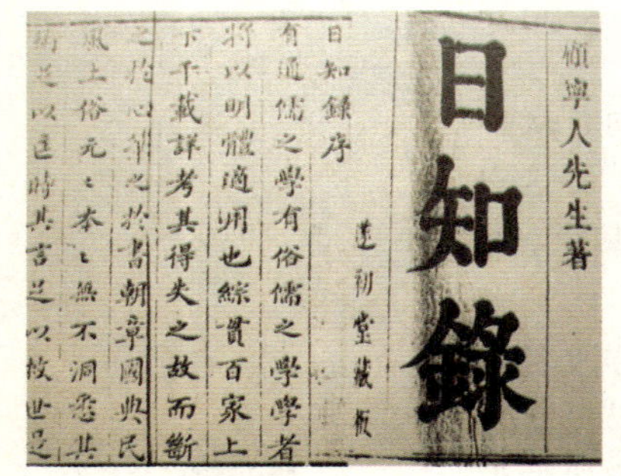

《日知录》

从复兴传统儒学的立场出发，顾炎武针对当时“以明心见性之空言，代修己治人之实学”的空谈学风，提出了“经学即理学”的著名论断。在顾炎武看来，儒家的正统是经学，义理之学只有在经学中才能有所附载，如果不研究儒家经典，而仅仅沉溺于理学家的语录，就会成为只讲空虚之学的“无本之人”。因此，他要求学者“务本原之学”，用实学来取代明心见性的虚理，用经世致用取代性理空谈，从而恢复汉代研究经学的传统。而要研究经学，又必须从文字音韵训诂入手，“读九经自考文始，考文自知音始，以至诸子百家之书亦莫不然”。这种致思取向对于清代朴学思潮的形成产生了深远的影响。

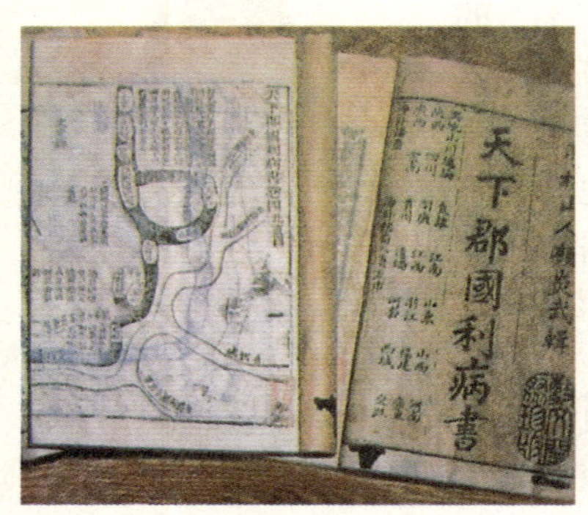

《天下郡国利病书》手稿

顾炎武一生致力于学术研究，主要著作有《日知录》、《天下郡国利病书》、《五经异同》、《音学五书》、《左传杜解补正》、《亭林文集》等。《日知录》是一部综合性的文史巨著，共32卷，论及经义、政事、世风、礼制、科举、艺文、名义、古事真妄、史法、注书、杂事、兵法、外交、天象术学、地理、杂考等，其宗旨在于“明

学术，正人心，拨乱世，以兴太平之事”。此书凝聚了顾炎武毕生的心血。他在前言中说：“自少读书有所得，辄记之。其有不合，时复改定。或古人先我而有者，则遂削之。积三十余年，乃成一篇，取子夏之言名曰《日知录》。”顾炎武的哲学思想多保存于该书，除了以上所涉及的之外，还探讨了专制主义的罪恶以及中央集权和地方分权的利弊、“法治”与“人治”的利弊。书中处处渗透着“经世致用”的精神。

六、中国古代哲学的集大成者王夫之

王夫之像

王夫之（1619—1692），字而农，号姜斋，湖南衡阳人。晚年因隐居湖南衡阳石船山，学者称其为船山先生。王夫之出身于书香门第，其父王朝聘精通“春秋”之学。在家学熏陶下，王夫之从小就研习《春秋》。崇祯时，他与长兄王介之同赴武昌应乡试，双双中举。后张献忠率领的农民起义军攻陷衡阳，想招王夫之兄弟，遭到他们的拒绝。不久清兵南下入湘，王夫之曾策划在衡山举兵抗清，不过很快就失败了。此后他投奔南明永历政权，但并未得到重用。“时国势阽危，诸臣仍日相水火”，政治斗争的黑暗让他放弃了对南明政权的幻想，最终离开永历政权回到了自己的家乡湖南。为躲避清廷追捕，一度过着流亡生活。后来统治者政策有所缓和，王夫之才在衡阳石船山麓定居下来。在艰苦的条件下，他潜心从事学术研究和著述，“启瓮牖，秉孤灯，读十三经、二十一史，及张朱遗书，玩索研究”，写出了大量富有创见的著作，如《周易外传》、《周易大象解》、《张子正蒙注》、《尚书引义》、《思问录》、《老子衍》、《庄子解》等。他以“六经责我开生面”的学术担当感对中国传统学术进行了系统深入的反思和总结，其思想的深度达到了前所未有的水平。王夫之的论著内容涉及政治、经济、哲学、历史、训诂、天文等许多方面，然而由于生前这些著作未及刊行，加上长年隐居不出，“声影不出林莽”，所以王夫之曾一度不为世人所知。直到鸦片战争前后，他的著作才被刊刻出来，汇编为《船山遗书》流布于世。

王夫之的哲学受张载的影响很深，他曾表白要“希张横渠之正学”，即坚持张载以气为本的立场。他继承了张载“太虚即气”的观点，在他看来，宇宙的原始状态即为太虚，但并不真虚，而是充盈着看不见的气，“阴阳二气充满太虚，此外更无他物，亦无间隙”。“气”是一种实体性的存在，它有聚散而无生灭，是一种

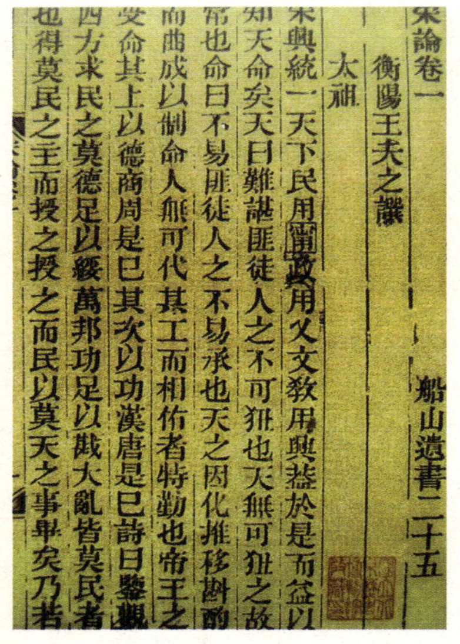
宋論卷一　　船山遺書二十五
衡陽王夫之譔
太祖
宋興統一天下民用寧政用乂文教用興蓋於是而益以
知天命矣天曰難諶匪徒人之不可狃也天無可狃之故
常也命曰不易匪徒人之不易承也天之因化推移斟酌
而曲成以制命人無可代其工而相佑者特勸也帝王之
受命其上以德商周是已其次以功漢唐是已詩曰監觀
四方求民之莫德足以綏萬邦功足以戡大亂皆莫民者
也得莫民之主而授之授之而民以莫天之事畢矣乃若

王夫之著作

“常”在。王夫之还改造了《中庸》中“诚”的范畴，用“诚”来标明“气”的客观实在性，表明王夫之力图对物质世界最根本的属性进行更高的哲学抽象，达到了很高的思辨水平。以此为基础，王夫之还进一步梳理了理气关系这一哲学中的关键问题。他驳斥了程朱理学“理为气主”的观点，认为所谓“理”，不过是气在变化过程中所呈现出的规律性，“理依于气”，而“气外更无虚托孤立之理”。另外，“形上”和“形下”、“道”和“器”的关系问题也可以在这个基础上得以解决。没有“形而下”的“器”，“形而上”的“道”也就无所存身，就像没有弓箭也就不会有射箭之道，没有车马就不会有驾车之道一样。他提出“天下惟器而已矣”的命题，认为宇宙中只有按规律运动变化的具体事物，而没有离开事物而超然存在的规律。只能说“道者器之道”，不能说“器者道之器”，“尽器，则道在其中矣”。

在肯定了世界的物质统一性之后，王夫之进而又提出“物动而已”的命题，认为“天地之气，恒生于动而不生于静”，把自然界看作永恒运动化生着的物质过程。天地“絪缊不息”，变化日新，这种“动”、“不静”正是宇宙的奇妙法则，是生化万物的枢机。“动而成象则静”，静止是事物保持自身同一性和连续性的前提；但它只有相对的意义，“静者静动，非不动也”，并不存在绝对的、凝滞的静止，“静即含动，动不舍静”，动静的关系是统一而不可分割的。那么，世界为什么会运动不息呢？王夫之认为，其根据在于事物内部所固有的矛盾性，“天下之变万，而要归于两端”，“一气之中，二端既肇，摩之荡之，而变化无穷”。任何事物都是矛盾的统一体，矛盾的双方又不断进行相互作用，于是必然无法“守其故物”，而会发生变化。就矛盾着的对立面而言，王夫之认为其关系是相反相成、对立统一的，它们既“必相反而相为仇”，又“相反而故会其通”。这双重关系不可分割，“合二以一者，既分一为二之所固有”。王夫之的辩证发展观，尤其是其矛盾学说，具有重要的理论价值。然而，王夫之认为矛盾双方斗争的结局最终则是和解，“仇必和而解”，“乃其究也，互以相成，无终相敌之理。”这种过分强调矛盾统一性的观点与他的永恒发展观存在着内在的矛盾。

在这样一个变化日新的世界中，人的地位如何呢？王夫之以其高迈的哲人视角，提出了“自然者天地，主持者人”的见解，把人的地位提到了空前的高度。人的出现有着独特的意义，它与其

他的存在有着根本的区别。其他的存在只能“任天”，即消极地遵从着自然的规定性；而人却能“相天”、“裁天”，甚至“造天”，“天之所死，犹将生之；天之所愚，犹将哲之；天之所无，犹将有之；天之所乱，犹将治之”，因此，可以通过人为的努力，成为世界的主人。他特别强调对人的主观能动性的开掘，认为“天与之目力，必竭而后明焉；天与之耳力，必竭而后聪焉；天与之心思，必竭而后睿焉”，反对“任天而无能为”的消极态度。要真正成为自然的“主持者”，一方面要发挥本身具备的认知能力，把握自然的奥妙；另一方面则要依其所知，“推行于物”，通过具体的“实践”，实现自己的目的。

在知行问题上，王夫之既反对程朱理学重知轻行的“知先行后”论，也反对陆王把知与行混同起来的“知行合一”说，而是提出了“知行相资以为用”、“并进而有功”的知行统一观。他提出知与行各有功效，不能相混，不过两者又密切相关，可以相资互用，“由知而知所行，由行而行则知之”，处于循环往复彼此并进的发展过程之中。在知行之中，王夫之更强调行的主导意义，他说：“凡知者，或未能行；而行者，则无不知。……是故，知有不统行，而行必统知也。”因此他认为“行可兼知，而知不可兼行”，强调行对知的决定作用。另外，行还是知的目的和指向，“夫知也者，固以行为功者也”，而知的真理性也须在实行之中才能得到验证，“知者非真知也，力行而后知其真”。这种对知行关系的辩证研究，在此前的中国哲学史上也是不多见的。

在历史观上，王夫之系统批判了历代史学中的神学史观和复古论调，肯定人类历史经历了一个由野蛮到文明的进化过程。他还提出“理势合一”的学说，来解释社会发展的内在根据。所谓“理”是指历史发展的规律性，社会的治乱兴衰，皆有其理；所谓“势”则是指人类历史向前发展的必然趋势，二者有着内在的一致性，“迨已得理，则自然成势，又只在势之必然处见理”。“理”和“势”的统一可以用“天”这个范畴来表达，它意谓一种支配历史发展的决定力量。值得注意的是，王夫之进而又将“天”直接归结为“民心之大同者”，提出“即民以见天”的精辟见解，表明他已看到了人民在历史发展中的决定性作用。

总之，王夫之在宇宙观、天人观、知行论、历史观等方面，都提出了许多令后人称道的理论，建立了一个别开生面的朴素的唯物主义哲学体系，被视为中国古代哲学的集大成者，在中国哲学史上占有极为重要的历史地位。他的思想是中国文化宝库中一份弥足珍贵的财富。

七、重实的哲人颜元

颜元像

颜元（1635—1704），字易直，又字浑然，号习斋，河北博野人。颜元童年时，父亲戍辽东战死，后来母亲亦改嫁，生计颇为艰难。为了生活，他曾“耕田灌园”，从事农业劳动，也曾学习医术，开过药铺，行医治病，以自赡给。但在这样的境遇下，颜元一直都没有放弃读书和研习学问。初好陆王，后又改宗程朱。起初他对理学家们的言论是相当尊奉的，如果有人批评程朱之学，他往往会“忿然立辩”，维护理学的权威。因仰慕古圣贤，将其书斋名为“思古斋”。他甚至还在家中自设“道统龛”，供奉周公、孔子、程颐、朱熹等人。然而，一次经历使他从对程朱理学的崇信中解脱出来。在颜元正当而立之年时，他的养祖母病故。他谨遵朱熹的《家礼》服丧，疏食少饮，几乎病饿致死。这使颜元开始对朱子《家礼》的合理性进行反思，他通过将其与古《丧礼》相对照，发现理学家的很多主张其实是有违人性之自然的，由此使他走上了一条批判理学的道路。他将“思古斋”改为“习斋”，并以“习斋”为号，以此标明自己的学术立场。颜元终生未入仕途，主要以教书、行医为生，后来经同乡郝文灿之请，主持漳南书院，开文事、武备、经史、艺能等科，力务实习实行之学，培养能够经世济用的实用人才，产生了很大的影响。他的弟子众多，其中最为著名的是李塨，与其并称“颜李”，对他的思想有所继承和发展。颜元著述很多，包括《四书正误》、《朱子语类评》、《习斋记馀》等，其中《四存编》（《存性编》、《存学编》、《存治编》、《存人编》）堪称其代表作。

李塨像

在理气观上，颜元承袭了气本论的传统，认为气与理相比具有优先性，“理在气中”，如果没有气的话，则根本没有理的存身之地。“气即理之气，理即气之理”，气与理是统一的，而二者的统一即体现为“天道”。此天道见诸于具体的事物和人们的行为之中，若要明理，则必须自事中见。由这一认识出发，颜元自然而然地引出了重习行、重践履主张。他认为孔子之学的本质其实是“只教人习事”，而如果能够很好地“处事”，那自然便“彻上彻下”，洞明事理了。然而，道学先生们却“只教人明理”，只知静坐诵读、空谈性命，教学子脱离实际去死读书，以为读书就是穷理，其结果必然是“读书愈多愈惑，审事机愈无识，办经济愈无力”，而统治阶级为了笼络、控制读书人，又“以爵禄诱天下于章句浮文之

中”，从而造成“满天下都是个虚局”的可悲局面。因此，颜元极力痛斥这种不务实际、不重事功的空浮学风，甚至把读死书比作吞砒毒。在他看来，书只是个“路程本子”，如果光凭读书就以为能穷理处事之道，无异于刻舟求剑，与实际往往相隔万里，毫无用途。因此颜元讲：“心上思过，口上讲过，书上见过，都不得力，临事依旧是所习者出。”也就是说，真正从实践中得出的智慧才最有现实意义。所以他主张“为学为教，用力于讲读者一、二，加功于习行者八、九”，要把主要精力放在实践行动上，而不可过于“向言语文字上著力”。只有习行，才能解决实际问题。基于这种认识，他还改造了以往对“格物”认识，将其界定为“犯手实做其事”，认为知识来自于主客体间的交互作用。颜元之学以“实学、实习、实行、实用”为宗旨，是清初经世致用思潮的积极倡导者。

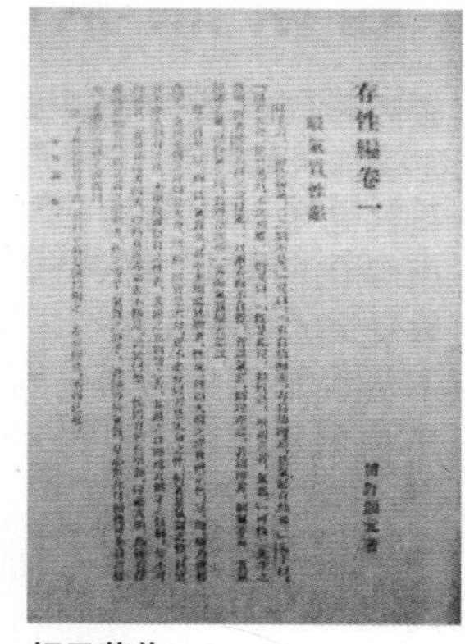

颜元著作

在“理在气中”观念的基础上，颜元还提出“舍形无性”、“形性不二”的人性论，并从人性论中同样合乎逻辑地引出了重行的结论。他反对宋儒把人性分为天地之性和气质之性的观点，提出人性只有一个气质之性，不存在离开气质之外而虚无飘渺的天地之性。他认为理在人身上的表现就是人性，这个人性就是气质之性，理与气是统一的，气质之性与人的形体也是统一的。他说：“形，性之形也；性，形之性也。舍形则无性也，舍性亦无形矣。”人之为恶并不能从气质之性那里找到根据，而是缘于后天环境的“习染”。这样，只要通过改善教育环境和加强道德修养，人就可以从善远恶。就个人的修养而言，颜元则提出“践形以尽性”的主张，认为只有充分“践形”，即发挥耳目、手足、身心等的具体功能，与事物“打成一片，一滚做功”，才能充分发挥自己的本性，最终还是落实到实事、实功中来。

颜元不仅从理论上宣扬实学，论证实行的意义，而且还身体力行。他要求自己的学生要认真学习“六艺”以及“兵农钱谷，水火工虞”等生产、军事方面的技能，并以62岁的高龄，“教弟子舞，举石习力”，使宋明腐儒酸气，为之一洗。他还明确地打出重视功利的旗帜，将汉儒董仲舒“正其谊不谋其利，明其道不计其功”的反功利主义改造成“正其谊以谋其利，明其道而计其功”的义利统一观，正确地分析和解决了义利之间的辩证关系，产生了积极的社会效果。

颜元重“实”反“虚”，他所倡导的重“实习”、“实行”的新学风，反映了时代要求，给程朱理学和陆王心学以有力的抨击，在思想文化界产生了很大影响。

八、乾嘉学风中的新景象

如前所述，儒学在中国封建社会的较长的一段时间内占据着学术上的统治地位，以孔子为代表的儒家的许多典籍，也被历代统治者（具体说是从汉武帝起）尊奉为经典，对儒家经典的注疏笺解也就自然而然地成了封建社会知识分子和官僚阶层乐此不疲的学术盛事，这就是经学。

随着中国封建社会的发展、政治经济形势的变化以及统治阶级内部的变化，思想领域也相应地发生着变化。在不同的朝代，不同的历史阶段，甚至同一朝代的不同时期，经学的发展情况也各不相同，对经籍阐发和议论的侧重点也不相同，从而形成了各个朝代的经学，如汉学、宋学、清学等。在同一朝代的经学中，也有着各种不同的学派，对这些学派进行大而化之的区分，可分为古文经学派和今文经学派。

清初，顾炎武反抗清朝压迫，反对空谈性理的宋明理学，主张“读九经自考文始，考文自知音始”，由文字音韵的研究而通经，由考辨“古音古事”而保存民族意识，进而“明道救世”。因此，他积极提倡恢复古文经学，这是清初“汉学”复兴的先始。

《康熙字典》

清兵入主中原后，一方面继续八股取士，通过科举并设博学鸿辞科以及组织大型文化建设活动来笼络天下士子之心。例如，比较有名的《康熙字典》、《古今图书集成》、《四库全书》的编纂，工程浩大，史所罕见。另一方面，又大兴文字狱，加强思想控制。清朝的文字狱次数多，株连广，处罚重，知识分子一不小心，甚至在有意无意之间就有可能被卷进文字狱。例如，礼部侍郎查嗣廷用《大学》中的“维民所止”四个字作为科举题目，有人上告说“维止”二字正是“雍正”二字去首，结果查氏一家惨遭不幸，就连他的家乡也被停止乡试、会试六年。其他因诸如“清风不识字，何故乱翻书”等词句而遭难的又何止百计。在这种“胡萝卜加大棒”政策的影响下，当时的知识分子只好越过已被反理学思潮所抨击的宋学，而把目光瞄向更远的汉代，由此学术界逐渐出现了一股专事音韵考古而远离经世致用的学风，形成了所谓“汉学”。又因学风朴实无华，故而称“朴学”。清代汉学，一般通称为清代古文经学，他们所形成的学派也通称为清代古文经学派。

顾炎武当初提倡古文经学，注重经史，是想着保存民族意识，希望文字流传，人心不死，这样汉族还有复兴的一天。然而汉学

康熙帝读书图

的先驱者如毛奇龄、万斯大、万斯同、胡渭、阎若璩等人虽也推崇顾炎武，但他们继承的却是他“博学于文”的治学方法，放弃了他读书为学的本意，只是为学术而学术，注重经史的求实考证，却脱离了“经世致用”的学术宗旨。

《古今图书集成》

乾隆、嘉庆两朝，汉学思想达到了高潮。统治者所尊奉的“宋学”被民间所发展出的新学风所压倒。汉学派在与宋学的对抗中全占胜利。学术界“唯汉是尊”，重训诂考据之风风靡学坛，宋明理学思潮至此终结。汉学派又可分为两大支：一支起源于惠周惕，代表人物是惠栋，因弟子多为苏南人，故称为“吴派”。该派唯汉是从，通过搜集汉代经师注解，加以疏通，以阐明经书大义。另一支起源于江永，代表人物是戴震，因弟子多为安徽人，故称为“皖派”。该派擅长三礼，主要从音韵、天算、地理、典章制度等方面，阐明经典中的大义。此外，比较有影响的学派还有“扬州学派”，以焦循、汪中为代表；浙东学派，领袖人物是全祖望、章学诚。乾嘉诸老，虽分属于不同的派别，但却形成一共同学风——乾嘉学风。在乾嘉诸老的带动下，学术界多信古求是，局限于从文字、音韵入手而通经，以辨伪考据而证经，尤其是考证学，学术界多为推崇，就是时髦一点的达官贵人、富商大贾也附庸风雅，希望以几句考证的内行话而显示自己为儒者。

雍正皇帝西画像

惠栋像

从学术上来讲，乾嘉诸老的工作在学术发展史上的贡献是很大的，尤其是他们对经籍、历史的辨伪校勘，对后世影响深远；其治学方法在现在看来，也不失为一种严谨的为学之道。但他们那种为学术而学术、严重脱离生活实际的为学态度在历史上起过不好的影响，对社会的发展也是不利的。当然，这种学风的形成，也有其时代和历史的原因。诚如梁启超所说：“凡在社会秩序安宁、物力丰盛的时候，学问都从分析整理一路发展。乾、嘉间考证学所以特别流行，也不外这种原则罢了。”朴学成为中国18世纪的主要学术形态。

特别需要提及的是，在乾嘉诸老中也有戴震、汪中、章学诚、

汪中像

全祖望像

焦循、阮元这样的学者，他们的学问超乎考据学之上，对当时的学风也有所反思。如戴震，用训诂学的形式探求经籍“本义”，明确反对宋学，抨击理学“以理杀人”的本质，富有反抗精神；章学诚则对“汉学”和“宋学”都表示不满，力主重倡经世学风。

戴震（1723—1777），字东原，又字慎修，安徽休宁人。他自幼博闻强记，颖悟异常，据说塾师授以《说文解字》，三年而通其义。更为难得的是，他读书“好深湛之思”，往往能问人所不敢问，疑人所不能疑，有着求真务实的学术精神。后从经学家、音韵学家江永求学，尽得其所传。壮年时曾游学北京、南京、扬州等地，与当时的许多著名学者如纪昀、朱筠、钱大昕、惠栋等人皆有交往，一时颇有学名，礼部尚书秦蕙田还邀请他参加了《五礼通考》的编纂工作，被称为“天下奇才”。戴震于仕途却颇不得志，39岁方中举人，此后六次会试都未考中。乾隆三十八年（1773）诏开四库全书馆，戴震被纪昀等人推荐为纂修官，校订天文、算学、地理等方面的书籍。此后一直致力于《四库全书》的编辑工作，“晨夕披检，无间寒暑”，最终积劳成疾，与世长辞，终年才55岁。

作为有清一代著名的经学大师，戴震在文字、音韵、训诂、考据以及古籍整理等方面都有很深的造诣。就其学问路径来说，他是“由声音、文字以求训诂，由训诂以寻义理”，即将阐明义理视为其学问的最终归宿。他主张：“治经先考字义，次通文理，志存闻道，必空所依傍。”比如他在哲学上的代表著作《孟子字义疏证》就是一部通过疏证《孟子》的方式来阐发义理的著作。通过这种以注为述的方式，戴震以恢复“六经”和孔、孟之书的本义为形式，批评了理学的乖失，并系统地阐述了他个人的哲学思想。

戴震通过对气、道、理等理学中常用的范畴进行重新诠释，从而表述了自己不同于前人的理论观点。他首先明确肯定了气是宇宙的本原，宇宙万物的产生、发展都根源于气，由于阴阳二气的变化流行，而产生了天地万物。宇宙生生不息，变化不已，即体现为“道”，道的本义就是指变化过程，而这个不断变化的实体是“气”。从这种观念出发，戴震对程朱理学悬道于器外的观点展开了批评。他重新诠释了《易传》中“形而上者谓之道，形而下者谓之器”的说法，认为所谓形而上的“道”，就是“未成形质”以前的“气”；形而下的“器”，就是“已与形质”以后的“物”，形上形下便不过是气的不同形态的呈现而已，不可将之分为两截。在理事关系上，戴震驳斥了理学家所谓“理在事先”的观点，认为所谓“理”，无非是指“道”在具体事物中的特殊呈现，也即事物的条理、规律。同“道”一样，它也不是离开具体事物而存在的所谓形而上者，理就在事物之中。

既然“理”存在于事物之中，那么要想“求理”、“明理”，就须“求之于物”，“必就事物剖析至微而后理得”。戴震具体区分了人的认识能力和认识对象的不同层次，他讲：“味与声色，在物不在我，接于我之血气……理义在事情之条分缕析，接于我之心知。”这也就是说，认识客体有“现象”、“表象”与“本质”、“规律”之分，而认识主体则有感性认识能力（血气）和理性认识能力（心知）与之相对应。人以感官“接于物”，获得感性认识；而以心“通其则”，获得理性认识。戴震反对陆王心学张扬的那种人心可以先验地具备各种事物之理的论调，强调后天学习的重要性；他同时又指出，“凡事履而后知，历而后难”，肯定“行”对于“知”的重要意义，而认识的真理性也要通过“行”来进行检验。

戴震像

基于这些认识，戴震猛烈地抨击宋明理学“存理灭欲”的禁欲主义观点，认为它违背人心之所同然，并在现实社会中造成了极其恶劣的后果。戴震指出，“人生而后有欲、有情、有知，三者，血气心知之自然也”，否认了人的情欲，就否定了“人之为人”。而“理者，存于欲者也”，它并不在人欲之外，而在人欲之中，人欲的正常、健康的满足即是“理”的表现。戴震并不主张无限制地张扬人的欲望，认为那样就会“丧其自然”，这时就应以理对其加以匡正，以“归之自然”，这体现为一种“必然”，我们也可理解为“应然”。由此可见，戴震也主张应对过分膨胀的私欲加以扼制，但这并不等于扼杀人们正常的自然生理欲求，否则的话，就会造成“以理杀人”的可悲后果。由于“理”往往以正义、善的面目出现，因此它常常会被统治者所利用，成为人民难以挣脱的桎梏。他沉痛地说：“人死于法，犹有怜之者；死于理，其谁怜之！”这种对于道德异化的危害性的揭露无疑是相当深刻的。从肯定自然

《姑苏繁华图》 清·徐扬

章学诚像

人欲合理性的自然人性论出发，戴震进而提出了“体民之情，遂民之欲”的政治主张，认为只有“使人之欲无不遂，人之情无不达”，才是一种真正的理想社会。

戴震对封建理教虚伪性和残酷性的深刻批判，对自然人性合理欲望的大胆肯定，对千百年来被封建礼教禁锢着头脑的读书人来说，产生了惊世骇俗的冲击力，起了重要的思想启蒙作用。

章学诚（1738—1801），字实斋，号少岩，浙江会稽（今浙江绍兴）人，乃中国继唐代刘知几之后在清代出现的又一位杰出的史学家、文学家。他于乾隆四十三年（1778）中进士，官国子监典籍。曾主讲于定州定武、保定莲池书院，并为南北方志馆主修地方志。

章学诚生活的时代恰逢“乾嘉盛世”。父辈爱好并精通文学，其父章镳勤于治学，循循善诱。这些无疑对少年章学诚产生极大的影响。章学诚幼时多病，身体孱弱，资质鲁钝，记忆力尤差，“日诵才百余言，辄复病作中止，十四受室，尚未卒业四子书”（《章氏遗书》）。但他读书十分用功、刻苦。14岁的章学诚便随父母去了应城，就读于私塾。这时，他童心未歇，尽管父亲为他延请擅长举业的塾师，可他不肯习作应举之文，而喜欢泛览群书，兴趣趋近于史学。以后更是博览群书，徜徉于浩瀚书海，且撰写了许多读书心得，留下了大量的习作笔记，“其中利病得失，随口能举”。他曾试图取材于《左传》、《国语》等书，改编为纪传体史书，名曰《东周书》，经营了三年之久，因被馆师阻止而作罢。章学诚一生仕途坎坷，穷困潦倒，常为生计所迫。但这一切没有使他丧失斗志，反而促使他潜心于讲学、著述和修撰方志，为后世留下了丰富的文化遗产。晚年双目失明的他，仍然著述不息，笔耕不辍，勇敢直斥贪官污吏，批评学风流弊，直至去世。

章学诚反对为学术而学术的不良学风，指出学术的宗旨在于实用，学术研究必须“经世致用”。他认为，为学的目的是明道，也就是要探求客观事物的法则；“六经”只不过是言道的几种“器”，“六经”之外的诸子百家、天下万事万物、人伦日用也是载道的“器”。因此，他批评汉学家把训诂考据当作“道”，只在“六经”中打转转的做法，反对那种“舍器而求道，舍今而求古，舍人伦日用而求学问精微”的治学态度和不良学风，指出考据只是手段，要对各种“器”作全面综合的考察研究，才能明白其中的“道”。章学诚在前人思想的基础上，提出了“六经皆史”的观点，认为“六经”只是先王政典，是历史的总结和记录。他还提出学术因时而变的思想，强调做学问不能墨守成规，而应独立思考，敢

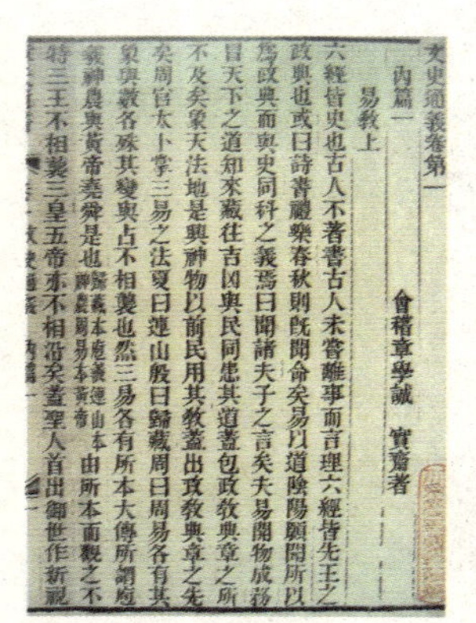
文史通義卷第一
內篇一
易教上　　　會稽章學誠　實齋著
六經皆史也古人不著書古人未嘗離事而言理六經皆先王之
政典也或曰詩書禮樂春秋則既聞命矣易以道陰陽願聞所以
為政典而與史同科之義焉曰聞諸夫子之言矣夫易開物成務
冒天下之道知來藏往吉凶與民同患其道蓋包政教典章之所
不及矣象天法地是興神物以前民用其教蓋出政教典章之先
矣周官太卜掌三易之法夏曰連山殷曰歸藏周曰周易各有其
象與數各殊其變與占不相襲也然三易各有所本大傳所謂庖
羲神農與黃帝堯舜是也歸藏本庖羲連山本神農周易本黃帝由所本而觀之不
特三王不相襲三皇五帝亦不相沿矣蓋聖人首出御世作新觀

《文史通义》书影

于创新。

章学诚的学术贡献在历史上占有重要地位，产生了深远影响。所著《文史通义》共 9卷（内篇6卷，外篇3卷），是清中叶著名的学术理论著作。他编修的地方志也很多，并创立了一整套完备的修志理论，使之发展成为专门的独立学问方志学。他的修志工作实际上是他所倡导的经世致用思想的体现。

九、呼唤风雷的高歌者龚自珍

清王朝从乾隆后期开始走下坡路，对全国的控制也不似前期那样严密，在“乾嘉盛世”的下面已是腐朽衰败的暗流。因此，学术界也开始发生变化。在宋学高踞庙堂，汉学正值顶峰之际，倡言“微言大义”的今文经学异军突起。先是庄存与、刘逢禄、宋翔凤复兴今文，然后龚自珍、魏源绍今文遗绪，康有为借今文而推动维新变法，他们组成了清代今文经学派。直到章太炎，古文经学又得以复兴。“五四”以后，由于反封建运动的兴起，经学彻底终结。

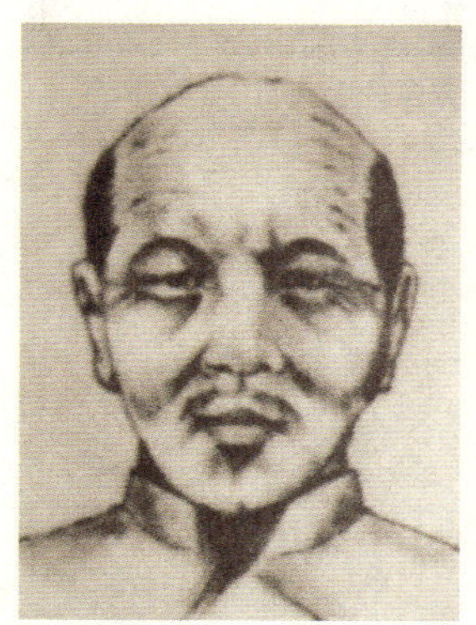
龚自珍像

龚自珍（1792—1841），晚清著名思想家，史学家。字璱人，号定庵，一名易简，字伯定，浙江仁和（今浙江杭州）人。他27岁中举人，道光元年（1821）官内阁中书，任国史馆校对官。九年，考取进士，官至礼部主事。因长期担任闲职，遂于道光十九年弃官南归，后就任江苏丹阳云阳书院讲席。二十一年（1841），于云阳书院猝然去世，终年50岁。今人辑有《龚自珍全集》。

龚自珍出身官宦世家，初承家学渊源，跟从外祖父著名汉学家、古文经学家段玉裁学习文字学和汉学，并从文字、训诂入手，渐涉金石、目录，泛及诗文、地理、经史百家。他于23岁写成《明良论》4篇。之后受今文经学家刘逢禄等人的影响，开始研究《春秋公羊传》，先后写了一系列论著，揭露和抨击了封建社会的种种弊病。

戴震大弟子段玉裁像

在哲学上，龚自珍批判了神秘的天人感应说和五行灾异说，认为天象都是自然现象，皆有一定规律，否认天象与人事之间有所谓感应关系的说教。他强调“人”的作用，把自我的主体性提升到前所未有的高度。所谓“天地，人所造，众人自造，非圣人所造”，“众人之宰，非道非极，名曰自我”，把“我”视为宇宙中唯一的、根本性的和化生一切的意志力量，反对“圣人”、天理创造和主宰世界的论调，认为自然和人类社会在内的宇宙间的万事万物都是“人”自我创造的。这种唯心主义思想尽管偏执，在

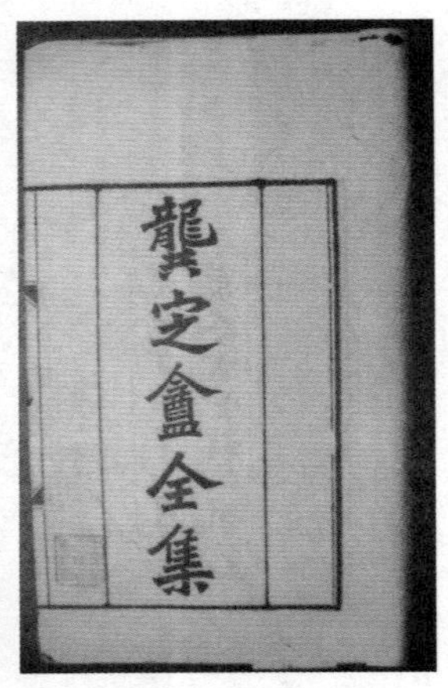

龚自珍全集

当时却为维护具体个人的自我价值提供了哲学根据。他批驳了先验的“性善论”和“性恶论”，以为人性“无善无不善”，善恶乃后天环境所致。他特别看重器的作用，在《论私》中，他认为“私”是人们考虑一切问题的基点。在他看来，爱国并非爱他人之国，忠君也不是忠他人之君，乃至人们孝其父母，爱其子女，贞于其夫，无不是“私”的表现，完全脱离于“私”的行为根本是不存在的。这种对私利的肯定，在当时具有深刻的意义。

龚自珍赞同《周易》的穷变通久论和《公羊传》的“三世”变易观，并由此认识到社会历史不是凝固不变的。他指出：“天道十年而小变，百年而大变。”不论是自然界还是人类社会都是不断变化的，而且这种变化是一种“自然之势”，不是贤圣所能左右的。他这种变易发展的历史观成为他洞察时事的理论依据。当时，清廷以天朝大国自居，貌似强大，内部却已矛盾重重，危机四伏。龚自珍敏感地觉察到了时代的脉搏，对当时清王朝的政治腐败进行了猛烈的抨击，并直指造成这种腐败的原因——封建君主专制。他预感到社会将有一场大的变动，指出腐朽的清王朝有可能被“山中之民”所推翻。龚自珍以“开风气”自任，为中国社会谋求改革，在鸦片战争前后产生了强烈反响。

龚自珍是清代第一个站在独立的学者立场上以个人的思考为依据而纵横议论时政的人物，这也是他受后人尊重的重要原因之一。龚自珍虽未居高位，却十分关心天下大事。他建议统治者在经济上按宗法关系分配田土，以解决土地过分集中的问题，缓和阶级矛盾；政治上要改革弊端，发挥官吏的积极性和能动性。他还提出一系列关于实际政务的建议，如《西域置行省议》主张移民屯垦新疆，以发展西部经济，巩固边防；《罢东南番舶议》已佚，但可以肯定同禁绝鸦片贸易有关。在当时他能清楚地认识到鸦片对于中国的巨大危险，反映出他富有卓识的政治远见。

龚自珍既是敏锐而深刻的思想家，又是富于激情和想象力的文学家。他具有独特的人格魅力，是一个高傲的人，在当时那种衰腐而压抑的社会气氛中，特别表现出一股勃发的英锐之气。他鄙视庸庸碌碌的卑恶世俗，强烈地追求个性解放，坚定地维护自己独立的人格，这种傲岸的精神和“我劝天公重抖擞，不拘一格降人材”的气魄，使后来的改革志士感到震撼。然而，由于他醉心于天台宗和净土宗，受佛教思想的影响较深，以致把倡导社会变革的力量落实到“心力”的神秘幻想上，典型地表现出当时启蒙者们矛盾的思想特征。由于他们找不到变革实现的真正力量，大都内求于心，走向唯心一途。

第十章 西学与中国

在中国历史上，1840年是一个值得浓抹重彩的年代。一场战争，惊醒了中国人的天朝上国之梦，改变了中国人的思想，也改变了中国的历史。就好像一潭死水，投入了一粒石子，产生的不是层层涟漪，而是链式反应式惊涛骇浪。面对西方列强的步步进逼，以及清王朝在政治、经济、军事、外交上的节节败退，中国社会，从上到下，都陷入了深深的沉思：中国怎样才能自立自强？

中国欲自强，必须学习西方。这几乎是时人的普遍共识。在这一学习的过程中，中国走过了一个由浅入深的历程。从西方的器物，到西方的制度，再到西方的文化。按照中国传统哲学的说法，这是一个由用到体，由形而下到形而上的过程。学习的同时，也是变革的开始。因此，在这一过程中，同样充满了辩论和斗争。顽固派与洋务派、保守派与改良派、改良派与革命派等派别分歧泾渭分明。从横向上看，这些派别是相对或敌对的关系，但从纵向上来看，他们又表现出历史的和逻辑的相继来。

林则徐、魏源是开眼看世界的第一批人。在与西方列强的交往中，他们首先看到了我们与西方在器物上的巨大差距，于是主张“师夷长技以制夷”，接着便是洋务运动的自强、求富。工厂建立起来了，坚船利炮也有了，然而，甲午一役，使这个美丽的气泡破碎在了硝烟战火中。仅仅器物上的移植，显然救不活这个庞大的躯体。因为，器物只是“用”，在“用”的背后，还有一个更根本的“体”，即制度。于是，由器物的移植转向制度的建立。

如何在中国建立西方式的政治、经济制度，前后出现了两种不同的声音。先是以康有为、梁启超为代表的改良派，主张实行英国式的君主立宪，设议院，制宪法。然而，维新也只是维持了约百日而已，最后以六君子的鲜血警醒世人，改良道路在中国行不通。孙中山是革命的先行者，但就其自身的思想而言，也经历了由改良到革命的转变。也许，这个转变过程从一个侧面也反映了中国思想界的转变。自“驱除鞑虏，恢复中华，创立民国，平均地权”的纲领一提出，中国的民主革命就有了切实的目标和努力的方向，并最终推翻了清王朝，建立了中华民国。然而，民国的建立也没有从根本上改变中国的命运。器物不行，制度也不行。于是，由器物、制度再向前推一步，指向了更深层的文化问题。

新文化运动高举民主和科学两面大旗，打倒旧道德、旧文化，提倡新道德、新文化，在历史上确实发挥了巨大的进步作用。当然，现在回过头来，重新对新文化运动进行省察，有些问题是有待商榷的。比如对中国固有文化的全盘否定，其后果是影响深远的。

伴随着新文化运动的开展，马克思主义逐渐传入中国，并得到广泛传播。一个新的时代终于来临了。

一、向西方寻求真理的先驱魏源

魏源像

魏源（1794—1857），字默深，又字汉士，别名远达，湖南邵阳人。魏源是中国近代一位杰出的爱国主义思想家、文学家、史学家和经学大师。同林则徐一样，他是鸦片战争时期“睁眼看世界”的一位优秀代表人物。特别是他的“师夷长技以制夷”的思想，使其成为一名向西方探寻富国强兵之路的卓越的先驱代表。

魏源出身于小官僚地主家庭，少年时爱好读史，先学王阳明的心学，后又师从今文经学家刘逢禄学《公羊传》，崇尚经世致用，与龚自珍齐名。1820年，携母亲、妻子迁居江苏宝山父亲魏邦鲁任所。两年后，中顺天乡试举人第二名。1825年，受江苏布政使贺长龄之聘，协助编辑《皇朝经世文编》120卷，又撰《筹漕篇》、《筹鹾篇》、《湖广水利论》等，并协助江苏巡抚陶澍、林则徐等办漕运、水利诸事。1826年，入京会试，刘逢禄分阅试卷，对魏源才学非常赏识，预言“且看明日走马填城”。1829年，再次会试，又不中，捐内阁中书舍人。鸦片战争爆发后，投入两江总督裕谦幕府，参与浙东抗英战役，并在前线亲审俘虏。在鸦片战争兵败之后，魏源感愤时事，撰写了一部历史和军事理论著作《圣武记》，全书共14卷，记载了清朝的开国经过，提出了富国强兵的思想，对后来戊戌变法，产生过重大影响。1844年中进士，官至江苏邮州知州。他主张改革内政，抵制外国侵略，后见清廷和战不定，投降派昏庸误国，愤而辞归，潜心著述。1854年，魏源与全家避兵侨居兴化，不问世事，专心著述。后又迁居杭州，潜心于佛学研究，最终病故于僧舍。

魏源编写的传世著作达47种之多。综观魏源的著作，集中体现了以下几个方面的思想：一是对封建制度的弊端进行强烈抨击，主张改革；二是宣扬爱国主义思想，强调对民族自尊心和自信心的培养，主张万众一心，抵御外侮；三是注重实际，提倡实践，凡是对当时有用的东西，都主张积极学习，以求富国利民之路。

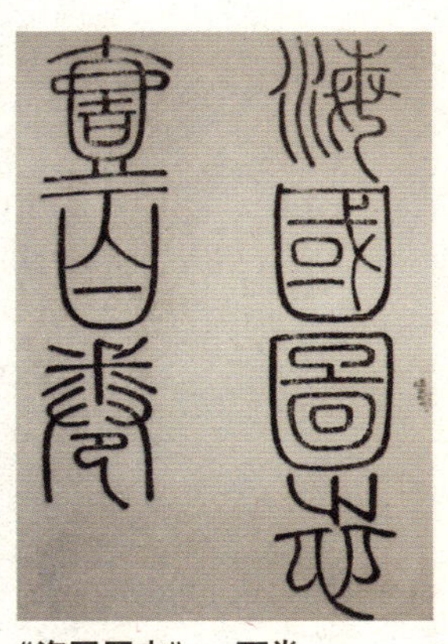

《海国图志》一百卷

鸦片战争之后，魏源痛定思痛，主张放眼寰球、自强御侮。1841年，林则徐被革职遣戍伊犁，途经镇江时与魏源相逢。临别时林则徐把有关《四洲志》的资料交给魏源，希望他能编辑成书刊行。魏源在搜集大量外文文献的基础上，精心斟酌查考，于次年编撰成《海国图志》一书。该书先为50卷，后增至100卷，是一部囊括世界地理、历史、政治、经济、民族、宗教、历法、文

海國圖志卷八十一

夷情備采一 原無今補輯 邵陽魏源輯

澳門月報一 論中國 道光十九年及二十年新聞紙兩廣總督林則徐譯出中有四條曾附奏進呈

中國人民居天下三分之一，地廣產豐，皆土著，少習航舟之事，才藝工作甚多，我皆不奇，所最奇者，惟中國之法度自數千年來皆遵行之，在天下諸國中或大或小，無有一國能有如此長久之法度也，須力西國之綱倫與孔夫子同時各立法度，然須力西國已經數易其主，

《海国图志》收录的林则徐主编的《澳门月报》

物的百科全书。书中率先介绍了西方各国历史地理状况，开篇写道："是书何以作？曰：为以夷款夷，为师夷长技以制夷而作。"魏源亲历鸦片战争，目睹了清军惨烈败绩，清政府惊悸无措，忍辱求和而结"城下之盟"。魏源认为，战败的重要原因之一是朝中官员大多闭目塞听，妄自尊大，沉溺于"天朝上国"的迷梦之中。朝廷将英国视为番夷之邦，不愿屈尊去探知其实情，以至于"以通市二百年之国，竟莫知其方向，莫悉之离合"。兵法所云：知己知彼，百战不殆。魏源主张了解西方，探悉其优劣长短之处。正如他所言："同一御敌，而知其形与不知其形，利害相百焉。同一款敌，而知其情与不知其情，利害相百焉。古之驭外夷者，诹以敌形，形同几席；诹以敌情，情同寝馈。"在魏源看来，蛮夷之国并非全然愚蒙残虐，西方蛮邦亦有可借鉴之处，西方制造技艺远胜于中土。

基于这种认识，魏源提出变革自强，"师夷长技以制夷"，认为"夷之长技三：一战舰；二火器；三养兵练兵之法"。他由此主张改革军事，以新式火器装备军队，以新式练兵之法训练军队。他认为，精良火器可以求购于西方，但更要学习西方制造技艺，自行制造坚船利炮。魏源指出："我有铸造之局，则人习其技巧，一二载后不必仰赖于外夷。"针对海防废弛的窘境，魏源主张改组水师，选拔人才，择贤任用。他主张"今宜于闽粤二省武试，增设水师一科。能制造西洋战舰、火轮舟，造飞炮火箭、水雷奇器者，为科甲出身"。

大沽口试演水雷图 《海国图志》插图

魏源已看到西方诸国的侵略野心，指出他们不求德治教化，而重通商之利，专门以武力侵略而强行通商。面对西方诸国的觊觎染指之心，魏源主张"以夷攻夷"、"以夷款夷"，利用诸国之间的矛盾纠葛，采用古代连横之策，联合其他诸国而孤立英国，再利用诸国弱点，离间各国关系，进而使中国在外交中获渔翁之利。魏源认为，"因其所长而用之，即因所长而制之。风气日开，智慧日出，方见东海之民犹西海之民"。他强调中国地大物博，人才辈出，只要能虚心学习西方的长处，必定能胜于西方，重现中华盛世之局面。《海国图志》是近代中国人认识世界，打开眼界的窗口。该书在日本广为流传，并对日本后来的明治维新，起到了促进作用。

魏源生活在中国社会急剧变动的时代，他面

向世界，主张学习西方的先进技艺，以抵御外敌入侵。他的“师夷长技以制夷”的思想，在近代中国无数仁人志士向西方寻求真理的漫漫征途上燃起了一盏指路明灯，为近代封闭落后的中国与近代先进的西方世界架起了一座沟通的桥梁。直至今天，魏源的进步思想仍能给人以深刻的启迪。

二、洋务运动与“中体西用”

进入19世纪60年代，清王朝所谓的“康乾盛世”已荡然无存，时局值多事之秋，日益陷入风雨飘摇之地。太平天国运动势如破竹，以摧枯拉朽之势直逼京畿之地；第二次鸦片战争爆发，英法联军攻破北京，咸丰皇帝以“木兰秋猎”为名，仓促北逃热河。在内外交困的形势下，清王朝逐步改变内外策略，勾结英法联军，剿杀太平天国运动。在镇压太平天国运动中，戈登所率洋枪队发挥了重大作用。与长矛、木帆船相比，洋枪、洋炮、铁甲舰有着不可比拟的巨大威慑力。曾国藩、李鸿章、张之洞、左宗棠等封疆大吏意识到西洋之“奇技淫巧”有着安邦定国的重大作用。在恭亲王奕䜣、曾国藩等人的推动下，洋务运动勃然兴起，洋务思潮甚嚣尘上。自19世纪60年代至中日甲午战争结束，洋务运动持续30余年，史称“同治中兴”、“同光新政”。

洋务运动以“自强”、“求富”为宗旨。曾国藩、李鸿章等人为欲挽救时局危亡，意识到“自强”的重要性，即：治国之道以自强为要务，自强以练兵为重，只有操办洋务，铸制枪炮，训练新军，才能实现“自强”。于是，为拥有坚船利炮，洋务派购买西洋枪炮，不惜重金引进科技人才，开办军械所、机器局。1861年，曾国藩创办了洋务派第一个军工厂——安庆军械所。此后李鸿章等人在南北各地建机器局，其中江南制造总局、金陵机器局、福州船政局、天津机器局闻名一时。随着海防形势的日益严峻，新式海军逐步建立，形成南洋、北洋、粤洋三支水师，其中以北洋水师实力最强，号称“东亚第一水师”。

金陵机器局制造的新式武器

随着洋务运动的开展，资财耗费

曾国藩像

曾国藩谈用兵之道

甚巨，朝中饷银愈加捉襟见肘，无力支撑众多机器制造局。洋务派认为，国富方能自强，民生为国富之本。于是，洋务派又以“求富”为旗号，开办民用工业，从中牟利以支持军用工业。洋务派开办了一系列民用企业，轮船招商局、开平矿务局、上海机器制造局、汉阳铁厂等先后创立起来。洋务派在创办企业之初，拉拢地主、富商投资入股，采取“官督商办”、“官商合办”等形式，刺激了资本主义的发展。

洋务派在引进西方先进科技与人才的同时，还创办了中国第一批新式学堂。1862年，京师同文馆成立，教授外文及自然科学。此后，天津水师学堂、武备学堂等纷纷成立。洋务派选拔优秀人才，派遣出国留学，培养出造船、航海、化学等专业人才，詹天佑、冯如、严复等人为其中的出类拔萃者。

洋务派极力维护封建伦理纲常，他们兴办洋务的目的也正在于此。例如，洋务派的重要代表曾国藩（1811—1872）是中国近代史上最显赫和最有争议的人物之一，其生前毁誉参半，既有美誉，又有骂名。但就其本人而言，既精于学问，学作圣贤，热衷于修、齐、治、平，追求立言、立功、立德之“三不朽”；又坚决维护封建纲常名教，鼓吹“礼治”，认为“舍礼无所谓政事”、“无所谓道德”，成为传统文化和传统思想坚定而忠实的捍卫者。

洋务派的突出代表是张之洞，其代表作是《劝学篇》。张之洞（1837—1909），字孝达，号芗（香）涛、香岩，直隶南皮（今河北宁津）人。他出生于贵州，其父张瑛当时任贵州兴义和知府。生于官宦之家的张之洞，自幼接受封建教育，于同治二年（1863）考中一甲第三名进士（探花），授翰林院编修，开始步入官场。张之

张之洞正在视察汉阳铁厂

洞先后充任浙江、湖北、四川等省学官，在各地兴建书院，培育人才。十年的学官生涯，使他与教育结下了不解之缘。光绪三年(1877)，张之洞回到京城任职，先后任国子监司业、翰林院侍讲、内阁学士等职。后又被任命为山西巡抚，由闲散京官跃居封疆大吏。在太原走马上任后，他立即铺开局面，革除陋规、整顿吏治，在山西设立洋务局，创办令德书院，兴学育才，筹办山西练军和山西铁矿等。这些都表明，当时的张之洞已经向洋务派转化了。

张之洞像

1884年中法战争时期，张之洞由山西巡抚升任两广总督，起用退休老将冯子才，在广西边境击败法军。又设广东水陆师学堂，创枪炮厂，开矿务局，立广雅书院。中日《马关条约》议订时，他曾上疏阻和议，要求变通陈法，力除积弊。1889年，张之洞调任湖广总督，在英、德等国的支持下，大办洋务，成为后起的洋务派首领。他先后开办汉阳铁厂、湖北枪炮厂、马鞍山煤矿、湖北织布局、湖北缫丝局等，并筹办芦汉铁路。

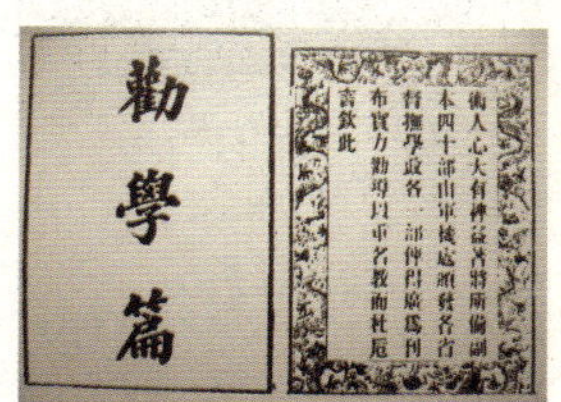
勸學篇

衛人心大有裨益著將所備副
本四十部由軍機處頒發各省
督撫學政各一部俾得廣爲刊
布實力勸導以重名教而杜卮
言欽此

《劝学篇》 清光绪刊本

在思想上，张之洞提出了“中学为体，西学为用”的主张，对于旧学，他标榜“兼师汉宋”，强调“读书宗汉学，制行宗宋学”，认为讲究训诂考证的汉学只是一种读书方法，唯有讲义理的宋学，才是人们行动的指南。他研习宋明理学，尊崇孔、孟、程、朱，认为纲常名教是“礼政之原本”，若悖离了它，则会天下大乱，国家灭亡。在他看来，旧学即中学，在于治身心，中学为内学，是根本，是“体”；而西学即近代西方流行的文化教育、科学技术，只在于“应世事”，西学为外学，是“用”。张之洞认为三纲五常相传了上千年，是永远不能改变的，法可以随时随地变通，而道却是永恒不变的。

甲午中日战争中两国舰队在黄海激战

洋务派的“自强”、“求富”方略在一定程度上惊醒了传统的封建生产方式，加速了西方科技在中国的传播。但洋务派主张“中体西用”，变器而不易道，移花接木式地照搬西方制造技艺，最终收效甚微，并没有实现“自强”、“求富”、“御侮”。甲午海战中，北洋水师的全军覆没预示着洋务运动的破产，自此洋务运动湮没于历史陈迹之中。

三、早期改良思想

1840年鸦片战争后，中国开始向半殖民地半封建社会过渡。外国资本主义的侵略，破坏了中国自给自足的自然经济基础，客观上也促进了中国商品经济的发展。到19世纪末期，中国民族资本已有了初步的发展，民族资产阶级必然要求在政治上保护其利益，在经济上打破封建制度的束缚，于是资产阶级改良派应时而生。在与西方资本主义接触中，洋务派也逐渐产生分化，出现了一批代表新兴资产阶级利益和要求的知识分子，他们是早期的改良主义者。

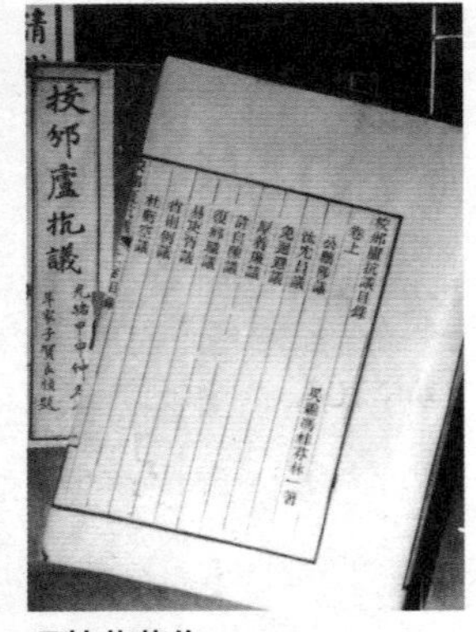

冯桂芬著作

在早期改良主义思潮形成过程中，不得不提冯桂芬（1809—1874）。在《校邠庐抗议》中，冯桂芬从中西比较的角度，认为中国要自强，不仅要整顿吏治、减轻赋税、发展农桑，而且要“采西学”、“制洋器”，“以中国之伦常名教为原本，辅以诸国富强之术”。可以说，冯桂芬的思想是地主阶级改革派、洋务派和早期改良派思想的混合物，因此在地主阶级改革思想向资产阶级的改良思想的过渡中，起了承上启下的作用。

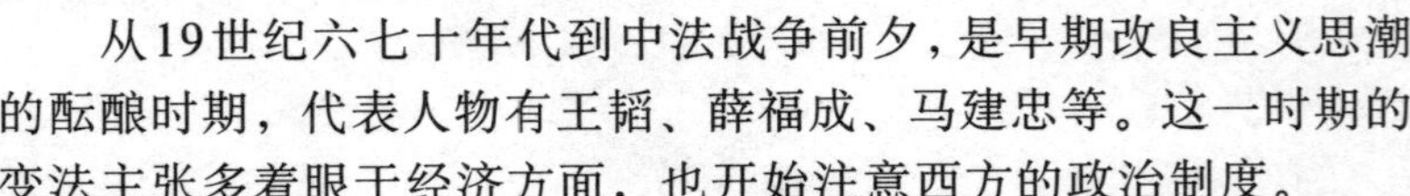

从19世纪六七十年代到中法战争前夕，是早期改良主义思潮的酝酿时期，代表人物有王韬、薛福成、马建忠等。这一时期的变法主张多着眼于经济方面，也开始注意西方的政治制度。

王韬像

王韬（1828—1897），江苏长洲（今江苏苏州）人。曾游历英、法、日本等国，熟悉西方文化，对中西巨大差异感触颇深。王韬与他人筹资创办中华印务总局，于香港任《循环日报》主编。王韬针砭时政，洞悉国际态势，积极主张变法自强。王韬认为，当今富强之道，必须“自握其利权，自濬其利薮”，主张学习西方的造器技艺，创办实业以获舟车之利，发展“民办”企业，打破“官办”的垄断。随着洋务运动的开展，王韬的思想发生转变，逐渐关注政治变革，研究了西方政体形式。在王韬看来，在君主国、民主国、君主立宪国之中，君主立宪制最适合于中国现状，所以他提出中国应实现君民共主的政体形式，推行法治，更新吏治。

薛福成像

薛福成（1838—1894），江苏无锡人，外交家。薛福成曾为李鸿章幕僚20余年，追随其办理外交事务，对时局见解鞭辟入里。薛福成主张“守在四夷”，积极主张抵御列强。在中法之战中，薛福成于镇江等地整顿军务，屡挫法军。在外交方面，他主张加强海防及北疆防御，修改与列强所签署的不平等条约，以实现民族独立、自强。薛福成曾率使团去过英、法、意、比、俄等国，考察欧洲诸国的政治、经济、军事概况。所以，他更主张“工商立国”，积极创办实业，发展工商业，以“官督商办”等形式发展民用工业。他还密切关注西方先进的科技与政治制度，充分认识到君主立宪的优越性，提倡“君民共主”。

马建忠（1844—1900），江苏丹徒（今江苏镇江）人，著有《马氏文通》等。他曾入李鸿章幕府，协助办理洋务事务，后留学法国，入法国政治学院深造，精通英、法等语言，获法律、外交等学位。马建忠游历英、法、德、奥、意等国，深谙中西文化之异同。他主张通过练军、通商、开矿、兴学等实现民族自强。他效仿西欧诸国，主张重商政策，以通商而致富。为保护民族工商业发展，马建忠主张废除不平等关税政策，实行免厘加税，废除厘金，执行保护关税政策，征收烟草税。他考察欧洲诸国宪政，分析民主制、君主立宪制等不同政体，从中比较优劣长短，主张立议院、兴民权，效仿君主立宪政体。

早期改良派脱胎于洋务思潮，继往开来，对变法自强认识不断深入，但他们的变法主张都是变器不变道，“取西人之器数，以卫我尧舜禹汤文武周公之道”。这种思想还未完全摆脱洋务思潮的影子，但毕竟比前人有所进步，在历史上的作用还是应该有所肯定的。

从中法战争到甲午战争前夕，是早期改良主义思潮的发展时期。中法战争“不败而败”，洋务运动初步破产，这使人们看到了封建体制上的弊端。这一时期的改良思潮，不仅在经济上要求发展民营工商业，而且在政治上要求建立议院制的君主立宪政体。这一时期的代表人物是郑观应、何启等人。

郑观应像

郑观应（1842—1922），原名官应，字正翔，号陶斋，广东香山（今广东中山）人，是中国近代著名的实业家和改良主义思想家。他虽然不是中国实行近代化的首倡者，但却是坚持理论与实践相结合、全面探索中国近代化的第一人。

咸丰八年（1858），郑观应在初次参加童子试未中后，弃学从商，供职于叔父郑廷江所在的上海新德洋行处。次年，进入上海一流的英商宝顺洋行任职，后被派赴天津考察商务。1860年，郑

李鸿章在上海创办的轮船招商局

观应返回上海后掌管洋行的丝楼，并兼管轮船揽载业务，同时进入英国人傅兰雅所办的英华书馆夜校学习英语，并对西方政治、经济方面的知识产生了浓厚兴趣。1868年，郑观应转任生祥茶栈的通事，并出资合伙经营公正轮船公司。1873年，参与创办太古轮船公司。先后参股于轮船招商局、开平矿务局、上海造纸公司、上海机器织布局等企业，并纳资捐得郎中、道员衔，与李鸿章等洋务派大员也交往日密。1880年，受李鸿章委派出任织布局总办，随后又任上海电报局总办。两年后，出任轮船招商局帮办、总办。1884年中法战争爆发后，郑观应自荐并经推荐，前往广东总办湘军营务处事宜。后受追赔案缠绕，心力交瘁，遂退隐澳门，寄情山水，专心著述。1891年，郑观应蛰久思动，自请盛宣怀举荐，由李鸿章委任为开平煤矿粤局总办、招商局帮办。经过数年笔耕，他于1894年出版了集其思想之大成的《盛世危言》一书。

郑观应致王韬手迹

《盛世危言》一书集中反映了当时社会改良主义思潮的发展。全书的中心思想可概括为“富强救国”。郑观应认为，当时西方资本主义各国都妄图侵华，进而吞并全中国。在“四面楚歌”环绕下的中国，若再不思变法自强，则必遭凌辱欺侮。郑观应纵观中外形势，比较利弊得失，主张取法西方资本主义国家的富强之路，从多方面进行改革。该书篇目包括“道器”、“西学”、“议院”、“商务”、“铁路”、“银行”、“纺织”、“农功”、“边防”等，内容涉及哲学、政治、经济、文教、军事、外交等诸多领域。郑观应坚持批判“旧学”、讲求“西学”，认为“富强之本，不尽在船坚炮利”，而主要在“使人尽其才”，“地尽其利”，“货畅其流”。他从体用的角度认为，我们不仅要学习西方的“用”，还要学习其“体”，“必先立议院，达民情，而后能张国威，御外侮”。主张改变封建专制制度，实行议院制的君主立宪。《盛世危言》一经出版，在当时中国社会就引起了巨大轰动。其所以广为重视，是由于它把握了时代的脉搏，反映了国人挽救民族危亡和富国救民的迫切要求，承载着早期资产阶级改良思想家真挚的爱国热情，为维新运动的兴起奠定了坚实思想基础。

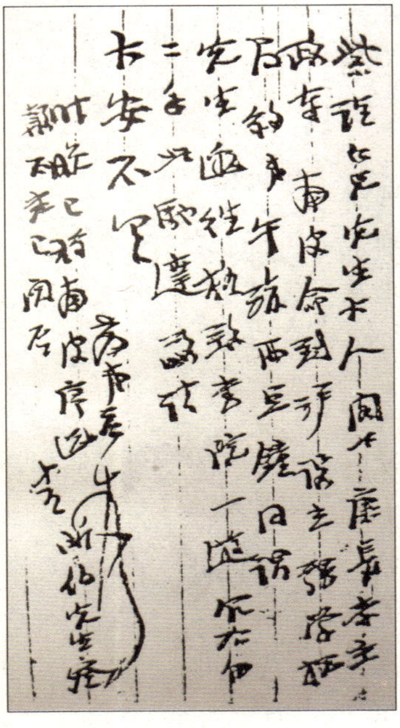

1896年，郑观应被张之洞委任为汉阳铁厂总办，此后又出任一些工商企业和学校的总董、总办、董事等职。郑观

应身体力行，致力于探索富强救国之道。他倡议设议院、达民情、实行君民共治的民主制度，明确提出了工商立国、富强救国的口号。并重视西学，提倡格致，注意新式人才的培养，设计了一整套培养人才的制度和方法。他还积极投身于中国近代化的建设事业，以自己的实践活动，向人们展示了近代化的广阔前景。虽然他以思想家著称于世，但他更是一个用思想指导行动的实业经营家。在19世纪末、20世纪初的那个风气还未大开的时代里，郑观应所言所行，不仅激励了同辈，而且也鼓舞了来者。何启在《新政真诠》中则直接表达了其对民主政治的向往，"天下之权，唯民是主"，"人之根本在元气，国之根本在民情"。

可以说，早期改良思想已具有资产阶级维新运动的雏形。然而他们仍跳不出"道本器末"的窠臼，其"中学其本，西学其末"，反映了他们要求变革却又不敢彻底的变革、反对封建生产关系但又与封建势力有着千丝万缕的联系的矛盾性格。尽管如此，这些早期改良思想毕竟注入了西方资产阶级的民主政治和经济的新内容，反映了中国早期资产阶级的意愿与要求，它们就像一抹新绿装点了中国近代资本主义处于形成阶段的春天。

四、维新变法思潮

甲午战败，帝国主义掀起了瓜分中国的狂潮。亡国亡种，迫在眉睫。中国向何处去，这是每一个有识之士都不得不思考的问题。改良派要求实行有利于发展资本主义的改革，为此他们大力提倡资产阶级新学，用西方的进化论等近代自然科学和社会政治学说，对封建专制制度义及其纲常名教进行批判，使当时的知识分子经受了资产阶级启蒙宣传的洗礼，使变法维新思想成为时代的潮流，最终促成戊戌变法。维新变法思想的代表人物有康有为、梁启超、谭嗣同、严复等人。

光绪帝

康有为（1858—1927），清末资产阶级改良派领袖，后为保皇派首领，中国近代资产阶级政治家、思想家。原名祖治，字广厦，号长素，广东南海人，人称"南海先生"，或称"康南海"。1919年参加宣统帝制复辟失败后，又改名更姓，晚年自号天游化人。

康有为生于封建官僚地主家庭，初年学习传统儒学，接受封建思想的教育，于光绪二十一年（1895）考取进士。他在大量阅读儒佛道经典、诸子著作和西方译著的基础上，潜心"公羊之说"，探讨"三世进化"理论。国家民族的危亡，社会现实的刺激，使

变法时期的康有为

康有为把“三世”说推演为“乱世”、“升平世”(“小康”)、“太平世”(“大同”)，认为只有变法，才能使中国富强，最后达到“大同”的境界。与此同时，他还融合所掌握的中、西学问，于1884年开始构造自己的“以元为体”的哲学，并撰写了《人类公理》(后改题为《大同书》和《内外篇》)等著作。1891年，康有为刊印《新学伪经考》，继而又编纂《孔子改制考》，尊孔子为教主，用孔教名义提出变法要求。1890—1893年，康有为主要在广州、桂林等地宣传维新变法，著有《长兴学记》、《桂学答问》等篇。“九流混混谁真派，万木森森一草堂。”这是当时进步的知识分子对他们的思想领袖康有为在广州长兴里万木草堂聚徒讲学的赞颂。

《新学伪经考》

1888年10月，有鉴于中法战争后形势险恶，康有为第一次上书光绪帝，提出变成法、通下情、慎左右三事。1888年至1898年的10年间，康有为无论在思想或变法实践上都处于发展的辉煌时期。在政治上，他是一个启蒙主义者和爱国主义者，希望通过自上而下的变法，建立一个反映资产阶级利益的君主立宪政体。1895年，《马关条约》签订后，他于5月2日联合在北京会试的举人1300余人发动公车上书，力陈时局忧危，请求拒和、迁都、练兵、变法，并在政治、经济、文教等各个方面，提出了具体的改革措施，初步形成资产阶级改良主义的变法纲领。经过先后7次上书，光绪帝终于在1898年6月11日下诏明定国是，宣布变法，康有为因此深得倚重。在维新变法期间，康有为迭上奏折，起草诏令，对政治、经济、军事、文教等方面提出改革建议，与谭嗣同等全力策划新政，期望按照西方资本主义国家模式改变中国的国家制度和社会制度，挽救民族危亡。9月21日，慈禧太后发动政变，通缉康有为，他逃亡海外。1899年创立保皇会，以保救光绪帝和排除慈禧太后、荣禄等顽固势力为宗旨，成为保皇派首领。总之，从公车上书到戊戌政变，康有为笔耕不辍，发表著作，组织学会，为维新运动制造舆论，有力地领导了有士大夫知识分子参加的爱国维新救亡运动。

康有为创办的《强学报》

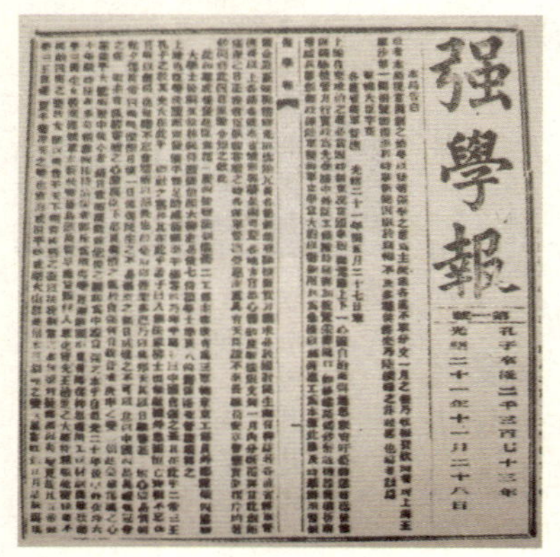
强學報

第一號

孔子卒後二千三百七十三年

光緒二十一年十一月二十八日

康有为生平著作甚丰，达139种。其中主要代表作有《新学伪经考》、《孔子改制考》、《大同书》、《南海先生诗集》等。

在《新学伪经考》中，他宣称自西汉末以来，人们所尊崇的儒家古文经是刘歆为王莽新政而伪造的，是伪经，不是真经，只有西汉的今文经才是真经，从而打破了人们对传统经学教条的迷信，为维新变法扫清了思想障碍。

《孔子改制考》全书共21卷，如果说《新学伪经考》

的主旨在于“破”，那么该书的主旨在于“立”。全篇认为孔子与墨子、管子、晏婴、宋钘、尹文、慎到、惠施、白圭、公孙龙、邓析、商鞅、韩非等先秦诸子各派都是同等重要的相互独立的学派，它们之间为了“争教互攻”，无不是为了“改制”。这样该书就打破了自西汉以来把孔子奉为至尊的迷信，将孔子列为“托古改制”的诸家之一，而不是“述而不作”的唯一圣贤。该书借“六经”是孔子改制之作为由，实质上阐发了“据乱世”、“升平世”到“太平世”历史发展的必然性，目的在于论证资产阶级改良派进行维新变法的历史合理性，为变法之实施寻找有力的理论保障。《孔子改制考》不局限于对中国古代经学的借题发挥，而且也融入了从西方资产阶级学说中汲取的新鲜思想。康有为认为公羊三世说与资本主义的民主政体是互相对应、彼此吻合的，即“据乱世”、“升平世”、“太平世”分别对应于君主专制、君主立宪制和民主共和制。其中关于“进化有渐，因革有由”的理论也取自资产阶级进化论，而非来自公羊学说。可见，在康有为笔下，孔子已不是信而好古、“述而不作”的至圣先师，而是托古改制、顺应历史潮流的“制法之王”了。《孔子改制考》借“孔子改制”来替维新变法辩护，在当时学术界引起巨大轰动。

《不忍》杂志封面

《大同书》是康有为汲取西方资产阶级政治思想而阐述社会理想的名作。据康有为记述，该书写于1885年，共分10部分。初稿写成后，正是 “据乱之世”，只能言小康，不能言大同，言则陷天下于洪水猛兽，所以“秘其稿，不肯以示人”。1913年康有为在《不忍》杂志上发表其中一小部分内容，直到1935年，即康有为去世后的第八年，全书才由其学生公开发表。

《大同书》手稿

“大同”出自《礼记·礼运》篇，表示“天下为公”之意。康有为的《大同书》以“至公”为要旨，故取此名，其前身名为《人类公理》。《大同书》中描绘了一个“至善至同”的，与现实社会截然相反的东方式的乌托邦社会，即“无邦国，无帝王，人人相亲，人人平等，天下为公，是谓大同”。其真正的理论基础和精神武器，是处于西方资产阶级上升时代的自由、平等、博爱的思想和空想社会主义的学说。书中指出，现实社会是不合人道的，只有去掉九界，即去掉国界、种界、家界、产界、乱界、类界、苦界、级界、形界，才能使全人类到达美好的“大同”世界。诚如书中所言：“吾既生乱世，目击苦道，而思有以救之，昧昧我思，其惟有行大同太平之道哉！”这个所谓的“大同”社会实质上是个“至平、至公、至仁、治之至”的理想社会。

康有为的《山居图》

同时，《大同书》也反映了资产阶级改良派反对阶级斗争、反对暴力革命的立场，认为“大同”社会只能靠人们发扬仁爱精神，通过自上而下逐步改良的途径来实现。

总之，康有为是一位敏锐把握时代脉搏的思想家，他以西方先进的社会政治学说摧毁和重构中国传统的儒家学说，在中国思想史上具有划时代的历史意义。康有为不仅是戊戌变法运动的领袖人物，更是近代中国向西方寻找真理的先进代表。

梁启超（1873—1929），字卓如，号任公，笔名主要有饮冰子、饮冰室主人、过哀时客、新民子、自由斋主人、中国之新民等，广东新会人。他是中国近代资产阶级改良派的著名政治活动家、思想家，戊戌维新运动领袖之一。

梁启超出生于一个半耕半读的家庭，自幼聪颖，并在家中接受传统教育。4岁始习“四书”、“五经”，9岁即能写出上千言的八股文章，12岁中秀才，17岁中举人，被誉为“岭南奇才”。

1890年，梁启超赴京会试，回粤路经上海，购得《瀛环志略》，始知世界有五大洲各国，眼界大开。同年结识康有为，投其门下，从康学习四年，接受了康有为的思想学说，开始探索挽救祖国危亡的变法维新思想，并由此走上改良维新的道路。1895年，梁启超协助康有为，发动在京应试举人联名请愿的“公车上书”活动，系统地宣传变法维新思想，提倡民权、平等、大同之说，发挥保国、保种、保教之义，并在北京和上海主办《万国公报》（后改名《中外纪闻》）和《时务报》，后又赴澳门筹办《知新报》。他的许多政论在社会上产生了很大影响。1897年，任长沙时务学堂总教习，在湖南宣传变法思想。1898年回京，积极参加“百日维新”，并受光绪帝召见，奉命进呈所著《变法通议》，赏六品衔，负责办理京师大学堂译书局事务。戊戌变法失败后，他流亡日本，一度与孙中山为首的革命派有过接触。在日期间，先后创办《清议报》和《新民丛报》，发表《新民说》、《新史学》等论著，大力宣传资产阶级的思想，鼓吹改良主义，反对暴力革命。同时也大量介绍西方社会政治学说，对当时中国的年轻一代产生了广泛影响。此后，他又进行了一系列拥护宪政、反袁帝制活动，还担任过段祺瑞政府的财政总长。段氏内阁解散后，梁启超随之辞职，从此退出政坛。

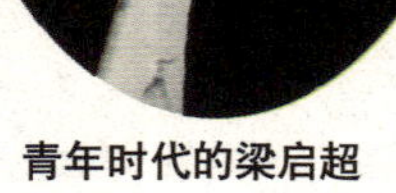
青年时代的梁启超

1920年春，梁启超从欧洲刚回到祖国，便全力以赴地投身于

清华国学研究院教师梁启超、王国维、赵元任等合影

国内的教育与学术事业大潮中。他拥护达尔文的进化论，将其运用于历史领域，形成了独具特色的历史循环论，并写下了《清代学术概论》、《中国近三百年学术史》、《先秦政治思想史》、《中国历史研究法》、《中国文化史》等具有很高学术价值的著作。他一生著述宏富，所遗《饮冰室合集》计148卷。1925年应聘任清华国学研究院导师，并担任京师图书馆馆长。

《新民丛报》

面对“西学东渐”的思潮，梁启超权衡其利弊，主张兼顾中西之学。他认为：“要之，舍西学而言中学者，其中学必为无用；舍中学而言西学者，其西学必为无本。无用无本，皆不足以治天下。”（《西学书目表后序》）梁启超宣扬资产阶级改良思想，主张“穷则变，变则通，通则久”（《周易》），认为社会处于不断变化发展之中，体制应因时而变、因事而异。他曾多次与墨守成规的顽固派论争，驳斥了他们“祖宗之法不可变”的荒谬论调。梁启超针对洋务运动的弊症，主张在变“器”的同时更要变“道”，在学习西方制造技艺的同时，更要学习西方先进的政体制度，实行君主立宪制。梁启超深切感受到，观念变革比器物变革更为重要，“文明者，有形质焉，有精神焉。求形质之文明易，求精神之文明难。精神既具，则形质自生；精神不存，则形质不附”（《国民十大元气论》）。因此，要兴民权必须开民智、开绅智、开官智，要移风易俗必须依靠教育体制的变革。“变法之本，在养人才；人才之兴，在开学校；学校之立，在变科举；而一切要其大成，在变官制。”（《论变法不知本原之害》）梁启超主张兴女学，为女性谋求权利平等，批判了所谓“女子无才便是德”的封建意识。

梁启超吸收了西方史学观，对中国旧史学观加以批判。在他看来，中国历代史书实质上是“帝王将相的家谱”，内容不外是“有权力者兴亡隆替之事”。梁启超并非全然认同英雄史观，试图调和英雄与时势关系的争议。他主张，英雄无法脱离于时势环境的影响，但英雄的个人意志亦改变了时势进程。英雄受命于时势，由时势造就，此为“应时之人物”。英雄还可作为时代的推动者，开新时代之先，此为“先时之人物”。梁启超对恩师康有为评价甚高，认为他与孔子比肩为“先时之人物”。

梁启超手迹

梁启超在写作

维新变法失败后，梁启超仍坚持改良救国，反对以革命手段实现共和政体。保皇派以《新民丛报》为思想阵地，与宣传革命派思想的《民报》对峙，梁启超发表了《开明专制论》、《暴动与外国干涉》等文章，反对革命派的暴力革命理论。他认为暴力革命非但不能挽救中国之危亡，反而会将中国陷入亡国灭种之境遇。在他看来，中国实行共和政体的条件尚未成熟，当时是民智未开、国民缺乏公德意识。梁启超将道德划分为公德、私德。认为公德是维系社会发展进步的公众道德价值体系，私德是个人道德修养的价值观念，公德随着时代变迁，其内容与判定标准会发生极大变化，因此不能以今人之道德观念评价古人之是非。又认为中国传统文化重私德而轻公德，公德观念在中国缺乏相应的文化根基，所以中国亟需公德意识，但公德观念在中国的确立并非一蹴而就的，这需要相当长的缓冲时期。因此，他的结论是中国只能走改良道路，实行君主立宪政体。

1920年，跟随梁启超旅欧的军事家蒋方震请梁启超为他新撰写的题为《欧洲文艺复兴时代史》一书作序。梁启超兴致大发，很快草成一本6万字左右的著作。梁启超感到文章篇幅分量过重，不宜为序，因而独立成篇，这就是久负盛名的《清代学术概论》。书中系统地概述了从明末到20世纪初200多年间中国清代学术思想的发展历程。在该书中，梁启超把清代学术思想史划分为四个阶段，即启蒙期、全盛期、蜕变期和衰落期。他称颂顾炎武的“贵创”、“博证”、“致用”的学术风格和治学精神，肯定黄宗羲猛烈抨击君主专制的民主精神以及王夫之关于“天理即在人欲之中”的反理学观点。此外，他在书中还对具有明显唯物主义倾向的戴震哲学予以高度评价，流露出对老师康有为备加尊崇之情。《清代学术概论》是梁启超运用西学的研究方法，以进化论的发展观点，对清代学术思想进行的总体历史考察，在中国近代史上堪称一部具有开创性历史意义的著作。

谭嗣同（1865—1898），字复生，号壮飞，湖南浏阳人。出身于封建官僚家庭，其父继洵官至湖北巡抚兼署湖广总督。谭嗣同自幼鄙视科举，喜好今文经学，讲求经世致用。10岁师从欧阳中鹄，受其影响，对王夫之的思想发生了兴趣，得到了爱国主义的启蒙教育。1877年，他又在浏阳拜师涂启先，系统学习中国的典籍，开始接触算学、格致等自然科学。1884年，他游历中国多省，遍访名士，开阔视野，并深受劳动人民反封建斗争精神的濡染。1888年，得到著名学者刘人熙的指导，开始认真系统地研究王夫之等人的著作，同时又广为搜罗和阅读当时介绍西方科学、

谭嗣同（左三）与时务学堂的成员在一起

史地、政治的书籍，丰富自己。青年时期的谭嗣同深受儒学思想的影响，随着中日甲午战争的爆发，他的思想开始转向新学，并广泛研究西方近代自然科学和资产阶级的社会学说，政治上由早期的“弹抵西学”转变为主张“尽变西法”以图强。后来结识康、梁，在变法思潮的影响下，开始“详考数十年之世变，而切究其事理”，苦思挽救民族危亡的根本大计。他感到必须对腐朽的封建专制制度实行改革，才能救亡图存。1897年回湖南筹办新政，参与创立时务学堂、武备学堂，担任分教习，协助总教习梁启超，在教学中大力宣传变法维新理论。后又创办南学会和《湘报》，并任主笔，以加强变法理论的宣传。由于对湖南新政的尽力，使他以“新政人才”而闻名。1898年，光绪下诏授予其四品卿衔，参与新政，并出任掌握起草变法事宜的“军机四卿”之一。同年6月，谭嗣同以一种大无畏的精神，满怀激情地投入到光绪帝支持的变法运动中，终因封建顽固派势力的压制和袁世凯的变节而告失败。在面临生死攸关之际，谭嗣同慷慨陈词：“不有行者，无以图将来，不有死者，无以召后起。”毅然回绝日本使馆的帮助，与其他5位志士一起英勇就义于北京宣武门外菜市口，史称“戊戌六君子”。1899年，他的遗骸运回原籍，葬在湖南浏阳城外石山下。墓前华表上对联写道：“亘古不磨，片石苍茫立天地；一峦挺秀，群山奔赴若波涛。”

谭嗣同是一位充满激情的诗人，同时，他在哲学方面的研究亦有很深的造诣，其代表作《仁学》是维新派的一部重要哲学著作。该书成于1896年，共计50篇，是谭嗣同融合中国古代思想家的民族革命思想、佛学理论以及近代西方资产阶级民主精神为一体，而主以己见的一部富有创造性的著作。全书之要旨，在于弘扬民主、民权和种族革命思想，为冲决封建等级和纲常礼教而奋斗。书中指斥“二千年来之政，皆秦政也，皆大盗也”，认为“天下者，天下人之天下”。同时，书中还猛烈地抨击了维护君主专制的纲常礼教“无复人理”，“贻祸无穷”，主张用“仁——通——平等”的资产阶级新伦理取代封建旧纲常。在《仁学》中，谭嗣同力倡“以太”学说，既承认物质性的“以太”为宇宙万物的基础，又混淆物质与精神的界限，把“以太”看成是与“仁”相同的东

《仁学》封面

严复

直報

《直报》

京师大学堂原址

西，理解为精神性的实体，形成所谓的泛仁论或泛以太论的哲学思想，企图建立一个唯心主义的“仁学”体系。他在《仁学》的上卷中极力宣扬“中外通”、“上下通”、“人我通”，宣传资产阶级平等、自由、民主的思想，而在下卷中却把“心力”的能动作用无限夸大，提出要依靠“心力”，即依靠圣人的“仁”心，抑或宗教的“慈悲”去普渡众生，进而通向大同社会。这集中而又鲜明地反映了他要求变法而又无力回天的资产阶级改良派在政治立场上的软弱性。 谭嗣同最终选择一死来警醒世人，也因其一死，使后来的革命者认识到当时的中国不可能走改良这条路，唯有彻底地革命才能救人民于水火之中。谭嗣同的行动和思想，对于即将到来的资产阶级民主革命产生了巨大推动作用。

严复（1853—1921），初名体乾，字又陵，后易名复，字几道，晚号愈野老人，又署天演哲学家，福建福州人。是中国近代史上主要的资产阶级启蒙思想家，为清末输入西方资产阶级先进学术思想的第一人。

严复生于一个农村郎中家庭，少年时代在私塾受教。1867年，年仅14岁的严复以第一名的成绩考入洋务派所创办的福州船政学堂，学习英语和驾驶技术，初步接触到西方一些自然科学。5年后以最佳成绩毕业并上军舰实习。1876年，作为清政府第一批留欧学生，被保送到英国学习。1879年回国后，先后在船政学堂和北洋水师学堂、天津水师学堂任教习。1880年，李鸿章任命他为天津北洋水师学堂总教习，后又升任会办、总办等职。中日甲午战争后，严复倾向于维新变法，积极宣传和介绍西方自然科学和社会科学。翌年，他在天津《直报》上发表《论世变之亟》、《救亡决论》、《原强》、《辟韩》等四篇论文，宣传生物进化论和天赋人权论、自然人性论，批判君权神授，抨击封建专制，提倡资产阶级民权，传播变法思想，强烈要求通过创设议会和提倡西学来挽救中国，在当时起到了启蒙先导作用。维新失败后，他的兴趣逐渐移到学术研究上来，继续翻译了西方近代一些逻辑学、历史学著作。1905年，严复应震旦学院创办人马相伯之邀，一起创办复旦公学，并出任监督（校长）。辛亥革命后，他被任命为京师大学堂总监督，不久改任校长。

英国科学家赫胥黎出版的《进化论与伦理学及其他论文》，运用比较解剖学、古生物学的知识，以大量丰富翔实

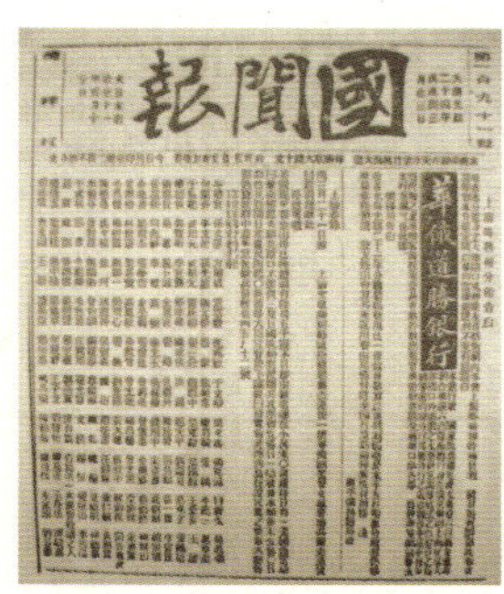
國聞報

严复创办的《国闻报》

的科学资料，有力地支持了达尔文进化论。1895年，严复将该论文集的部分篇章，以文言文的形式译为中文，该书名为《天演论》，分为上、下两卷，共计35篇。严复在译文中附加按语，结合自身体悟阐发了原文观点，在解释西方进化论思想的同时也附加了自身的学术思想。在《天演论》中，严复简要概述了进化论思想："以天演为体，而其用有二：曰物竞，曰天择。此万物莫不然，而于有生之类为尤著。物竞者，物争自存也，以一物以与物物争，或存或亡，而其效则归于天择。天择者，物争焉而独存。"严复认为，"物竞天择"是宇宙万物的进化规律，物种为适应环境而不断进化，适者生存，不适者淘汰。此后严复翻译了斯宾塞的《群学肄言》，介绍了社会达尔文主义，但未接受其中的种族主义思想。他认为，人并非完全听命于天演法则，人具有道德伦理观念，富有同情性与善念。但民族之间会有激烈竞争，因此本民族必须居安思危，充分发挥民力、民智、民德，进而使国家跻身于强国之列。严复批判了贵古贱今的观念，主张社会应顺时而变。他在《论世变之亟》中写道："中之人好古而忽今，西之人力今以胜古；中之人以一治一乱、一盛一衰为天行人事之自然，西之人已日进无疆，既盛不可复衰，既治不可复乱，为学术政化之极则。"

严复以西方天赋人权、社会契约论为思想武器，抨击韩愈的圣人说，反对法先王、行圣人之道。在《辟韩》一文中，严复主张"尊民叛君"、"尊民贬君"，反对将君主尊为万民之圣主。君主是"强梗者"、"最能欺夺者"、"窃国大盗者"。人民是自由、平等的，是享有治权的"天下之真主"。严复提倡自由、民主，要求废除等级森严的专制制度，效仿西方，"以自由为体，以民主为用"(《原强》)。严复认为要开民智，就要解放思想，打破八股文等思想禁锢之枷锁。他认为，八股取士误国害民，流弊甚广，并历数其危害所在，"其一害曰：锢智慧；其二曰：坏心术；其三曰：滋游手"(《救亡决论》)。国之兴亡取决于民之优劣，民为国之根基。民强的标准有三："一曰血气体力之强，二曰聪明智虑之强，三曰德行仁义之强。"严复借鉴西方诸国崛起之经历，得出结论："莫不以民力、民智、民德三者断民种之高下，未有三者备而民生不优，亦未有三者备而国威不奋者也。"(《原强》)所有这些都给当时的思想界注入了新的资产阶级世界观，触动了根深蒂固的封建意识形态。

严复的著作除一些政治和学术文章之外，还有大量的翻译著作。除赫胥黎的《天演论》之外，他还翻译了亚当·斯密的《原富》(即《国富论》)、约翰·缪勒的《名学》和《群己权界论》、孟德斯鸠的《法意》、斯宾塞的《群学肄言》、甄克思的《社会通诠》、耶芳斯的《名学浅说》等西方名著（时人誉为“严译八大名著”）。他将西方的这些进步思想和理论同当时中国的实际情况相结合，把近代西方的进化论、唯物主义经验论、古典经济学、社会学乃至科学方法系统地介绍到中国来，在此过程中，他善于对古今中外的学术进行印证与比较，开创了探究哲学的一代新风。

严译《天演论》是中国近代史上第一部具有重大影响的西方思想译著。此时正值中国在甲午战争中惨败，西方列强觊觎中国，试图掀起瓜分中国的狂潮。羸弱不堪的中国难道真的要被西方列强所吞并吗？爱国志士苦苦思索，不得其解。《天演论》出版后，随即风靡一时，犹如一针强心剂给中国学术界带来了新的活力与生气。进化论作为一种崭新的世界观，为广大知识分子所接受。“物竞天择”、“自强保种”的救亡观念深入人心，激励着无数英才志士突破封建思想之樊笼，为中国“自强”、“自立”、“自存”而奋斗终生。

不论是资产阶级改良派，还是资产阶级革命派皆接受《天演论》的进化论观念，对他们此后制定的救国方案产生了深远影响。康有为、谭嗣同等改良派纷纷著书立说，以进化论为理论依据宣扬维新思想。康有为赞誉《天演论》为“中国西学第一者”，梁启超在《清代学术概论》一书中对严复也备加推崇，称“西洋留学生与本国思想界发生影响者，复其首也”。孙中山、章太炎、陈天华、邹容等人也积极宣传进化论思想，主张革命救国。严复主张改良救国，曾与孙中山因政见不合而进行激烈争论，他批评革命派，反对以过激的暴力手段实现变革。但这丝毫没有影响革命派对该书的评价。革命派宣传阵地《民报》曾刊登文章《述侯官严氏最近政见》，对《天演论》的评价甚高，文中写道：“自严氏之书出，而物竞天择之理，厘然当于人心，中国民气为之一变。”在新文化运动中，鲁迅、李大钊、蔡

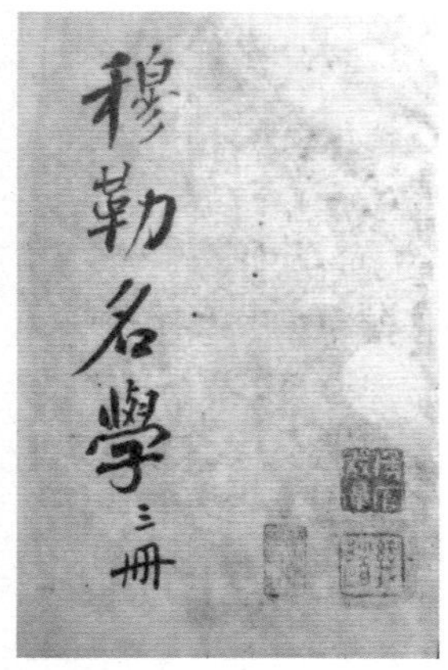

严复译著

《天演论》序言

元培等人也不遗余力地宣传进化论思想,《天演论》对他们的影响可谓不言而喻。蔡元培曾说道:“他（严复）译的最早、而且在社会上最具有影响的是赫胥黎的《天演论》。自此书出后,‘物竞’、‘争存’、‘优胜劣败’等词,成为人人的口头禅。”

严复倾其毕生精力传播讲授西学,他的经验论认识方法,在中国哲学界独树一帜。他是将中国哲学建立在近代科学基础之上,使中国近代哲学真正摆脱古代“经学”形式的划时代人物,不愧为“中国共产党出世以前,向西方寻找真理的先进的一派人物”的典型代表。

五、民主主义思潮的兴起

百日维新失败后,古老的中国背负着太多的耻辱和悲伤进入了20世纪。王朝依旧,外侮依旧,注定了救亡图存依然是这个世纪的主题。

1901年,《辛丑条约》签订,中国的独立已徒具虚表,清政府已成为“洋人的朝廷”。帝国主义“以华治华”,通过清政府攫取了更多的权益,所以要挽救民族危亡,必须反对外侮,废除一切不平等条约,而要反帝,须首先推翻腐朽的清王朝。这种意识反映到思想上,便是以推翻清廷,恢复中华,建立资产阶级共和国为主要特征的资产阶级民主主义思潮的兴起。

这一时期,国内思想界发生了明显的变化。改良派由于维新的失败而逐渐失去市场,民主革命派则通过组织团体,创办报刊,发行书籍,甚至武装革命等活动,逐步扩大影响,民主革命的队伍不断壮大。革命实践需要理论的指导,也不断推动着理论的发展,同时更造就了一批著名的思想家邹容、陈天华、秋瑾、章太炎、孙中山等。

邹容与《革命军》

邹容（1885—1905）,原名绍陶,字蔚丹、威丹,四川巴县人。中国近代资产阶级民主革命中牺牲的最年轻的政治思想宣传家。他出身于富商家庭,6岁时入私塾,12岁就读完四书五经和《史记》、《汉书》等著作。1898年参加巴县童子试,对八股试题不满,顶撞主考,愤然罢考退场,可见少年邹容已开始向封建主义公开挑战。1899年9月,在重庆从日本人学习日语、英语,接受“新学”。1901年夏至成都参加选拔留日学生考试,因主张革新,被官府以“聪颖而不端谨”为由取消资格。8月赴上海进入江南制造局附设“广方言馆”补习日语。次年春,自费留学日本,入

外国人笔下的中国私塾

东京东亚同文书院。由于受戊戌政变的影响及谭嗣同“冲决网罗”的思想鼓舞，他认真学习西方民主革命思想，积极参加中国留日学生革命运动，凡遇留学生开会，必争先演说，犀利悲壮，无与伦比。他在读了《民约论》、《天演论》等书后，参照西方平等自由学说，结合中国情况，开始编写通俗革命书籍。1903年春节，在留日学生组织的新年团拜会上公开号召反清。因与其他同学剪掉了学监姚文甫的辫子，被迫回到上海，就读于爱国学社。其间，因共同的革命理想，与章炳麟结成忘年之交，并撰成《革命军》，揭露清政府反动卖国罪恶，号召推翻清政府，建立中华共和国。该书由章炳麟作序，章士钊题书名，篇末以“革命军中马前卒”自署，柳亚子等革命党人出资出版发行。与之相应，《苏报》还连续发表了一系列鼓吹革命的文章。刊登于《苏报》上的章士钊的《读〈革命军〉》，将《革命军》誉为“今日国民教育之第一教科书”。《革命军》被誉为“中国近代人权宣言”。这本书对社会产生了巨大影响，它如同一颗落在清政府头上的重磅炸弹，使清政府惊恐万状，随即将章炳麟逮捕下狱，邹容愤然投案，被判监禁两年。这就是轰动中外的“苏报案”。邹容在狱中被折磨至死，年仅20岁。辛亥革命胜利后，孙中山鉴于邹容的卓越功绩，以临时大总统的名义，下令追赠邹容为“陆军大将军”。

《革命军》是一本富有强烈革命色彩和战斗性的宣传读物，书中充满了强烈的反封建专制和资产阶级民主自由思想。在书中，邹容高举鲜明的革命旗帜，以无比昂扬的激情和有力的节奏歌颂革命：

《苏报》上的《读〈革命军〉》一文

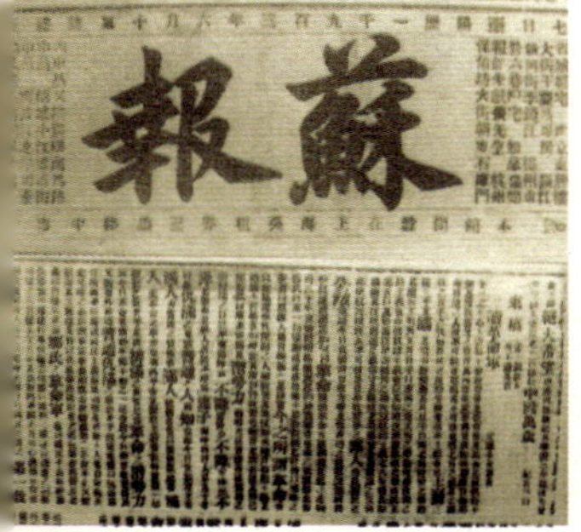
蘇報

> 我中国今日不可不革命；我中国今日欲脱满洲人之羁缚，不可不革命；我中国欲独立，不可不革命……革命者，天演之公例也。革命者，世界之公理也。革命者，争存争亡过渡时代之要义也。革命者，顺乎天，而应乎人者也。革命者，去腐朽而存善良者也。革命者，由野蛮而进文明者也。革命者，除奴隶而为主人者也。

《革命军》是一篇向君主专制进攻的战斗檄文，它如“号角一声惊睡梦”，成为第一部系统阐述革命思想的战斗著作。其中，邹容坚决主张用资产阶级的社会政治学说，即自由、平等、博爱和

天赋人权的观念对人民进行思想教育，认为“革命必先去奴隶之根性”，只有反对传统的“忠于君，孝于亲”的封建伦理纲常，才能使人民从封建思想枷锁中解放出来。他在中国近代史上第一次明确而系统地提出了资产阶级民主共和国的任务和纲领，喊出了“中华共和国万岁”的时代强音。为此，他还专门模拟“美国革命独立主义”制定了25条纲领，主张建立新的中央政府，实行议会制，公举总统为“全国之代表人”，这些思想无不渗透着革命民主主义精神，体现着中国资产阶级的政治要求。作者在结尾处大呼：“掷尔头颅，暴尔肝脑，与尔之世仇满洲人，与尔之公敌爱新觉罗氏，相驰骋于枪林弹雨中，然后再扫荡干涉尔主权外来之恶魔。”

陈天华像

《革命军》在国内外不断再版，其销量居清末书刊第一位。它激发了人们的斗志，成为革命的催化剂，推动了当时革命形势的发展。

陈天华（1875—1905），原名显宿，字星台，湖南新化人。清末资产阶级革命派出色的宣传家。陈天华出生于一个贫寒的乡村塾师之家，幼时替人放牛，或为小贩，艰苦的岁月造就了他的反叛性格。15岁入私塾，尤喜民间弹词小说，酷爱读史和通俗文艺作品，广泛阅读维新、西学书刊，不久考入邹沅帆等创办的提倡新学的新化求实学堂，受到维新思想的影响。1903年该学堂官费资送其东渡日本留学，入东京弘文学院师范科学习，旋参与创办《游学译编》、《新湖南》。同年4月参与发起拒俄义勇队，积极投身爱国运动，提出“不为亡国人”的口号，并与黄兴等人组织军国民教育会。后作《猛回头》、《警世钟》等书，用极其通俗的语言、强烈的爱国精神和革命勇气宣传反清思想，主张反对帝国主义，推翻“洋人的朝廷”，建立民主共和国，在社会上产生强烈反响。后同黄兴、宋教仁、刘揆一等在长沙创立了华兴会，积极谋划反清武装起义。后事泄，逃往日本。1905年在日本东京与宋教仁等创办《二十世纪之支那》杂志，参加组建中国同盟会，任秘书，并被举为会章起草员，参与《革命方略》的拟定工作。《二十世纪之支那》改为同盟会的机关报《民报》后，任撰述员，并在《民报》上先后发表不少文章和政治小说，如《狮子吼》和《中国革命史论》等。同年12月8日，陈天华为抗议日本政府“剥我自由、侵我主权”的行径，在东京大森海湾蹈海自杀殉国，以死激励国人觉醒，时年30岁。死前留下《绝命辞》，勉励人们“去绝非行，共讲爱国”，深沉悲切，感人肺腑。

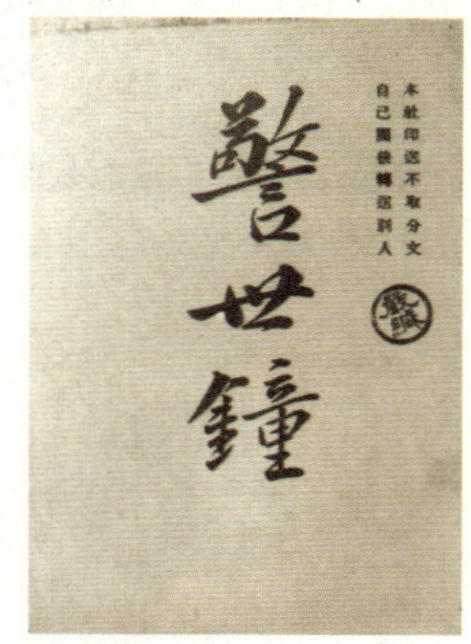

《警世钟》封面

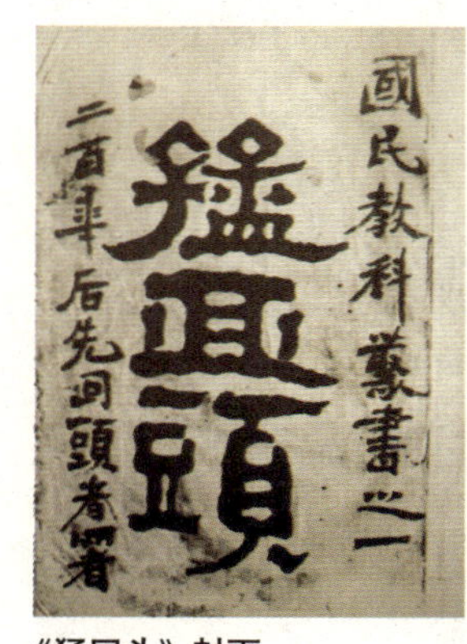

《猛回头》封面

陈天华用自己的生命实现了青春的誓言：“其一作书报以警世，其二则遇可死之机会而死之。”只要能达到救国之目的，就愿

在黄鹤楼举行的陈天华追悼会

意以身相殉，反对空谈救国。他是用他的生命为民族的新生催生。

《猛回头》是陈天华以说书人的口吻和唱词的形式向民众宣讲祖国的历史和现状，陈述民族的危难形势和挽救之策，以激励国人为祖国的独立、强盛而奋战的著作。在书中，陈天华提出革新图强的一系列措施，“除党见，同心同德；讲公德，有条有纲；重武备，能战能守；务实业，可富可强；兴学堂，普及教育；立演说，思想遍扬”等等。特别应该指出，陈天华一方面反对外国侵略，另一方面却能正视列强的长处，深知向西方强国学习的必要性。他指出：“要学那，法兰西，改革弊政”，“要学那，美利坚，离英独立”。《猛回头》指出了中华民族深重的危机，呼吁同胞觉醒，投入到反帝、爱国斗争的洪流中。书中不但充满强烈的忧患意识，而且也流露出作者昂扬乐观的信念，只要 “四万万人齐心决死”，中华民族就能够如同睡狮猛醒，冲天一吼，“百兽惊，龙蛇走，魑魅逃藏”；就能够“改条约，复政权，完全独立，雪仇耻，拒外族，复我衣裳”。也就是说，只有国人警醒、奋斗，国家复兴才有希望。此书刊行后，广为流传，对当时爱国革命思潮的发展起到了巨大的推动作用。

俞樾像

章炳麟（1869—1936），初名学乘，后改名炳麟，因仰慕顾炎武，又改名绛，号太炎，浙江余杭人，是近代中国著名的民主革命家、思想家及语言文字学家。

章炳麟生于一个封建地主家庭，从小就受到严格的中国传统文化教育。幼年跟随外祖父读经，研读《史记》。青年时他师从著名汉学家俞樾，从训诂、音韵、典章制度等方面阐释儒家经典和先秦诸子。1897年不顾老师的反对，走出学斋到上海任《时务报》编辑，随后任职于《经世报》、《昌言报》，从事维新变法宣传活动。戊戌政变后遭通缉，流亡日本。因反对拥立光绪，愤然割辫，与康梁保皇派彻底决裂。再次流亡日本后，与孙中山等民主革命家交往日深，同年与蔡元培等组织《苏报》，倡言革命。1903年回上海爱国学社任教，批驳康有为的保皇言论，倡言民族民主革命，后因“苏报案”，被捕入狱。1906年出狱赴日本参加同盟会，主编机关报《民报》，发表学术论著，与改良派进行论战，对当时思

保皇会会章

想界影响很大。1910年任光复会会长。回国后，曾任《大共和日报》主编，兼孙中山总统府枢密顾问。后期思想渐趋保守，落后于时代潮流。

章太炎像

章太炎一生留有大约400多万字的著述，其早期哲学思想具有唯物主义倾向，主要表现在《訄书》中，反对天命论，后期受宗教哲学、西方哲学和老庄哲学的影响，属于主观唯心主义体系。在文学、历史学、语言学等方面，亦均有成就。宣扬革命的诗文，影响很大，但由于他取法魏晋文，不肯通俗化，又好用古字，所以文字古奥难解。

青年时期，章太炎踌躇满志，立志于革命救国。此时康、梁等人公开宣称“中国只可立宪，不可革命”。在他们看来，暴力革命只会给中国带来深重灾难，中国陷入混战之中，列强趁机瓜分中国，最终导致亡国灭种。章太炎在《苏报》上发表了《驳康有为论革命书》，驳斥了改良派对革命的非议。章太炎指出，满洲亲贵把持朝权，实行极端专制，以致于大众无民权，人民无自由，国家无希望。英、法、意等西方诸国皆是经历了数次“民变”，未曾有一国是经过上书请愿而实现变革的。章太炎认为，革命能摧垮一切顽固势力、陈规陋习，使民主自由观念深入人心。他指出：“人心之智慧，自竞争而后发生，今日之民智，不必恃他事以开之，而但恃革命以开之……公理之未明，即以革命明之，旧俗之俱在，既以革命去之。革命非天雄大黄之猛剂，而实补泻兼备之良药矣。”章太炎主张反清排满，后来逐渐克服了过分强调满汉民族矛盾的局限性，主张排满“非排一切政府，非排一切满人，所欲排者，为满人在汉之政府”。在政体设立上，章太炎反对实行西方的代议制度，主张实行“合众共和”的总统制。关于立法问题，他主张“凡制法律，不自政府定之，不自豪右定之，令明习法律者，与通达历史、周知民间利病之士，参伍定之。”

《訄书》封面

章太炎篆书

章太炎吸收西方自然科学理论，积极宣传无神论思想。他坚持世界的物质性，将“以太”看作是构成世界万物的本原，认为它是充斥世界的无形物质实体。章太炎反对上帝、鬼神观念，批判儒教独尊局面，反对康有为神化孔子，力图打破思想枷锁。他主张实现学术自由，融通中西之学，同时又极力批判基督教，将它视为列强侵略中国的思想工具。但他逐渐接受了佛教唯识宗，主张“万法唯识”、“万法唯心”，宣扬“无神教”，以此来改进国民品德，提升国民信念。

晚年时期，章太炎沉心于国学研究，在经学、史学、文字音韵学方面造诣颇深，成立“章氏国学讲习会”，创立杂志《制言》，致力于传统文化的发扬与传播。所著《新方言》、《文始》、《小学答问》，上探语源，下明流变，颇多创获。《訄书》是章太炎影响较大的一部学术论文集。“訄”原义为“逼迫”，取名为《訄书》，意味着书中所述皆为当时救国所迫非说不可的问题。《訄书》文笔古奥，索解较难。书中涉及的学术领域非常广泛，其中《天论》、《公言》、《原学》、《原人》、《通谶》等篇，依据近代自然科学的一些新成果，较集中地阐述了他的哲学观点，包括唯物主义反映论，以进化论为依据的自然观以及对有神论的揭露和批判等。

章太炎是辛亥革命时期反封建的积极斗士，他以锐利的笔触，批判改良派，宣传民主革命，对当时的资产阶级民主革命运动产生了积极影响。

六、孙文学说

孙中山（1866—1925），幼名帝像，后取名文，字德明，号日新，后改逸仙，1897年在日本从事革命活动时曾化名中山樵，得名孙中山，广东香山县人。他是中国近代民主革命的伟大先行者，开时代先河的领航人。

青年时期的孙中山

孙中山出生于农民家庭，参加过农业劳动，读私塾时受到太平天国运动的影响，向往“天下为公”的大同世界。1879年，随母赴檀香山，当时他的长兄孙眉为该地华侨资本家，资助孙中山

孙中山在西医书院读书时合影

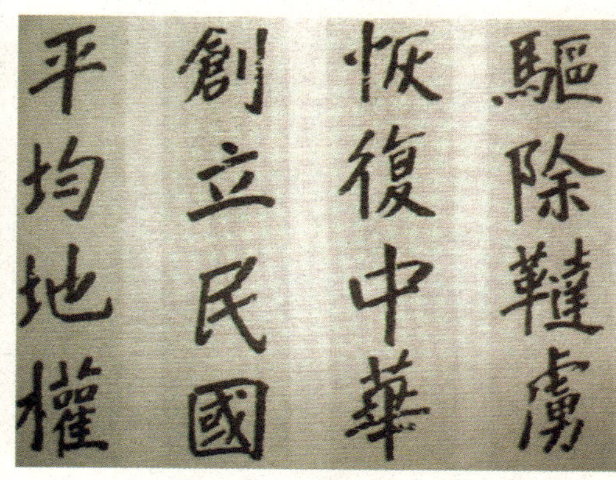

孙中山手书

先后在檀香山、广州、香港等地比较系统地接受西方式的近代教育。1885年的中法战争，激起了孙中山挽救民族危亡的爱国热情，使其开始产生反清和以资产阶级政治方案改造中国的思想。1886年于广州博济医院附设的南华医学堂学医，次年转入香港雅丽医院附设的西医书院。1892年孙中山毕业，后在澳门、广州等地一面行医，一面联络有志之士，准备创立团体。上书李鸿章的失败和甲午战争中国的惨败使孙中山放弃改良幻想，走上革命道路。1894年在檀香山组建了中国最早的资产阶级革命团体兴中会，以“驱除鞑虏，恢复中国，创立合众政府”为誓词，打起了“振兴中华”的大旗。同年10月，孙中山准备在广州发动武装起义，因事泄失败，被迫亡命海外。1896年在英国伦敦被清朝驻英使馆诱捕，后经英国友人营救脱险。从此，孙中山的革命意志更加坚定了。他断发辫，改服装，与清政府彻底决裂，远涉重洋，踏上新的革命征程。他详细考察欧美各国的经济政治状况，研究了多种流派的政治学说，并与欧美各国进步人士接触，逐渐产生了具有特色的民生主义理论，三民主义思想由此初步形成。1900年回国发动惠州起义，虽然起义再次以失败告终，但人民群众的觉醒极大地鼓舞了孙中山。他去日本、檀香山、越民报发刊词南、美国等地对华侨及留学生宣传革命，在比、德、法等国的留学生中建立革命团体，并同国内的革命团体和革命志士建立了联系。

《民报》

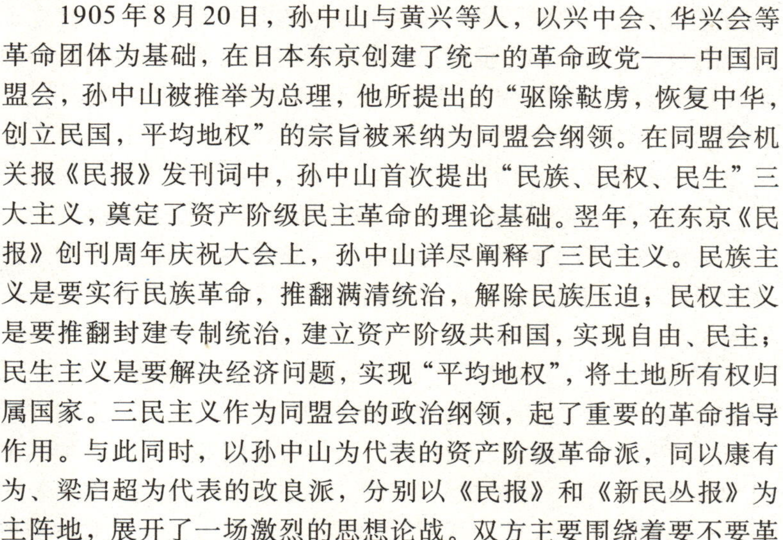

1905年8月20日，孙中山与黄兴等人，以兴中会、华兴会等革命团体为基础，在日本东京创建了统一的革命政党——中国同盟会，孙中山被推举为总理，他所提出的“驱除鞑虏，恢复中华，创立民国，平均地权”的宗旨被采纳为同盟会纲领。在同盟会机关报《民报》发刊词中，孙中山首次提出“民族、民权、民生”三大主义，奠定了资产阶级民主革命的理论基础。翌年，在东京《民报》创刊周年庆祝大会上，孙中山详尽阐释了三民主义。民族主义是要实行民族革命，推翻满清统治，解除民族压迫；民权主义是要推翻封建专制统治，建立资产阶级共和国，实现自由、民主；民生主义是要解决经济问题，实现“平均地权”，将土地所有权归属国家。三民主义作为同盟会的政治纲领，起了重要的革命指导作用。与此同时，以孙中山为代表的资产阶级革命派，同以康有为、梁启超为代表的改良派，分别以《民报》和《新民丛报》为主阵地，展开了一场激烈的思想论战。双方主要围绕着要不要革

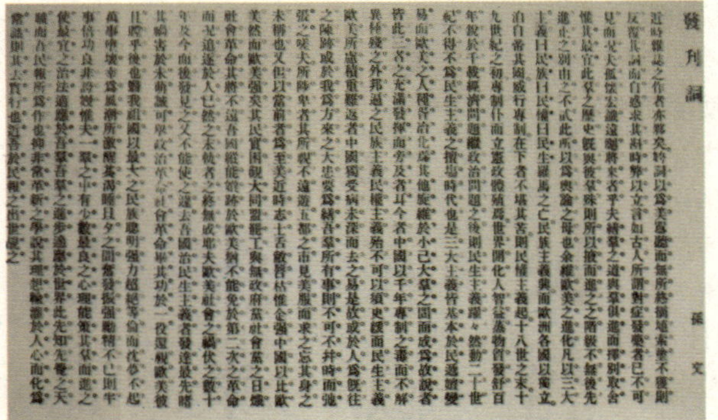
《民报》发刊词

命，要不要建立资产阶级共和国以及要不要改变封建土地所有制进行辩论，使人们在思想上进一步划清了革命与改良的界限，扩大了资产阶级革命派的影响，形成了中国近代历史上第二次思想解放。

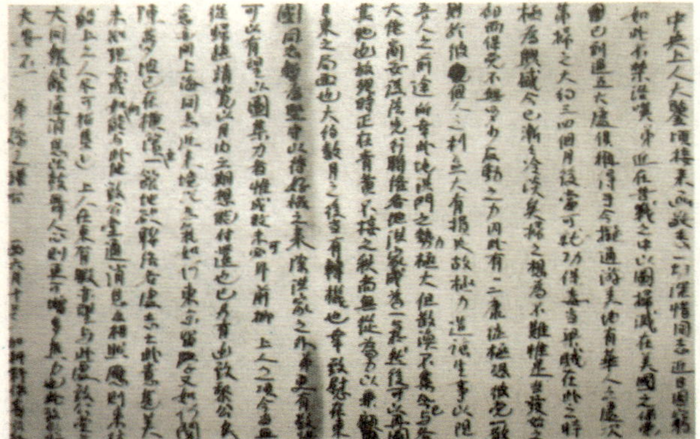
孙中山写的介绍与保皇派斗争的信

从1906年到1911年，同盟会在华南各地组织多次武装起义，孙中山为起义制定战略方针，并在海外奔走，为起义筹募经费。各次起义都因缺乏群众基础、组织不够严密而失败，但革命党人前仆后继，英勇战斗，给清政府以沉重打击，给全国人民以极大的鼓舞，特别是1911年4月27日的广州黄花岗之役，在全国引起了巨大震动。中国同盟会的成立和《民报》的创刊，标志着中国民族资产阶级的新觉醒，从组织上和思想上为辛亥革命奠定了基础。1911年10月10日，武昌起义爆发，各省纷纷响应。孙中山在美国得知消息后，于12月下旬回国，即被17省代表推举为中华民国临时大总统。1912年1月1日，在南京宣布就职，组成中华民国临时政府。1912年2月12日，清朝宣统帝（溥仪）被迫宣布退位。中国结束长达两千多年的君主专制制度，建立了资产阶级民主共和国。但不久，革命果实就被袁世凯篡夺，中国陷入军阀混战局面，孙中山领导的几次讨袁护法斗争也都失败了。1918年，孙中山写成著名的《孙文学说》，试图从思想理论上总结革命的经验教训。1919年10月，中华革命党改组为中国国民党。次年开始与苏俄人士接触。1922年6月发生的陈炯明叛乱，使孙中山陷于极为困难的境地，他决心接受共产国际和中国共产党的帮助改组国民党，欢迎李大钊等共产党人以个人身分加入中国国民党。

清末漫画

1924年1月，中国国民党第一次全国代表大会在广州召开，孙中山主持了大会。大会通过新的党纲、党章，在实际上确立了联俄、联共、扶助农工三大政策，选出有中国共产党人参加的中央领导机构。在大会通过的宣言中，孙中山对三民主义作了新的解释，使旧三民主义转变为新三民主义。民族主义是反对帝国主

义压迫，“中国民族自求解放”，“中国境内各民族一律平等”；民权主义是实现人人平等，保障直接民权，人民广泛享有选举等自由权利；民生主义是要平均地权，实现“耕者有其田”的土地私有制，节制私人资本，发展国家资本主义。新三民主义克服了旧三民主义的局限，有力推进了革命形势的发展。

1918年孙中山在上海著书立说

中国国民党第一次全国代表大会的召开，使孙中山的革命思想和革命事业发展到了一个新阶段。1924年5月，孙中山在广州黄埔创建陆军军官学校，为建立革命军队打下基础。1925年3月12日，孙中山由于积劳成疾，不幸在北京逝世，临终前仍念念不忘中国革命，发表了著名的《遗嘱》和《致苏联遗书》，激励后人为革命事业继续前进。其著述在逝世后多次被结集出版，有中华书局1986年出版的11卷本《孙中山全集》，台北出版的《国父全集》等。

《孙文学说》是《建国方略》的三个组成部分（其他两部分是《实业计划》和《民权初步》）之一。它是孙中山的哲学代表作，包括以进化论为基础的自然观和“知难行易”的认识论。孙中山吸取近代西方自然科学成果，接受了进化论、细胞学说，阐发出颇为完善的宇宙演化观。孙中山指出：“夫进化者，自然之道也。”在他看来，宇宙是处于生生不息的演化之中。物质世界分为三个进化阶段，依次经历了物质进化时期、物种进化时期、人类进化时期。自然世界经历了由无机到有机，从简单至复杂的进化状态。他认为宇宙的本原、始基为太极，太极即西方所谓的以太。“元始之时，太极动而生电子，电子凝而成元素，元素合而成物质，物质聚而成地球，此世界进化之第一时期也。”进化的路线是：以太→电子→元素→物质→地球。孙中山由康德、拉普拉斯星云说认识到，起初太阳和地球都是气体，气体不断凝结为液态物质，最终凝固成为固态物质，形成了地球等天体。地球形成后，世界进化进入第二阶段，即从“生元”（细胞）由简到繁，由低级到高级逐渐进化到人类。物种进化的原则是竞争。孙中山认为，细胞是生物的元始存在，故称之为生元。生元是无机物质经化学作用而生成的有机体。自生元产生后，生物便开始了漫长的进化历程。“物种由微而显，由简而繁，本物竞天择之原则，经几许优胜劣败，生存淘汰，新陈代谢，千百万年，而人类乃成。”但孙中山主张“生元有知”的观点。人类出现后则

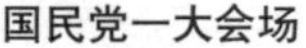

国民党一大会场

孙中山像

按照互助原则进化，这是由人类向善的“天性”决定的。人类社会经过洪荒时代、神权时代、君权时代，再到民权时代，一直发展到“天下为公”的大同世界。

孙中山承认物质是自然界的本原，物质是体，精神是用。只有人类这种处于进化最高阶段的物质才具有精神。精神一旦从物质中产生后就能驾驭物质，人心能决定历史的进退、革命和建设的成败。孙中山还依据人的天赋才能把人分为先知先觉者、后知后觉者、不知不觉者，指出这三类人在历史进化中的作用是不同的。

孙中山力图克服中国传统知行观的缺陷，提出了“知难行易”的知行说。他反对“知易行难”这一古说，对此观念深恶痛绝。他指出：“夫中国近代之积弱不振，实为‘知之非艰，行之维艰’一说以误也。”孙中山主张在整个宇宙视野内探索“真知”。“宇宙间的道理，多是先有事实然后才发生言论，并不是先有言论然后才发生事实。”（《民权主义》）既然事实先于理论，只有通过“行”才能获得“知”。根据知行的演变，孙中山将人类发展分为三个阶段：第一阶段是由草昧进到文明，此期内的人类是不知而行的；第二阶段是由文明再进文明，此期内的人类是行而后知的；第三阶段自科学发明而后，人类开始知而后行。前两个阶段皆是“先行后知”的阶段，此时人类知识贫乏，众人历尽艰险磨难，而后获得“知”。如大禹治水、燧人氏取火、伏羲氏尝百草，诸多古圣先贤皆是在“不知”的情形下，身先力行而求得“真知”。第三个阶段则是“知而后行”，此时科学昌明发达，在“知”的指导下，“行”能达到事半功倍之效，但“行”仍是获得新知的动力与源泉。

孙中山从长期的革命斗争中汲取经验，意识到革命理论的至关作用，提出了“知难行易”的观点。他还列举出诸如饮食、用钱、作文、建屋、开河等十件事情，以此为例论证在实际生活与革命实践中，“行”并非难事，但把握“真知”则具有相当大的艰巨性。如人们用了一辈子钱，并不知钱的本质；中国不乏能文之士，多年来却没有语法和逻辑。理论的获得不能盲从于前人旧说，更不能拘泥于书籍文字，只有经历长期的实践，方能在“行”的基础上获得“真知”。在他看来，真正把握革命真知，方能坚定信念，正确引导革命，不畏险阻，最终实现国家共和，人民自由解放。

孙中山除了构建起一个唯物主义的自然观和认识论体系之外，还在 1924 年题为《民生主义》的演讲中，提出了自己的民生史观。孙中山意识到，近代中国国力羸弱，民穷财尽，民生问题日益突显，若是民生问题无法解，中国富强则无希望。他从历史观

的角度，探索解决“民生”问题。他明确指出：“民生是社会进化的重心，社会进化又是历史的重心，归结到历史的重心是民生，不是物质。”孙中山误解了科学社会主义，认为马克思的社会主义把“物质”作为历史的中心，忽视了人民生活的重要性，结果导致了种种纷乱，现在要纠正这种错误，他把“民生”视为各种历史活动的中心，把民生问题看作是人类社会发展的原动力。何为民生？孙中山指出，“民生”是指人民的生活、社会的生存、国民的生计、群众的生命等方面。在他看来，“吃饭是民生的第一个重要问题，穿衣是民生的第二个重要问题”。

孙中山与夫人宋庆龄在广州大元帅府

如何才能解决民生问题呢？孙中山借鉴了西方历史发展的经验，认为西方资产阶级革命成功后，民族、民权问题得以解决，但社会财富仍然分配不均，两极分化严重，以致于大众贫弱，少数人垄断绝对数量的社会财富。民生问题成了社会的重要问题，社会矛盾不断激化。在此情形下，只有依靠“经济革命—社会革命”，解决生产问题、分配问题，才能最终解决民生问题。针对中国的现状，孙中山认为，中国的问题是贫穷，而不是财富分配不均，只有大贫小贫之别，而无大富小贫之别。在一个贫富不均的社会，可采用马克思的阶级斗争来均贫富，使人人过上幸福生活。而对于中国，马克思的办法就行不通了，而应采用民生主义的经济办法，亦即通过平均地权、节制私人资本和发展国家资本主义来避免社会出现贫富不均、重蹈欧美的覆辙，从而使中国“预防”资本主义。这是一条和平改良的道路。孙中山坚信若是中国的民生问题得以解决，坚持“知难行易”的信念，不断开拓进取，“中国欲达于富强之地位，不过十年已足矣”。孙中山把他的这种民生主义称为“社会主义”，又叫“共产主义”。在这个理想社会里，国家为人民所共有，政治经济为人民所共管，各种利益为人民所共享，人民生活富足快乐，这也就是孙中山所向往的民生主义的大同世界，体现出孙中山的空想社会主义思想。

民初妇女看世界

孙中山的哲学是中国资产阶级革命时期先进思想的代表，在中国近代哲学发展史上，占有重要的历史地位。

七、新文化运动

第一次世界大战期间，中国的民族资本主义赢得了一个难得的快速发展，民族资产阶级的力量得到了成长，工人阶级的队伍也迅速壮大。无产阶级、资产阶级、小资产阶级以及广大青年学

袁世凯称帝后在天坛祭天

生组成了此一时期新的社会政治力量。

革命阶级和革命力量的发展壮大，必然反映在政治上、经济上和文化上。然而，辛亥革命虽推翻了帝制，革命果实却被袁世凯窃取，然后便是洪宪帝制、张勋复辟、军阀混战，封建的阴魂改头换面，复古尊孔大行其道。先进的中国人为救国救民，寻求真理，仍在苦苦摸索着。残酷的现实使他们认识到，对西方资产阶级国家的政治体制的形式上的照搬，并不能把中国引向民主、富强、独立、统一，社会的革命不仅包括政治革命和经济革命，还包括文化革命。1915年9月，陈独秀主办的《青年杂志》创刊（《青年杂志》共出六期，从1916年9月出版第2卷起，改名《新青年》，并迁到北京出版），一场以民主与科学为旗帜的新文化运动悄然而起。

陈独秀像

陈独秀（1879—1942），原名乾生，字仲甫，号实庵，安徽怀宁人，出身于官宦世家。他自幼丧父，随人称“白胡爹爹”的祖父修习“四书”“五经”，深受封建文化熏陶。其在少年时便痛恨八股，为敷衍母亲而去应考，却考中第一名秀才。1898年在杭州书院学习英语、法语、造船，后回到安庆创办藏书楼，公开宣传反清思想。进入20世纪后，陈独秀作为较早的赴日留学生，于1901年自费进入东京专门学校，即早稻田大学的前身，不久又就读日本士官学校预备科。1903年先后参加拒俄运动、反对清王朝和袁世凯的斗争。回国后在上海创办《青年杂志》。1916年任北京大学教授，1917年应蔡元培之邀出任文科学长。

《新青年》杂志封面

蔡元培（1868—1940），字鹤卿，浙江绍兴人。他所提出的“思想自由、兼容并包”影响深远，并成为五四运动民主解放思潮的主流。

蔡元培在5岁时进私塾读书，17岁中秀才，18岁设馆教书。21岁中举人，24岁中进士，26岁升补翰林院编修。一时名震朝野，并得到翁同龢的赏识。此后，他开始涉猎新学，赞同维新变法。戊戌变法失败后，思想上转向革命。他弃官归里，任绍兴中西学堂监督。1902年，与章太炎等人组织中国教育会并任会长，又创办爱国学社、爱国女学，均被推为总理。1904年组织光复会，次年加入同盟会。1906年，赴德法留学，为兼通中西文化奠定了基础。辛亥革命后他出任中华民国临时政府第一任教育总长，他反对忠君、尊孔和读经，对封建教育体制进行改革。此后，他根

据本国需要，兼采各国所长，“食而化之”，重视健全人格教育，倡导以军国民教育、实利主义教育为急务，以道德教育为中心，以世界观教育为终极目的，以美育为桥梁，初步建立了资产阶级教育体系。袁世凯的专制，使他感到愤慨，于是，再度出国考察。1915 年与李石曾等在法国组织勤工俭学会，次年与吴玉章等发起组织华法教育会，提倡勤工俭学。1917年出任北京大学校长，提出“思想自由”、“兼容并包”的办学方针，对北大进行全面改革。一时间，北京大学人才济济，学术活跃，成为新文化运动的阵地，《新青年》成了新文化运动的前哨。

蔡元培及夫人和子女

新文化运动的主旨是倡导“民主”和“科学”，即所谓的“德先生（Democracy）”和“赛先生（Science）”。陈独秀明确宣言：“我们现在认定只有这两位先生可以救治中国政治上、道德上、学术上、思想上一切的黑暗。”他认为民主和科学就像车子上的两个轮子，缺一不可。新文化运动所倡导的民主是指西方资产阶级的人权平等和民主制度，而科学主要是指西方近代自然科学和对待事物的科学观点、方法和态度。作为新文化运动的有力倡导者，陈独秀是中国当时最先进思想的代表。他提倡民主，反对专制；提倡科学，反对迷信；提倡新文学，反对旧文学。他反复论证封建伦理纲常与民主和科学精神相左，驳斥封建专

兼容并包　现代 · 沈加蔚

任命状

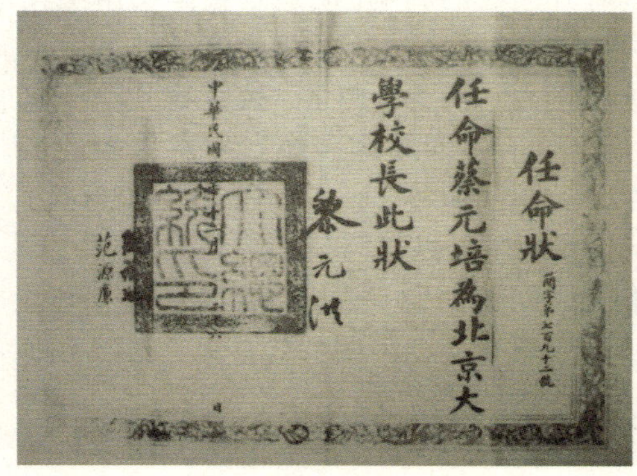

任命狀

任命蔡元培為北京大學校長此狀

中華民國

黎元洪

范源廉

学生时期的胡适

制和尊孔复古论调，宣扬唯物主义和无神论思想，号召人们破除迷信，解放思想，打倒偶像崇拜，以获得人格独立、人权自由和个性解放。他还和胡适等参考日文、英文的标点，为现代汉语确定了一整套标点符号（古汉语不用标点，断句极难）。

新文化运动的另一名健将是胡适（1891—1962）。他原名洪骍，字希疆，参加留美考试后改名适，字适之，安徽绩溪人。他出身于官僚地主兼商人家庭，幼年时接受封建正统教育。后在上海的梅溪学堂、澄衷学堂求学，初步接触了西方的思想文化，受到梁启超、严复思想的较大影响，尤其深受进化论的熏陶。1906年考入中国公学，1910年考中“庚子赔款”留学生，赴美后先入康乃尔大学农学院，后转文学院研习哲学。1915年转入哥伦比亚大学研究院，师从美国著名实用主义哲学家杜威，专攻哲学，接受了杜威的实用主义哲学。1917年回国，任北京大学教授，参与《新青年》的编辑工作。他撰文反对封建主义，宣传个性自由、民主和科学，并在《新青年》上发表《文学改良刍议》，积极提倡“文学改良”和白话文学，成为新文化运动的重要人物。“五四”时期，与李大钊等展开“问题与主义”辩难，与张君劢等展开“科玄论战”，是当时“科学派”丁文江的有力后台。

除了担任过一系列重要行政职务外，胡适主要是作为一个学识渊博的学者在中国近现代学术转向中起了重要作用。他一生的学术活动主要在文学、哲学、史学、考据学、教育学、伦理学等几个方面。主要著作有《中国哲学史大纲》（上）、《尝试集》、《白话文学史》（上）、《胡适文存》（四集）、《胡适论学近著》、《胡适学术文集》等。

胡适手迹

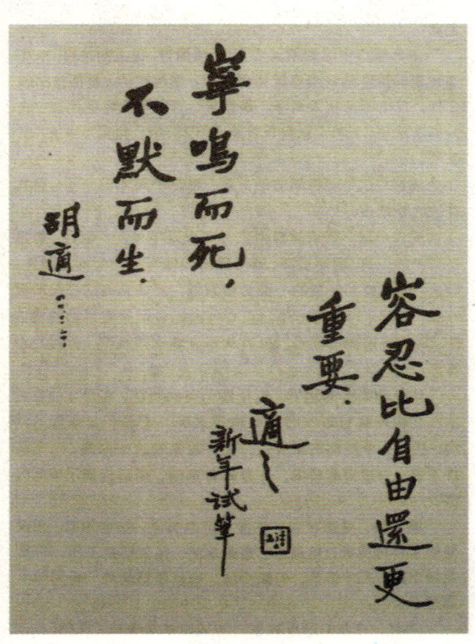

胡适采用了西方近代哲学的体系和方法研究中国先秦哲学，把孔子和儒学放在一定的历史条件下，用“平等的眼光”与诸子进行比较研究，破除了儒学“独尊”的地位和神秘色彩，具有开创性的影响。胡适是美国实用主义在中国的主要传播者。他结合中国的现实国情，把实用主义具体运用到政治、哲学、历史、文学、教育等各个学术领域，在一定程度上具有反对中国传统封建思想的进步意义。他所提倡的“大胆的假设，小心的求证”的治学方法、“全心全意现代化”的主张以及“走极端与文明再造说”都在学术界影响巨大。胡适作为一位提倡民主、自由和科学的学者，作为近代实用主义在中国的代言人，其历史地位是十分醒目的。

随着新文化运动的发展，斗争矛头指向了孔子和儒

学。易白沙在《孔子评议》中对“大成至圣先师文宣王”孔老夫子进行了明目张胆的挑战。他指出“中国古今学术之概括有儒家之学，有九家之学，有域外之学”。孔学只是众多学术流派之一，因此，对待孔学，应以学术的眼光来恢复其真面目。孔子也有其人性的弱点，“尊君权漫无限制易演成独头专制之弊”，“讲学不许问难易演成思想专制之弊”，“少绝对之主张易为人所藉口”，“但重作官不重谋食易入民贼牢笼”。这些弱点，使孔子成了独夫民贼的傀儡，历代帝王将相多打着孔子的旗号，披着仁义的外衣，却干着专制独裁的勾当。因此，今日之中国，要想以危亡之邦处竞争之世，必须冲破孔子之类的封建圣贤对人们头脑的禁锢，以进化的视野来关照整个世界，为个性解放和民主、自由而努力奋斗。

袁世凯发布的祭孔令

“四川省只手打孔家店的老英雄”（胡适语）吴虞，则把封建宗法制度、家族制度和专制制度当作三位一体加以攻击。他认为，宗法制度、家庭制度和专制制度三者背后的伦理观念就是孔学所提倡的“孝悌”二字。“夫孝之不立，则忠之说无所附，家庭之专制既解，君主之压力亦散，如造穹隆然，去其主后，则主体堕地。”因此，打倒孔孟的权威，也就等于拆除封建专制的基石，也只有打倒孔孟的权威，才能促进学术发展和社会进步。“太西有马丁路德创新教，而数百年来宗教界遂辟一新国土；有培根，狄卡儿创新学说，而数百年学界遂开一新天地。儒教不革命，儒学不转轮，吾国遂无新思想、新学说，何以造新国民？悠悠万事，惟此为大！”

继吴虞之后，鲁迅在《新青年》上发表了《狂人日记》，借“狂人”之口，喊出了“打倒这吃人的礼教”，撕下了封建卫道士们的伪善面具，把这伙满嘴“仁义道德”的所谓正人君子，

留日时的吴虞

钱玄同夫妇送儿子钱三强留法前合影（1937年）

直斥为“唇边还抹着人油，而心里满装着吃人的意思”的魔鬼。不仅如此，《狂人日记》还是我国第一部用白话文写作的文学作品。经过陈独秀、胡适、钱玄同等人的提倡以及鲁迅等人的实践，书面语言和生活语言统一起来，文言文走完了其历史行程。

俄国十月革命后，新文化运动的内容发生了变化，在陈独秀、李大钊的引领下，《新青年》逐渐变成了宣传马列主义的刊物。

八、科玄论战

1923年，中国学术界发生了一场“科学与玄学的论战”，也有人称之为“人生观之论战”。参与论战的主要分为三派：一是以张君劢、梁启超、林宰平为代表的玄学派；一是以丁文江、胡适、王星拱为代表的科学派；一是以陈独秀、瞿秋白为代表的马克思主义派。

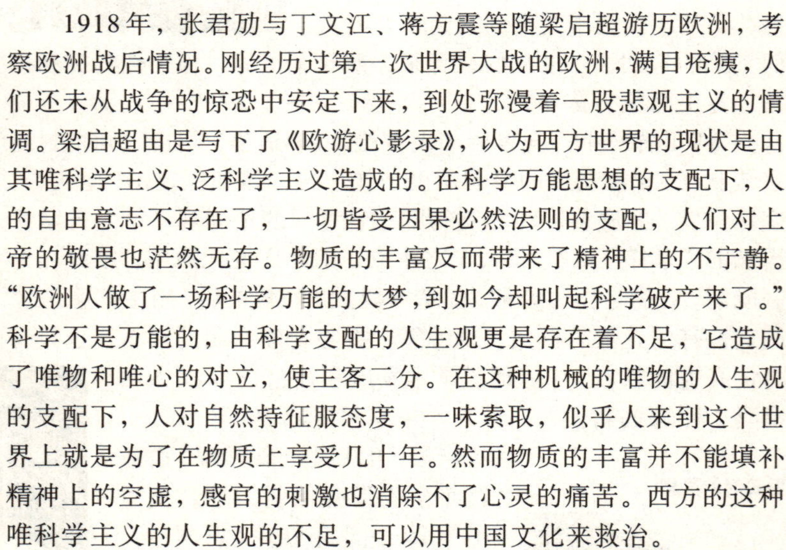

1918年，张君劢与丁文江、蒋方震等随梁启超游历欧洲，考察欧洲战后情况。刚经历过第一次世界大战的欧洲，满目疮痍，人们还未从战争的惊恐中安定下来，到处弥漫着一股悲观主义的情调。梁启超由是写下了《欧游心影录》，认为西方世界的现状是由其唯科学主义、泛科学主义造成的。在科学万能思想的支配下，人的自由意志不存在了，一切皆受因果必然法则的支配，人们对上帝的敬畏也茫然无存。物质的丰富反而带来了精神上的不宁静。“欧洲人做了一场科学万能的大梦，到如今却叫起科学破产来了。”科学不是万能的，由科学支配的人生观更是存在着不足，它造成了唯物和唯心的对立，使主客二分。在这种机械的唯物的人生观的支配下，人对自然持征服态度，一味索取，似乎人来到这个世界上就是为了在物质上享受几十年。然而物质的丰富并不能填补精神上的空虚，感官的刺激也消除不了心灵的痛苦。西方的这种唯科学主义的人生观的不足，可以用中国文化来救治。

张君劢像

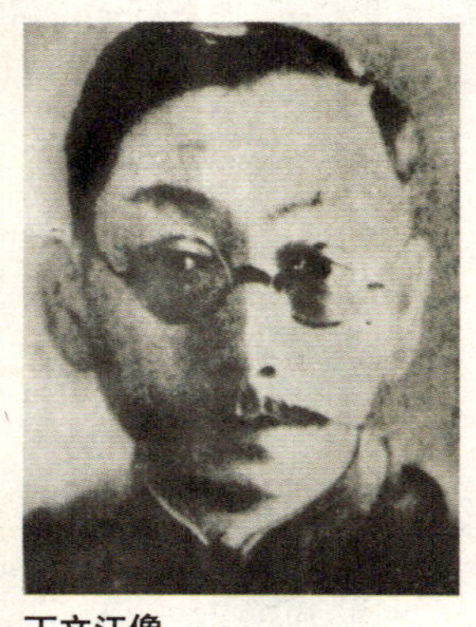

丁文江像

张君劢是梁启超的学生。他沿着梁启超的思路进而论证科学的有限性，科学不能支配人生观。论战是由张君劢在清华大学所作的《人生观》的讲演引起的。在《人生观》中，张君劢认为，人生观是意志自由的选择，不受科学支配，人在活动中所表现出来的主观性、直觉性、单一性，也不是科学所能合理解释的，我们现在所关注的一些问题，都是人们可以自由选择的，这些问题包括大家庭主义和小家庭主义、男尊女卑和男女平等、自由婚姻和专制婚姻、私有财产制和公有财产制、守旧主义和维新主义、物

质文明和精神文明、个人主义和社会主义、为我主义和为他主义、悲观主义和乐观主义、有神论和无神论等。

《人生观》在《清华周刊》第272期刊登后，立即激起了丁文江的反击。1923年4月12日，丁文江在《努力周报》上发表了《玄学与科学——评张君劢的〈人生观〉》，指斥张君劢是玄学鬼附身，而宣扬科学万能，认为科学能够支配人生观，并提出了“打玄学鬼”的口号。

针对丁文江的回击，张君劢又发表了《再论人生观与科学并答丁在君》（上、中、下三篇），丁文江则很快又还之以《玄学与科学答张君劢》。在这一过程中，其他人也陆续参战，并形成了壁垒分明的两大阵营。

梁启超在《人生观与科学》一文中，提出情感的超科学性，认为“科学帝国”的版图和权威无论扩大到什么程度，这位“爱先生和那位美先生依然永远保持他们那种‘上不臣天子下不友诸侯’的身份”。这实际上是说，科学永远管不了情感，情感有至高无上的权威，不受任何客观规律限制。

其他的几位玄学家，对自由意志的表达也大体相似，无非是说，“人格是绝对的有自由的”（瞿菊农），是“伟大的智慧”，是创造的、活的（张东荪），力图阐述主观精神的超科学性和绝对自由。

与玄学派相比，科学派的人物也是重量级的。论战开始不久，胡适就写了一篇短文《孙行者和张君劢》，戏称张君劢的人生观再自由，“他仍旧不曾跳出赛先生和逻辑先生的手心里”。1923年11月，他为《科学与人生观》一书作序，提出了自己的“自然主义人生观”。他说：“中国此时还不曾享着科学的赐福，更谈不到科学带来的‘灾难’。我们试睁开眼看看：这遍地的乩坛道院，这遍地的仙方鬼照相，这样不发达的交通，这样不发达的实业，——我们那里配排斥科学？至于‘人生观’，我们只有做官发财的人生观，只有靠天吃饭的人生观，只有求神问卜的人生观，只有《安士全书》的人生观，只有《太上感应篇》的人生观——中国人的人生观还不曾和科学行见面礼呢！我们当这个时期，正苦科学的提倡不够，正苦科学的教育不发达，正苦科学的势力还不能扣除那迷漫全国的乌烟瘴气，——不料还有名流学者出来高唱‘欧洲科学破产’的喊声，出来把欧洲文化破产的罪名归到科学身上，出来菲薄科学，历数科学家的人生观的罪状，不要科学在人生观上发生影响！信仰科学的人看了这种现状，能不发愁吗？能不大声疾呼出来替科学辩护吗？”

心理学家唐钺（擘黄）针对梁启超的《人生观与科学》，专门

吴稚晖像

瞿秋白像

写了《一个痴人的说梦》。他认为："爱和美同样是可以用理智分析的，受理智分配的。""现代的心理学及心病学已经证明，个人的恋爱是受他的气质、已往的经验及现在环境所制约的。"意志自由和意志有因是不矛盾的，我们的意志都是有因的，因此，个人对自己的行为当然要负责。

国民党老右派吴稚晖也加入论战，发表了《一个新信仰的宇宙观及人生观》，宣扬其"漆黑一团"的宇宙观和"人欲横流"的人生观。他宣称，人生活的目的就是吃饭、生孩子、招呼朋友。这种观点受到胡适的大力吹捧。

两派论战，孰是孰非，令人一头雾水，还是彭康在《文化批判》（第2期）上说得好："从'玄学鬼'张君劢、'科学神'丁文江，一直到'柴积上日黄中的老头儿'吴稚辉，都没有区别，只是蜿蝎一篓，你撞我，我冲你，总不能跳出这个篓子。任你如何'无赖'，任你如何灵通，任你如何'人欲横流'，终于是漆黑一团，扭住一块，分不出黑白来。"

在论战即将结束、双方正忙着编辑成书的时候，陈独秀、瞿秋白以唯物史观为武器，不仅批评了玄学派的自由意志论，而且批评了丁文江的存疑唯心论。陈独秀认为，张君劢对人生观的论述是极端错误的。"在一定范围内，个人意志之活动，诚然是事实，而非绝对自由，因为个人的意志自由是为社会现象的因果律并心理现象的因果律支配，而非支配因果律者。"同样，丁文江等人的观点也漏洞百出，与马克思的唯物史观相去甚远，因此，科学派也不可能对人生观问题作出科学说明。

在这场论战中，真正坚持马克思主义观点的是瞿秋白。他写了《自由世界和必然世界》一文，把这场论战的中心概括为自由和必然的关系问题。他指出，自然界和人类社会都有其不以人的主观意志为转移的必然规律，人必须遵从规律，并可利用规律以达某种目的。"人能征服自然，使自然为人服务，那时，人仍旧是服从自然。然而这对自然之'服从'却是人类解放的条件：人若服从自然则对于自然的权威反而增长，人的自由亦就增长。"从而很好地回答了自由和必然的辩证统一关系。

九、全盘西化之争

近代以来，关于中西文化的争论很多。争论者大多主张未来的文化应是中西混合文化，尽管他们在混合的"比例"上存有分歧。20世纪30年代，一个彻底的全盘西化论者冒了出来，他就是陈序经。自然，他的出现引发的是又一次有关中西文化的争论。

陈序经（1903—1967），海南文昌人，出身于华侨家庭，早年游学美国、德国。1931年回国，曾先后在岭南大学、南开大学、西南联大等校任教。建国后，他还多次担任岭南大学、中山大学、南开大学等校的领导工作。早在德国留学期间，陈序经就写了《东西文化观》一文，发表在1931年的《社会学刊》上，明确提出全盘西化的主张。1933年12月29日，陈序经在中山大学作了题为《中国文化之出路》的演讲，历陈全盘西化的理由，反对复古折中的主张。由此争论拉开了序幕。

陈序经的观点主要体现在《中国文化的出路》一书中。陈序经提出，他主张全盘西化，主要基于两个理由：第一，中国现在在各方面都不如西方。中国的大一统造成了中国文化的单调和停滞。具体而言，中国在衣食住、农工商、教育、科技乃至道德上都不如西方。第二，"西洋文化是世界文化的趋势。质言之，西洋文化在今日，就是世界文化。我们不要在这个世界生活则已，要是要了，则除了去适应这种趋势外，只有束手待毙。"

要全盘西化，必然要反对折中和复古思想，陈序经在书中批评了包括"中学为体、西学为用"，"中国文化是精神文化，西方文化是物质文化"，"中国文化是人的文化，欧洲文化是物的文化"，"中国文化是静的文化，西方文化是动的文化"等五种折中派观点，并重点驳斥了梁漱溟的《东西文化及其哲学》。陈序经说："总而言之，折中的办法是办不到的，复古的途径也走不通。他们的最大缺点是：前者昧于文化的一致与和谐的真义，而后者昧于文化发展变换的道理。前者以为文化的全部，好像一间旧屋子，我们可以毁坏他，看那几块砖石或是木料可以留用；他们忘记了文化的各方面的分析，不外是我们自己的假定，而文化本身上，并没有这回事。后者以为环境时代是不变的，所以圣人立法，可以施诸万世而用于四海；他们却忘记了圣人之所以为圣人，都不过是这种时代和环境的出产品。"

依陈序经之见，要救治中国的危亡，唯有全盘西化；要彻底全盘西化，须打破传统思想垄断；要打破传统权威，则不得不发展个性；个性发展在提倡个人主义。他说："个人主义是近代西洋文化发展的主因，因为唯有解放个人一切的解放和压迫，然后各个人始能尽量去发挥个人的才能。"

显然，陈序经的观点有其合理的地方，也有其明显的不足，尤其是"彻底的全盘西化"的提法，容易给人一种走极端的感觉，也

更容易激起大多数人的反对。

折中派吴景超就公开反对陈序经的观点。吴景超认为，文化并不是像陈序经说的那样铁板一块，有的部分是可以细分的。引进西方文化也并不需要全盘西化。他在《建设问题与东方文化》中说："我们采纳了西洋电灯，是否便非采纳西洋的跳舞不可呢？采纳了西洋的科学，是否便非采纳西洋的基督教不可呢？我们的答案，恐怕不会是肯定的。"在他看来，正确的作法应是认真研究分析中国文化和西方文化，保留中国的优秀文化，吸纳对我们有用的西方文化，并根据新的要求创造新的文化。

吴景超的观点看似合理。但问题是如何分析研究，选择的标准是什么？对此，吴景超区分了文明和文化。他认为，文明是"发明"的东西，可以传授；文化是"创造"的东西，受时间和空间的限制，不能传授。宗教、哲学、艺术等都属于文化，自然科学及物质工具属于文明。现在看来，这种观点仍值得商榷。

1935年1月，为了响应蒋介石发起的"新生活运动"，王新命、陶希圣等十教授联名发表了《中国本位的文化建设宣言》（又称《十教授宣言》），后来又发表了《我们的总答复》，反对全盘西化，提倡复古。《宣言》认为，中国已失去了在文化领域中的地位，中国的政治形态、社会组织和思想的内容形式也都失去了自己的特征。而挽救这一局面的唯一方法是建设中国本位的文化。具体而言，就是要根据中国自身的特殊性，"检讨过去，把握现在，创造未来"，同时对西洋文化"吸收其所当吸收"。正如胡适所指出的那样，"中国本位文化建设"不过是"中学为体，西学为用"的现代翻版。

全盘西化论、折中论、复古论三种观点几乎同时登台亮相，所带来的绝不仅仅是一时之热闹，这场争论在当时确实给人们带来了很大的思想冲击。

第十一章 现代新儒家

如前所述，新文化运动在当时起了很大的历史进步作用，但其对中国传统文化全盘否定，对西方文化却照单全收的做法，也激起了一部分学人的不满。于是梁漱溟拍案而起，明确提出要走孔家路，过孔家生活。

梁漱溟是通过中西文化比较来构建其学术体系的。他以意欲为尺度，将中、西、印三种文化看作是人类文化发展所要走的三条路。其中，中国文化第一条路没有走完就转向了第二条路，是文化上的一种早熟，但它代表了世界文化未来的发展路向。在文化比较的基础上，梁漱溟以儒为宗，融合西学和传统儒学，建立起以“意欲”为特征的哲学体系，即新孔学，从而开创了儒学发展的新形态。

与梁同时的熊十力，出佛入儒，以“心学”的形式再造儒家道德的形上学，形成了其博大精深的哲学体系。熊十力是二三十年代最富有原创性的哲学家之一，其道德性命之说将传统儒学提升到一个新高度。

至三四十年代，“新儒家”一派已形成，在当时具有相当大的号召力。其中，对现代新儒学形成产生过重大影响的有冯友兰、贺麟、马一浮、钱穆等人，但他们到底算不算“新儒家”，学术界还没有统一定论。

新中国成立后，儒学受到了批判，儒学在大陆的发展停滞。但远走香港、台湾的牟宗三、徐复观、张君劢、唐君毅等人，仍为儒学复兴而孜孜努力着。1958年元旦，牟、徐、张、唐联署发表了《为中国文化敬告世界人士宣言》，阐述了当代新儒家对中国文化的过去、现在和未来的看法，标志着海外新儒家的挂牌成立。

唐君毅、牟宗三、徐复观都是熊十力的弟子。他们认为，当代儒学的中心问题是本内圣之学以解决新外王的问题。为此，一要重建道德的形上学；一要开出新外王，即民主与科学。

唐君毅的主要贡献是在内圣学的建立上。他以心境互涵、感通为主线，次递建立起九境哲学体系，并企图以此来消融一切学说，思想庞大，气势恢宏。

牟宗三本儒家心性之说，消融康德哲学，建立起无执的存有论，并通过知体明觉之自我坎陷，开出执的存有论，也就是从道统中开出学统和政统。其三统说是本内圣以开新外王的理论实践。

徐复观则对中国民主政治的建设提出了许多观点。他认为，中国并不需要照搬西方的制度，因为中国传统文化中就涵蕴着民主与科学的种子，只需把中国文化中的“德”客观化出来，形成可行之制度，便是中国的民主政治，并且这种德治主义要高于西方的民主政治。

唐、牟、徐等人是继梁漱溟、熊十力之后现代新儒家的代表，他们完成了儒学现代理论系统的建构，不断推动着儒学的发展。

一、特立独行、一代直声的梁漱溟

1942年的梁漱溟

1893年9月9日，北京，梁家。一声啼哭打破了夜的宁静，一个新的生命诞生了。他诞生在了多灾多难的中国，似乎也因此注定了其一生的坎坷。他，就是梁漱溟。

梁漱溟虽出生在官宦之家，但从小接受的是新式教育，中学毕业即参加民主运动，加入了由汪精卫、李石曾领导的京津同盟会，但辛亥革命的成功并没有改变中国的政局。面对现实，梁漱溟颇感失望，觉得理想与自己渐行渐远，并因此对人生感到厌倦和憎恶。这种失落感始终困扰着他，使他对现实心灰意冷。由此，梁漱溟接受了佛教"人生是苦"的思想，转而研究佛学，并于1916年在《东方杂志》上发表了《究元决疑论》一文。梁也因此文章而见赏于蔡元培。蔡力邀梁到北大任教，讲授印度哲学。

其在北大的7年，正是中国新文化运动方兴未艾之时，"打倒孔家店"的口号正响彻云霄。梁漱溟既反对全盘西化，又不赞成消极保守，主张深挖中国传统文化之真精神，在吸收西方文化精粹的同时，走孔家路，过孔家生活。1920年，梁漱溟应山东省教育厅之邀，在济南作了《东西文化及其哲学》的演讲，后由其学生整理，商务印书馆出版。这是其成名之作，标志着梁漱溟新儒学思想的成形。

以新文化运动为标志，中国传统文化在近代遭到了空前的怀疑。许多人把国家、民族的落后归因于传统文化的不足，这种疑古思潮在当时具有解放思想的作用，但其全盘否定中国传统文化的做法不可避免有走极端的危险，并因此而引起了一部分人的不满。伴随着西方文化的输入，一股宣扬中国传统文化，主张用东方文化救国的思潮也逐渐兴起。持东方文化救国论的这一部分人统称为东方文化派。

主张东方文化救世的人很多，比如梁启超在《欧游心影录》中就明确提出，西方的物质文明已经破产，现在正是用东方文明调剂西方文明的时候；章士钊认为工业的弊端太多，主张农业立国，反对西方的民主。其中，影响最大的是梁漱溟。他在《东西文化及其哲学》中，对儒家文化进行了哲学论证，明确主张走孔家路，过孔家生活。

梁漱溟的成名思想就是有关中西文化的比较问题。在此之前，人们往往把中西文化对立起来，认为中国文化是旧的，西方文化

是新的，中国文化是落后的，西方文化是先进的，从而把文化的比较上升到价值上的判断。梁认为，文化是一个民族的生活样法，而生活是没尽的意欲，以及这种意欲的满足与不满足。因此，意欲才是文化的根本，不同的意欲取向造就了不同的文化类型。文化的比较应该从意欲着手进行比较。

从意欲上看，“西方文化是意欲向前要求为其根本精神的”，因此对自然持征服、对立的态度，并由此产生了物质文明、民主与科学；“中国文化是意欲自为、调和、持中为其根本精神的”，强调天人合一，与自然融洽相处，不提倡物质享受，因此不产生西方的民主与科学；“印度文化是以意欲反身向后要求为其根本精神的”，追求对现实的解脱，因此宗教兴盛。西方文化解决的是人与自然的关系问题，是人类首先面临的问题；中国文化解决的是人与人之间的问题，是人类解决了第一个问题之后而要解决的问题；印度文化解决的是人与自身的问题，是在前两个问题解决之后而要解决的问题。因此，中国文化和印度文化都是在第一个问题没有解决好而转向了第二个或第三个问题，是一种文化上的早熟。

西方文化给人类带来了巨大的物质财富的同时，也给人类带来了灾难，带来了精神上的不宁静，而印度文化又太超前。因此，我们要排斥印度文化，吸收西方文化的精粹，重新复兴中国文化。他认为，西方文化即将走到尽头，下一步即是中国文化的复兴。

复兴不是复古，而是“正反合”的发展。梁漱溟提出了一个文化发展的途径：排斥印度文化，拒绝过佛家生活；引进西方的民主与科学精神，但要改变其一味征服的态度；批评把中国原来态度重新拿出来。“只有这样向前的动作，可以弥补中国人夙来缺短，解救了中国人现在的痛苦，又避免了西洋的弊害，应付了世界的需要，完全适合从我们从上以来研究三文化之所审度。”

晚年的梁漱溟

在梁漱溟那里，中国文化即儒家文化，中国文化的复兴即儒学的复兴。“孔子以前的中国文化差不多都收在孔子手里，孔子以后的中国文化又差不多都由孔子那里出来。”孔学是中国文化的主干，其他诸子之学只是作为辅助之学而存在。但令人遗憾的是，中国数千年间，鲜有采用孔子意思的，也少有人能真正得着孔子的真精神，即使是韩愈、宋明诸子也没有得其要旨，更不用说康有为妄谈托古改制了。梁漱溟认为，孔子的根本精神就在于调和、平衡，“宇宙间实没有那绝对的、单的、极端的、一偏的、不调和的事物，调和折衷是宇宙的法则”，孔学就是建立在调和之上的人生哲学，孔子所讲的父慈子孝，兄友弟恭是调和而相济的一种生活之乐，尽管我们在物质生活上不如西洋人，但“穿锦绣的未必便愉快，穿破布的或许很乐”。“我虽不敢说以后就整盘的把孔子的礼乐搬出来用，却大体旨趣就是那个样子，你想避开也不成的”。

梁漱溟在众人对孔子口诛笔伐的时候，独树一帜，勇敢地承担起儒学复兴的重担，走孔家路，过孔家生活，从而开创了儒学发展之新局面。

梁漱溟的观点一提出，便引起了各方的争论。胡适、吴稚晖等西化派批评梁氏的观点，瞿秋白、陈独秀等马克思主义者也不赞成梁氏的观点。

胡适认为，梁漱溟用意欲划分中、西、印三种文化并不恰当。他认为人类文化不是有三条路向，而是只有二条路向。他在《读梁漱溟先生的〈东西文化及其哲学〉》中指出：“我们拿历史眼光去观察文化，只看见各种民族都在那‘生活本来的路’上走，不过因环境有难易，问题有缓急，所以走的路有迟速的不同，到的时候有先后的不同。”这样，中西文化的不同，不是路向的不同，而是今古的不同，中国迟早也同西方一样走上科学与民主的道路。在此基础上，胡适提出了中西文化大同小异论。他认为，“人类的生理构造根本上大致相同，故在大同小异的问题下，解决的方法，也不出那大同小异的几种。这个道理叫做‘有限的可能说’”，中西文化在“有限可能”的条件下也是“大同小异”的。

1938年初，毛泽东在延安会见梁漱溟

进化论的坚定拥护者吴稚辉，反对把中西文化分为精神文化和物质文化。他认为，物质和精神是统一的。西方物质发达，精神亦进步。同样，中国物质落后，精神上亦不能与西方相比。他甚至过激地表示线装书只配丢在茅厕里。

当时，在反对东方文化派问题上与西化派组成联合战线的当时的马克思主义者也加入到这一争论之中。瞿秋白、陈独秀都认为，文化的差异，不是空间的差异，而是时间的差异。在西方文化已进入资本主义至帝国主义阶段，而东方文化派仍在维护其宗法社会的文化，这简直是“祸国殃民的亡国灭种的议论”，其害处比曹锟、吴佩孚更甚。发展中国文化的道路，无他，只有进行革命，“等到私产绝对废除，阶级消灭时，科学愈发明，则体力劳苦的工作愈可减少，全社会的福利愈可增进；物质文明愈发达，经济生活愈集中，则精神文明愈舒畅，文化生活愈自由……那时才有真正的道德可言，不但各民族的文化自由发展，而且各个人的个性亦可以自由发展。要达到此种伟大的目的，非世界革命不可，——这是‘无产阶级的社会科学’的结论”（瞿秋白:《东方文化与世界革命》）。

当然，文化是个比较复杂的问题，尤其是中西文化比较，至今仍未很好地解决。尽管受到各种批驳，梁漱溟却不改初衷。

基于其新儒学，梁认为中国问题实质上是文化问题。中国文化的特殊性决定了西方政治，甚至俄国的苏维埃制度，在中国都行不通。只有复兴中国传统文化，狠抓教育，才能根除中国的战乱。在这种思想的指导下，梁漱溟积极筹建乡村建设运动。在当时国民政府的支持下，梁搞了很多试点，但由于政局不稳，再加上其思想的理想化成分太浓，都没有取得成功。

梁漱溟致毛泽东、周恩来的函稿

抗日战争爆发后，梁漱溟奔走于国共之间，为全民族共同抗日进行积极斡旋。梁深感国统区行事之艰难，为了同国民党抗争，与黄炎培、张君劢、左舜生、章伯钧等人发起成立了“中国民主政团同盟”（民盟前身），并只身前往香港创办民盟的机关报《光明报》，抨击国民党破坏民族统一战线的行径，号召各党派团结起来，枪口对外。

新中国成立后，由于毛泽东、周恩来的力邀，梁漱溟任政协委员。在此后的政治岁月中，梁工作认真，为人耿直，敢于坚持自己的见解，犯颜进言，并多次与毛泽东发生正面冲突。这既体现了其铮铮铁骨，但也给他带来了麻烦。梁成了“旧知识分子”的代表，是“思想改造”的重点对象，特别是在“文革”中，他更是受到了围攻，但他傲然宣称“三军可夺帅，匹夫不可夺志”。政治上的批判，任人评说，但对其思想上的批判，他却据理力争，坚守其学术立场。

十一届三中全会以后，梁漱溟又迎来了自己的“第二个春天”。虽已至耄耋之年，但其为国担忧、为民请命的热情丝毫不减当年。参加政协活动，进行学术演讲，为儒家复兴，为中国传统文化的传承而不知疲倦地奔波着。1987年12月，梁带病参加中国现代哲学史全国首届学术讨论会，并作了发言。1988年6月23日，这位儒者走完了自己的一生，终年95岁。

二、大器晚成、出佛入儒的熊十力

熊十力像

1966年的上海，在淮海中路，人们会遇到这样一位老人：一身灰色长衫，扣子全无，腰间胡乱地系一根麻绳，目光呆滞，面容悲戚，口中喃喃自语着“中国文化亡了”，“中国文化亡了”……这位老人就是熊十力。

熊十力（1885—1968），原名继智，号子真，别号漆园老人。幼时随父读了几年私塾。他聪颖过人，《三字经》一日便能背过。13岁时，父母相继去世，熊十力一边为人放牛，一边发奋自学。在这期间，他接触到了王船山、黄宗羲、顾炎武等人的思想以及梁启超、谭嗣同的著作，深感民族濒于危亡，慨然有反清之志。

1901年，熊十力偕同好友走出黄冈，立志经营天下。他先是入武昌凯字营当一小兵，后考入湖北新军特别学堂仁字斋。他在兵营宣扬革命大义，宣传民族民权思想，并通过日知会、黄冈军学讲习社等革命团体，联络革命力量，力图起义。终因密划不周，事情败露，清军提督下令逮捕熊十力等人。熊微服出逃，并辗转回到家中，改名周定中，以教书为生。

武昌起义爆发后，熊十力又再次出山，奔走革命，并于1917年参加了护法运动。长期的革命政治活动的不顺，使他对革命产生了怀疑，再加上军阀混战，民生凋敝，政治黑暗，世风日下，熊终感现实与理想差距太大，一腔热血终付东流，遂毅然弃政从文，专攻学术。此时熊十力已过而立之年。

1948年，马一浮（前排右四）与杭州西湖复性书院同人欢迎熊十力（右三）、叶左文（右五）合影

在熊十力走向学术殿堂的过程中，梁漱溟给予了他很大的帮助。熊十力先是由梁漱溟介绍，进入南京内学院向欧阳竟无先生学习佛经。三年后，又由梁引荐入北大讲授唯识学。在讲学的过程中，熊十力逐渐形成了自己的一

套观点，对唯识学也产生了怀疑。1932年，他的《新唯识论》出版。该书一反对佛理的阐释发挥，站在儒家内圣外王的立场上，利用唯识宗的原有名词，倡言本体。他认为我之真性即宇宙本体，我之生命与宇宙之广大生命合一，良知自我呈现即体证本体，力图本内圣以开新外王。此书一出，即遭到佛学界，尤其是南京内学院师友的批判。内学院刘衡如发表《破新唯识论》，欧阳竟无先生亲为之作序，企图驳倒熊十力。熊十力则很快写下《破〈破新唯识论〉》，给予反击。对方说熊十力对唯识学一窍不通，任意雌黄；熊则称对方断章取义，并一再证明自己是唯识学的行家。此争论延续半世纪之久，双方既有理论上的争吵，亦有口角上的纠缠，在当时影响甚大。熊十力也因此书奠定了自己在中国哲学界的地位，并完成了由佛入儒的思路历程。

新中国成立后，熊十力留在大陆，虽为政协委员，却也只是三到，即开幕到，闭幕到，照相到，大部分时间埋头著书，先后出版了《原儒》、《体用论》、《明心篇》、《乾坤衍》、《存斋笔记》等多部论著。1966年，“文化大革命”爆发，熊十力虽已是风烛残年，但仍免不了被抄家、批斗的噩运，老人家的精神也因之几近崩溃。1968年5月23日，与世长辞。

熊十力手迹

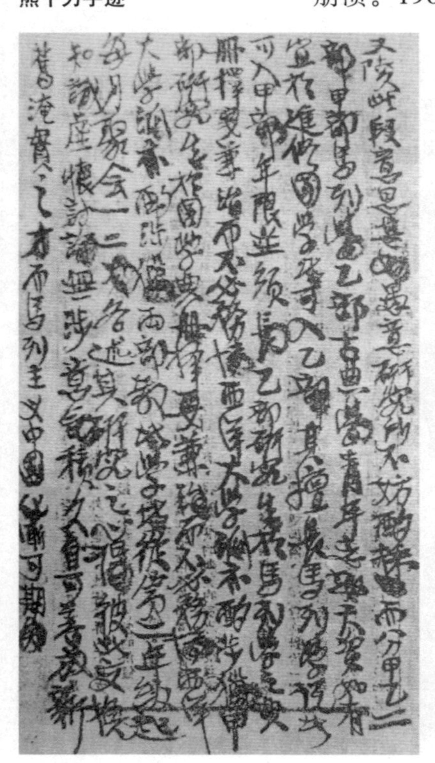

熊十力早年学佛，佛教对他的哲学有着巨大的影响。后来他出佛入儒，博采儒佛各家精髓，形成了其博大精深的哲学体系，把中国传统儒学的形上智慧发掘活转于现代。有人把他的思想称为“心本论”，也是有其道理的。因为在他的思想中，贯穿始终的即是人、人心。他认为，“万物本原，与吾人真性，本非为二”。人的生命与宇宙大生命是合一不二的，二者有着共同的本体——“本心”。本心，作为本体，不是思维理智之心，不是“习心”。因为习心一味向外追求知识，易被物化，不能认识本体，只能产生妄见。本心是一种道德心，一种灵明虚寂的道德直觉。本心无对，超乎万物而独立存在，凭借万物而显现自身，但又不囿于物；本心灵明，无知无不知，是一切知之源。本心不是向外追逐物境，而是反求自证，直接认识本体，本体即本心，所以本心既是主体又是客体。认识本体即是本心的自知自识，即是良知的自我呈现。

依熊十力之见，宇宙万物都在不断变化之中，都具有大化流行、生生不息的德性。这种大易精神来源于本体内部的一翕（收敛）一辟（发散）。翕辟同体而异用，相反相成，共同促成了万物的变化。但二者作用是不同的，“翕以显辟，辟以运翕。”辟是主动的，主宰翕；翕是被动的，从属于辟。熊十力常用“大海水”和“众沤”（泡沫，波浪）的关系来例证本体和万物关系。“大海水”是本体，海水腾跃是其功用，而“众沤”是现象。大海水不能离开众沤而独存，大海水即众沤自身，而海水腾跃这一切功用是实体的展露和显现，概括而言就是即用显体，举体成用。

在当时国人热衷于西方的科学文化时，熊十力以其犀利的眼光和深邃的思想指出，量智有能亦有限。量智即西方所谓的理智。量智向外追逐物境，可以认识现象，获得知识，但易被物所化，把握不了本体。要把握本体，须得靠性智。性智不同于量智，但也不反对量智，而是要超越量智。性智即本心，性智体证本体就是要内求诸己，以求觉悟，进而泯灭主客对立。

熊十力是性情中人，正如他号“子真”一样，率性而为，真情易露，不入俗流。愤怒时，破口大骂，毫不避讳；动情时，痛哭流涕，情不能止。同时，他也是一位狂者，“举头天外望，无我这般人”、“天上地下，唯我独尊”，其豪气鲜有与之相匹者。他在其著作上往往署“黄冈熊十力造”。“造”在佛家中只有被尊为“菩萨”者方能用之，而“十力”是佛典中赞扬释迦牟尼佛法无边的话。在传承中国文化的信念上，他更有着当仁不让、舍我其谁的气魄。

熊十力是中国二三十年代最富有独创性的哲学家，他本着儒家内圣外王的精神，博采众家之长，建立起了自己的以大易精神为特征的哲学体系。他以宽广的文化视野，给予人深切的人文关怀，为人的生命价值的实现，为人的道德自觉的阐扬，开辟了一条新路。其学说经牟宗三、唐君毅、徐复观等人的宣扬而传之不绝。

三、冯友兰、贺麟、马一浮、钱穆与新儒家

新儒家作为一个学派的存在，似乎已成为不争的事实，现在学术界对其讨论、研究的也比较多，但对于谁是新儒家，新儒家到底该如何界定，大多是一家之言，学术界并没有定论。像对于冯友兰、贺麟、马一浮、钱穆等人，说他们是儒者，估计无人反对，但对于他们是不是新儒家，则众说纷纭。但有一点是无可怀疑的，那就是他们都对新儒家的形成和发展产生过影响。

冯友兰（1895—1990），字芝生，河南省唐河县人，7岁即

1918年6月，北大哲学门毕业合影 前排左第四起马叙伦、蔡元培、陈独秀、梁漱溟，第二排左四为冯友兰

按家规入塾读书，接受传统的经学教育。1915年，入北京大学哲学门学习，自此跨入哲学领域。后赴美留学，获哥伦比亚大学哲学博士学位，其思想理路和研究方法颇受西方哲学影响，特别是受新实在论的影响。他在糅合西方哲学的基础上，用西方逻辑分析方法来整理澄清中国传统哲学问题，进而建立了自己的形上学体系——新理学。

冯友兰治哲学，有“照着讲”和“接着讲”之说。在《新理学》的绪论中，冯友兰开宗明义地指出：“我们现在所讲之系统，大体上是承接宋明道学中之理学一派。我们说‘大体上’，是因为在许多点上，我们亦有与宋明以来底理学大有相同之处。我们说‘承接’，因为我们是‘接着’宋明以来底理学讲底，而不是‘照着’宋明以来底理学讲底。”冯友兰自认为他是承接程朱理学讲的，因此，他把自己的哲学系统称为“新理学”。“在新理学的形上学的系统中，有四个主要底观念，就是理、气、道体及大全。”理就是一事物之所以为一事物的内在根据，比如方的理就是一切方的事物之所以为方的事物的根据。“此方之所以为方，为凡方底物所皆依照而因以成其为方者，即方之理。”理是先验的，超时空的，无动静，无生死。相对于砖、瓦等“相对质料”而言，气是“绝对的质料”。砖、瓦作为一种材料，具有各方面的规定性，因而是相对的，而气则无一切性，“不可名状，不可言说，不可思议”。

冯友兰把程朱的理、气作为其最基本的范畴，把理、气的关系定为共相与殊相的关系，定为亚里士多德的形式因与质料因。再比如说，红的事物，它之所以是红的，必有红之所以红者，这就是红的理，红的形式。事物依照这红的形式、红的理，才具有红颜色。而红的形式，红的理又必须填充一定的质料才能使自己显现出来，质料即气。“一具体事物必有两所依，一是有所依照，一是有所依据。其所依照是理，其所依据是气。”事物两所依的理、气在运动中结合，也就是形式与质料相结合，便派生万物，此一过程便是道体，“道体是总一切的流行”。而大全则是“总一切底

有”，大全即宇宙，至大无外，不可言说。或者说，从动的方面看，曰道体，从静的方面看，曰大全，宇宙。

冯友兰新理学的中心思想是境界说。冯友兰认为，人之所以异禽兽者，就在于人能觉解。“人作某事，了解是怎么一回事，此是了解，此是解；他于作某事，自觉其是作某事，此是自觉，此是觉。”于是，他提出了觉解人生的境界说，并把境界分为自然境界、功利境界、道德境界和天地境界。

1946 年 5 月冯友兰于西南联大摄

自然境界的人完全是按照其本性和习惯而行事，对于做什么和不做什么，没有思想引导。原始人、小孩子、愚人就处于此种境界。

功利境界的主要特征是行为的“为我”，是“自私”的。处于功利境界的人，对自己的行为和自己的“利”有着清楚的觉解，但这种觉解仍是“较低层次”的觉解，对于“人之为人者”并不觉解。

道德境界的特征是“行义”。处于此种境界的人自觉认识到自己的性，能“尽伦尽职”，处理好个人和社会的关系，其行为是以“贡献”为目的，而不是功利境界中的以占有为目的。

最高境界是天地境界。处于此境界的人，不但了解社会，亦了解宇宙，知天、事天、乐天、同天，天地合一，物我合一，一切都圆润地消融在我心中。此是圣人境界，也是人应孜孜追求的。

冯友兰的境界说，是本于儒家学说而建构的，其天地境界也是传统儒学所推崇的“内圣外王”之道的翻版。

冯友兰书联自勉

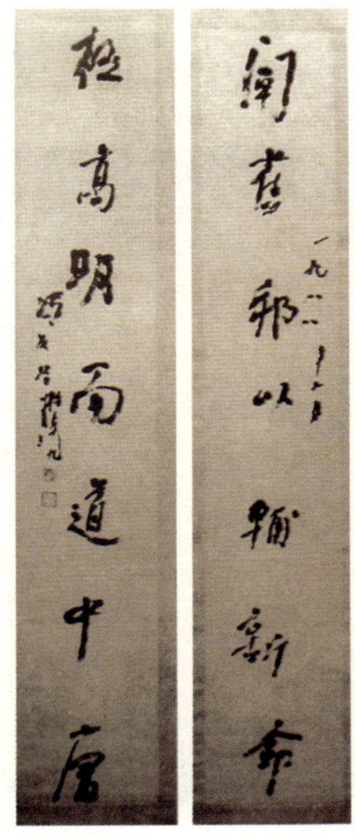

尽管在新理学体系中，冯友兰不时地使用中国传统哲学的概念，但从其整个体系的思路和方法来看，其新理学不是照搬程朱哲学，其形上学也与中国传统的形上学不同。虽然是“接着”宋明理学而讲，但他嫁接的却是一种新的带有浓重西学痕迹的中西混合物。

如果说新理学还只是冯友兰试图糅合中西文化的产物的话，那么其一生论述的重点则在于中西文化的比较问题。正如冯友兰在《三松堂学述文集》序中所说：“六十多年间，所讨论的问题，笼统一点说，就是以哲学史为中心的东西方化问题。我生在一个文化的矛盾和斗争的时期，怎样理解这个矛盾，怎样处理这个斗争，以及我在这个斗争中何以自处，这一类的问题是我所正面解决和回答的问题。”虽然问题一样，但答案却不是唯一的。纵观冯友兰在中西方化问题上的观点，大致可分为三个阶段。

第一阶段是在赴美留学期间，冯友兰从意志和欲望的角度来说明中西文化的差异。他认为求生的意志和求幸福的欲望塑造了人们的哲学体系和价值标准。欧洲人在中世纪是向天国寻求善和幸福，在近代则试图在人间实现“天国”，其意志和欲望都是向外

三松堂横额

追求；中国人自先秦以至现在，都是在人心之内寻求善和幸福，是向内追求的。两种不同的追求路向形成了中西方化的差异。西方文化自然科学发达，中国文化伦理理论占优。中国自然科学不发达，在中西文化的交战中打了败仗，但这并不意味着西方文化优于中国文化。为此，冯友兰提出了用“意志信仰”来消除中西文化优劣的思想。

第二个阶段是编《中国哲学史》时，冯友兰又以古今观点来比较中西文化。他认为，中国文化和西方文化的差异是中古文化和近古文化的差别。既然是古今的差别，那么中西文化就有一个共同的趋向，因此，中西文化之间就有一个相互理解，相互阐明的可能。而我们的任务就是东西方化的相互阐明，而不是用一种文化批评另一种文化。

第三个阶段则是在新理学体系建设中，冯友兰提出了文化类型说。他认为，中西文化分属于不同的类型，各有其个体性，但作为文化，又存在所以为文化的共性。同样，在中西文化内部，也存在着共相与殊相的关系，存在着主要性质和偶然性质。我们向西方学习，就是要学习西方的主要性质，舍去其偶然性质；发展中国文化就是要去掉中国文化的主要性质，保留中国文化的偶然性质。具体地说，就是要学习西方的工业化，去掉与工业化不符的内容；舍去中国文化中与工业化不符的东西，保留与工业化相符的内容。

冯友兰墓碑背面茔联：三史释今古，六书纪贞元

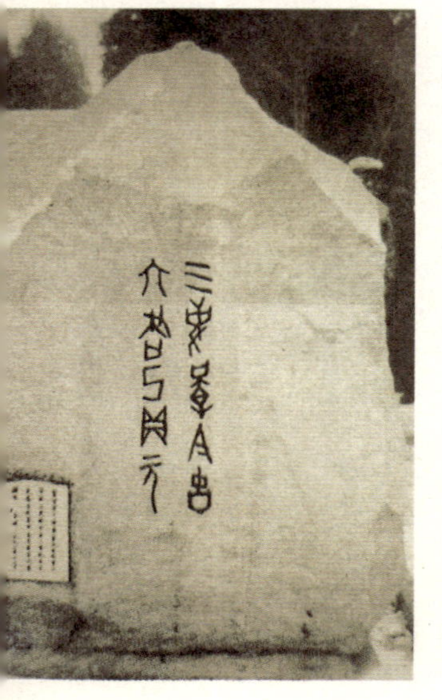

建国后，冯友兰的新理学体系曾受到国内学术界的批判，其本人在思想上也逐渐接受了马克思主义。“文革”后，冯友兰以哲学史家、哲学家的面目继续活跃在学坛上，为中国哲学的发展，为中西文化交流做出了重大贡献。

贺麟（1902—1992），字自昭，四川省金堂县人，是中国研究黑格尔哲学的专家。40年代以后，他开始自觉地阐述自己的思想，并逐步构筑起自己的“新心学”体系。

贺麟思想主要是以陆、王心学为渊源。他认为，心有两种含义，一是“心理意义的心”，一是“逻辑意义的心”。逻辑意义的心是理，心理的心是物。“心为物之体，物为心之用，心为物的本质，物为心的表现。”“心既是理，理既是在内，而非在外，则无论认识物理也好，性理也好 ，天理也好，皆须从认识本心之理着手。不从反省心着手，一切都是支离骛外。心既是理，则心外无理，心外无物。”（《近代唯心论简释》）因此，他特别推崇孟子的

“万物皆备于我”和陆象山的“宇宙即是吾心，吾心即是宇宙”。

除了新心学，对新儒家发展产生过影响的是其提出的“儒学思想新发展”以及他对新儒家思想作的总结性评论。贺麟认为：“民族复兴，本质上应该是民族文化的复兴。民族文化的复兴，主要的潮流，根本的成分，就是儒家思想的复兴。”因此，当今之时，重要的不是吸收外来文化，而是怎样来挺立民族文化。“如果中华民族不能以儒家思想或民族精神为主体去儒化或华化西洋文化，则中国将失掉文化上的自主权，而陷于文化上的殖民地。”（《儒家思想的新发展》）要收复失地，争取文化上的独立与自立，儒家思想必须来一个新的开展，“循艺术化、宗教化、哲学化的途径迈进”。具体说就是，“第一，必须以西洋之哲学发挥儒学之理学”；“第二，须吸收基督教之精华以充实儒家之礼教”；“第三，须领略西洋之艺术以发扬儒家之诗教”。

张岱年、冯友兰、陈荣捷、贺麟（左起）在一起

出于特殊的情感，贺麟认为中国现代思潮的主潮是新儒家思想，梁漱溟、熊十力、冯友兰是这一“主潮”中的主流思想家。在贺麟看来，梁漱溟为儒家辩护的精神令人钦佩，熊十力的哲学是“陆王心学之精微化系统化最独创之集大成者”，冯友兰的新理学“影响最广声名最大”，但重程朱、轻陆王，似乎欠妥。

钱穆（1895—1990），原名恩镕，字宾四，江苏无锡人。幼时受过几年中学教育，但因时局混乱而辍学。此后，他自学成才，精研古籍，先是在无锡、苏州等地作乡村小学、中学教师，后又在燕京大学、北京大学等大学讲学论道。他一生未上过大学，更未出洋留学过，但以其聪颖天资，再加上其后天努力，终成一代学术大师。钱穆学识渊博，著述众多，其治学范围广及史学、哲学、政治学、文学、地理学等，是人文学科中的全通式学者，然又以史学见长，是国内外公认的史学大家。

1949 年，大陆解放，钱穆则由于对中共的误解而南走香港。他以新亚书院的创办为契机，弘扬中国文化，沟通中西学术，为中西文化交流做出了突出贡献。后来，新亚书院与崇基、联合学校合并为香港中文大学。此后，钱穆辞去董事会职务，潜心于学术，并完成了《朱子新学案》的写作，对朱熹进行了系统研究，并“综六艺以尊朱”，为朱子学研究开创了一新局面。

钱穆像

综观钱穆一生的学术取向，早年以史为主，但又以史治经，用

1940年钱穆与赴加拿大的侄子钱伟长合影

历史学的方法考证古籍之真伪，评点历史人物思想水平之高下。1940年以后，他开始转向文化研究，提倡复兴中国文化。当然，这种学术取向的转变是与当时的社会环境分不开的。

鸦片战争打开了中国的国门，中西冲突不断加剧，然而在中西对抗中，中国多以割地赔款而败下阵来。钱穆出生之时即是甲午战败之年。中国的屡战屡败迫使中国的有志之士关注中国的现实问题，寻求中国积贫积弱问题之解决。有些人就把中国的传统文化看作是中国走向近代化、现代化的障碍，特别是在五四运动以后，人们更是把传统文化与现代化对立起来，认为中国要实现现代化，就必须与传统决裂，全盘西化。

具有强烈民族意识的钱穆，则在西化思想甚嚣尘上时转向文化研究，自觉地以阐扬中国文化为己任。他认为："一国家一民族各方面各种样的生活，加进绵延不断的时间演进、历史演进，便成所谓文化。"（《国史新论》）文化具有时间上的绵延性和空间上的区域性。就人们的生活环境而言，中国文化是典型的大陆农耕文化，注重向内看，固守本土，崇尚和平，在政治上求"安"，在经济上求"足"；而西方文化则为地道的滨海商业文化，具有强烈的外向性，注重空间的拓展和武力的征服。因此，中西文化是两种不同类型的文化，内倾性和外向性是两者的本质区别。中国文化的内倾性，主要表现为道德精神，它注重人的德性修养，从理想上创造人、完成人，偏重于精神方面的追求；西方文化的外向性主要表现为物质功利，它注重人的物质需求的满足，重物理。

中西文化是两种不同类型的文化，它们各自走了一条完全不同的路线，形成了两大文化体系，具有不同的价值。因此，中西文化的不同只是个性不同，不是古今的不同，不能用西方的立场来看中国文化，更不能用西方文化的一元发展模式来衡定和取舍中国文化，而应站在中国文化的立场上，以中国人的视角来审视和研究中国文化，寻找中国文化特有的文化慧命。而中国文化的发展则应该以传统文化为主体，据旧开新，从旧体中变出新，把新旧融为一体，把前后古今汇成一贯，使中国文化在延续和继承中不断发展，就好像一个老的根，永远在那里发新芽。

钱穆认为，现在虽然西方文化占优势，但它也有自身的弊病，尤其是它的唯科学主义，更给人类带来了灾难，"人类科学知识，已将驱迫人类自陷于毁灭之绝境，文化可以中断，世界将临末日，科学知识乃可恃而不尽可恃，科学发明乃可喜而不尽可喜，纯科学之单线前进，不足解决人类文化问题”（《世界局势与中国文化》）。因此，世界文化发展的趋势应该是历史的、文化的、人文科学的、天人合一的长期人生与整个宇宙的协调运动。而中国文化的长处就在于关注天人合一，人文政教。对此，钱穆满怀信心地宣称，中国文化的复兴，必将引导世界的向前发展。

在钱穆看来，文化问题实际上是人生问题，而要解决人生问题，则非孔孟之道不可。而人生问题，归根结底是死的问题。“凡所谓人生哲学人生观等，质言之，都不过要解答此一‘死’的问题而已。若此问题不获解答，试问人生数十寒暑，如电光石火，瞬息即逝。其价值安在？其意义又安在？”（《灵魂与心》）对于人生的价值和意义，钱穆特别看重《左传·襄公二十四年》中的人生“三不朽”说，即“大（太）上有立德，其次有立功，其次有立言，虽久不废，此之谓不朽”。而在立德立功立言中，又首推立德。钱穆把“德”理解为“得”。“中国人常说德性，因为德，正指是得其性。唐代韩愈《原道》篇里说：足乎己，无待于外之谓德。只有人的天性，自己具足，不待再求之外，而且也无可求之外的。”（《中国思想通俗讲话》）因此，“得”不是物质上的得，而是“性”的得，是精神上的得，即儒家的“内圣”。只有“反求诸己”，在品德上确立一人的样子，才能“通扬我死生天人”。

马一浮（1885—1967），名浮，字一浮，号湛翁，别署蠲叟或蠲戏老人，浙江绍兴人。马先生是现代中国最精通国学的大师之一，他精通经、子、理学，对书法、篆刻、古诗亦造诣颇深。梁漱溟称其为“千年国粹，一代儒宗”，周恩来则说他是“我国当代理学大师”，由此可见其在现代中国学术界的地位。

马一浮生前死后都尽享学术界的推崇，但他本人却卓尔不群。20年代新儒家发轫之时，他隐居西湖，闭而不出，直到1939年复性书院创办，他入川主持，其著作和思想才渐渐公诸于世。马一浮的思想，世人多推崇其醇正，但也明显地开新不足，正好与梁漱溟、熊十力等人相反。也许正因为不同，才能形成互补；只有称得上“正统”，才表现出承继来。承继和创新，对于传统文化来讲，都是非常重要的。

马一浮特别推崇六艺之学，主张六艺统摄一切学术，东西方学术尽是六艺之后裔，儒家则是六艺的真正继承者。六艺，即《诗》、《书》、《礼》、《乐》、《易》、《春秋》，是孔子教弟子所用的“教材”。因此，马一浮认为，中国后来的一切学问皆出于此。诸子之学与六艺是方术与道术的关系。他以墨、名、法、道诸家为

马一浮像

1957年，周恩来总理陪同苏联伏罗希洛夫主席访问马一浮

马一浮手迹

例，来说明“六艺统诸子”。墨家之学可归于《礼》、《乐》，但于六艺是得少失多；名家呈思辨之能事，无益于道，是得少失少；法家可归于《礼》，其论道又可归于《易》，但亦是得少失多；道家统于《易》，于道所得较多，但却流于阴谋，固其失亦多。至于其他诸子，如纵横家、阴阳家、杂家、农家等，又在五家之下，卑陋粗浅，实为六艺之末流。

马一浮认为，六艺不仅统摄中土一切学术，亦可统摄西方的一切学科。《易》探讨天道自然，故自然科学可归属之，而社会科学或人文科学可统于《春秋》，文学、艺术统于《诗》、《乐》，政治、法律、经济统于《书》、《礼》。就哲学而言，“大抵本体论近于《易》，认识论近于《乐》，经验论近于《礼》”（《泰和会语》）。

六艺之所以能统摄人类一切学术，就在于其道的崇高和义理之精善。六艺的根本宗旨就是要使人的智识和德行获得全面提升。因此，六艺之学并不因其是古学而作古，反而会随着时代的发展而越发显现出其可贵。马一浮满怀信心地宣称，世界人类一切文化的最后归宿，必归于六艺，而有资格充当此文化的领导者的，只有中国。

四、志在儒行、期于民主的张君劢

张君劢（1887—1969），字嘉森，又字士林，号立斋，别署世界室主人，江苏宝山县人。他出生于嘉定，兄妹11人，他排行老二。1902年中秀才，1911年参加清政府最后一次殿试，授翰林院庶吉士。早年活跃于政坛，曾任段祺瑞设的“国际政务评议会”的书记长、冯国璋总统府秘书、国民党参政会参议员以及中国民主社会党主席。1949年，大陆解放，张君劢远涉重洋，后定居美国。

张君劢像

张君劢虽然积极参与政治，但其成名却是在学术上，特别是如前所述的科玄论战更使其名声大噪。张君劢认为，科学和人生观分属于两个不同的领域。人生观是主观的、直觉的、综合的、自由意志的、单一性的，而科学是客观的、论理的、分析的、为因果律支配的、起于对象之相同的现象。所以，用科学来解决人生观问题，必然导致科学万能的破产。其好友丁文江，则站在科学的立场上，马上予以反击，很快发表了《科学与玄学——评张君劢的〈人生观〉》，批判张君劢，说他是玄学鬼附身，并借机宣扬科学万能的思想。由此，科玄开战，并成一时之热闹。

在张君劢看来，科学不能支配人生观，人生观是受自由意志支配的，没有客观标准。科学与自由意志相对，与此相应，中国的立国之本，也应该在于追求精神之自足，而不在于满足物质之逸乐。农业立国，虽不能达到物质的丰富，但至少能寡而均，贫而安；工商立国，虽能牟利，但却是多而不均，富而不安。相较于工商立国，农业立国虽有不足，但还不至于使人迷失本性，不至于使人成为金钱物质的奴隶。当人的价值尊严与物质富足发生冲突时，张君劢毅然选择前者。他在《再论人生观与科学并答丁在君》中指出："世界一切活动，以人类之幸福为前提。十九世纪以来，以图富强之故，而牺牲人类，今思反之，宁可牺牲富强，不愿以人类作工厂之奴隶牛马焉。"

张君劢生活的那个时代，五四运动开展得如火如荼，科学主义大行其道（不管提倡的是真科学还是伪科学），西方的国家主义、自然界之知识猛烈冲击着中国的传统文化。面对此状，张君劢认为，要维持寡均贫安的状态，抵御外界物质的诱惑，必须反求诸己，加强自身的道德修养，挺立起一主体的人。"所谓明明德，吾日三省吾身，克己复礼之修省功夫，皆有至理存乎其中，不得以空谈目之。"张君劢特别推崇宋明儒学的修养功夫，"诚欲求发聋振聩药，惟在新宋学之复活"。但复活不是复古，而是在固守文化本我的同时，发扬中国文化长于论道的优点，克服传统宋学短于理智，不识逻辑的不足，在中西文化交参互勘中，增益其所本无，光辉其所固有，以开出宋学之全体大用，从中国的道统中开出民主与科学，开出政统与学统。由此可看出，张君劢思想的落脚点，是从人生观入手解决中国文化的重建问题。

张君劢不仅为儒学复兴呐喊助威，亦为民主政治的实现而积极奔走。30年代，他创立了中国国家社会党，并提出了自己的建

国纲领。他指出，资本主义在中国行不通，只有社会主义才能救中国。当然，他所说的社会主义并不是我们所讲的科学社会主义，而是他所谓的民主社会主义。在他的民主政治中，个人自由是第一个条件，社会公道是第二个条件。在政治上使人的自由和尊严得以充分实现，在经济上防止贫富悬殊，而这两者的实现都需要德、法作保障。认为中国的德和西方的法有机融合，德法合一才是理想的政治形态。并强调在德法合一中，德居于首位，是法之背后的价值源泉，是维系一切社会关系的终极根据，而法是德的延伸，是德的制度化，是对德的保障，二者如车之两轮，鸟之双翼，缺一不可。

总之，无论张君劢的学术思想，还是其政治理念，都坚持了儒家德性优先的原则，都是站在儒家立场上为儒学张目的。作为第一代现代新儒家的代表人物之一，张君劢虽没有像熊十力、梁漱溟那样构建起一博大精深的哲学体系，但其对儒家道德哲学和政治哲学的研究以及对中国传统文化的反省，却为中国文化的发展作出了独特贡献。

五、诗哲方东美

方东美（1899—1977），安徽桐城人，先后在南京金陵大学，美国俄亥俄州立大学、威斯康辛大学求学，回国后曾在多所高校任教，1948年去台湾大学任教。方东美是新儒家中较为特殊的一个，他并不像熊十力、张君劢、牟宗三等人那样，建构起一套完整的哲学体系，也从不以新儒家自居。他在其门人弟子眼中近乎为完人、圣人，却对蒋介石抱有坚定的政治信念，他对中、西、印三大文化系统都有精深的研究，但其文学色彩似乎又超过其哲学力度。这可能与他少时喜读《庄子》有关。

方东美的哲学可称为生生哲学。“太初有指，指本无名，熏生力用，显情与理。”（《生生之德》）情与理是宇宙太初的原始显用。情可指向人生，理则指向宇宙。生命是有情之生命，充满着欲望和冲动；宇宙乃有法之宇宙，万物各得其所，各显其用。虽然如此，情中含理，理中生情，二者并不是完全分割的。因为宇宙和人生，就其整体而言，就其实质而言，都是一个合情合理的连续体。只言理而不言情，顶多是个蹩脚的科学家；只言情而不讲理，则沦为一个疯狂的艺术家；只有衡情度理，才称得上是个哲学家。

方东美像

情与理虽有分别，但同时也应是合一的。情与理的合一，就合在人们对真善美的追求之中。人生而有情，情之发动便为欲望和冲动。满足欲望是人生存的基本条件，然而人满足欲望的行为则不得不符合理。因为人亦是宇宙的一分子，若舍理以求生存，则势必坠入“无明”深渊。只有含情契理，真善美的追求才能落到实处，人生才能是一充实完满的人生。

在方东美看来，中国传统哲学以其超越的形式，把人纳入到宇宙大化之中，把宇宙之理内化为人之情性，宇宙、人生合而为一整体，泯灭了物我的分化，高明而圆融，和谐而中道，远非西方哲学所能比，而其生生哲学便是中国传统哲学的现代体现。

方东美的哲学是向中国传统哲学的回归，是向《周易》精神的回归。他的生生哲学直接取源于周易。“宇宙乃是普遍生命流行的境界，天为力生，万物资始，地为广生，万物咸享，合此天地生生之德，遂成宇宙，其中生气盎然充满，旁道统贯，毫无窒碍，我们立足宇宙之中，与天地广大和谐，与人人同情感应，与物物均调浃合，所以无一处不能顺此普遍生命，而与之全体同流。”(《方东美新儒学论著辑要》)方东美认为，儒学的根本精神就是乾元坤始所代表的“广大悉备的精神生命”。这种精神生命贯注于天、地、人。人由这种精神生命推己及物，与人相感通，与物相感通，与宇宙相感通，进而达至参天地之化育、与天地参的境界。达到了这种境界，人与天、地平等，挺立起了自身的主体性，实现了生命的价值和意义。这种人可称之为完人、圣人。方东美由此指出，中国哲学尤其是儒学，其本体论就是价值论，二者是合一的。

用这种价值视野去关照文化，便构成了其文化哲学的主体。方东美的文化哲学，目的是建构一个“人与世界在理想文化中的蓝图”。在这个蓝图中，物质世界是基础，向上是生命世界，最上层是心灵世界，三个层次形成一个次第上升的格局。生活在这个蓝图中的人，首先应该是艺术的培养，尤其是建筑艺术的培养，然后是道德品格的形成。透过艺术和道德，人的生命进一步提升到神秘境界——宗教领域。而这一切都是在物质基础上形成的。因此，物质世界是起点，是平台，人在物质世界中安顿自己的心灵。然而人不仅要创造一个属于自己的物质世界，还应创造一个适合自己的文化世界，或曰精神世界。这个文化和精神世界由艺术、哲学和宗教共同构成。其中，哲学是民族文化的核心，它经自身生命周流贯通全体宇宙，成为文化评判的标准；宗教处于最高层，人的最高理想就是要成就宗教性的全人、完人，即儒家所说的圣人。

方东美以其理想文化蓝图为基础，比较中西文化，鉴定其利弊得失，并提出纠偏补正的方法，其实质是以中国文化为宗，融

牟宗三、方东美、唐君毅（前排右起），张锺元、成中英、杜维明（后排右起）等人合影

摄各民族文化之长，以成就一种理想的文化形态。

他认为，希腊文化可以苏格拉底为界，在此之前以豪情运用正理，情理并重，表现出伟大的智慧。但自苏格拉底之后，知识成了判断宇宙真相的唯一标准，甚至以知识计量美德，理胜而情亏。在哲学上，将现象和本体二分，灵魂、躯体、物体三者隔绝。

欧洲文化则崇尚科学，人与自然对立，虽有创造精神，却起因于人的占有欲和征服欲，虽创造了灿烂的物质文化，却使人生沉沦陷落，宇宙倾覆幻灭，到头来仍不免为一场悲剧。

中国文化表现出一种“妙性”，“要在契约归真”。原始儒家、原始道家、原始墨家代表了中国文化的主要特征。老子的道、孔子的元，墨子的爱，三者虽异而不隔，共同体现出中国民族文化的特征：中和。但自老子、孔子、墨子之后，中国学术开始走下坡路。“语道趣小不尽好，谈易入魔而堕障，说爱遗情而无功。”

通过考察分析，方东美提出了一个自救和他助相结合的方法。所谓自救，即“希腊人应据实智照理而不轻生，欧洲人当以方便应巧而不诞妄，中国人合依妙悟知化而不粗浅”。所谓他救是指“希腊人之轻率弃世，可救以欧洲之灵幻生奇；欧洲之诞妄行权，可救以中国之厚重善生；中国之肤浅踏浇踏空，又可救之以希腊之实质妥帖与欧洲之善巧多方”。

六、“文化意识宇宙的巨人” 唐君毅

唐君毅像

唐君毅（1909—1978），四川宜宾人，生于一书香门第。其父唐迪风是晚清秀才，曾在佛学大师欧阳竟无门下学习。其母陈大任，出身名门，能诗善文。唐君毅在10岁以前就开始读《论语》、《孟子》、《诗经》、《易经》等传统经典，并对哲学产生了兴趣。14岁时他曾在江边沉思：被江水淹没的石头是存在还是不存在？思索的结果是，淹没了的石头并不能为我所见，故不存在。17岁时赴北平读书。读梁漱溟的《东西文化及其哲学》，觉其对人类文化终归于佛学的论说大契于心。18岁时又转入南京中央大学哲学系，受业于方东美、宗白华、李证刚、汤用彤。此间，与熊十力

有过短暂接触。大学毕业后，唐君毅曾在多所大学任教，1949年迁居香港，并与钱穆、张丕介、程兆熊等人共同创办新亚书院，唐任教务长。新亚书院后来又并入香港中文大学。退休后，唐君毅又与牟宗三、徐复观一起创办新亚中学，热心于教育事业。

唐君毅哲学的“中心观念”是“道德自我”。这一自我观念的确立，并不像传统儒家那样从人的善性、人生价值等正面切入，而是从反面，从宇宙悲凉、人生虚幻中得出。唐君毅认为，人生活的宇宙是虚幻，似梦境，一切都在时间中变化无常，直至走向死亡。他说“一切存在者必须消灭，时间送一切万物向消灭路上走。一切的花，一切的光，一切的爱，一切的人间事业，一切我们所喜欢之事物，均化为空无。”天有好生之德，亦有好杀之职，而众生相残亦不过是代“司杀者”杀之而已。整个宇宙所呈现出的不过是生而又杀，杀而又生，生生杀杀无限循环的过程。人生活在这样的宇宙中，尽管做出各种努力，最后还是走向死亡，就像大海中的小舟，拼命躲避风波的侵袭，而驶向的却是死亡之礁石。

很明显，唐君毅的理路是佛家“一切皆空”的路子，但他并没有像佛家那样因为空而走向无，而是因虚而要求实。正因为对虚幻宇宙的不满，而要求一真的完满的宇宙。“我要求故我在”，“我感通故我在”。我的要求是真实的。因我真实的要求而善的、完满的宇宙也真实地呈现出来。这一真实、完满的世界就是思想世界、道德世界，就是我心。我心是真实永恒的，超越时空界限，清明广大，无生无灭。由真实永恒之心来观照宇宙中的生灭变化，你会顿然醒悟，这世间万象的一切生灭变化又算得了什么呢，物质生活并不是我们生活的本质，现实宇宙的虚幻不正好说明我之本心的真实吗？

由虚而寻实，在虚幻的现实宇宙中，反求诸已，得到真实、完满的我之本心。可见，人的本质不是体现在外在物质生活中，而是体现在人的精神活动中。唐君毅把人的活动分为求生存、求爱情、求名位、求真、求善、求美、求神圣，他把这些活动都看成是人的精神活动，但这些活动仍有高低之分。其中，求生存是人的最低级的活动，因为它所含的物质成分最多；最高级的活动是纯粹的爱的活动。爱是人的天性，“人人均有爱人以德之心”。把这种本心无限扩大，人便是理想的人，社会也因此成为理想的社会。在理想的社会中，人不再作为物质和精神的复合体而存在，而是人人相忘于德之中，人作为一道德主体而存在。

现实宇宙是虚幻的，道德自我是真实永恒的。人的一切活动都是精神活动，人的文化活动也属于精神活动，是道德自我分殊

的表现。道德自我是一切文化活动的内在根基，一切文化活动皆不自觉地，或超自觉地表现道德价值。道德自我涵盖一切文化理想，是本，是一；文化活动则是成就现实的文明，是末，是多。这是就分别而言。就统一言之，二者应是本末一贯，一多相融。现实中的文明虽千差万别，但自有其贯通之道；社会人生虽超越个人，但亦内在于个人之道德自我。任何一方面的偏废，都不能成就理想与现实的完美互动。本强而末弱，则道德自我不能充分地成就自身；逐末而忘本，则人文世界将趋于分离，人格精神亦难免外在世俗化。

就东西文化而言，在唐君毅看来，西方文化是逐末而忘本，人文世界日趋分裂离散；中国文化是本强而末弱，人文世界开显不足。如唐君毅所言，中国文化如天之高远，地之广厚，自有其高明处，但在这覆天盖地之下，却少一由地达天之金字塔；在个人精神之间，亦少一经纬人与人精神的十字架。也就是说，中国文化境界甚高，然内容不足，人文世界并未全幅彰显。中国文化本强末弱，缺少由地达天之金字塔和横向铺展之十字架。为此，唐君毅提出了“纳方于圆”的观点。

中国文化是“圆而神”的智慧，西方文化是“方以智”的学问。然而中国文化 “圆而无方，神而无智”，须将西方文化多殊发展所形成的科学知识、工业机械文明、生产技术等客观成果吸纳消融，以期开出民主与科学，“以充实陶养此人格精神之生命者”。

唐君毅被牟宗三称为“文化意识宇宙的巨人”。唐君毅对文化问题的探讨，对中西文化的比较，与同时代的新儒家一样，也是站在儒家本位上，用中国文化去涵摄西方文化。因此，有学者认为，当代新儒家的思想格局仍然是“中体西用”。就其主观倾向来说，几乎所有的新儒家都站在儒学本位、中国文化本位上，因为这是他们思想的根本。但就其继往开新的意义上来讲，他们所作的探讨和尝试绝不是中学为本、西学为用的简单拼凑，而是对时代主题的积极回应，以及由此积极回应而阐发的理想文化形态。这对于指导我们今天如何发展民族传统文化大有裨益。

七、现代新儒家集大成者牟宗三

1958年元旦，牟宗三、唐君毅、徐复观、张君劢等人联名发表了《为中国文化敬告世界人士宣言》，以赤子之诚心阐发了中国文化赖以悠久之道，这被认为是当代新儒家海外学派形成的重要标志。宣言的倡导者牟宗三，可谓是当代新儒家的突出代表。

牟宗三讲演风采

牟宗三（1909—1995），山东栖霞人，9岁入乡村私塾读书，1927年考入北京大学哲学系。在大学期间，他不仅对《周易》产生了浓厚的兴趣，而且还广泛涉猎西方哲学各流派。但很快，他就遇到其生命中的“真人”——熊十力，并在熊十力的指导下，由西方哲学转向对孔孟儒学的研究。大学毕业后，牟宗三先是回山东寿张乡村师范教书，后又北上天津，与张东荪、罗隆基相交往。在此期间，他曾路过山东邹平，参观了梁漱溟所从事的乡村建设运动，并与梁三问三答，但很不和谐，从此二人关系冷淡。抗日战争爆发后，牟宗三离开北京，辗转于中国各地，这一时期，他对中西各家各派都作了大规模的研究，尤其是对康德哲学，用力最久，兴趣最浓，《认识心之批判》便是这一时期的学术成果。1949年，牟宗三离开大陆前往台湾，并经常在港台两地讲学，在学术上也取得了辉煌成就。《智的直觉与中国哲学》、《现象与物自身》、《圆善论》等是其代表作。

近代以来的中国传统文化，面对西方文化的冲击，已处于摇摇欲坠、日薄西山的境地。如何继承和发展中国传统文化，成为近代学人所共同面对的问题。牟宗三认为，把以孔孟儒学为主流的中国传统文化传承下去，最重要的是要把中国儒学活转于现代，本内圣之学以开出新外王。牟宗三本着这一理想，出入百家，融会中国哲学与康德哲学，建立起其博大精深的“道德的形上学”体系。

牟宗三首先跳出西方哲学的视野，批判了那种在西方哲学的标准下界定中国没有哲学的论调，指出中国的传统哲学可称为“道德的形上学”，即以道德为进路，渗透至整个宇宙本源，从而把握世界本体。这是一种“圆而神”的智慧，与西方那种以理智、逻辑为基础的“方以智”的哲学传统是不同的。中国哲学有着极高的境界和极玄妙的智慧，是天人合一的本末一贯之道。比如，康德哲学认为，人可以认识“物之所现”，但无法认识“物之所是”，主客二者是分离的；中国哲学则承认人有“智的直觉”，它不但可以认识物“理”，而且可以把握“本心”，“本心”反求诸己，见仁知天，由己之性而达于天之德，从而把握本体。可以说，中国哲学已充分证成了“无执的存有论”（“执”是佛家用语，执著、僵执之意），即本体界的存有论，但还缺少“执的存有论”，即现象界的存有论。牟宗三融摄康德哲学，明确指出中国儒学以无限智心开德福一致之机，在儒学这一大中至正之圆教中，德福浑然一体，圆善问题得以完满解决。

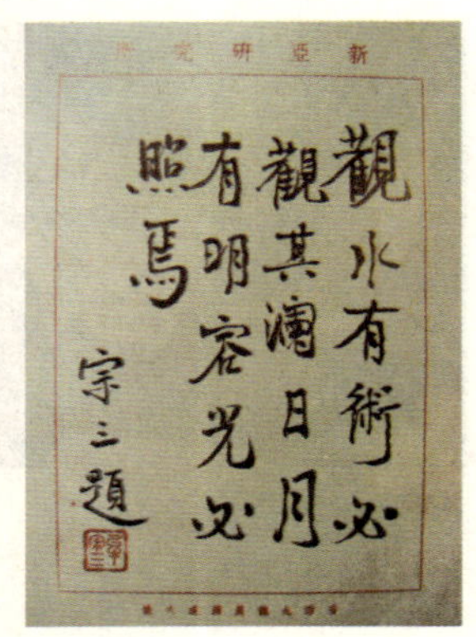

牟宗三手书孟子语

在看到中国哲学极高明之处的同时，牟宗三对中国文化之不足也进行了深刻的哲学反思。中国文化追求内圣外王的本末一贯之道，然而，在两千多年的历史中，中国文化却一直有治道而无政道，有道统而无学统（治道即治理国家之道，政道就是近代民主政体，道统是指孔孟圣贤之道，学统则是指独立之科学知识）。正是由于中国文化重内圣外王的修养之道，缺乏对自然界的客观的科学研究，从而无政统和学统，无民主和科学。牟宗三认为，解决的途径就是通过"良知的自我坎陷"，良知自我否定，在固守"仁"的同时，开出"智"来，由仁智合一走向仁智双彰，进而建立民主与科学。这是中国文化走向现代化的关键。

在此基础上，牟宗三提出了儒学三期发展说。儒学三期发展说从儒学的历史演变顺序和逻辑发展纬度来概括儒学理论形态的流变及其功效，以期指明新时期儒学发展的努力方向和奋斗目标。

第一期儒学从先秦儒家开始，以孔孟荀为典型代表。孔子以自己的生命践履与天地合一，成为仁且智的圣人，并以人格的光辉彰显着仁礼的全体大用。孔子代表了中华民族的文化精神。这一精神是仁礼双彰的。如果把孔子所代表的这种精神称为"全"，则孟子只继承了全之一体。孟子虽未能尽孔子的浑圆气象，但他以仁为本，挺立起一道德主体。此道德主体通天接地，亦表现为充实圆满之绝对精神。与孟子相反，荀子继承了孔子的礼法传统，凸显了智，把天地自然都看作是主体的对象。第一期儒学的功效对汉帝国的建构，是积极的，建设的，综合的。

第二期儒学是宋明儒学。宋明儒学是在对玄学和佛学"拨乱反正"基础上的道德意识的复归。这一期儒学的主干人物为周濂溪、张横渠、程明道、程伊川、胡五峰、朱晦庵、陆象山、王阳明、刘蕺山九位儒学大师。自周濂溪始，到刘蕺山绝食而死，宋明儒学在六百年的流变中始终以道德意识为中心。因此，重内圣而轻外王，重道德而轻事功是这一期儒学的主要特征。其功效则显为移风易俗，和第一期相对，是消极的，空灵的，分解的。

前两期儒学早已走完，接下来便是第三期儒学。此期儒学亦是我们今日应当努力发展之儒学。这一期儒学应是对第二期儒学的反动，对第一期儒学的复归。因此，第三期儒学将为积极的，建构的，综合的，充实饱满的。三期儒学的发展正好是一个正反合的逻辑发展过程。

第三期儒学的发展目标也就是我们今天所应共同奋斗的目标，即本内圣以开新外王，沿着儒学发展的逻辑道路，解决好道德理想与科学理性的关系，在道统的基础上建立起学统和政统，在中国文化的内部开出民主与科学。这就是牟宗三的“三统并建说”。

牟宗三的思想曾在学术界引起广泛的讨论，尤其是其“良知的自我坎限说”和“儒学三期发展说”，赞同者有之，非议者亦大有人在。但有一点不可否认，牟宗三的学说为儒学理论形态新的发展提供了一种思路。在内圣方面，他沿着熊十力的路向继续开拓，在外王方面，则取法于张君劢、梁漱溟，并与徐复观、唐君毅共同成为新时期儒学发展的领军人物。

八、“半路改行”的徐复观

徐复观（1904—1982），湖北浠水县人，其父是位乡村教书先生，多次科举落第，终其一生连个秀才也没考上。父亲的愿望自然地嫁接到了儿子的身上，少时的徐复观就是在科考的教育方式下读书的。

1928年徐复观赴日本留学，先是在日本明治大学读经济，后转入日本陆军士官学校学习。在这期间，他开始接触马克思、恩格斯的著作，对马克思主义产生了朦胧的向往，“九一八”事变发生后，徐复观愤然退学回国，并随国民革命军赴前线作战。1943年赴延安，任国民党驻延安联络处参谋。抗战胜利后，曾担任国民党党政军联席会秘书处副处长。多年政治生活使他逐渐对政治，包括国民党产生了失望和厌恶情绪。1946年，徐以陆军少将身份志愿退役，自此开始涉足学术界。

在由政治向学术的转变中，不得不提熊十力对徐复观的耳提面命之功。1944年，徐复观身着陆军少将军服前往重庆勉仁书院拜谒熊十力。熊十力推荐他读王船山的《读通鉴论》。徐说早已读过了，熊很不高兴地说，“你没有读懂，应当再读。”过些日子，熊问他读书的心得，徐说了一通批评王船山的话。未等他说完，熊就大骂起来：“你这个东西，怎么会读得进书！……这样读书，就是读了百部千部，你会受到书的什么益处？ 读书是要先看他的好处，再批评他的坏处。这才像吃东西一样，经过消化而摄取了营养。……你这样读书，真太没出息！”这一骂，据徐复观自己讲，具有“起死回生之功效”。徐复观出身行伍，而又“半路出家”转向学术，然其在此后的学术生涯中，却出版了近30部著作，这不得不让人佩服其毅力和学术实力，特别是他对中国思想史的研究和对中国传统政治的探讨，奠定了其在中国学术史上的地位。

徐复观从思想史家的视野，站在儒家人文主义立场上，对中

唐君毅、程兆熊、徐复观、牟宗三（左起）合影于香港

国传统政治的条分缕析，立足现实对政治的省察，对我们今天的政治建设仍具有借鉴意义。

徐复观认为中国的传统政治理念实际上是儒家的德治主义和民本主义。德治主义是依赖于人性而表现出的对人的尊重，人与人之间以德相感通，人人相忘于德之中；民本主义则以民为本，认定民是政治的主体，人君、国家等现实政治实体都是为民而存在，都是为人的价值的实现而存在。然而，现实却并非如此。中国传统政治理念在现实的落实中却是封建专制主义、大皇帝主义。理论和现实的巨大反差，说明中国的传统政治存在着巨大的弊端。

徐复观认为中国传统政治的弊端主要在考虑问题的立足点上。儒家的政治理念实际上是居于统治者的地位来为被统治者想办法，幻想通过统治者的德治身修而达天下平。因此，在中国传统士人的思想中，总是呼唤圣君贤臣的出现。这实际上是一种政治主体的错位，政治改革缺乏切实的推动力。具体到现实中，则是皇帝权力的无限扩大，国家的兴衰几乎取决于一人德材的高低。

解决弊端的方法就是引入民主主义。民主主义是对“德”的客观化、制度化。具体而言，就是要把传统政治的立足点倒转过来，不再是站在统治者立场上，而是站在被统治者的立场上考虑问题；人民要站起来争取自己的权力，有力量制衡统治者；知识分子，作为社会中的先觉者，要挺立起自己的主体性，要有向社会公众明是非的气概，而不要依附于政治势力。

徐复观要建立的民主，实际上是英美式的民主。不过，他要求民主与儒家的德治主义相结合。在民主的形式中，德治思想得以客观化、制度化。因此，这种政治制度不同于西方的民主政治，甚至要高于西方的民主政治。西方的民主政治是以争成其不争，以个人之私成其集体之公，这种不争和公并不是德的自然流露，而是人与人之间相互牵制而达成的结果。这实际上是对人的不信任。而儒家的德治主义则是建立在对人、人德的充分尊重的基础上，人与人以德相感通，人人相忘于德之中。

在当代新儒家中，梁漱溟、张君劢、徐复观、牟宗三等人都对中国的传统政治问题进行了深入探讨，而其最后结论也大多相似。他们认为，中国要走向民主政治，首先得坚持儒家的精神立场，在儒家精神立场的基础上，引入西方的民主，以弥补中国传统政治之不足。也许他们的论述带有自己主观的感情色彩，具有明显的倾向性，但他们的努力或尝试具有一定的学术价值和参照意义。

走進中國哲學殿堂

第十二章 马克思主义中国化

“路漫漫其修远兮，吾将上下而求索。”自近代以来，中国就踏上了漫漫求索路。从魏源的“师夷长技以制夷”，到孙中山的三民主义，无疑代表了各自时代的先进思潮。然而，中国的固有文化救不了中国，西方资本主义式的改良或革命也同样挽救不了中国的颓势。历史证明，只有中国共产党，只有中国共产党所掌握运用的马克思主义，才使中国发生了翻天覆地的根本变化，才使中国人民真正站了起来。

马克思主义同中国实际相结合的过程，实际上是马克思主义不断中国化的过程。在这一过程中，无数思想家、革命者用自己的思想和行动，乃至生命，铺就了中国前进的道路。

在马克思主义中国化的过程中，产生了两大理论成果：一是毛泽东思想；一是邓小平理论。两者都是广大人民群众实践的产物，并都指导着实践，推动着实践不断深入和发展。其中，毛泽东思想是以毛泽东为主要代表的中国共产党人，把马克思列宁主义的基本原理应用于中国革命和建设的实际所形成的理论原则和经验总结，是马克思列宁主义在中国运用和发展的第一次历史性飞跃；它成功地解决了在中国这样一个贫穷落后的国家如何进行革命的一系列基本问题，找到了一条具有中国特色的革命道路，并引导中国革命走向胜利。

邓小平理论是以邓小平为主要代表的中国共产党人，在改革开放的现代化建设中，围绕“什么是社会主义，怎样建设社会主义”这个根本问题，运用马克思主义的立场、观点、方法，解决新问题，总结新经验，所形成的建设有中国特色社会主义的理论体系，是马克思主义与当代中国实际和时代特征相结合的第二次历史性飞跃；它成功地回答了在中国这样一个经济相对落后的国家如何建设、巩固和发展社会主义的一系列基本问题，找到了一条具有中国特色的社会主义建设道路，并引导中国走向繁荣富强。

毛泽东思想和邓小平理论都是马克思主义中国化的理论产物，是不同发展阶段的马克思主义，是中国共产党人用中国的“内容、思维、语言”写出的马克思主义的中国“版本”。实事求是是马克思主义的精髓，是毛泽东思想的精髓，也是邓小平理论的精髓，马克思主义、毛泽东思想和邓小平理论，三者是一脉相承的。

实践在发展，理论也在不断丰富和完善。创新，只有创新，“才是一个民族进步的灵魂，一个国家兴旺发达的不竭动力，一个政党永葆生机的源泉”。理论创新，这是一个无止境的过程。

一、马克思主义传入中国

陈独秀像

1840年鸦片战争，揭开了中国近代史的历程。从此，中国就在屈辱与抗争的交替中步履难艰地行走，中国的仁人志士为救国救民也在孜孜不断地探索追求着真理。但“从一八四〇年的鸦片战争到一九一九年的五四运动的前夜，共计七十多年中，中国没有什么思想武器可以抗御帝国主义”(《毛泽东选集》)。封建主义的思想显然无法引导革命成功，资产阶级的思想也以百日维新的破产和辛亥革命的虽胜犹败而宣告失败，“十月革命一声炮响，给我们送来了马克思列宁主义”(《毛泽东选集》)。中国的革命和建设实践证明，只有在中国共产党的领导下，只有马克思主义与中国革命具体实践相结合，中国的革命才能成功。然而，马克思主义在中国的传播及其中国化，并不是一蹴而就的，其发展历程也不是一帆风顺的，而是经历了一个曲折的过程。

在《青年杂志》创刊号上，陈独秀在提倡民主与科学的同时，还介绍了社会主义，并且认为资本主义的发展有其自身的局限性，

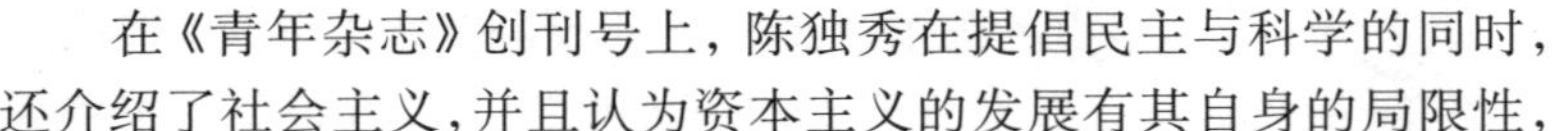

只有社会主义才能去掉资本主义固有的不平等与压制。虽然这时他对社会主义的认识还比较模糊，但他已开始接触社会主义思想。

海日初升　明·孙克弘

当时，国人在向西方寻找真理的过程中，引进了各种各样的思想流派，马克思主义也仅是作为各种社会主义流派中的一种被介绍到中国来的。1917年俄国十月社会主义革命胜利的消息传到中国之后，才使许多先进的知识分子意识到马克思主义也有可能适合与俄国国情有众多相似之处的中国，因而产生了走俄国道路的愿望，并自觉地在中国宣传和传播马克思主义。新文化运动的内容也由此发生重大变化。向中国民众系统介绍马克思主义的，首推李大钊。

留日时的李大钊

李大钊(1889—1927)，原名耆年，字寿昌，后改名大钊，字守常，河北乐

亭县人。李大钊自幼父母双亡，艰苦的岁月使他接触到中国最下层贫苦群众的生活，了解到劳动人民的疾苦，从一个侧面为他后来接受马克思主义提供了条件。16岁时，李大钊考入天津北洋法政专门学校，1913年留学日本，入读早稻田大学，学习法律和经济。在日本，李大钊接触到各种社会主义学说，参加了留日学生总会的爱国斗争，并开始学习研究社会主义思想和马克思主义学说。1916年3月袁世凯被迫取消帝制后，李大钊对祖国的前途寄予殷切的希望，提出创造“青春中华”的伟大理想。李大钊回国后，积极参加正蓬勃兴起的新文化运动，发表了许多反对军阀政治和封建文化的文章，猛烈抨击以孔子为偶像的旧礼教、旧道德，同反动势力展开斗争。同时还介绍欧洲社会党的情况，歌颂俄国二月革命，有力地推动了新文化运动的发展。

十月革命一声炮响，给中国送来了新的希望，李大钊受到了巨大的鼓舞和启发，迅速转变为坚定的马克思主义者。他利用报刊积极宣传俄国革命，传播马克思主义。1918年先后发表著名的《法俄革命之比较观》、《庶民的胜利》和《布尔什维主义的胜利》等文章，热情讴歌十月革命的伟大胜利，介绍列宁的布尔什维主义。文章指出俄国革命是20世纪世界革命的先声，号召民众去迎接那个“只能迎，不可拒”的历史潮流。他还满怀信心地宣告：“由今而后，到处所见的，都是布尔什维主义战胜的旗，到处所闻的，都是布尔什维主义凯歌的声”，“试看将来的环球，必是赤旗的世界！”李大钊还以极大的热情发起成立少年中国学会，指导国民社、新潮社等团体的工作，并担任北京大学图书馆主任，后兼任经济学教授，参加《新青年》、《每周评论》、《晨报副刊》的编辑工作，积极宣传马克思主义。

漫画《后至之客》 描写一战后列强在远东的争夺

1919年，为反对巴黎和会将德国在山东占有的权利转让给日本，中国爆发了“五四”爱国运动。五四运动是中国近代史上第一次由无产阶级领导的，资产阶级、小资产阶级以及广大青年学生广泛参与的反帝反封建运动。它的发生标志着中国由旧民主主义革命向新民主主义革命的转变。此后，

五四运动 现代 周令钊

我的馬克思主義觀（上）

李大釗

《我的马克思主义观》

马克思主义迅速在中国大地上传播开来，成为主导潮流。李大钊撰写了《我的马克思主义观》，比较全面地介绍了马克思主义的理论。1920 年 3 月，李大钊在北京大学组织了中国第一个“马克思学说研究会”，在北京会见共产国际的代表，商讨筹建中国共产党。

李大钊最早接受了马克思主义，特别是科学社会主义和唯物史观。他对哲学问题研究的广度和深度在中国早期马克思主义者中是出类拔萃的。李大钊最大的贡献是在中国开拓了历史唯物主义研究的先河。他不仅说明了物质与意识的关系，还进一步阐明了生产力与生产关系、经济基础与上层建筑的辩证关系，同时还明确论述了阶级斗争和无产阶级专政的原理。李大钊把马克思主义理论分为三部分：历史理论、经济理论、社会主义理论，指出“阶级斗争说恰如一条金线，把这三大原理从根本上联系起来”，从而阐明“社会主义的实现离不开人民群众的斗争”的道理。李大钊还用唯物史观最早考察了中国社会的道德问题，从中提出充满青春活力的革命人生观。他相信由自然进化到历史进化的法则，批判“英雄史观”，认为人民群众是历史的真正动力。李大钊把唯物史观引入中国思想界，从而谱写了以马克思主义为指导思想的、由中国共产党领导的中国革命实践这一宏大篇章的序言。

1927 年李大钊被奉系军阀杀害

五四运动以后，陈独秀也积极宣传马克思主义。他通俗地说明了“劳动创造世界”等历史唯物主义思想，主张阶级斗争学说和社会革命论，在同无政府主义的论争中阐明了无产阶级专政的必然性和历史作用等。1920 年 8 月，在共产国际的帮助下，陈独秀在上海组建了中国第一个共产主义小组。由陈望道翻译的《共产党宣言》也在上海出版。不久，李大钊又成立了北京共产主义小组。

在这一时期，李达、瞿秋白、毛泽东、蔡和森、周恩来、张国涛、邓中夏、恽代英、张太雷、王烬美、赵世炎、彭湃等也都积极宣传马克思主义，创办刊物，组织团体，参与、成立共产主义

小组，有计划、有组织地向工农大众传播马克思主义知识，促进了马克思主义与工人运动的结合，为中国共产党的创建作好了准备。1921年7月23日，在上海举行中国共产党第一次全国代表会议，宣告了中国共产党的诞生。中国共产党的成立，反过来又加速了马克思主义在中国的传播和应用。

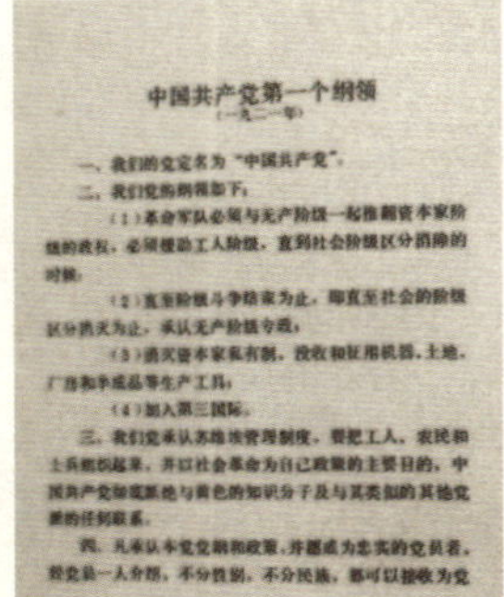

中国共产党第一个纲领
（一九二一年）

一、我们的党定名为"中国共产党"。

二、我们党的纲领如下：

（1）革命军队必须与无产阶级一起推翻资本家阶级的政权，必须援助工人阶级，直到社会阶级区分消除的时候；

（2）直至阶级斗争结束为止，即直至社会的阶级区分消灭为止，承认无产阶级专政；

（3）消灭资本家私有制，没收机器、土地、厂房和半成品等生产工具；

（4）加入第三国际。

三、我们党承认苏维埃管理制度，要把工人、农民和士兵组织起来，并以社会革命为自己政策的主要目的。中国共产党彻底断绝与黄色的知识分子及与其类似的其他党派的任何联系。

四、凡承认本党党纲和政策，并愿成为忠实的党员者，经党员一人介绍，不分性别，不分民族，都可以接收为党

中共一大通过的纲领

二、问题与主义的交锋

俄国十月革命鼓舞人们去接受马克思主义，五四运动促进了马克思主义的传播。但由于历史、地理、语言等因素，中国的知识分子并不是直接从俄国而是主要通过日本了解并接受马克思主义的，并且这一时期传播的马克思主义主要是马克思主义的唯物史观。因此，现在看来，当时他们对马克思主义的某些理解有失偏颇，甚至错误。即使如此，马克思主义仍初步显示出其强大的理论威力和实践意义。这主要体现在马克思主义者与保守主义者和资产阶级学者的辩论上。李大钊与胡适的问题与主义之争，陈独秀、李大钊、李达等与张东荪、梁启超等人之间的社会主义讨论，以及陈独秀对黄凌霜、区声白的无政府主义的批判，都在不同程度上扩大了马克思主义的影响，为马克思主义中国化作了必要的准备。

问题与主义之争是由胡适挑起的。胡适是实用主义哲学家杜威的学生，是实用主义在中国的代表。在新文化运动早期，胡适曾积极参与运动，是新文化运动的一员干将。但随着运动的深入，马克思主义逐渐传入中国，胡适也逐步站到了运动的对立面，站到了马克思主义哲学的对立面。这一立场的转化，与其实用主义思想是分不开的。

1919年杜威访华时合影
前排左起：史量才、杜威夫妇
后排左起：胡适、蒋梦麟、陶行知、张作平

在胡适的实用主义看来，一切哲学争论的意义就在于能否解决"人的问题"，就在于有用还是无用。"有用就是真理。"因此，"真理并不是天上掉下来的，也不是人胎里带来的，真理原来是人造的，是为了人造的，是人造出来供人用的，是因为他们大有用处所以才给他们'真理'的美

名。我们所谓真理，原不过是人的一种工具”；“真理所以成为公认的真理，正因为他替我们摆过渡，做过媒。摆渡的船破了，再造一个。帆船太慢了，换上一只汽船。这个媒婆不行，打她一顿媒拳，赶她出去，另外请一位靠得住的朋友做大媒”。他把真理看作是工具，实际上是强调真理的有用性、相对性，否认真理的绝对性、客观性。

这种片面强调真理的相对性的理论，在反对旧道德、旧文化时确有其积极作用，但把相对性绝对化，则必然会走向真理的反面。

1919年6月胡适接办《每周评论》，并任编辑。7月20日，胡适在《每周评论》31号上发表了《多研究些问题，少谈些主义》一文。在这篇文章中，胡适从其实用主义真理观出发，认为“主义起初时，大都是一种救时的具体主张，后来这种主张传播出去，传播的人图简便，便用一两个字来代表这种具体的主张，所以叫他做‘某某主义’。主张成了主义，便由具体的计划变成一个抽象的名词。‘主义’的弱点和危险就在这里”。“主义”是抽象的，虚幻的，因此是不可信的，无用的。“空谈好听的‘主义’，是极容易的事，是阿猫阿狗都能做到的事，是鹦鹉和留声机都能做的事。”在胡适看来，空谈“主义”是无用的，解决“人的问题”才是有用的。“请你们多研究这个问题如何解决，那个问题如何解决，不要高谈这种主义如何新奇，那种主义如何奥妙”，“现在中国应该赶快解决的问题真多得很！从人力车夫的生计问题到大总统的权限问题，从卖淫问题到卖官卖国问题，从解散安福部问题到加入国际联盟问题，从女子解放到男子解放问题……那一个不是火烧眉毛的紧急问题？”针对马克思主义者“根本解决”中国社会问题的主张，胡适认为“这是自欺人的梦话！这是中国思想界破产的铁证！这是中国社会改良的死刑宣告！”

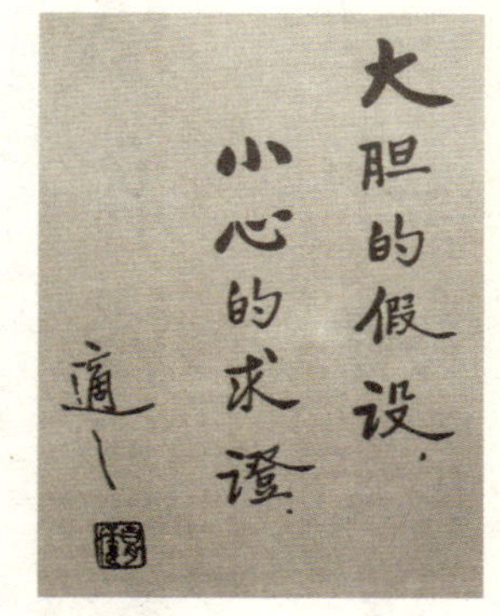

胡适手迹

首先起来批评胡适的是蓝公武。蓝公武在北京《国民公报》上用知非的笔名发表了《问题与主义》一文，《每周评论》33号转载了这篇文章。蓝公武主要是从抽象与具体的关系着手的。他认为，“主义”不仅是抽象的，而且是有内容的。因其内容，所以才能旗帜鲜明地解决现实问题；因其抽象，所以才能从根本上解决问题。“从他根本的方面着眼，即成了抽象性的问题，从他实际的方面着眼，便成了具体性的问题。”

胡适的文章

每週評論
The Weekly Review
31
多研究些問題，少談些主義

接着，李大钊在故乡五峰山上写了《再论问题与主义》，发表在8月17日《每周评论》35号

李大钊1924年于莫斯科摄

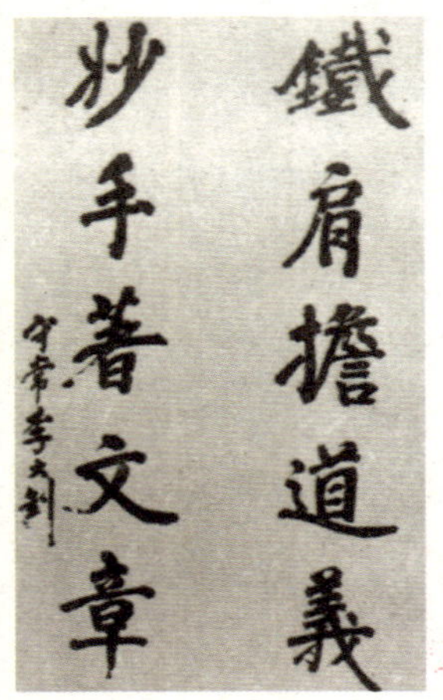

李大钊手迹

上。他认为，研究主义和解决问题都是重要的，两者不可分离，交相为用，且并行不悖。“我们只要把这个那个主义，拿来作工具，用以为实际的行动，他会因时、因所、因事的性质情形生一种适应环境的变化。”因此，所谓主义的危险，不是主义本身的危险，而是空谈它的人所带来的危险。但我们不能因为有人空谈主义就放弃主义的追求，而应该以实际行动来宣传我们的主义。“我们又何能因为安福派也来讲社会主义，就停止了我们正义的宣传！因为有了假冒牌号的人，我们愈发应该一面宣传我们的主义，一面就种种问题研究实用的方法，好去本着主义作实际的运动，免得阿猫、阿狗、鹦鹉、留声机来混我们骗大家。”同样，对于布尔什维主义，“我们应该研究他，介绍他，把他的实象昭布在人类社会，不可一味听信人家为他们造的谣言，就拿凶暴残忍的话抹煞他们的一切”。

在革命和改良上，李大钊主张先来个根本的解决，然后具体问题的解决就容易得多了。“恐怕必须有一个根本的解决，才有把一个一个的具体问题都解决了的希望。就以俄国而论，罗曼诺夫家没有颠覆，经济组织没有改造以前，一切问题丝毫不能解决。今则全部解决了。”“经济问题的解决，是根本的解决。经济问题一旦解决，什么政治问题、法律问题、家庭制度问题、女子解放问题，工人解放问题，都可以解决。”李大钊实际上是主张用暴力革命推翻腐朽的政治、经济制度，然后再利用国家政权去解决具体的问题。但在论证过程中主要采用了例证的方式，缺乏应有的理论深度。

尽管受到了蓝公武、李大钊的批评，但胡适并没有罢手，并在《每周评论》36、37号上，接连发表了《三论问题与主义》、《四论问题与主义》，坚持自己的观点，并有所辩解。他说，对于主义，我们应该研究，但不应该把它当作信条，因为一切主义都是假设的见解，不具有客观实在性。同样，马克思主义作为一种假设，也有其自身的弱点和危险，“太偏向申明阶级的自觉心，一方面，无形之中养成一种阶级的仇视心，不但使劳动者认定资本家为不能并立的仇敌，并且使许多资本家也觉得劳动者真是一种敌人。这种仇视心的结果，使社会上本来应该互助而且互助的两种大势力，成为两座对垒的敌营，使许多建设的求济方法成为不可能，使历史上演出了许多本不须有的惨剧”。这实际上是用真理的相对性来反对马克思主义，否认当时的阶级对立和阶级斗争，粉饰太平，美化资产阶级。

问题与主义之争，实际上是新文化阵营内部不同派别之争，

虽然双方剑拔弩张，针锋相对，但在反封建这个目标上仍然是一致的，只是所选择的路径不同罢了。但在当时那种历史情势下，选择革命，坚持马克思主义，用马克思主义武装人民头脑，才是正确的选择。这已被历史所证明。李大钊作为最早传播马克思主义的理论先驱，主张革命的社会改造，立场鲜明地反对资产阶级改良主义，为大批革命者指明了前进的方向。

1920年蔡元培、李大钊、胡适等摄于北京

胡适的思想基础是实用主义哲学，当时实用主义在中国很有市场，实用主义的代表人物杜威还亲自到中国讲学，

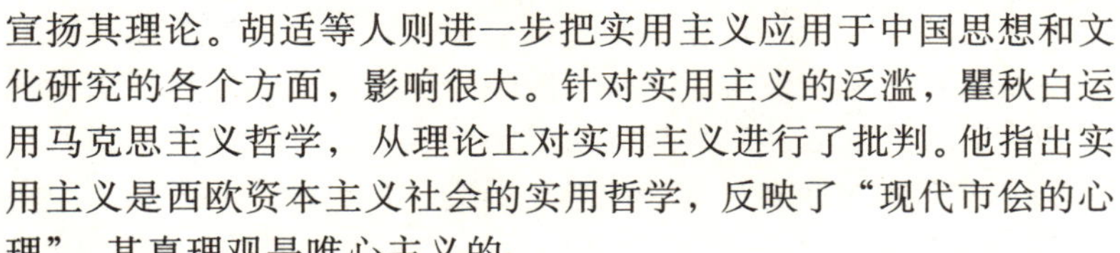

宣扬其理论。胡适等人则进一步把实用主义应用于中国思想和文化研究的各个方面，影响很大。针对实用主义的泛滥，瞿秋白运用马克思主义哲学，从理论上对实用主义进行了批判。他指出实用主义是西欧资本主义社会的实用哲学，反映了“现代市侩的心理”，其真理观是唯心主义的。

瞿秋白（1899—1935），出生于江苏常州的一个官宦之家。正如此时的清王朝已处于风雨飘摇、内忧外患之势一样，瞿秋白的“官宦之家”在其出生之前已呈破落之象。虽家境中落，瞿秋白却从小受到了良好的家庭教育，以至参加革命后，还不自觉地表现出传统知识分子的绅士风度和绅士意识，也许正是这种绅士意识塑造了其舍生取义的高尚人格。家境贫困，再加上家族的一系列变故，瞿秋白家的经济来源断绝，其母也于绝望之中服毒自尽。瞿秋白深感现实对自己的不公，曾一度产生“避世”思想，专注于研究诗古文词，探究经籍，以逃避现实来掩盖心灵的创伤。然而生活又逼迫他不得不走出去。1917年，瞿秋白来到了北京，先于北京大学旁听，后入免费的俄文专修馆学习，并自学英语、法语。至五四运动之前的三年内，瞿秋白阅读了大量书籍，接触了很多新思想，并参加了五四运动，以俄专学生负责人的身份参加了北京学联，成为五四运动的领导之一。现实的打击，社会风暴的洗礼，特别是李大钊的积极引导，瞿秋白逐渐摆脱了其理想化的佛教思想，开始倾向社会主义，并对苏俄产生了向往。很快，他就以《北京晨报》记者的身份前往苏俄，为中国问题的解决去研究共产主义、俄国共产党和俄罗斯文化。

瞿秋白像

在苏联的这段时期内，他不断地把自己的所见所闻所思诉诸

笔端，用热情的语言介绍苏联所取得的成就，极力宣扬共产主义思想。可以说，其马克思主义哲学思想的确立和成熟也是在这一时期完成的。

瞿秋白回国后，一边宣传马克思主义思想，一边参加党的实际领导工作，并开始注意理论与实际的结合，试图从马克思主义的辩证唯物主义和历史唯物主义的角度来考察中国问题，分析中国现实，并提出了很多有创见的理论观点，推动了中国革命运动的发展。特别是在国共第一次合作失败以后，他毅然代替了陈独秀的领导职务，制定了开展武装斗争和土地革命的总方针，使党的革命事业从低谷中走了出来。当然这一时期他也犯了一些错误，在指导方针上出现了偏差。尽管他极力纠正错误，并取得了一定成效，但是仍受到了王明等人的极力排挤，被驱出中央领导机关。1931 年，他秘密来到上海，做党的地下工作，并结识了鲁迅、茅盾等人，与他们一起领导了左翼文化运动。瞿秋白的文艺才能也因之而得到了充分展现。他以渊博的知识和精湛的马克思主义理论，从艺术与政治、艺术与生活的角度入手，文情并茂，回答了无产阶级文学的许多根本性问题，形成了自己的艺术哲学，为中国无产阶级革命文学奠定了基础。

1935 年，由于叛徒告密，瞿秋白不幸被捕，随即身份暴露。面对着敌人的威逼利诱，他不为所动，高唱《国际歌》从容就义。

被害前的瞿秋白

回顾马克思主义在中国的传播和发展，瞿秋白是一个承上启下的重要人物。他上承陈独秀、李大钊的历史唯物主义，下启李达、艾思奇的全面系统阐述马克思主义哲学的基本原理，将历史唯物主义原理作更深入、更细致的介绍与阐发，第一个比较系统地阐述了辩证唯物主义的基本内容，并把辩证唯物主义与历史唯物主义结合起来，比较完整地展现了马克思主义哲学的全貌。

瞿秋白从哲学的基本问题开始，从思维和存在的关系入手，认为世界的统一性在于其物质性，物质决定精神，从而阐明了马克思主义的物质观。并把这种唯物论与辩证法结合起来，详细论述了物质的运动与发展，以及矛盾的三大定律（对立统一规律、质量互变规律和否定之否定规律），形成了内容较完整的辩证唯物主义。不仅如此，他又将这种辩证唯物论运用于社会历史的研究，强调了劳动在人类社会产生与发展中的作用，肯定了社会的物质性及其发展规律的客观性，从而把辩证唯物主义与历史唯物主义有机结合起来，并达到了当时理论界的最高水平。

“瞿秋白同志是肯用脑子想问题的，他是有思想的。”（毛泽东语）的确，其思想不是为了理论而理论，更不是为了艺术而艺术，

而是为了中国问题之解决，为了开辟一条光明之路。为此，他强调理论与实践的结合，将马克思主义基本原理与中国革命的具体的实际相结合，分析了中国各阶级的情况，在中国最早提出和论证了中国无产阶级在中国资产阶级民族民主革命中的领导权问题，指出无产阶级应当领导革命，农民是革命的主要同盟军，没有农民的参与，革命就不会成功，而革命目的的达到必须通过武装斗争和革命战争。这些论点均体现了时代精神的精华和中国共产党人的智慧，为毛泽东思想的形成作了有力的铺垫。

三、中国应走哪条路

辛亥革命失败后，中国陷入军阀混战之中。中国到底该走哪条路成了人们议论的话题。各个阶级的代表人物和理论家就中国的出路问题展开了激烈的论争。无政府主义传入中国的时间要早于马克思主义，最早可追溯到1901年梁启超在《难乎为民上者》一文中提到的“无政府党”，以及当时学人所提到的“虚无党”。至新文化运动时期，无政府主义发展到顶峰，不仅出现了一些无政府主义团体，而且有数十种刊物宣扬无政府主义。无政府主义者大多以进化论为理论根据，认为宇宙是不断进化的，国家只不过是人类进化道路上的一种制度，并不是天经地义的，也不是不可磨灭的，现在就是废掉它的良机，因为国家就意味着强权，就会使人们的自由受到限制，这与自由、平等、博爱等天赋原则相违背。

无政府主义在反封建时期确实起过很大的作用，很多热血青年也曾在其麾下战斗过，但到了新文化运动后期，特别是随着马克思主义在中国的传播，无政府主义与马克思主义的分歧越来越大，终于，两派阵营在20世纪20年代发生了一场辩论，参与双方为以陈独秀、李达为代表的马克思主义者和以黄凌霜、区声白为代表的无政府主义者。

黄凌霜、区声白皆为北京大学学生。1917年5月，北京大学的学生组成无政府主义团体——实社，并出版刊物《自由录》。黄、区二人为《自由录》的主要撰稿人。1919年1月，实社与广州的心社、南京的群社，再加上平社，联合组成进化社，出版《进化》月刊，黄、区皆为发起人。

1920年9月，陈独秀在《谈政治》一文中公开批评无政府主义反对一切政治和国家的主张。1921年5月，陈独秀在《社会主义批评》一文中抨击无政府主义脱离实际的幻想，区声白立即发

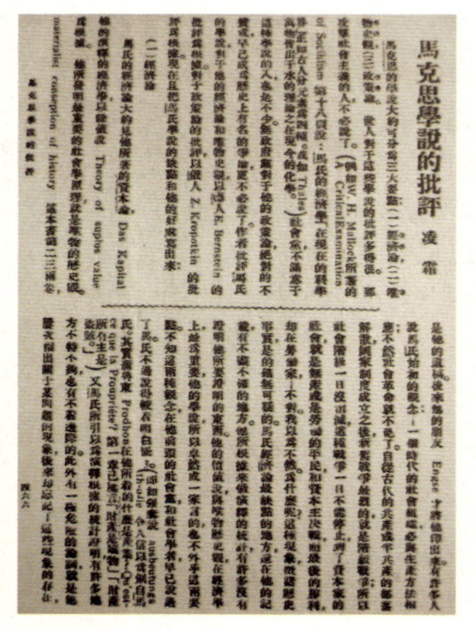
馬克思學說的批評 凌霜

黄凌霜的文章

表公开信反驳陈独秀，此后双方又进行了四次辩难。

其实，黄凌霜、区声白并没有多少哲学思想，其话语也不过是重弹过去无政府主义的老调，只是把话语矛头对准了马克思主义而已。马克思主义主张建立一个无产阶级国家，这与无政府主义者所提倡的绝对自由是相对立的。黄凌霜、区声白主张，现在的任务是推翻现有的政权，如在革命成功后仍然建立一个国家政权，虽然是无产阶级政权，但依然是平民独裁专制，这与人民的绝对自由是不相合的，尤其是“主张按各人劳动的多寡来给报酬。那么强有力的，将享最高的幸福，能力微弱的，将至不能生活；能力微弱的缘故，或关乎生理，非其人懒惰的罪，而结果如此，还说什么幸福呢？”（黄凌霜：《马克思学说的批评》）

黄凌霜、区声白从绝对自由出发，认为在革命后应建立一个无政府主义社会，在这个社会中，人民按需分配，享有充分的自由。区氏说：“无政府主义的社会，是自由组织的，人人都可自由加入，自由退出，所以每逢办一件事，都得要人人同意，如果在一个团体之内有两派的意见，赞成的就可执行，反对的就可退出，赞成的既不能强迫反对的一定做去，反对的也不能阻碍赞成的执行，这岂不是自由吗？”（《讨论无政府主义》）

显然，无政府主义者反对一切政权的做法是盲目的，主张按需分配是不切实际的，其所追求的“绝对自由”也只能是痴人的呓语。对此，马克思主义者都进行了一一驳斥。陈独秀认为：“无政府主义者往往拿从前人口稀少的农业时代的理想来改造现代人口发达的工业社会，便是未曾认明社会的经济的事实。”因此，无政府主义思想的出发点本身就是不切实际的。“团内意见不同的分子可以说自由退出，我不知道一社会内意见不同的分子或一团体，有何方法可以自由退出？”这样，其所设想的无政府主义社会也只能是一句空话。

李达从现实社会生产力的角度出发，认为“若果社会的生产力发达到无限制的程度，生产物十分丰富，取之不尽，用之不竭，这‘各取所需’的分配原则是很可实行的。只是生产力未发达的地方与生产力未发达的时期内，若用这种分配制度，社会的经济秩序就要弄糟了”（江春：《社会革命的商榷》）。

“无政府党是我们的朋友，不是我们的同志。”李达的话充分体现了这次辩论的性质。马克思主义者与无政府主义者的分歧，是革命内部的分歧，许多青年曾相信过无政府主义，但在马克思

主义的指导下，大部分都先后转变为坚强的马克思主义战士，只有少数人成了国民党的政客。20世纪20年代后期，无政府主义的影响渐趋微弱。

张东荪的著作

除了关于无政府主义的论战外，关于社会主义的论战也非常有名。在当时传入的关于社会主义的各种思潮中，除了马克思主义之外，打着社会主义旗号的还有新村主义、基尔特社会主义以及第二国际的修正主义等。由于人们对社会主义并不是很了解，再加上各种社会主义思潮良莠不齐，在正宗的麦苗中不可避免地夹杂些杂草。于是，关于中国需不需要社会主义就成为时人讨论的热门话题。不管是赞同它，还是反对它，但你无法避开它。

1920年11月，基尔特社会主义者张东荪陪同罗素在中国各地讲学。讲学期间，罗素劝告中国人，要改变现状，“第一宜讲教育，使无知识的有知识，使有知识的更进一层。第二是开发实业，救济物质生活。至于社会主义不妨迟迟”。由此，张东荪在《时事新报》上发表了一篇名为《由内地旅行而得之又一教训》的时评，认为中国不适合搞社会主义，而应该走资本主义道路。此论一出，即遭到李达等人的反对。在双方针锋相对时，梁启超、李大钊、陈独秀等人也相继加入。《新青年》、《先驱》、《评论之评论》与《改造》、《时事新报》成了双方各自发表观点的阵地。

张东荪、梁启超认为，中国是一个比较特殊的国度，中华民族有自身的不同于他族的国民性，中国是一个无阶级的国度。“贵族、平民之差别，自战国以来，既已一扫，此后更无发生之余地。……故所谓阶级者亦根本不能成立。”社会主义的理论基础是阶级论，既然中国是无阶级之国，那么，把社会主义移植到中国，必违反国民性格。张东荪为了说明中国无阶级，竟歪曲现实，说工人的痛苦不是来自资本家，农民对地主的剥削所造成的痛苦也没有十分深刻的印象。中国民族的根本性决定了社会主义制度不能发生，中国问题的解决只能依靠资本主义的发展。中国已穷到极点，当务之急是发展实业，先让人们过上“人的生活”，而不是空谈什么主义。发展资本主义，虽然资本家得利，但劳工亦得利。发展资本主义实业会“造成一个绅商阶级，同时造成一个劳动阶级；而把求为劳工而不得的人吸收进去，却是它的好处”。梁启超还从马克思的社会发展阶段理论出发，认为资本主义是一个不可逾越的阶段，只有经过资本主义阶段才能实行社会主义。

梁启超的文章

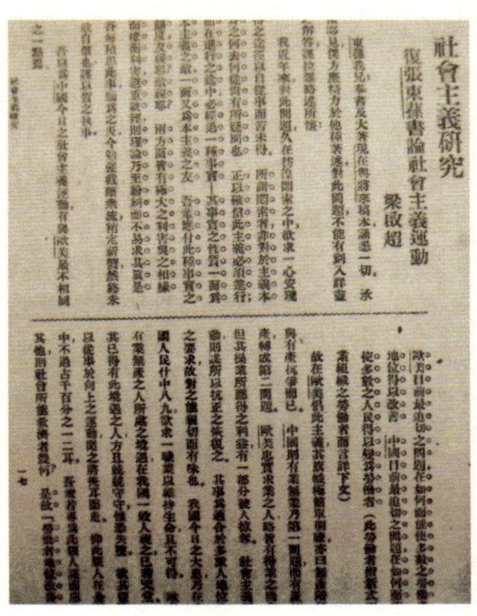
社會主義研究
復張東蓀書論社會主義運動
梁啟超

针对以上言论，以陈独秀、李大钊、李达为代表的

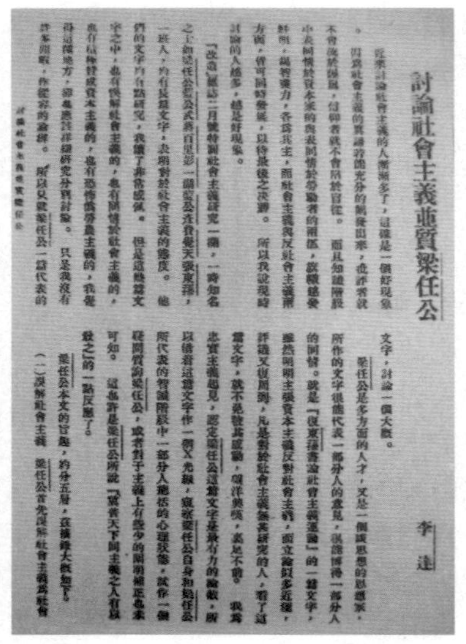
討論社會主義並質梁任公

李達

李达的文章

马克思主义者对之进行了严厉的反驳。陈独秀指出，中国是贫穷，但解决贫穷不是非得靠发展资本主义。他在《新青年》上发表文章说：“资本主义生产制一面固然增加富力，一面却也增加贫乏”，“所以先生所主张的使中国人‘都’得着人的生活，非废除资本主义生产制采用社会主义生产制不可。”

李达则从中国所处的国际环境出发，认为中国不存在自由发展资本主义的可能性。中国是帝国主义控制下的一个半殖民地，他在《新青年》上发表文章说：“各资本国在中国培植的经济势力，早已根深蒂固，牢不可破。当着产业万分幼稚的时代，又伏在各国政治的经济的重重势力之下的中国，要想发展资本主义和各资本国为经济战争，恐怕要糟到极点了。”

中国极度贫困，资本主义发展不足，但这并不意味着中国不能走社会主义道路。因为中国也存在着阶级，存在着资本家与工人阶级的对立。这阶级对立就是社会主义发展的客观基础。陈独秀在《复东荪先生的信》中指出：“中国若无劳动者，先生吃的米穿的衣住的房屋乘的车船，是何人做出来的？先生办的报，是何人排印出来的？”

李达指出，中国不仅有无产阶级，而且“中国的无产阶级所受的悲惨，比欧美、日本的无产阶级所受的更甚”。因此，中国虽然不具有发展社会主义的经济条件，但具备实行社会主义革命的阶级基础。而我们的任务就是要“联合大多数的无产阶级，增加作战势力，为突发的猛烈的普遍的群众运动，夺取国家的权力，使无产阶级跑上支配阶级的地位，就用政治的优越权，从资产阶级夺取一切资本，把一切资本、把一切生产工具集中到无产阶级的国家手里，用大速度增加全部生产力，这就是直接行动的效验”。

下面我们有必要介绍一下著名的马克思主义哲学家李达。李达（1890—1966）出生于一农民家庭，是兄弟中唯一获得读书机会的幸运儿。农民的艰辛，农村生活的悲惨，使他能够以最亲切的眼光来关注中国的现实，更使年幼的他刻苦读书，立志改变中国。1913年，李达以优异成绩考取留日官费生，东渡求学。他曾先后三次东渡日本，为探求救国真理，寻找强国之路而孜孜不倦的努力着。在这期间，日本军国主义强占了胶州湾，占领了山东省，并逼迫中国政府签订了“二十一条”。祖国的积贫积弱，也使漂泊在外的游子备受侮辱，然而也更激起了爱国学子的报国热情。

20世纪30年代的李达

1917年，俄国十月革命的胜利，使李达感到极大的兴奋和鼓

舞。他似乎看到了祖国的出路和民族的希望，并产生了对苏俄的向往。在第三次东渡日本时，他放弃了理工科的学习，师事日本著名马克思主义学者河上肇，专攻马克思主义理论，并很快成为马克思主义的笃信者和宣传者。

解放后作为武汉大学校长的李达正在写作

1920年8月，李达回到上海，积极筹建中国共产党。在中共一大上，他当选为中央局宣传主任。然好景不长，由于他与陈独秀在国共合作问题上的不和，他脱离了由他参与创建的党组织。虽然中断了同组织上的联系，但他从来没有放弃过"宣传主任"这一职务，处处履行着一个党员所应尽的义务。他用手中的笔，运用马克思主义的唯物论和辩证法，联系中国的实际，分析中国的革命形势，宣传共产主义理想，翻译和写作了多种马克思主义理论著作。其文笔犀利，理论性强，在当时影响极大，连国民党也为之恐慌，是国民党通缉的"著名共首"、"红色教授"。

在其出版的一系列著作中，于30年代完成的《社会学大纲》是其代表作，是"中国人自己写的第一本马克思主义哲学教科书"（毛泽东语）。它结构严谨，规模宏大，在体系的严整性和内容的深刻性方面，超过了在中国已翻译出版的包括苏联、日本在内的所有同类著作。在这部书中，李达宣称，马克思主义哲学是综合全部人类认识史的结晶，是人类哲学思想的历史的综合，一切先行哲学都在辩证唯物论的具体化的自然辩证法与历史辩证法中被扬弃了。

《社会学大纲》按照对立统一规律、量变质变规律、否定之否定规律的逻辑次序，阐述了唯物辩证法的基本规律，进而指出对立统一规律是唯物辩证法的根本规律。在认识与实践的关系上，《大纲》认为，认识由实践出发并复归于实践。实践是认识的基础，认识是实践的动因。实践证明认识的真理性，并依据这种真理性而积极地变革客观世界；认识是向前发展的圆圈运动，随着实践的发展而发展，是由相对真理到绝对真理的发展过程。《大纲》在阐述生产力与生产关系时，不仅具体分析了生产力与生产关系的辩证的矛盾，而且指出，在一切社会中，这对矛盾都是存在的，在敌对的社会中，这种矛盾带有敌对性质；在非敌对的社会即社会主义、共产主义社会中，这种矛盾不至于发展到敌对。

《社会学大纲》系统完整地介绍了马克思主义哲学，并对其中的有些观点有所发挥，在其深刻性和准确性上，集中代表了当时理论发展的最高水平，对毛泽东思想的形成也产生了重要影响。

四、中国社会性质论战

认清敌我友，是中国革命的首要问题。中国共产党在成立之初的主要任务就是要认清中国革命的性质，确定革命的主要对象，进而制定正确的路线方针政策。

中国共产党成立后，经过一段时间的探索，在列宁关于殖民地民族解放运动理论的指导下，基于对中国社会性质的正确认识，于中共二大上第一次提出了彻底反帝反封建的民主革命纲领，指出中国社会是半殖民地半封建社会，中国革命的对象是帝国主义和封建军阀，革命的力量是工人阶级、农民、小资产阶级和民族资产阶级。此后，在共产国际的推动下，中共三大决定与孙中山领导的国民党合作，建立革命统一战线，以加速国民革命的步伐。1924年1月召开的国民党第一次全国代表大会确定了“联俄、联共、扶助农工”的三大政策，通过宣言接受了中国共产党反帝反封建的主张，从而把旧三民主义发展成为新三民主义。此后，在中共的推动下，全国出现了革命形势的高潮，北伐一路凯歌。然而，在孙中山去世后，面对以蒋介石为首的国民党右派的猖狂进攻，中共总书记陈独秀却一味退让，放弃了无产阶级对农民和城市中、小资产阶级的领导权，特别是放弃了对于武装力量的领导权，其右倾投降主义错误致使革命遭到失败。1927年4月，蒋介石在南京建立了“国民政府”。

在大革命失败后，如何认清现阶段的革命性质，成为中国共产党首要解决的问题。关于中国革命的性质，苏联思想界和共产国际内部在1926年就进行过讨论。斯大林认为，中国国内的压迫的主要形式是封建残余及其全部军阀官僚上层建筑，帝国主义则是支持、培植和保存这些反动势力的力量，因此，中国革命的性质是资产阶级民主革命，中国革命的任务是推翻封建势力和帝国主义在中国的统治。这种观点在苏联思想界占统治地位。但仍有以托洛茨基、拉狄克为代表的少数派认为，中国已经是一个资本主义社会，蒋介石的上台，标志着中国已进入资本主义稳定发展时期；帝国主义只是控制了中国的海关，因此，中国革命的任务是对内反对资产阶级和富农，对外争取关税自主。此观点受到斯大林等多数派的批评。

1927年8月7日，在共产国际的指导下，中共中央在汉口召开了紧急会议（史称“八七”会议），纠正和结束了陈独秀的投降

主义路线，撤消了他的领导职务，确定了武装反抗国民党反动派和开展土地革命的总方针，并决定发动秋收起义。会议选举出以瞿秋白为首的新的中央领导。此后，由于混淆了民主革命和社会主义革命界限，错误估计了形势，主张革命的道路是以城市为中心，举行工人武装暴动，结果不断遭到失败。1928年7月，中国共产党在莫斯科召开第六次全国代表大会。大会分析了大革命失败后的政治、经济形势，根据苏联思想界对中国革命的分析，认为，“中国没有从帝国主义铁蹄下解放出来”，地主阶级土地私有制度并没有被推翻，中国革命的性质是资产阶级民主革命，革命的任务是推翻帝国主义和国民党统治，进行土地革命，党的任务是争取群众，而不是进攻。大会批判了陈独秀的右倾投降主义和瞿秋白左倾盲动主义的错误。

中共六大的论断是符合当时的革命形势的，实践已对之作了最好的注脚，但在当时并没有得到全党的一致认同。以陈独秀为代表的一部人认为，1927年的大革命，资产阶级取得了胜利，在政治上建立了以其为中心的统治，即南京国民政府，封建势力受到打击，失去了和资产阶级相对立的地位，成了残余势力之残余。现在中国正处于资产阶级革命和无产阶级革命两个革命高潮间的“过渡时期”，在过渡时期内，只能进行合法的斗争。持这种观点的人被称为托陈取消派。

除了党内论争，在党外，还有一个以陶希圣为代表的新生命派。1928年1月，陶希圣和周佛海等人创办《新生命》杂志，并以该杂志为主阵地，发表了《中国社会到底是什么社会？》、《中国之商人资本及地主与农民》等文章，极力否认中国的半殖民地半封建社会性质，攻击中国共产党的新民主主义革命纲领和路线。他们认为，封建制就是分封制，这种制度在战国时期就已经崩坏，中国是一个“为封建思想所支配的初期资本主义”；帝国主义经济势力的渗入，不是扶植中国的封建势力，而是发展中国的资本主义。因此，“此二千五百年的中国，由封建制度言，是后封建制度时期；由资本主义言，是前资本主义社会”。陶希圣称之为“商业资本主义社会”。在这个社会中，社会主要矛盾是士大夫阶级和各阶级的矛盾。士大夫阶级是知识与权力的混合物，与地主、资本家和农民相对立。因此，发展中国经济就要打倒士大夫阶级，而不是推翻封建制度，因为封建制度早已崩溃了。

晚年的陈独秀在写作

1929年10月，中国共产党在党内开始反对托陈取消派有关中国革命的谬论，同时，中央文化工作委员会组织学者在《新思潮》上发表了一系列论文，阐述党的政策，驳斥反马克思主义的谬论。

论文主要有王昂（王学文）的《中国资本主义在中国经济中的地位、发展及其前途》、潘东周的《中国经济的性质》、吴黎平的《中国土地问题》、向省吾的《帝国主义与中国经济》、朱镜我的《改组派在革命现阶段上的作用及其前途》等。这些文章主要发表在《新思潮》上，因此这些人被称为“新思潮派”。

新思潮派用马克思主义分析中国的社会性质。他们一致认为，中国是一个半殖民地半封建社会，一方面处在国际帝国主义的统治下，另一方面又保持强有力的封建关系，中国的资本主义在这双重压力下并不能顺利发展，也不可能成为支配全国的经济力量。因此，中国经济要发展，就要从根本上推翻帝国主义，肃清封建势力，中国革命是反帝反封建的资产阶级民主革命。

新思潮派的文章发表后，受到任曙、严灵峰、李季等托派分子的反对，这些托派分子以《动力》杂志为阵地，人称“动力派”。

动力派支持、附和新生命派的观点，认为中国已经是资本主义社会。如严灵峰认为，“帝国主义在中国是绝对地要破坏封建制度的经济基础，要推动中国整个社会向着资本主义过程发展和扩大”。任曙认为“帝国主义底侵入促进中国商品经济的发展，而商品经济底发展，就是资本主义的发展”。因此，帝国主义的在华资本和“土著资本”所起的作用是一样的，都促进了中国资本主义的发展，对国货的资本主义和洋货的资本主义应一视同仁，“华洋一家”。

托派分子刘镜国（刘仁静）对任曙的观点有所批评，认为帝国主义妨碍中国生产力的发展，但他仍然认为中国是一个“落后的资本主义社会”，反对帝国主义就是争取关税自主。

动力派的观点显然是“洋奴哲学”，其实质是混淆视听，反对中共的六大路线，中国的马克思主义者对之进行了强有力的驳斥。其中比较重要的文章是刘梦云（张闻天）的《中国经济之性质问题研究——评任曙君的〈中国经济研究〉》。刘梦云指出，帝国主义入侵中国，不是为了发展中国的资本主义，而是要把中国变成它的殖民地，变成它的附庸。为了维护其利益，帝国主义会通过维护封建剥削而奴役中国劳苦民众。“现在不是中国经济的繁荣，而是中国经济的恐慌，帝国主义在中国的统治，只能破坏中国经济，而不能发展中国的经济。它只能使中国的经济殖民地化，而不能使中国的经济独立发展。”因此，中国现在的革命是反帝反封建的资产阶级民主革命，建立工农民主专政，再进而实现无产阶级专政，即实现社会主义。

中国社会性质论战，在当时影响巨大，参战者众多。在这次论战中，中共和许多马克思主义者不仅保证了中共六大路线的贯彻执行，而且对于中共后来的方针政策的制定也产生了重要影响。

与中国社会性质有关的中国历史分期的社会史论战，可以看作是社会性质论战的延续。这次论战主要围绕中国古代社会经历了什么性质的社会阶段而展开，参与论战的主要是马克思主义史学家和托派分子李季等。这是一个具有学术味道的论战，但从中也可嗅到政治的硝烟。

马克思在《〈政治经济学批判〉序言》中说过这样一句话："大体说来，亚细亚的、古代的、封建的和现代资产阶级的生产方式可以看作是社会经济形态演进的几个时代。"对马克思的这段话应该怎样理解？中国古代社会的发展阶段该如何划分？对"亚细亚生产方式"如何界定？对于这些问题的解答，不仅马克思主义者与非马克思主义者之间有分歧，而且在马克思主义史学家内部也没有达成一致的看法。

郭沫若作为马克思主义历史学家，在1928年至1930年分篇发表的《中国古代社会研究》一书中，以大量详实的资料和先进新颖的方法，论证了马克思主义的社会发展规律学说完全适应中国。他认为，商代和商人以前是原始社会，西周是奴隶社会，春秋以后到鸦片战争是封建社会。

郭沫若是我国现代文化史上一位博学多才的著名学者，是中国共产党领导下，在文化战线上继鲁迅之后的又一面旗帜。他在哲学社会科学的许多领域均有重要的建树，是我国马克思主义史学发展上不可或缺的重要一环，其地位和作用也是他人无法替代的。

郭沫若（1892—1978），出生于四川乐山县沙湾镇，这里距大渡河（古名沫水）、青衣江（古名若水）的汇合处不远。他原名开贞，号尚武，后取两河古称，改名沫若。1916年赴日学医，后转向文学，其诗集《女神》中的新诗开一代诗风。1926年参加北伐。大革命失败后，参加南昌起义，并加入中国共产党。后避居日本，潜心学习马克思主义，并决心在马克思主义唯物史观的指导下，从事中国史的研究，力图找到中国社会发展的法则，为中国革命服务。

留日时的郭沫若

郭沫若作为马克思主义历史学家，其著述主要集中在古代史领域，特别是在古代社会研究、古文字及古器物研究、古代思想研究等方面，成绩突出，影响巨大，不仅突显出唯物史观的理论威力，而且开创了中国史学研究的新局面。

20世纪二三十年代的社会史论战，无论从政治影响还是从学术影响上讲，都是一个重要事件。郭沫若一参战，就发挥出了巨大威力。当时争辩的一个内容就是有关中国奴隶制的问题。有人认为，

按照马克思的经济形态学说，原始社会之后是“亚细亚”或“古代的”，而非奴隶制。甚至有人认为，由奴隶社会而进入封建社会是特殊的，由氏族进入封建社会是世界历史发展的公律。再加上马克思、恩格斯的有关论述多以古希腊、罗马为依据，那么，中国的古代社会的性质该如何认识呢？

郭沫若根据马克思主义“人类社会的发展是以经济基础的发展为前提”这个基本原理，从分析社会的经济状况入手，认为从《易经》中可以看出原始人的生活痕迹，他们有渔猎、牧畜、耕种、工艺。到了尧舜时代，耕植获得发展，农业已经发生，这应该是原始社会向奴隶社会的推移。《诗经》的《生民》、《绵》、《公刘》描述了原始社会向奴隶社会过渡的情况，当时农业还不发达。但在《七月》、《楚茨》、《信南山》、《甫田》、《豳颂》六篇中，已经开始出现大量农夫共同劳动的场面，这农夫或“庶民”就是奴隶。所以，周初已完成奴隶制社会的转变。《易传》是春秋战国时代的作品，从中可看出农业的发达、工商业的兴起，说明经济状况又发生了变革，奴隶社会正向着封建社会前进。这样，我国古代社会的面貌就在生产力的变化发展中得以展现。后来，几经考证修改，郭沫若又提出了自己的奴隶制分期说，认为商代和西周是奴隶制的兴盛期，夏代是奴隶制的初期，而春秋已是奴隶制后期，向着封建社会过渡。

对于郭沫若的观点，当时争议是比较大的，尤其是以陶希圣、李季为代表的反马克思主义者，更是极力对之攻击。当时的论战主要是在《读书杂志》上展开的。

李季认为，中国的历史发展有其自身的特殊性，马克思的社会发展规律学说并不完全适应中国。中国在原始公产制之后走向了亚细亚生产方式时代，而欧洲则转入了古希腊罗马的奴隶制。亚细亚生产方式是没有阶级对立、没有私有制、特殊的社会形态。在他看来，中国古代历史应如此划分：自夏以前至夏末为原始共产主义社会；自殷至殷末为亚细亚的生产方式时代；自周至周末为封建社会；自秦至清鸦片战争为前资本主义的生产方式时代；鸦片战争以来是资本主义社会。

其他反马克思主义者的观点虽与李季的不尽相同，但大多认为中国没有奴隶社会，中国早已进入资本主义社会，这与他们在中国社会性质论战中的态度是一致的。

1933年，《读书杂志》由于政治原因被迫停刊，论战渐渐平静下来，但马克思主义者对这一问题的研究并没有止步。在众多研究者当中，吕振羽和翦伯赞是较为突出的两位大家。

吕振羽不同意郭沫若“西周奴隶说”的看法。他认为夏以前是原始社会，殷代是奴隶社会，周代是初期封建社会，秦至鸦片战争前是变种的封建社会，鸦片战争以后为半殖民地半封建社会。对于亚细亚生产方式，吕振羽认为，亚细亚社会的特征，在本质上与古希腊罗马的奴隶制是相同的，只不过同时又具备着土地国有、中央集权、公社形态、国家治水事业等不同于古希腊罗马的古代东方所具有的特征。但共性是主要的，殊性是次要的。殊性是由于所处的地理条件不同和发展的不完全性等原因造成的。这样，就在共性与殊性的统一上，比较清楚地阐释了“亚细亚生产方式”这一概念。

在湖南大学读书时的吕振羽

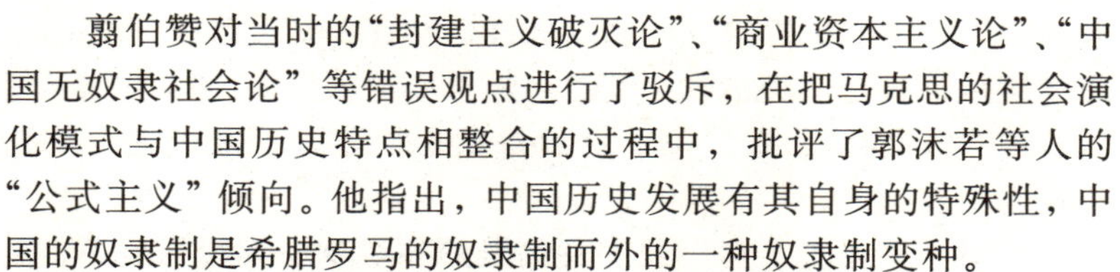

翦伯赞对当时的“封建主义破灭论”、“商业资本主义论”、“中国无奴隶社会论”等错误观点进行了驳斥，在把马克思的社会演化模式与中国历史特点相整合的过程中，批评了郭沫若等人的“公式主义”倾向。他指出，中国历史发展有其自身的特殊性，中国的奴隶制是希腊罗马的奴隶制而外的一种奴隶制变种。

中国历史如何分期问题，至今仍作为学术问题在讨论着，但在当时，这些论战更多的表现为政治立场上的不同，因为它实质上表现了是否赞成反帝反封建的革命路线的斗争。

五、对官方哲学的抨击

1924年，冯玉祥在北京发动政变，脱离直系军阀，邀孙中山北上，商议和平统一中国问题。次年3月12日，孙中山不幸在北京病逝。国民党右派趁机采取各种手段从事破坏统一战线的活动。在思想战线，斗争也十分激烈。“右派中最危险的一个家伙是戴季陶……他从思想上大大发展了孙中山的消极方面，写了《孙文主义之哲学基础》、《国民革命与中国国民党》，完全抽去了孙中山学说中一切革命的东西。”（《周恩来选集》）

戴季陶的小册子

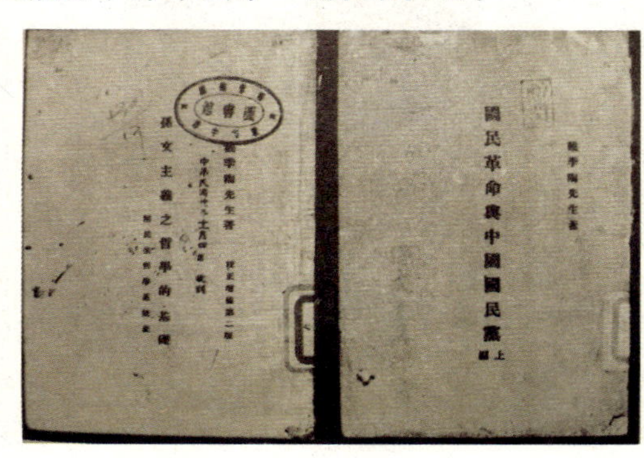

戴季陶主义是第一次国内革命战争时期国民党的统治思想，它打着三民主义的旗号，宣传其所谓的“纯正三民主义”。他认为，孙中山的学说可归结为“民生哲学”，这种哲学是中国千百年来的正统思想。“就修、齐、治、平来看，我们晓得，孔子的思想，注意全在民生。”“中山先生的思想，完全是中国的正统思想，就是继承尧舜以至孔孟而中绝的仁义道德思想。”

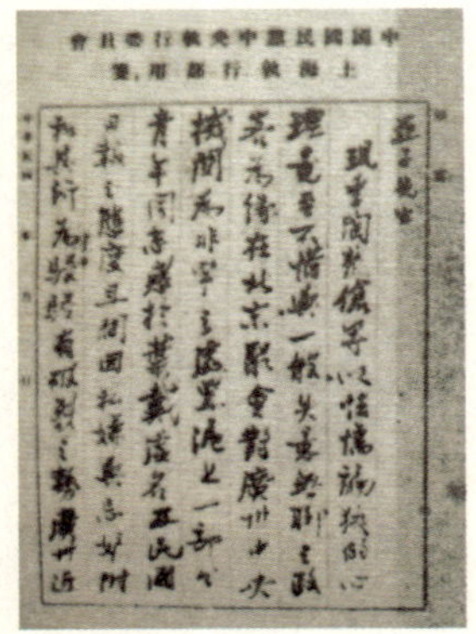

中國國民黨中央執行委員會
上海執行部用箋

恽代英手书

在这封致柳亚子的信中，恽代英批判了戴季陶的言论

因此，孙中山思想的落脚点是中国传统的“仁”、“仁慈”。

戴季陶完全抽去了孙中山学说中的革命思想，把其全部思想归结为“仁”的推衍，并以之否认中国的阶级对立和阶级斗争。他认为，“拥护工农群众的利益，不需要取阶级斗争的形式……可以仁爱之心去感动资本家，使之尊重工农群众的利益”。这样，在他看来，中国共产党所进行的革命斗争不仅是无意义的，而且完全是不负责任的。

没有了阶级对立和阶级斗争，孙中山所制定的“联俄、联共、扶助农工”的三大政策似乎也没有存在的必要了。戴季陶表面上以孙文主义的信奉者自居，实质上却背离了孙中山所制定的政策。他认为，中国应该尊重自己的独立性，没有必要去依赖苏俄；国民党应保持自己的纯洁性，排拒中国共产党的加入；由于经济落后，工农的文化低下，“民主的训练太过缺乏”，工业的无产阶级也是靠不住的。

针对戴季陶主义对三民主义的践踏和对革命阵线的破坏，社会各界均作出了强烈反应。除了国民党右派的支持，其他各方都发出了抨击的声音。其中，马克思主义者瞿秋白、恽代英、陈独秀是主要代表。

蒋介石与夫人宋美龄合影

瞿秋白一针见血地指出：“所谓纯正的三民主义者，却专以反对阶级斗争为宗旨，而以‘民族文化’、‘国家利益’为假面具，这样撇开大多数农工民众利益，而说什么‘国家民族利益’，实际上便是资产阶级蒙蔽愚弄民工阶级的政策。”“戴季陶等这种思想的根本点，便是一种唯心论的道统说：所谓孙中山三民主义的哲学基础，竟只是仁慈忠孝的伟大人格，竟只是继承尧舜禹汤周孔的道统——戴季陶又继承孙中山的道统！”

针对戴季陶否认阶级斗争的论调，陈独秀在《给戴季陶的一封信》中认为，如果“仁慈之心”能够解决一切问题，那么革命斗争也用不着了，原先所进行的北伐似乎也变得多此一举，“戴季陶只看到了民族斗争的需要而不看见阶级斗争的需要”，其“仁爱之心”完全是“欺骗工农群众的鬼话！”

恽代英认为，戴季陶鼓吹中国封建文化，宣传其所谓的“正统”，实际上是“抛了革命精神而把孙先生弄成菩萨一样”，是拉着孙先生的只言片语而向世人宣布“吾道不孤矣”的小丑行为。

由于戴季陶主义本身不成体系，再加上各方对其进行了批判，戴季陶主义很快便失去了市场，国民党统治者也急切寻找一种新的能维护其统治的哲学。这便是形成于20世纪30年代，风行于40年代的蒋介石、陈立夫的唯生论、诚的哲学和力行哲学。

蒋介石、陈立夫都以孙中山的民生史观为依据，认为宇宙的本体是生元，“宇宙一切皆由有生命的元子构成，所以宇宙一切皆生命”。因此，生存也就成了人类的本性，“人类全部历史即是人类为生存而活动的记载”，“人类历史演进的根本原动力，正是人类之求共生、共存、共进化”，“人类求生存的意志和努力，足以推动社会而进化，而古今中外所有革命的事业，唯有依于人类求生存的天性而出发，才能解决当前问题，增进人类幸福，促进世界大同”。

1934年，蒋介石在南昌发起新生活运动，用“礼、义、廉、耻”来改造国民的物质和精神。陈立夫也不失时机地为之摇旗呐喊：“新生活的根本精神，既不是‘唯心’，亦不是‘唯物’，而是‘唯生’。所以新生活的方法，是纳礼义廉耻诸美德于衣食住行之中，以求民生之解决。”

蒋介石、陈立夫如此卖力地关注“民生问题”，其目的不在于提升国民的物质和精神，而是以之为旗号，抹煞阶级斗争，推行其愚民政策。陈立夫认为，“人类的一部历史，显然是一部为求生而有的一切现象的历史，由此可知，‘生’才是人类历史的中心，而‘阶级斗争’是人类当进化时，因为物少，不足以维持人类的生存而发生的一种病态。以病态为常态，这是何等可笑的一件事”。“所以阶级斗争的产生，唯在人不知其共生、共存之道时而产生的一种道德上的堕落。”

在此基础上，他们竭力提倡所谓“诚”的哲学。“唯有诚乃能尽己性，尽人之性，尽物之性；唯有诚乃为物之始终，乃能一往无前，贯彻到底；唯有诚乃能创造、能奋斗、能牺牲。”“宇宙之诚即宇宙之主宰，即宗教家所称之上帝。至诚之人，成己成物，无所不动，所过者化，所存者神。”其实，他们所神化的“诚”，贯彻到现实中，就是智、仁、勇的统一，就是力图把人们的一言一行都纳入到传统道德规范之中。

除了以上的唯生论和诚的哲学，蒋介石还极力鼓吹其力行哲学。这同样是对孙中山的“知难行易”说的歪曲理解。孙中山曾针对当时有些革命党人理论信仰不坚定以至行动不坚决而提出“知难行易”的思想，其目的在于教育广大革命党人加强理论学习，在正确理论的指导下“努力革命，有始有终”。但到了蒋介石

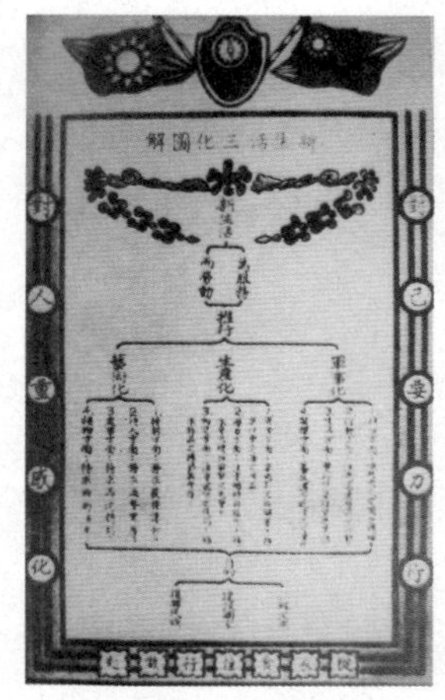

“新生活运动”中的宣传画

胡绳于 1948 年在香港摄

那里，却只剩下了一个“行”。“古往今来宇宙之间，只有一个‘行’字才能创造一切，所以我们的哲学，唯以‘知难行易’为唯一的人生哲学，简言之，唯认‘行’的哲学为唯一的人生哲学。”至于怎样去行，他说得更为赤裸裸：“良知是我们大家所固有的，故不必另外再去求知，若说要求学问的知识完全，就要用许多时间，更是不易。求知既是不易，即是很难，后知后觉，以及不知不觉的人们，只是跟着先知先觉的人们去行，就可以节省时间，完成革命，因为跟着去‘行’是很容易的。”

蒋介石、陈立夫的哲学思想并没有多少学术价值，但由于它属于官方哲学，再加上政治力量的强制推行，其影响力也不可小觑。因此，中国共产党也对之进行了针锋相对的斗争，其中，艾思奇、胡绳的批判最为典型。

艾思奇指出，唯生论虽以孙中山先生的某些话为依据，但却是对孙中山先生哲学思想的反动，“是他的一部分思想的附会夸大的产物”，“‘诚’字在中国的运用，常被当作是一个迷信的符号。我们在许多寺庙里，许多测字摊上，常常挂着‘诚则灵’的招牌，求神问卦的人，必须恭恭敬敬，把纸烛贡品和自己血汗换来的金钱送给和尚道士，以表自己的诚心。……蒋介石也有一块‘诚则灵’的招牌，其作用正和和尚道士的招牌一样，不过是勒索贡品的幌子罢了”。力行哲学与唯生论在本质上是一样的，都是唯心论，只不过打着“科学方法”的名义，却实行封建时代的愚民政策，“在‘真知’的名义下要求人民无知，在‘力行’的名义下要求人民盲从”。

胡绳专门写了《论‘诚’》一文，对“诚”这一概念进行了透彻具体的分析，他认为，“诚”只是人的一种主观态度，离开了科学理论的指导，其产生的行为也只能是盲目的行为，而蒋氏集团“用诚这空洞的概念来说明社会政治的原动力，其意义不过是抹煞广大人民的实际生活要求的作用。用属于人事范畴的概念来说明宇宙，其意义也不过是把物质世界化为有目的的精神，而完成其唯心论体系”。

戴季陶、蒋介石、陈立夫的思想，在本质和形式上都是一样的。他们打着孙中山的旗号，援引传统文化，鼓吹“仁”、“诚”的思想，其目的就是要愚弄人民，维护其统治。瞿秋白、恽代英、陈独秀、艾思奇、胡绳等马克思主义者对之进行的有力驳斥，促进了人民的觉悟以及马克思主义的传播，起到了很好的作用。

六、唯物辩证法之争

20世纪30年代，在中国学术界发生了一场有关唯物辩证法的论战，参与双方分别为以张东荪、叶青为代表的反马克思主义者和以艾思奇、邓拓、沈志远等为代表的马克思主义者。张东荪对唯物辩证法的三大规律（对立统一规律、量变与质变规律、否定之否定规律）逐一进行攻击，成为当时反马克思主义者的干将。针对张东荪的攻击以及叶青对马克思主义的误解和有意曲解，革命的哲学工作者对之进行了有力的驳斥，在一定的程度上扩大了唯物辩证法的影响，促进了马克思主义在中国的传播。

张东荪（1886—1973），浙江余杭人。早年毕业于日本东京帝国大学，如前所述曾以宣扬基尔特社会主义而与当时的马克思主义者发生争论。此后专研西方哲学，出版有《哲学ABC》、《精神分析学ABC》、《西洋哲学史ABC》、《人生观ABC》等专著。在介绍西方哲学的同时，他也吸收运用西方的新实在论、层创进化论、相对论等学说，逐渐建立起自己的一套哲学体系，即架构宇宙观和多元认识论。30年代，唯物辩证法传入国内后，张东荪主张给予迎头痛击，并纠集了一些人专门撰文反对唯物辩证法。1934年，他编了一本《唯物辩证法论战》，收集了包括他在内的一些人攻击唯物辩证法的文章，其中，《唯物辩论法之总检讨》是此书的代表作。

张东荪把黑格尔的辩证法与马克思的唯物辩证法混为一谈，认为“马克思的辩证法所以错误到不可求药，其原因一半在于黑格尔本身。换言之，即黑格尔本身就有错误与糊涂处；马克思不过再加一些新的错误罢了”。进而，他对马克思唯物辩证法的三大规律逐一进行驳斥。

对于对立统一规律，张东荪认为，马克思与黑格尔的错误在于把对待、负面与矛盾混为一谈。“所谓对待是指有对偶的东西相待而存”，“所谓负面只是指除了这个东西本身以外其余的一切”，“所谓矛盾是指两个命题不能同时皆真而言”。“黑格尔与马克思总是把对待与负面混而为一，使其最后都移于矛盾。他们的根本错误就在于此。”

对于量变与质变规律，他认为，“由量到质只能就一件一件各别事实而言，乃是实验的结果，不能变为预立的普遍大法。这种经验的结果除这一件事的本身以外是不保证将来一切其他诸事皆

如此而无例外"。这实际上是否认规律的普遍意义。

对于否定之否定规律，张东荪认为，这是马克思出自策略上的考虑。"拿正反合来说明历史的演变，这当然是与他有利的。因为倘使古代社会是共产（正），而现在社会是资本制度（反），则将来社会必定会变成含有资本制度生产工具的共产制度（合）。马克思及其徒党所以津津乐道辩证法的缘故，不外乎想向世人宣传他的共产主义在将来必可实现。"

叶青，原名任卓宣，四川南充人，1920年赴法勤工俭学，于次年加入法国共产党。1925年上海"五卅惨案"发生后，叶青因参加中国留法学生的示威游行而被捕，后被驱逐出境，经法国、波兰到苏联，入莫斯科中山大学学习。回国后，曾先后两次被捕入狱，经不住威逼利诱而叛变革命。在哲学上，叶青以唯物主义者自居，利用其曲解的马克思主义，反对张东荪的唯心主义，并提出了自己的哲学消灭论。他说："世界底认识则是由宗教而哲学而科学。……就发展说，宗教早消灭了，哲学在消灭中，现在是科学独霸知识界的时代。""自从黑格尔以后，就说不上有什么哲学。因为哲学是一整体的和全部的系统，其中是包有人生应有知识之一的。而自黑格尔以后，就没有系统出现"，"黑格尔为哲学底高峰"。他用黑格尔哲学的系统性反对此后的所有哲学，包括马克思主义哲学。

对于马克思主义的唯物辩证法，叶青采取了片面的理解，从而歪曲了马克思的本义。比如，他把矛盾的斗争性和同一性等同起来，用同一性消解斗争性，把事物发展变化的原因归结为矛盾双方的妥协调和。在对待内、外因上，他从内因、外因的相互联系、相互转化出发，认为二者是同一的，进而提出了其"外烁论"，即"中国底历史，不是合规律的。因为我们所有的哲学、科学、文学堆满了书店和流行于学校的，都从外国来，纯属采用性质。……于是中国历史底发展在这里，显然是外烁的"。这实际上是歪曲中国的历史发展事实，为西方侵略者张目。

为了回应以张东荪、叶青为代表的非马克思主义者对唯物辩证法的攻击，揭露叶青的假马克思主义面目，艾思奇、邓拓（邓云特）、陈伯达等人都专门撰文对之进行批判和斗争，促进了马克思主义与中国革命实践的结合。

邓云特在《形式逻辑还是唯物辩证法》一文中，对张东荪的错误进行一一驳斥，指出马克思的辩证法与黑格尔的辩证法不是一个事物，马克思的辩证法是对黑格尔辩证法的扬弃，对辩证法不可如张东荪那样作机械的理解。"唯物辩证法从关联中去把握一

切事物，就因为一切事物本来是互相关系的；唯物辩证法从对立统一中，矛盾的运动变化中，历史的发展中去把握一切事物，就因为一切事物本来是对立统一的，矛盾的运动与变化的，因循发展的。一切事物绝对不是‘不可测’的。”

陈伯达在《腐败哲学的没落》中指出，张东荪所谓的“三段法”不是马克思的唯物辩证法，而是僵死的公式；辩证法本身就是辩证的，是不断发展的。

艾思奇专门写了《论黑格尔哲学的颠倒》，指出“黑格尔的哲学是‘倒立着的唯物论’”，“新唯物论紧跟着黑格尔之后而建立起来，它从黑格尔取得了很重要的遗产，加以批判、改作，才成功一个划时代的新哲学”。

针对叶青对马克思唯物辩证法的曲解，艾思奇认为，叶青根本不懂什么是绝对，什么是相对。“静止只是运动的特殊形态，静止的东西，本质上仍是运动的。譬如事物在量变的过程中，它的性质不变，这时，在性质方面，我们可以说它是相对静止的，然而在量的方面，它始终是在运动。”“辩证法是把内因看作一切事物发展的根本动力的”，“内因是基础，是本质，是发展的必然性的决定的原因”。

艾思奇（1910—1966），原名李生萱，云南省腾冲人，其父李曰垓是同盟会会员，曾任云南省民政厅长、殖边督办、云贵矿务督办等职。艾思奇早年赴日留学，阅读了大量马克思经典著作。“九一八”事变后，艾思奇愤然结束自己的留日学习生活，并毅然断绝了与家庭的往来，立志为中国的革命事业尽自己的一番力量。他在上海参加革命活动，1934年发表哲学通俗讲话，后改为《大众哲学》出版。《大众哲学》以通俗的语言宣传辩证唯物论，以强大的理论威力揭示社会主义必胜的真理，在当时影响巨大，成为三四十年代最畅销的一本哲学读物。至1948年全国解放前夕，此书已印行了32版。

艾思奇在上海写作《大众哲学》

七、毛泽东思想

在长江南岸，有座大山叫韶山， 1893年12月26日，韶山冲农民毛贻昌家喜得一子，取名泽东，字咏芝（后改润之）。母亲为了给他保平安，将他抱到石观音小庙，叩拜一块巨石，认做干娘，还取了一个小名，叫石三伢子。当时谁能想到，正是这位朴实的农民的儿子，以他的伟大业绩和光辉思想使苦难的中国发生了翻

毛泽东像

天覆地的巨变！

毛泽东幼年的大部分时间在外婆家度过。外祖父家是四世同堂的大家庭，以务农为生，生活比较宽裕。毛泽东同表兄弟们一起生活，6岁便开始在田间从事零星劳动。从8岁开始，他先后在韶山附近的私塾读书，接受的仍然是传统的旧式教育。1910年秋，他走出韶山冲，来到湘乡县立东山高等小学堂读书。在这里，他更多地了解到外面的世界，接受了维新派的思想，康有为、梁启超也自然地成为他崇拜的人物。后来毛泽东考入湘乡驻省中学读书，开始拥护孙中山等革命党人，参加反清斗争。武昌起义爆发后不久，毛泽东退学，投笔从戎，并于1913年春，考入湖南第一师范学校。此间，他时刻关心天下大事，并认真思考人生的理想和道路问题，表现出强烈的社会责任感，被同学们称为“身无分文，心忧天下”。在新文化运动激流的冲击下，毛泽东与蔡和森等人共同创办了新民学会。

这时的毛泽东受到过改良主义、自由主义、空想社会主义、无政府主义等思想的影响，接触了一些哲学理论，其世界观具有二元论色彩，历史观基本上是唯心主义的。他把历史发展的动因归结为精神力量，把改造社会的希望寄托在大人物身上。

1918年，毛泽东为湖南青年赴法国勤工俭学四处奔走，虽然自己没有机会出国，但在北京期间，经恩师杨昌济的介绍，他结识了北京大学图书馆主任李大钊，并担任了助理馆员。在这里他又进一步结识了陈独秀、胡适等新文化运动的倡导者，这对他接受马克思主义学说产生了最直接的影响。回到湖南后，毛泽东积极参与并推动当地的学生运动，成功地主持创办《湘江评论》。他还发起有广泛社会影响的驱逐军阀张敬尧的政治运动。1919年12月，他率驱张代表团进京，重新研读了一些马克思主义论著。五四运动前后的两年中，毛泽东一直在探索改造中国之路，经过独立的思考以及总结湖南自治运动失败的教训，他依然决然地选择了马克思主义，走上了投身无产阶级革命的道路。

湖南省立第一师范学校第八班合影（四排右二为毛泽东）

1920年11月，毛泽东正式接受陈独秀的委托，与何叔衡等人创立了长沙共产主义小组。他还着手进行湖南社会主义青年团的组建工作。

李立三在民众集会上演讲

1921年7月23日至8月初，毛泽东作为湖南共产主义者的代表出席了党的一大，并负责记录工作。大会通过了党纲，确立了党的奋斗目标。所有这一切都对青年毛泽东产生很大触动，更加坚定了他为革命奋斗终身的信念。

中共一大后，毛泽东回到湖南与李立三、刘少奇领导了安源路矿工人大罢工。国共合作后，毛泽东从事农民运动的领导工作。1925年12月，毛泽东发表了《中国社会各阶级的分析》一文，他运用马克思主义的阶级分析方法，从中国的实际情况出发，对大革命时期中国社会的阶级结构、各阶级的本质及其对待革命的态度进行了深入剖析，指出："一切勾结帝国主义的军阀、官僚、买办阶级、大地主阶级以及附属于他们的一部分反动知识界，是我们的敌人。工业无产阶级是我们革命的领导力量。一切半无产阶级、小资产阶级，是我们最接近的朋友。那些动摇不定的中产阶级，其右翼可能是我们的敌人，其左翼可能是我们的朋友……但我们要时常提防他们，不要让他们扰乱了我们的阵线。"从而回答了中国革命的对象、动力、性质和前途等一系列根本问题，并针对党内存在的"左"和"右"的两种错误倾向，强调分清敌我友对于革命事业成败的重要性。《中国社会各阶级的分析》初步显示了毛泽东运用马克思主义分析中国情况的才华，是毛泽东思想开始萌芽的显著标志之一。

当时，党内以陈独秀为首的右倾机会主义者，屈服于国民党反动派的压力，消极对待正在轰轰烈烈兴起的农民革命运动，而使工人阶级和共产党处于孤立无援的地步。为了答复当时党内党外对于农民革命斗争的责难，毛泽东到湖南作了32天的考察，于1927年3月写成了《湖南农民运动考察报告》。

在报告中，毛泽东运用历史唯物主义的群众观点和阶级立场，热情歌颂了伟大的农民运动。他在文中指出，农民在乡里的举动不是"糟得很"，而是"好得很"；农民运动不是"痞子运动"，而是"革命先锋"的义举，并且通过对"十四件大事"的阐述，表达了他对农民群众的无限信赖。报告中还体现了毛泽东所主张的农民是中国革命主力军的思想，通过对农民阶级和阶层的分析，充分肯定了农民在革命中的地位和作用，可谓独树一帜。毛泽东的这篇报告，结合中国社会当时的实际情况和特点，初步尝试了把马克思主义同中国的革命实践相结合，鲜明地体现了马克思主义哲学世界观的基本原则，闪烁着辩证唯物主义和历史唯物主义的光辉，也是毛泽东思想萌芽的重要标志之一。

南昌起义　现代·黎冰鸿

大革命失败后，周恩来、贺龙、叶挺、朱德、刘伯承等人率领革命军发动了“八一”南昌起义，打响了武装反抗国民党反动派的第一枪。在不久召开的“八七”会议上，毛泽东提出了“政权是由枪杆子中取得的”思想。随后根据会议精神，他回湖南领导了湘赣边秋收起义，准备夺取大城市长沙。由于敌人势力比较强大，起义军损失严重，于是，毛泽东令各路起义军退到文家市。在这里他分析了敌强我弱的形势，最后前敌委员会决定放弃攻打长沙的计划，改向敌人统治力量薄弱的井冈山进军。在进军途中，还进行了有名的三湾改编，确立了党对军队的绝对领导。从“城市到农村”是中国革命具有决定意义的新起点。在井冈山地区，毛泽东领导军民开展游击战争，进行土地革命，建立工农革命政权，创建了井冈山革命根据地。他还及时总结井冈山斗争的经验，相继写出了《中国的红色政权为什么能够存在？》、《井冈山的斗争》、《星星之火，可以燎原》等文章，阐述了“工农武装割据”的理论，开创了以农村包围城市，最后夺取城市和全国政权的具有中国特色的革命道路。这是对马列主义关于武装夺取政权理论的创造性发展，是马列主义普遍原理与中国革命具体实践相结合的成功典范。在此期间，中国共产党发动了上百次武装起义，由于大多数人热衷于走中心城市暴动的道路，结果大都失败了。只有少数走井冈山道路的革命者才立起了红旗，说明这种道路是适合中国国情的。

毛泽东题词

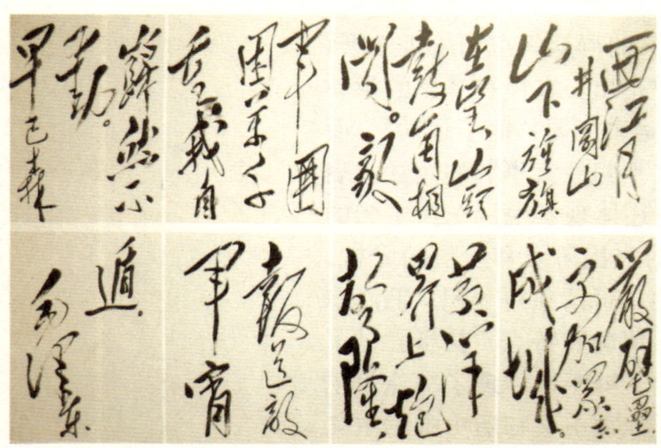

毛泽东的词《西江月·井冈山》

1929年12月，在红四军第九次党代会上通过了毛泽东起草的《古田会议决议》，其核心部分后来以《关于纠正党内的错误思想》为题发表。文

章针对许多党员存在的主观主义思想，指出：“对于政治形势的主观主义的分析和对于工作的主观主义的指导，其必然的结果不是机会主义，就是盲动主义。”强调党员要用马列主义的方法，通过社会调查研究去分析形势，制定策略，这实际上已提出了党的思想路线。

与此密切相关的《反对本本主义》，是毛泽东于1930年5月为了反对当时红军中的教条主义思想而写的关于调查研究问题的重要著作。那时没有用“教条主义”这个名称，而把它叫做“本本主义”。这是毛泽东一篇具有相当理论深度的马克思主义的哲学著作。毛泽东针对部分共产党人安于现状、迷信“本本”的保守思想，第一次鲜明地提出了“没有调查，就没有发言权”、“反对本本主义”等著名论断，揭露了教条主义的危害，并把它提升到了认识论的高度。其中还说明了社会调查的意义、目的、对象、方法和技术。同时，文中强调共产党人要坚持从斗争中创造新局面的思想路线，反对从本本出发按既定方法办事的保守思想路线，进一步表达了学习马克思主义必须与中国实际相结合的思想。该作充分运用了辩证唯物主义认识论，并结合实际工作的具体特点，总结了同主观主义、教条主义作斗争的历史经验，明确地指明了党的思想路线。这条思想路线体现了毛泽东思想的三个基本点：实事求是、群众路线和独立自主的理论雏形，标志着毛泽东哲学思想的初步形成。

从1930年底到1931年秋，蒋介石对中央革命根据地连续发动了三次“围剿”，毛泽东运用其军事辩证法思想，根据敌强我弱的情况，采取避敌主力，诱敌深入，集中优势兵力，各个歼灭敌人的方针，带领广大军民粉碎了敌人的“围剿”。1931年冬，中华苏维埃第一次全国代表大会在江西瑞金召开，大会宣布中华苏维埃共和国临时中央政府成立，选举毛泽东为临时中央政府主席，朱德为中央革命军事委员会主席。同年，“九一八”事变后，由于蒋介石的不抵抗，不到半年日军便占领了东北三省。蒋介石还抛出“攘外必先安内”的反动政策，于1932年底，对中央革命根据地发动了第四次“围剿”。

王明像

自1930年6月起，先是李立三的冒险主义，后是比“立三路线”还要“左”的王明冒险主义在党内占据统治地位。王明自称是“百分之百的布尔什维克”，在莫斯科中山大学学习时曾组织了所谓“二十八个半布尔什维克”。王明等人自认为是受过正统教育的纯粹马克思主义者，继续热衷于以城市为中心的武装暴动，他们反对毛泽东的农村革命根据地思想，瞧不上“山沟里的马克思

遵义会议会址

主义”，结果使党在国民党统治区的力量几乎遭到全部破坏，搞得党中央无法在白区立足，被迫于1933年初从上海迁到中央苏区。毛泽东对苏区党和军队的领导权被王明等人剥夺后，周恩来、朱德等人尚能抵制王明的一些错误，而按照毛泽东的军事原则打破蒋军的第四次“围剿”。可是自从临时中央迁到苏区后，受在莫斯科中央驻共产国际代表团团长王明遥控指挥的临时中央政治局博古等人，使“左”倾错误发展到极端，结果在“御敌于国门之外”、“不丧失寸土”、“胜利或者死亡”的口号声中，红军英勇奋战一年，也没能打破蒋介石的第五次“围剿”，在损失严重的情况下，于1934年10月被迫离开根据地，实行战略转移，开始长征。可是，博古、李德等人又犯了逃跑主义的错误，在几十万敌军的围追堵截中，中央红军被动挨打，损失大半，只剩下3万余人。并且蒋介石已判明红军的行动意图，在通往湘西的路上布置重兵，准备歼灭前往的红军。正是在这危急关头，毛泽东力主改变原去湘西的计划，而是向敌人力量薄弱的贵州前进，得到了中央大多数领导人的赞同。于是红军强渡乌江，占领了遵义城。1935年1月的遵义会议结束了王明“左”倾冒险主义在中央的统治，肯定了毛泽东的正确主张。

毛泽东在抗大作报告

红军长征到达陕北后，毛泽东在1935年12月召开的瓦窑堡会议之后又作了《论反对日本帝国主义的策略》的报告，运用唯物辩证法分析了国外的新情况，系统说明了党的抗日民族统一战线的政治策略。一年后，毛泽东又发表了《中国革命战争的战略问题》，从认识论的高度对第二次国内革命战争时期的军事经验进行了科学总结，揭示了中国革命战争的基本特征和规律。

1937年7至8月间，毛泽东在延安抗日军事政治大学讲授哲学时撰写了《实践论》和《矛盾论》。这两篇著作继承了中国古代哲学的遗产，吸取当时马克思主义哲学的研究成果，深入浅出地论述和发挥了马克思主义认识论和辩证法的基本原理。《实践论》是一篇

关于辩证唯物主义认识论的代表著作。由于党内的教条主义和经验主义的错误思想，使中国革命在1931—1934年间遭受极大的损失。毛泽东用马克思主义的认识论观点揭露党内的教条主义和经验主义，特别批判了教条主义的主观主义错误。他以实践观点为基础，以认识和实践的辩证统一为中心，系统地论述了能动的、革命的反映论。它具体地阐述了实践在认识过程中的地位和作用。实践论将人的因素的重要性引入马克思主义，强调人类的生产活动是最基本的实践活动，是决定其他活动的基本活动。实践论还提出人类认识的发展是一个“实践、认识、再实践、再认识”的反复循环过程。文中还论述了感性认识与理性认识、绝对真理与相对真理的辩证关系等一系列认识论基本问题。《实践论》丰富和发展了马克思列宁主义认识论，毛泽东用实践论教育全党必须树立马克思列宁主义同中国实际相结合的观点，这不仅为延安整风运动作了理论准备，还为中国共产党的实事求是的思想路线奠定了哲学基础，为中国革命的胜利打下了坚实的理论基础。

1937年春毛泽东和夫人贺子珍在延安

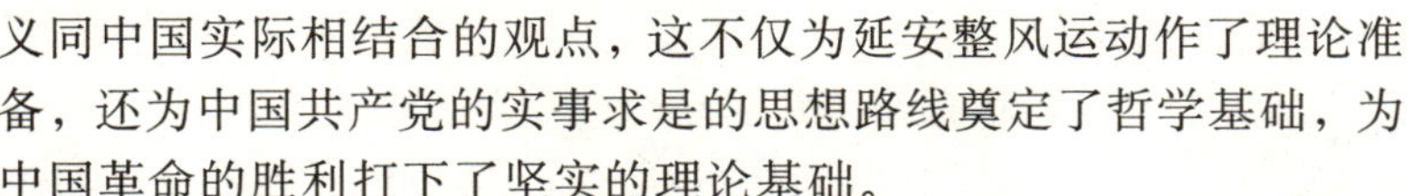

《矛盾论》是毛泽东系统地分析唯物辩证法的实质和核心矛盾学说的哲学著作。在矛盾论中，作者运用唯物辩证法总结了中国共产党领导中国革命斗争的实践经验，深刻地阐述了对立统一规律，指出了对立统一规律是辩证法的实质和核心，提出和深入阐发了矛盾的普遍性、矛盾的特殊性、矛盾诸方面的同一性和斗争性、对抗在矛盾中的地位等理论。同时还发挥列宁的发展学说，从宇宙观的高度，指出形而上学是孤立、静止和片面的认识方法，并分析了矛盾双方转化的内因和外因的关系等等。《矛盾论》是对马克思主义的丰富和充实，是马克思主义哲学发展史上系统地阐述矛盾问题的哲学专著。《实践论》和《矛盾论》的发表标志着毛泽东哲学思想已形成了系统完整的理论，是毛泽东哲学思想成熟的代表作。

《论持久战》封面

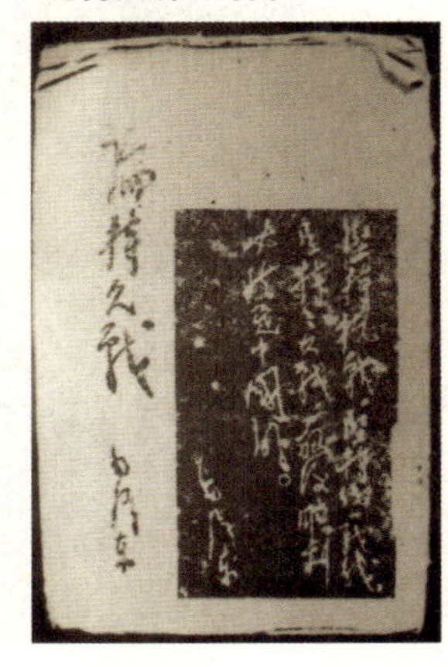

在抗日战争和解放战争时期，以毛泽东为主要代表的中国共产党人又进一步把马克思主义的普遍原理广泛运用于军事、政治、思想文化、党的建设等各个领域，从而使毛泽东思想的内容不断丰富和发展。例如，《论持久战》是毛泽东在抗日战争全面爆发后，

毛泽东在延安窑洞写作

针对在国民党内出现的“速胜论”和“亡国论”等论调，以及在共产党内出现的轻视游击战争的思想，于1938年5月至6月间在延安所写的又一重要著作。毛泽东在这篇著作中，运用唯物辩证法和辩证唯物主义认识论的观点，客观、全面、地考察了中日战争，初步总结了全国抗战的经验，批驳了当时盛行的种种错误观点，并系统阐明了党的抗日持久战方针。《新民主主义论》是毛泽东为批驳国民党顽固派的反共言论而写的关于新民主主义革命理论和纲领的著作，是他于1940 年1月在陕甘宁边区文化协会第一次代表大会上的讲演，原题为《新民主主义的政治与新民主主义的文化》，后改为《新民主主义论》。毛泽东根据中国革命的具体条件，结合中国的国情和时代特点，阐明了中国革命的性质、特点、前途和步骤。毛泽东勇敢地打破“本本”的束缚，批判了企图在小生产的基础上绕过资本主义直接实行社会主义的错误倾向，分析了旧中国资本主义不是太多而是太少，不是应当消灭而是应当发展的事实，指出中国革命应分两步走的规划：新民主主义和社会主义，从而确定了经过民主革命然后再逐步过渡到社会主义的正确路线。

毛泽东在延安整风运动中作报告

《整顿党的作风》是毛泽东在延安整风运动时期的主要论著之一，原是1942年2月1日在中国共产党中央党校开学典礼上的演说词。该著作全面论述了整顿党的作风的必要性、任务、方针和方法，提出整顿党的作风：一是整顿学风，反对主观主义；二是整顿党风，反对宗派主义；三是整顿文风，反对党八股。这是毛泽东总结了党的历史经验提出来的。在整风中，必须注意两条宗旨：第一是“惩前毖后”，第二是“治病救人”。《整顿党的作风》创造性地解决了加强共产党思想作风建设的一系列问题，对于培养中国共产党人理论联系实际、密切联系群众、批评与自我批评的三大作风起了至关重要的作用。

《在延安文艺座谈会上的讲话》是毛泽东于1942年5月在延安召开的文艺座谈会上的讲话。这部论著总结了“五四”以来中国新文艺运动的历史经验，联系延安和各抗日根据地文艺工作的实际状况，提出“文艺为工农兵服务”是无产阶级文艺发展的方向，

丰富了马克思主义的文艺理论。《讲话》要求一切革命作家必须深入到群众中去，站在无产阶级和人民大众的立场上，为群众服务，撰写团结人民、教育人民的文艺作品，推动革命事业的发展。《讲话》还指出，文学艺术作为社会意识形态和上层建筑，总是要反映社会存在和经济基础的，文艺不是文艺家头脑里主观自生的东西，而是对社会生活的反映，它的创作源泉在于社会生活。同时，文章还批判了地主资产阶级的人性论观点，指出只有具体而无抽象的人性，共产党人主张无产阶级的人性，人民大众的人性，反对资产阶级的个人主义。

毛泽东在重庆谈判期间与美军士兵等合影

《论联合政府》一文是毛泽东于1945年4月24日在中国共产党第七次全国代表大会上做的政治报告。文章详细分析了中国抗日战争即将胜利的国内外形势、当时的国共两党关系、共产主义与三民主义的关系，系统总结了中国共产党成立24年来正反两方面的历史经验，详细阐明了七大的政治路线，提出了构建一个“特殊的联合政府”的主张。整篇报告运用马克思主义基本原理，提出诸多深刻的观点，如关于“人民，只有人民才是创造世界历史的动力”的观点，关于新民主主义时期国家政权的理论等。《论联合政府》所贯穿的世界观和方法论的科学原则，是毛泽东在长期革命斗争实践中的理论总结，它为如何创建一个独立、自由、民主、统一和富强的社会主义新中国提出了具体的政治纲领。

中国革命的实践证明，毛泽东把马克思列宁主义普遍原理运用于中国革命具体实际所提出的一系列理论、观点、主张和方法是正确的，这使许多党的理论工作者和领导人逐步意识到需要对毛泽东的这些成果给以科学的命名和评价。1941年3月，张如心在《论布尔什维克的教育家》一文中，首次使用了“毛泽东同志的思想”这一提法，并指出毛泽东同志的言论和著作是马列主义理论与中国革命实践结合的结晶体。次年7月，朱德也发表文章指出，我们党已经创造了指导中国革命的中国化的马列主义理论。一年后，刘少奇在文章中使用了“毛泽东同志的思想”和“毛泽东同志的思想体系”这两个概念。王稼祥在《中国共产党与中国民族解放的道路》一文中，首次使用了“毛泽东思想”这个概念，指出“毛泽东思想就是中国的马克思列宁主义，中国的布尔什维主义，中国的共产主义”。邓小平在一次讲话中也使用了“毛泽东

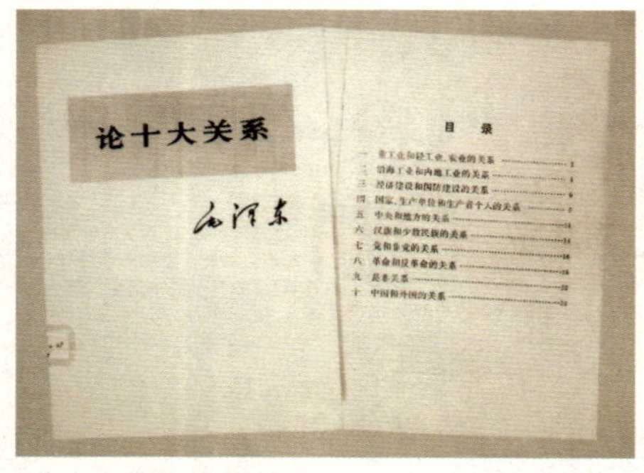
《论十大关系》书影

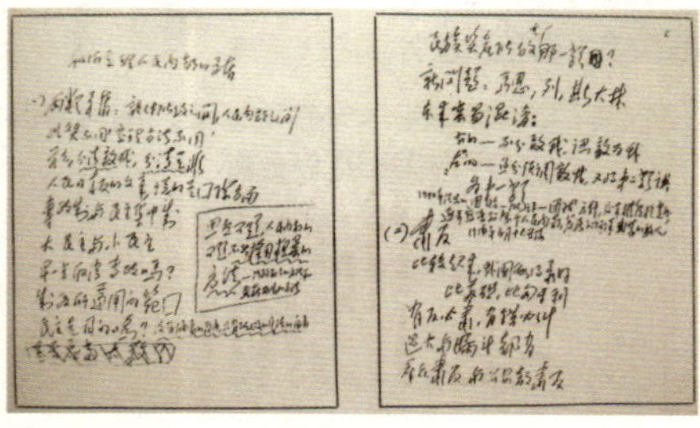
《关于正确处理人民内部矛盾的问题》手稿

思想”这一概念。“毛泽东思想”这一概念逐步得到了党的认可。中国共产党第七次代表大会通过的党章正式规定：“中国共产党，以马克思列宁主义的理论与中国革命的实践之统一的思想——毛泽东思想，作为自己一切工作的指针。”刘少奇在关于修改党章的报告中对毛泽东思想进行了科学的概括和全面的阐述。他指出：毛泽东思想就是中国的共产主义，是发展着与完善着的中国化的马克思主义。这是毛泽东思想发展史上的一个里程碑。中共七大是一次团结的大会、胜利的大会。它标志着全党在马列主义、毛泽东思想的旗帜下，实现了思想上、政治上、组织上的空前团结和统一，奠定了抗日战争和解放战争胜利的基础。

建国后，以毛泽东为核心的中共中央第一代领导集体在社会主义改造和建设中又进行了新的探索，毛泽东思想得到了新的发展，这主要体现在《论十大关系》（1956年）、《关于正确处理人民内部矛盾的问题》（1957年）、《在扩大的中央工作会议上的讲话》（1962年）、《人的正确思想是从哪里来的》（1963年）等论著中。毛泽东还多次提出基本粒子还可再分的思想，美国有的物理学家甚至建议把比夸克更深层次的粒子命名为“毛粒子”。

但是，毛泽东思想在这一时期是在曲折中发展的。特别是在1958年之后，毛泽东等一些领导人急于求成，夸大主观意志作用，并且混淆了两类社会矛盾，把许多人民内部矛盾看成敌我矛盾，把一定范围内的阶级斗争扩大化，结果导致了“大跃进”、人民公社化运动和“反右倾”的错误。随着1966年5月“文化大革命”的发动，毛泽东对中国社会主义建设道路的探索受到严重挫折，毛泽东思想在十年动乱中经受了严峻考验。

“大跃进”中的《人有多大胆，地有多大产》一文

人民日报
RENMIN RIBAO
麻城建国一社出现天下第一田
早稻亩产三万六千九百多斤
福建海星社创花生亩产一万零五百多斤纪录
人有多大胆 地有多大产
向日葵异军突起

1981年，中共十一届六中全会通过的《决议》对毛泽东的一生及其思想作了客观全面的评价，将毛泽东晚年所犯的错误与毛泽东思想区别开来，充分肯定了毛泽东的历史地位和毛泽东思想的科学价值。《决议》明确提出：“毛泽东思想具有多方面的内容。在以下几个方面，它以独创性的理论丰富和发展了马克思列宁主义。”这些理论具体表现为关于新民主主义革命的理论，关于社会主义革命和社会主义建设的理论，关于革命军队建设和军事战略的理论，关于政策和策略的思想，关于思想政治工作和文化工作的理论，关于党的建设的学说。《决议》还特别强调指出：“贯穿于

上述各个组成部分的立场、观点和方法，它们有三个基本方面，即实事求是、群众路线、独立自主。这就是毛泽东思想的活的灵魂。”其主要内容可以概括为三大部分：创立了一条思想路线（实事求是的思想路线）；探索了三条道路（以农村包围城市、武装夺取政权的具有中国特色的革命道路，适合中国特点的社会主义改造道路，中国式的社会主义建设道路）；形成了三套理论（新民主主义革命理论，中国式社会主义改造理论，中国式社会主义社会矛盾理论）。

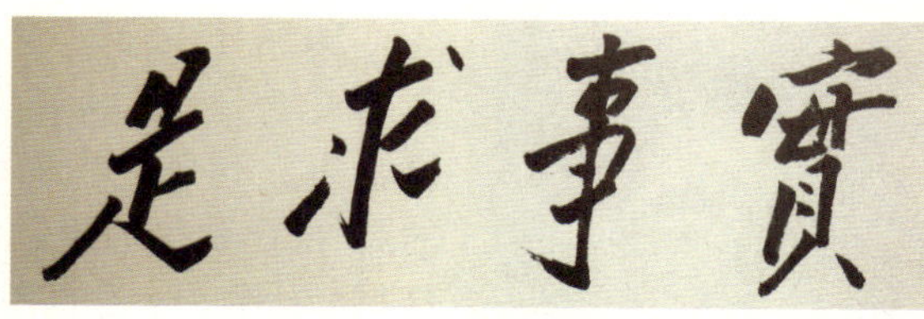

毛泽东题词

以毛泽东这位在中国现代思想史上影响最大的人物的名字命名的毛泽东思想是马克思主义的普遍原理与中国革命和建设的具体实践相结合的产物，是中国化的马克思主义。毛泽东思想既是毛泽东个人的伟大创造，也是中国共产党集体智慧的结晶；既是中国共产党宝贵的精神财富，也是中华民族的文化食粮。

八、美学争论

20世纪50年代，年轻的中国共产党在取得国家政权后，在思想领域一路凯歌，马克思主义的指导地位在全国迅速确立起来。一大批老知识分子在党的号召下，努力用马克思主义改造自己的思想，清算自己的“反动”、“腐朽”学术，与阶级敌人划清界限。正是在这种情景下，关于美的本质的学术争论展开了。

1956年6月，朱光潜在《文艺报》上发表了《我的文艺思想的反动性》一文，公开批判自己的反动学术，并深挖反动根源。朱光潜认为自己在美学上的错误与自己的出身和阶级立场有关。由于出身于没落地主家庭，再加上相当长时期受外国资产阶级教育，因此很容易陷入反动的浪漫主义泥淖中，并以此与进步的革命文学抗争。朱光潜认为，自己的美学理论具有极大的消极性和麻痹性，在革命斗争最尖锐的时期，对处在彷徨苦闷中的青年起到了很不好的影响，引导着他们去躲避现实，打消了他们对光明前途的信心，麻痹了其革命斗争的意志，客观上帮助了反动统治者的“文化围剿”。

1927年朱光潜摄于巴黎

朱光潜对自己的清算不可谓不彻底，并因此而得到了宽大处理。但他的文章却引来了人们的更激烈的批判。如黄药眠的《论食利者的美学》、敏泽的《朱光潜反动美学思想的源与流》等，言词都相当激烈，完全是当时人们惯用的大批判口吻。

蔡仪像

1956年12月1日，蔡仪在《人民时报》发表了《评“论食利者的美学”》，批判黄药眠的唯心主义美学思想。12月25日，《人民日报》刊登了朱光潜的《美学怎样才能既是唯物的又是辨证的》，批评蔡仪的美学观点。1957年1月9日，李泽厚也在《人民日报》上撰文《美的客观性和社会性》，批评蔡仪和朱光潜的美学观点。三大美学家相继出场，且观点各异，引起了人们的极大兴趣，一向不怎么受关注的美学问题成了热点。参与讨论的文章主要收集在六卷本的《美学问题讨论集》中。

蔡仪认为，美是客观的，不依赖于人的主观而存在，尽管有“借物抒情”的心理及事实，但抒情的物的形象只是自己情趣的幻影，并不是真正的物的形象，所谓“情人眼里出西施”，这个“西施”并不是真正的西施，“所以一片自然风景绝不是‘一种心境’。同样，梅花的形象也不是什么人的性格的象征。物的形象是不依赖于鉴赏者的人而存在的，物的形象美也是不依赖于鉴赏的人而存在的”。而那种认为美是主观的观点，实质上是美学的相对主义，是对美学的否定，是虚无主义。

朱光潜批评蔡仪的美学观点缺乏辩证思想。他认为，美是主观与客观的统一，审美对象是“物的形象”，而不是物本身。“物的形象”是“物”在人的既定的主观条件的影响下反映于人的意识的结果，所以只是一种知识形式。物的形象是美的本体，既依存于物，又依存于人的主观意识。

李泽厚于北大毕业时摄

作为回应，蔡仪也不同意朱光潜关于“物的形象”和“物”的观点。他认为，朱光潜的“物的形象”实际上是对物的主观隔裂，就好像欣赏一个美人，“这美人的容貌，是你欣赏的对象，也是你欣赏的结果，它是客观的存在，也是你的意识，因为这人的容貌，由于你欣赏而夹杂了你的主观成分，不是纯客观的了。这种理论，难道不就是朱先生在‘文艺心理学’和‘谈美’中一贯宣扬的所谓审美态度的‘我没入大自然，大自然没入我’，‘由物我交流而物我同一’的主观唯心主义的老调吗？”

李泽厚则批评朱光潜的观点偏离了马克思主义的反映论。他认为朱光潜的观点实际上是否认客观生活本身中有美的存在。按照马克思主义的反映论的思想，美存在于现实生活中，“人民大众的现实生活和文艺作品‘两者都是美’，而且后者的美只能来源于前者的美，只是前者的集中反映。美只有首先作为生活的属性而后才可能成为艺术的属性的。这样，就自然坚持了马克思主义哲学反映论，而朱先生却恰好相反，正因为朱先生否认客观生活中有美，美必需是主观的意识形态作用于客观对象才能产生，这样也就自然会提出列宁的反映论作为美学的理论基础还很不够”。

李泽厚从坚持美是客观性和社会性的统一出发，认为美是人类社会的产物，也只有对人、对人类社会才有意义。“美是现实生活中那些包含着社会发展的本质规律和理想，而用感官可以直接感知的具体的社会形象。我们所说的社会生活的本质、规律和理想，并不是一种可以超脱生活而独存的精神性的概念或实体，恰恰相反，它只是生活本身，这是包括生产斗争和阶级斗争在内的作为人类蓬蓬勃勃不断发展的革命实践。”

对于李泽厚的观点，蔡仪和朱光潜也对之提出了批评。蔡仪认为，李泽厚的观点和朱光潜的观点一样，都是唯心主义，因为他用社会性来抹煞自然性的存在，实际上是否定自然界的存在。朱光潜则认为，李泽厚的观点是比蔡仪派高明的机械唯物主义观点。尽管“高明”，但仍存有破绽，“因为事物的社会性只能指事物对社会人的意义和价值，把人抛开而论事物的社会性，那岂不是演‘哈姆雷特悲剧’，而把哈姆雷特抛开？那究竟是什么社会性？”

美到底是什么？不仅当时没有统一的定论，而且现在仍属于讨论之列，也许朱光潜在晚年对此问题的看法更能说明这个问题：“美学研究什么”和“美是什么”的问题，不可能有公式化或概念化的一成不变的结论，各时代和各流派各有不同的出发点和不同的结论；在历史发展的现阶段，研究美学，首先就要研究马克思主义，这并不是说马克思主义已对美学做出了最后的结论，历史在前进，美学也就必然跟着历史不断地前进。

九、三大论战

20世纪五六十年代，中国的社会主义建设在风风雨雨中曲折前进。就发展中所暴露出的问题，以及就此问题而作的理论上的探讨，形成了当时学术界的一些争鸣。这些争鸣本来可以作为学术争论正常发展下去，但由于当时的时代环境以及康生等别有用心的人的撺掇，这些争论多被定性为政治批判，并用政治手段来解决，使一些人在当时受到了迫害，也损害了党的理论事业。这其中就有所谓的“哲学上的三次大论战”、“建国以来哲学战线上的三次大斗争”（康生语），即关于社会主义过渡时期经济基础和上层建筑的争论，关于思维与存在的同一性的争论和关于“一分为二”与“合二为一”的争论。这三次争论主要涉及到两个人物，

杨献珍在作有关辩证唯物主义的报告

即杨献珍和前面提到的艾思奇。

杨献珍（1896—1992），出生于湖北省郧县一个手工业者家庭，原名杨奎廷。1926年加入中国共产党，并改名杨献珍。在此后的革命生涯中，他曾两次被捕入狱，在狱中经受了铁窗的考验。建国后，他又被关进了监狱，而且一关就是八年，直到1980年，中共中央为杨献珍彻底平反。

新中国成立后，中国处于新民主主义到社会主义的过渡时期，关于过渡时期的经济基础和上层建筑问题，长期以来存在争论，形成了两种意见：一方以杨献珍为代表，认为基础即是社会经济制度、社会经济形态，是整个社会诸种生产关系的总和。因此，过渡时期的五种经济成分都是过渡时期的基础。这五种成分包括国营经济的社会主义所有制（是整个国民经济的领导成分）、合作社经济的半社会主义所有制、私人资本主义所有制、个体农民所有制和国家资本主义所有制。在发展中资本主义成分将逐渐缩小以至消灭，而社会主义成分将逐渐壮大，最终成为单一成分，从而建成社会主义。另一方则以艾思奇为代表，认为只有社会主义经济成分才是过渡时期的经济基础。

杨献珍于1955年6月写成《关于中华人民共和国在过渡时期的基础与上层建筑的问题》一文，并提交中宣部审查。8月，艾思奇也写成了《驳杨献珍同志的“综合经济基础论”》一文。但当时二者的文章都没有公开发表。直到1964年围攻“合二而一”时，“综合经济基础论”作为“罪证”被抛了出来，认为“杨献珍的‘综合基础论’也就是刘少奇的‘唯生产力论’，实际上就是要发展资本主义，反对搞社会主义”。（康生语）直到1979年拨乱反正后，人们对这一问题进行了重新论证和评价，认为“综合经济基础论”符合马克思主义的基本原理，符合中国实际。中国今天的改革开放的实践也似乎印证了此观点的正确。

关于思维和存在的同一性问题的争论，开始只是在马列学院（即后来的中共中央直属高级党校）内部进行讨论。在《路德维希·费尔巴哈和德国古典哲学的终结》（恩格斯著）中，恩格斯明确指出，思维与存在的关系问题，是全部哲学，特别是近代哲学的重大的基本问题，这一问题包含两个方面，即思维和存在，谁是世界的本原；我们的思维能不能认识现实世界。对前一个问题的不同回答，形成了唯物和唯心两大阵营；而关于世界的可知性，恩格斯说：“我们能不能在我们关于现实世界的表象和概念中正确地反映现实？用哲学的语言来说，这个问题叫作思维和存在的同一性问题，绝大多数哲学家对这个问题都做了肯定回答。”有些学员对这句话产生了迷惑："思维和存在的同一性"到底是恩格斯的原话还是黑格尔的语言，是唯物主义命题还是唯心主义命题？对此，两大马克思主义哲学权威的回答却产生了根本分歧。杨献珍认为，"思维与存在的同一性"历来是唯心主义命题，是黑格尔的语言；艾思奇却认为，"思维与存在的同一性"是恩格斯的语言（后来又改称为是恩格斯引用黑格尔的语言），既可作唯心主义解释，也可作唯物主义解释。

1958年1月，《哲学研究》发表了郭月争的文章《思维和存在的同一性问题是哲学基本问题的第二个方面》，公开承认思维和存在的同一性可作唯物主义理解。这一观点得到了艾思奇的支持。此后，《光明日报》发表了于世诚的文章《"思维与存在的同一性"是唯物主义的原理吗？》，认为这一命题是唯心主义命题。杨献珍对此给予了肯定，并同时指出，于世诚在反对唯心主义的同时，连思维和存在有同一性也抹煞了，是错误的。由此，关于这一问题的争论开始在全国报刊上展开。

在这场争论中，艾思奇也撰文表明了自己的观点。他认为，"思维与存在的同一性"这一命题，尽管唯心主义者曾使用过，但并不妨碍我们在辩证唯物主义的立场上来肯定它；恩格斯在哲学的根本问题的第二个方面提出了这一问题，肯定了现实世界的可知性，也就肯定了思维与存在的同一性；列宁虽然批判了"思维与存在的同一性"，但他批判的是形而上学意义上的"思维与存在的同一性"。

杨献珍的观点正好与艾思奇的相对。杨献珍认为，"思维与存在的同一性"与"思维与存在有同一性"是两个不同的命题。"思维与存在有同一性"承认思维和存在有联系，是把唯物辩证法的矛盾同一性原理应用到思维和存在的关系问题上，是符合辩证唯物主义的，而"思维与存在的同一性"却不同，它历来是一个唯心主义命题，其确定含义是指思维即存在，存在即思维，在哲学史上再没有第二种解释；恩格斯肯定了世界的可知性，并没有肯定思维与存在的同一性，而在《费尔巴哈论》中引用黑格尔的"思维与存在的同一性"，只是为了说明绝大多数哲学家，包括一些唯心主义者，都承认世界是能够被认识的，因此，把"思维与存在的同一性"说成是恩格斯对哲学基本问题第二个方面的概括，是不正确

艾思奇在中央广播电台播讲《社会发展史》

的，是对经典著作的误读。

从以上争论中并没有嗅出政治的火药味，这场争论向政治批判转折的关键还在于对两个“同一性”的争论。杨献珍认为，“思维与存在的同一性”与“矛盾的同一性”是两个不同范畴的“同一性”。前一个同一性是等同的意思，后一个同一性是指统一体内部的对立双方相互联系、相互依存、并在一定条件下相互转化。因此，二者有着原则上的不同，不容混淆。但毛主席曾明确说过，根据矛盾的同一性原理，思维与存在有同一性。于是就有人认为，思维和存在是一对矛盾，也具有同一性，杨献珍否认“思维与存在的同一性”，就是否认“思维与存在有同一性”，就是向毛主席叫板。因此，“反对毛泽东思想”的大帽子便扣了下来。1964年，康生、陈伯达宣布，这场争论以艾思奇的观点为结论，并要求报刊以后不准再刊登此类讨论文章。

关于“一分为二”和“合二而一”的争论，就学术探讨而言，本不算是一个深奥的问题，但由于和当时的政治环境联系到了一起，争论起来便也显得相当激烈了。争论同样与杨献珍有关。

1964年4月3日，杨献珍在党校给新疆干部班授课时说，事物是一分为二的，也是合二而一的，对立统一规律同样可以用合二而一来表达。艾恒武和林青山根据杨献珍的讲课材料，合写了一篇《“一分为二”与“合二而一”》的文章，发表在5月29日的《光明日报》上。在文中他们认为，任何事物都是由对立的两个方面构成的，都是合二而一的；正因为事物是合二而一的，所以认识事物的方法才是一分为二的；分析事物时采用一分为二，制定路线、方针、政策时则应合二而一，把对立双方联系起来。此文得到了杨献珍的肯定。

1964年6月5日，《光明日报》发表了署名项晴的文章《“合二而一”不是辩证法》，认为一分为二是辩证法的实质，是事物的普遍规律；“一分为二”与“合二而一”所强调的前提根本相对，二者是对立的；“合二而一”以二为前提，强调两方面的调和，实质上否定了事物的内在矛盾性，否定了事物对立面间的转化，是典型的矛盾调和论；用这种理论去指导实践，不仅不能推动事物的发展，反而会阻碍事物的转化和发展。

后来，在掌握当时理论界领导权的康生、陈伯达等人的授意下，一些批判文章开始把矛头指向杨献珍，指责他以“合二而一”反对唯物辩证法，同党大唱对台戏，同毛主席的“一分为二”唱反调，并上纲上线，把“合二而一”看作是阶级调和论，是否认无产阶级斗争，反对无产阶级革命，排斥无产阶级专政，甚至和国际修正主义联系起来，把“合二而一”看作是国内阶级敌人宣传阶级和平、阶级合作的理论武器。1965年6月9日，中央党校校委会向中央呈送了《关于杨献珍问题的报告》，列举了杨献珍的“十大罪状”。自此，全国报刊掀起了围绕“合二而一”批判杨献珍的高潮，支持或基本赞同“合二而一”观点的人在随后的“文化大革命”中受到株连，遭到政治迫害。

拨乱反正后，学术界对这三次争论进行了重新评价和讨论。抛开政治因素，学术问题才能越辩越明。对于过渡时期经济基础和上层建筑的问题，学术界已有了基本的共识，对于“思维与存在的同一性”和“合二而一”与“一分为二”的问题，仍然存在着多种声音，但这种不同显然不是政治上的不同，恰恰是学术繁荣发展的表现。

十、真理标准问题大讨论

历史事件和历史人物对历史发展的影响和作用，在当时也许并不能真切地体现出来，但随着历史的推演，喜欢追根溯源的人们便会发现，有些事件的历史影响和作用并不是用简单的一两句话就能概括得了的，其对历史的扭转作用也许是根本性的。真理标准问题的讨论就属于这样的事件。

1976年10月，主持中央工作的华国锋、叶剑英等代表中共中央采取断然措施，一举粉碎了“四人帮”反革命集团。消息传来，举国上下一片欢庆，历经十年浩劫的人们似乎又看到了希望的曙光。就在人们的满怀期待中，党和国家的各项工作却并没有大刀阔斧地展开，反而出现了徘徊停滞的局面。

1977年2月7日，《人民日报》、《解放军报》、《红旗》杂志（当时的“两报一刊”）发表社论《学好文件抓住纲》，全面阐述党中央提出的“抓纲治国”的战略决策，企图通过以阶级斗争为纲，用揭批“四人帮”的斗争来推动全局发展，“在两个阶级、两条路线的激烈斗争中，实现安定团结，巩固无产阶级专政，巩固和发展无产阶级文化大革命的胜利果实，达到天下大治”。这篇社论还首次提出了“两个凡是”，即：“凡是毛主席作出的决策，我们都坚决维护；凡是毛主席的指示，我们都始终不渝地遵循。”在“抓纲治国”和“两个凡是”的指导下，“文化大革命”时的路线、方针并没

邓小平写给中共中央的信

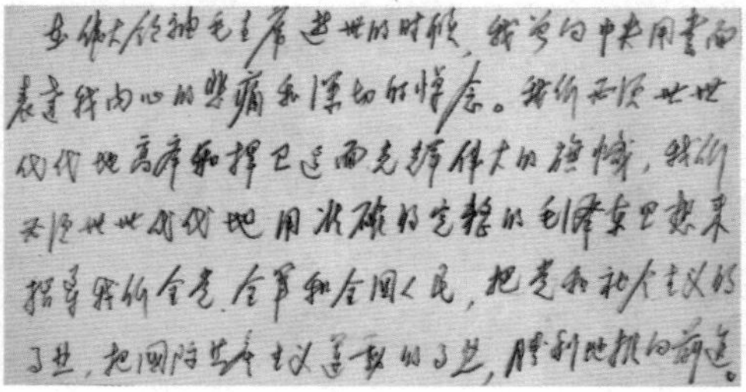
当伟大的领袖毛主席逝世的时候，我曾向中央用书面表达我内心的悲痛和深切的悼念。我们必须世世代代地高举和捍卫毛泽东伟大的旗帜，我们必须世世代代地用准确的完整的毛泽东思想来指导我们全党、全军和全国人民，把党和社会主义的事业，把国际共产主义运动的事业，胜利地推向前进。

晚年的胡耀邦

有得到彻底纠正，人们期待中的平反整顿并没有顺利展开。从中央到地方，人们都强烈要求邓小平出来主持工作。

1977年7月，中国共产党第十届三中全会召开。会议通过了关于恢复邓小平职务的决议。在这次会议上，华国锋仍然继续推行“两个凡是”的方针，认为“抓纲治国”的战略决策是完全正确的。对此，邓小平在闭幕式的讲话中提出，要完整准确地理解和运用毛泽东思想，发扬群众路线和实事求是的工作作风，较快地建设我国的现代工业和现代农业。这无疑是对“两个凡是”的有力批评。

邓小平主持工作，从整顿经济和主抓文教入手，特别是在他的亲自指示下，中国中断多年的高校招生工作陆续展开，中央党校也于1977年10月9日举行了开学典礼。华国锋任党校校长，汪东兴任第一副校长，胡耀邦任副校长并主持党校的日常工作。关于真理标准问题的讨论，就是首先在这里展开的。

胡耀邦在主持党校的日常工作时，要求学员研究问题必须遵循两个原则：一是要完整准确地理解毛泽东思想；二是要以实践作为检验真理、检验路线是非的标准。在这两个原则的指导下，党校的理论研讨相当活跃，一些较为敏感的话题也逐渐摆到了桌面上。《实践是检验真理的唯一标准》就是在这种背景下出炉的。这篇文章以南京大学哲学系教师胡福明的文章《实践是检验真理的标准》为底稿，由胡福明、《光明日报》编辑和中央党校理论研究室共同讨论修改，数易其稿。1978年5月10日，党校内刊《理论动态》发表了这篇文章；5月11日，《光明日报》以特约评论员的名义把这篇文章放在第一版显著位置发表；5月12日，《人民日报》、《解放军报》全文转载；此后，全国大多数省市报纸也随之转载，关于真理标准问题的讨论在全国范围内迅速展开。

《光明日报》发表的文章

实践是检验真理的唯一标准

本报特约评论员

检验真理的标准只能是社会实践

理论与实践的统一，是马克思主义的一个最基本的原则

《实践是检验真理的唯一标准》从理论和事实的角度说明，任何理论，包括马列主义、毛泽东思想，都要接受实践的检验，实践是检

左起：陈云、邓小平、华国锋、叶剑英、李先念、汪东兴在中共十一届三中全会上

验真理的唯一标准；真理的标准不在主观领域，也不在理论领域，即使是马克思主义也不能成为检验真理的标准，标准只有一个，那就是实践；正是实践，也只有实践才能够完成检验真理的任务；革命导师都是坚持用实践检验真理的榜样。

从学术上来讲，这篇文章的观点并没有什么新意，只不过是再次阐述经典著作中所一再强调的基本原则。然而，在那个特殊的年代，它却犹如一枚重磅炸弹，刚一出炉，便引起了各方的震动，其威力是巨大的，影响是深远的。

坚持“两个凡是”的人对此感到很不自在。时任中共中央副主席的汪东兴就多次指示，一定要查一查，看到底是谁干的，并要求党报不能再发此类文章，因为这是把矛头指向了毛泽东思想，同时要求宣传部发文，对此类文章进行批判，并要求继续宣扬“两个凡是”。

1978年6月2日，邓小平在全军工作会议的讲话中，精辟地指出“实事求是”是毛泽东思想的出发点和根本点，号召全党在思想上来一个大的解放。6月24日，《解放军报》发表了由中央军委秘书长罗瑞卿审定的特约评论员文章《马克思主义的一个基本的原则》。此文是由胡耀邦召集《理论动态》编辑部的人员起草的。这篇文章不仅重申了实践作为检验真理标准的唯一性，而且对当前的一些批评指责做了针对性的回答。与此同时，聂荣臻、徐向前、谭震林、李先念、陈云等老同志也纷纷站出来对文章观点表示支持，邓小平更是在党政军的各级会议上一再重申，要完整准确地理解毛泽东思想，科学评价毛主席本人，要坚持理论和实践相结合。由于这些人的威望都比较高，再加上全国报刊的热烈讨论，“两个凡是”的错误方针逐渐失去了市场，“实践是检验真理的唯一标准”逐渐为广大人民群众所接受。

1978年12月18日，中国共产党第十一届三中全会在北京召开。全会讨论了党的思想路线问题，坚决批判了“两个凡是”的错误方针，高度评价了关于真理标准问题的讨论，确定了解放思想、开动脑筋、实事求是、团结一致向前看的指导方针。自此，中国的社会主义建设进入了一个新的时期。

十一、邓小平理论

1997年9月，中国共产党第十五次全国代表大会在北京召开，大会的主题是：高举邓小平理论伟大旗帜，把建设有中国特色社会主义事业全面推向21世纪。这次大会的一大贡献是把邓小平理论写进了党章，确立为党的指导思想，明确规定中国共产党以马克思列宁主义、毛泽东思想、邓小平理论作为自己的行动指南。也就是在这次会议上，邓小平理论获得了新的科学概括，即邓小平理论是党把马克思主义与中国具体实践相结合的“第二次飞跃”的理论成果，是党和人民实践经验和集体智慧的结晶，是当代中国的马克思主义，是马克思主义在中国发展的新阶段。

邓小平理论，作为中国共产党的指导思想，在其形成、发展和完善的过程中，是与一个伟大的名字联系在一起的。就让我们以此为契机，再重温一下这位伟人的足迹吧！

在距成都以东200多公里的广安县协兴乡牌坊村的一个竹林环抱的普通农家院里，出生了一个男孩，取名邓先圣。他就是中国社会主义改革开放和现代化建设的总设计师，邓小平理论的主要创立者——邓小平（1904—1997）。

1909年，5岁的邓先圣被父亲邓文明送入私塾开始启蒙教育，并起了个学名邓希贤。高小毕业后考入广安县中学。1919年秋考入重庆勤工俭学留法预备学校。次年夏赴法国勤工俭学。留学期间，受到了马克思主义的熏陶。1922年加入中国社会主义青年团，1924年转为中国共产党党员，自此开始了他的革命生涯，并一步步成长为坚定的共产主义战士。1926年到苏联中山劳动大学学习。次年春回国，被派往西安冯玉祥国民军联军从事政治工作，开始投身到那弥漫着战火硝烟、风云变幻的革命斗争的战场。后在西安担任中山军事学校的政治处长兼政治教官。第一次国共合作破裂后，改名邓小平，随中央机

旅欧团员在巴黎合影

关迁往上海，任中共中央秘书长，协助周恩来等中央领导处理中央的日常事务。1929年夏，邓小平作为中央代表前往广西领导起义，化名邓斌，同张云逸等人先后发动百色起义和龙州起义，创建了中国工农红军第七军、第八军和左江、右江革命根据地，使广西的革命形势日趋高涨。1931年夏，到江西中央根据地，先后担任中共瑞金县委书记、江西省委宣传部长等职。由于拥护毛泽东的正确路线，反对王明的“左”倾冒险主义而被“左”倾领导者撤职，政治上首次受挫。后任红军总政治部秘书长、总政治部机关报《红星》报主编。1934年10月随中央红军长征，年底任中共中央秘书长。1935年1月参加遵义会议，后升任红一军团政治部主任。

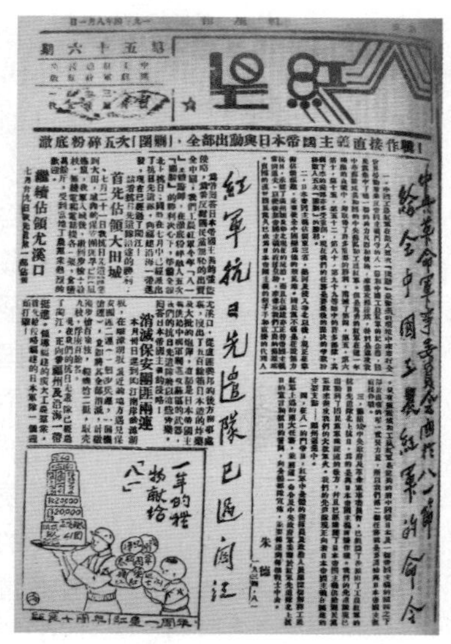
紅星

第六十五期

澈底粉碎五次「圍剿」，全部出動與日本帝國主義直接作戰！

中共革命军事委员会关于八一节给全中国工农红军的命令

朱德

红军抗日先遣队已过闽江

首先佔領大田城

繼續佔領尤溪口

消滅保安團匪兩連

《红星》报

抗日战争爆发后，任国民革命军第八路军政治部副主任。1938年1月被任命为一二九师的政治委员，同师长刘伯承深入华北敌后，先后创建了太行、太岳等抗日根据地。1942年9月兼任中共中央太行分局书记，一年后代理中共中央北方局书记，主持八路军总部的工作。1945年在中共第七次全国代表大会上当选为中央委员。解放战争时期，任中国人民解放军晋冀鲁豫野战军、中原野战军、第二野战军政治委员，晋冀鲁豫中央局书记，中原局、华东局第一书记。1947年6月底，刘、邓大军突破黄河天险，千里跃进大别山，揭开了解放战争进入战略反攻的序幕。此后，他担任统一指挥中原野战军、华东野战军的总前委书记，同两个野战军的将领们一起，指挥了淮海战役、渡江战役，攻克了国民党政府首都南京和上海、苏、浙、皖、赣等广大地区，为全中国的解放作出了巨大贡献。

刘邓“小军”合影于1945年

1949年9月，他当选为中央人民政府委员，参加了开国大典。10月，任中国人民革命军事委员会委员。随后根据解放大西南的需要，中央决定成立西南局，邓小平任第一书记，同刘伯承率部向西南进军，占领了云、贵、川、西康，领导大西南各族人民清匪反霸，实行土地改革，恢复经济，创造建设新的大西南。后参加领导了进军西藏和西藏和平解放的工作，并提议修筑青藏铁路、成渝铁路，使大西南的面貌发生了根本性的变化。

1952年7月，邓小平被调往中央工作，任中央人民政府政务院（1954年改为国务院）副总理兼财经委员会副主任，开始了他建设新中国的新航程。后又兼任政务院交通办公室主任和财政部部长。1954年任中共中央秘书长、组织部部长、国务院副总理、国防委员会副主席。在反对高岗、饶漱石阴谋分裂党、篡夺党和国家最高权力的重大斗争中作出重要贡献。1955年4月中共七届五中全会上，被增选为中央政治局委员。1956年9月在中共第八次全国代表大会上，作修改党章的报告。在八届一中全会上，当选为中央政治局常务委员、中央委员会总书记，成为以毛泽东为核心的中国共产党第一代领导集体的重要成员。1959年任中共中央军委常委。在任总书记的10年中，协助中央主席、副主席主持中央的日常工作，为社会主义制度的建立和发展，为探索适合中国国情的社会主义建设道路，进行了卓有成效的工作。1956—1963年，多次赴莫斯科同苏联领导人进行谈判，在中苏论战中，维护了中国共产党独立自主的原则立场。1962年1月，在全党规模空前的“七千人大会”上，邓小平曾代表中央书记处作了自我批评，反省在“大跃进”和人民公社化运动中出现的“左”的错误。他还提出根据中国当时生产力发展水平实行“包产到户”的大胆设想。

毛泽东、刘少奇、邓小平在中南海

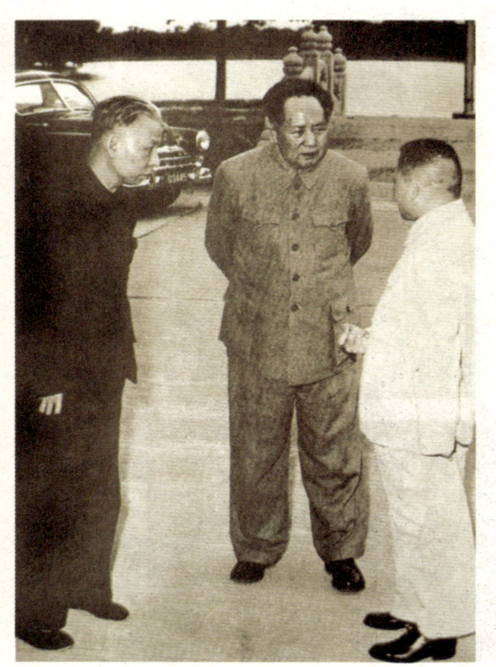

“文化大革命”开始以后，失去一切领导职务。1969—1973年间下放到江西省新建县拖拉机修造厂劳动。1973年3月恢复国务院副总理职务。1974年4月代表中国政府出席联合国特别会议，在会上系统地阐述了毛泽东关于三个世界划分的理论。他主持起草了周恩来在第四届全国人民代表大会第一次会议上的《政府工作报告》。1975年1月任中共中央副主席、国务院副总理、中央军委副主席和中国人民解放军总参谋长。周恩来病重以后，在毛泽东支持下，他主持党、国家和军队的日常工作，针对“文化大革命”造成的混乱局面进行全面整顿，得到了全国人民的拥护，收到显著的成效。由于“四人帮”的诬陷，1976年4月又被撤销一切职务。

1976年10月，“四人帮”被粉碎，“文化大革命”结束。1977年7月中共十届三中全会恢复了他原来担任的党政军领导职务，在8月召开的中共第十一次全国代表大会上，当选为中共中央

副主席。1978年3月当选为中国人民政治协商会议第五届全国委员会主席。他首先推动思想路线的拨乱反正，反对“两个凡是”的错误方针，领导和支持开展真理标准问题的大讨论，提出必须完整准确地理解毛泽东思想。他还提出要尽快把全党工作重点转移到经济建设上来。1978年12月，具有重大历史意义的中共十一届三中全会召开，在这个会议上邓小平对推动中国共产党政策的历史性转变起了决定性的作用。经过这次全会，形成了以他为核心的中国共产党第二代领导集体。在1981年6月召开的中共十一届六中全会上，他当选为中共中央军事委员会主席。在十二届一中全会上他当选为中央政治局常务委员。在中央顾问委员会第一次全体会议上当选为主任。

邓小平与夫人卓琳和继母（左）在江西

1989年11月在中共十三届五中全会上，邓小平辞去了中央军委主席职务，离开了党和国家领导人的岗位。在以他为核心的第二代中央领导集体向以江泽民为核心的第三代中央领导集体顺利过渡、保持党和国家稳定的过程中，他起了关键的作用。但退休后的邓小平仍然心系祖国统一大业，他曾为香港、澳门顺利回归祖国母亲怀抱作出了划时代的贡献。1992年春天，他迈出了南巡的步伐，先后视察了深圳、珠海、武昌、上海等地，沿途发表了意义深远的“南巡讲话”，神州大地又一次响起了深化改革开放的进军号，涌起了新的改革浪潮。主要著作收入《邓小平文选》(3卷)。

从邓小平的人生历程中，我们也可大体上看出邓小平理论的形成过程。这一过程大致分为三个阶段：

第一阶段，从中共十一届三中全会前后到中共十二大，是邓小平理论开始形成时期。

“文革”刚结束，百业待兴。经历浩劫的人们也满怀激情地希望国家来一个彻底整顿。然而，“抓纲治国”和“两个凡是”依然禁锢着人们的头脑。关键时刻方显英雄本色，以邓小平为代表的中国共产党人以大无畏的精神，领导和支持了在政治领域和学术领域的真理标准问题大讨论，从而冲破了“两个凡是”的禁锢，重新确立了解放思想、实事求是的思想路线。

1978年中共十一届三中全会召开，大会全面纠正了自1957年以来党和国家工作中的失误，确定了以经济建设为中心的原则，制定了改革开放的总方针，自此党和国家的工作重心转移到经济

建设上来，社会主义建设进入了一个新的发展时期。在为这次全会作准备的中央工作会议闭幕会上，邓小平发表了《解放思想，实事求是，团结一致向前看》的著名讲话，其中强调指出："一个党，一个国家，一个民族，如果一切从本本出发，思想僵化，迷信盛行，那它就不能前进，它的生机就停止了，就要亡国亡党。"针对发展中出现的一些问题，邓小平及时地指出，必须坚持四项基本原则。1981 年中共十一届六中全会通过了由邓小平主持起草的《关于建国以来党的若干历史问题的决议》，根本否定了"文化大革命"，维护了毛泽东的历史地位，科学地评价了毛泽东思想，决议确定了"一个中心，两个基本点"的指导思想，奠定了党在社会主义初级阶段基本路线的基础。1982年中共十二大召开，邓小平在开幕词中提出："把马克思主义的普遍真理同我国的具体实践结合起来，走自己的路，建设有中国特色的社会主义。"这次会议提出了中国社会主义现代化建设在物质文明、精神文明和民主政治三个方面的纲领，并正式提出"建设有中国特色社会主义"的基本命题。这标志着邓小平理论开始形成。

第二阶段，从中共十二大到中共十三大，邓小平理论基本形成。

在这一时期，以邓小平为代表的中国共产党人，紧紧围绕"什么是社会主义，怎样建设社会主义"这一重大问题，开始全面突破，提出了公有制基础上的有计划的商品经济的观点，确立了社会主义精神文明的战略地位和"两手抓"的战略方针，为社会主义现代化建设作了总体上的规划。

回眸

女儿邓林在按快门时，却不知是什么吸引了父亲的目光

1987年10月，中共十三大召开。大会系统阐述了党在社会主义初级阶段的理论和党在社会主义初级阶段的基本路线，并规化了中国经济发展的"三步走"战略。也就是在这次会议上，从马克思主义三个组成部分（哲学、政治经济学和科学社会主义）的角度，对从十一届三中全会以来对社会主义再认识过程中所形成的理论观点系统概括为十二个方面：关于解放思想、实事求是，以实践作为检验真理的唯一标准的观点；关于建设社会主义必须根据本国国情，走自己的路的观点；关于在经济文化落后的条件下，建设社会主义必须有一个很长的初级阶段的观点；关于社会主义社会的根本任务是发展生产力，集中力量实现现代化的观点；关于社会主义经济是有计划的商品经济的观点；关于改革是社会主义社会发展的重要动力，对外开放是实现社会主义现代化的必要条件的观点；关于社会主义民主政治和社会主义精神文明是社会主义重要特征的

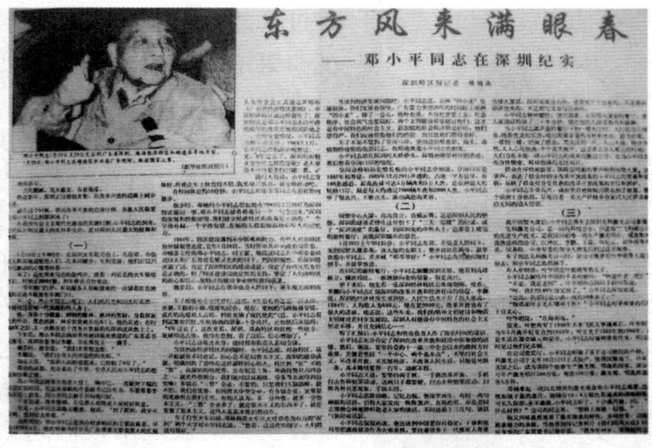

东方风来满眼春

——邓小平同志在深圳纪实

邓小平南巡纪实

观点；关于坚持四项基本原则同坚持改革开放相互结合、缺一不可的观点；关于用“一个国家，两种制度”来实现祖国统一的观点；关于执政党的党风关系到党的生死存亡的观点；关于按照独立自主、完全平等、互相尊重、互不干涉内政事务的原则，发展同外国共产党和其他政党关系的观点；关于和平与发展是当代世界主题的观点。这十二条理论观点，从不同方面阐述了建设有中国特色社会主义的问题，构成了邓小平理论的基本轮廓，标志着邓小平理论的基本形成。

第三个阶段，从中共十三大到中共十四大，邓小平理论在实践中逐步完善，并达到成熟。

20世纪80年代末90年代初，社会主义国家接连发生波动，苏联解体，东欧剧变，就连中国也发生了政治风波，国内外形势陡然严峻起来。面对国内的复杂形势，邓小平语气坚定地指出，“一个中心，两个基本点”的政策没有错，“三步走”的发展战略必须坚定不移地走下去，我们制定的路线、方针、政策不能变，“连语言都不变”，“一个字都不能动”。

1992年，邓小平先后视察深圳、珠海、武昌、上海等南方地区，就发展中的问题，发表了一系列谈话。南方谈话精辟分析了国内外形势，充分肯定了十一届三中全会以来制定的路线、方针、政策的正确性，并明确指出，革命是解放生产力，改革也是解放生产力；不坚持社会主义，不改革开放，不发展经济，不改善人民生活，只能是死路一条；计划与市场都是方法和手段，计划经济不等于社会主义，市场经济也不等于资本主义；改革开放胆子要大一些，敢于试验，不能像小脚女人一样，看准了的，就大胆地试，大胆地闯；判断是非的标准，应该主要看是否有利于发展社会主义社会的生产力，是否有利于增强社会主义国家的综合国力，是否有利于提高人民的生活水平；社会主义的本质是解放生产力，发展生产力，消灭剥削，消除两极分化，最终达到共同富裕；要警惕“右”，但主要是防止“左”；坚持两手抓，两手都要硬，加强社会主义精神文明建设；要克服形式主义，多做少说，多办实事；社会主义代替资本主义，是历史发展的必然规律；世界上赞成马克思主义的人会多起来的，因为马克思主义是科学的。这些观点，既

微笑

智慧的老人也是一位慈祥的老人

对过去的经验作了科学概括和经典阐述，又很好地回答了当时困扰和束缚人们思想的一系列重大认识问题，标志着邓小平理论日臻成熟。

1992年10月，中共十四大召开，江泽民向大会作了题为《加快改革开放和现代化建设步伐，夺取有中国特色社会主义事业的更大胜利》的报告。报告在回顾改革开放14年来的实践经验的基础上，第一次比较系统地对建设有中国特色社会主义理论的内容进行了概括：在社会主义发展道路问题上，强调走自己的路，以马克思主义为指导，以实践作为检验真理的唯一标准，解放思想，实事求是，尊重群众首创精神，建设有中国特色的社会主义。在社会主义的发展阶段问题上，作出了中国还处于社会主义初级阶段的科学论断。在社会主义的根本任务问题上，指出社会主义的本质是解放生产力，发展生产力，消灭剥削，消除两极分化，最终达到共同富裕；要以经济建设为中心，推动社会全面进步；科学技术是第一生产力，经济建设必须依靠科技进步和劳动者素质的提高；判断各项工作的是非得失，要以三个"有利于"为标准。在社会主义的发展动力问题上，强调改革也是一场革命，也是解放生产力，是实现中国现代化的必由之路；要建立和完善社会主义市场经济体制，发展社会主义民主政治，建设社会主义精神文明。在社会主义建设的外部条件问题上，指出和平与发展是当代世界两大主题，必须坚持独立自主的和平外交政策，为中国现代化建设争取有利的国际环境；坚持对外开放，封闭只能导致落后。在社会主义建设的政治保证问题上，强调坚持社会主义道路、坚持人民民主专政、坚持中国共产党的领导、坚持马克思列宁主义毛泽东思想。在社会主义建设的战略步骤问题上，提出基本实现现代化要分三步走。在社会主义事业的领导力量和依靠力量问题上，强调作为工人阶级先锋队的共产党是社会主义事业的领导核心，执政党的党风是关系党生死存亡的大问题，必须加强自身建设；必须依靠广大工人、农民、知识分子，必须依靠各族人民的团结，必须依靠最广泛的统一战线；党领导的人民军队是社会主义祖国的保卫者和建设社会主义的重要力量。在实现祖国统一问题上，要用"一个国家，两种制度"的创造性构想，来推进祖国的和平统一大业。这九个方面比较系统地概括了邓小平理论的主要内容，邓小平理论形成体系。

此后，邓小平理论继续丰富和完善，并在实践中进一步接受检验。在1997年召开的中共十五大上，主要由邓小平创立的建设有中国特色社会主义理论被正式命名为邓小平理论。

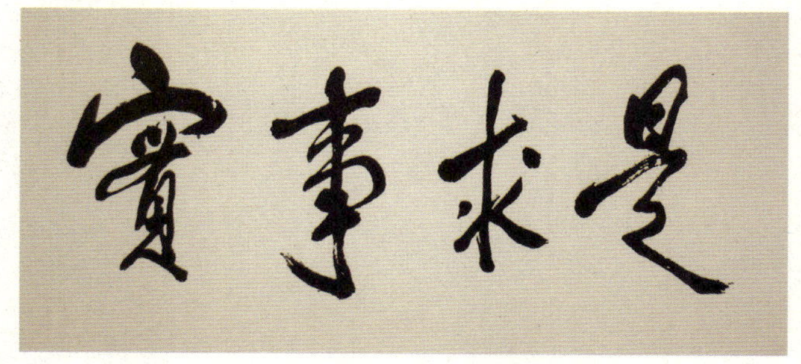

邓小平题字

邓小平理论坚持解放思想、实事求是，秉承了马克思主义和毛泽东思想的精髓，在新的实践基础上继承前人又突破陈规，开拓了马克思主义的新境界。邓小平理论把马列主义普遍原理同中国实际相结合，抓住“什么是社会主义，怎样建设社会主义”这个根本问题，深刻揭示了社会主义的本质，形成了一个新的科学理论体系，比较系统地初步回答了在中国这样一个经济文化相对落后的国家如何建设社会主义、如何巩固和发展社会主义的一系列基本问题，是中国共产党日趋成熟的一个重要标志，是马列主义基本原理同中国实际相结合的第二次历史性飞跃，是在和平与发展成为时代主题的历史条件下和在中国改革开放和现代化建设的过程中对毛泽东思想的继承和发展，是改革开放以来中国共产党在理论上取得的最大收获。在当代中国，马克思列宁主义、毛泽东思想、邓小平理论，是一脉相承的统一的科学体系；坚持邓小平理论，就是真正坚持马克思列宁主义、毛泽东思想；高举邓小平理论的旗帜，就是真正高举马克思列宁主义、毛泽东思想的旗帜。

在新世纪，中国人民要实现社会主义现代化和振兴中华的宏伟目标，就必须坚持和发展邓小平理论，在这面旗帜的引导下，将建设有中国特色社会主义的伟大事业推向更加辉煌灿烂的明天。

后 记

《走进中国哲学殿堂》是“中华文明之旅丛书”中的一部，它简明扼要，通俗易懂，生动有趣，图文并茂，体系完整。全书共分为十二章，大体上按照中国哲学起源、发展和演变的顺序次第展开，力求对哲学家及其思想和智慧、哲学流派和思潮及相关内容，进行深入浅出、重点突出而又系统全面的介绍。通过对该书以及该套丛书中其他图书的阅读和学习，将有助于全面了解中华民族悠久的历史传统，感知中华优秀传统文化的博大精深，体悟中华文明在世界文明史中的重要地位，增强民族文化自信和价值观自信，努力做中华优秀文化的传承者和弘扬者；将有助于读者开阔视野，优化知识结构，养成博大的学术胸怀，形成跨学科的贯通性思维，博采众长，勇于创新，更好地适应当今时代对人才全面发展的要求；将有助于公众理解中华优秀传统文化讲仁爱、重民本、守诚信、崇正义、尚和合、求大同的价值追求，增强国家认同，培养爱国情感，激发家国情怀，完善人格修养，树立远大志向，自觉把个人理想和国家梦想结合起来，为实现中华民族伟大复兴的中国梦而不懈奋斗。

这部具有较高品位、可读性很强的中华优秀文化通用素质教育读本，既可作为相关专业学生的入门读物，也可作为其他专业素质教育课或通识课的参考用书，同时也适合相关专业爱好者以及希望了解中国文化的公众阅读。

在本书的编写过程中，我们阅读参考了大量哲学原著和国内外学者撰写的有关中国哲学的著作，出于本书体例上的考虑，许多著作在书中未能一一注明。在此，我们向诸位作者深表感谢。为了配合和形象地说明书中的相应内容，我们选用了大量图片，凡能查到作者的均一一注明。但也有许多图片因所引出处未注明作者，一时难以查到而没有署名，对此，我们向这些图片的作者深表歉意。一些图片的原始出处和发表年代无法确定，或是无法与作者和版权拥有人取得联系，请在版权保护期内的图片的作者和版权拥有人及时与出版社联系，出版社将按有关规定向您支付稿酬。在此，我们向所有图片的作者深表感谢。

本丛书得到山东大学“国家大学生文化素质教育基地”经费资助。在此，我们深表感谢。

在该书的写作和出版过程中，我们得到了许多专家学者、同事、学友及学生的帮助，应该说本书是大家共同努力的结果。在此需要特别提及的是，山东大学出版社总编辑、博士生导师马新教授，山东大学出版社原社长、博士生导师孔令栋教授和特邀编辑、博士生导师丁原明教授于百忙中对该书稿进行了修改和润色，并提出了许多很好的建议；刘旭东先生、牛钧先生、朱以青女士、王钧女士的出色工作也为该书增色不少。在此，我们对他们的支持和关心表示感谢。

因受时间和水平所限，尽管我们作了很大努力，书中的疏漏、错误和不妥之处在所难免，恳请广大读者批评指正，以便日后补充修正。

编著者

2014 年 6 月